遠藤 乾・板橋拓己❖編著

複数のヨーロッパ

欧州統合史のフロンティア

Ken Endo & Takumi Itabashi

Multiple Conceptions of Europe

At the frontiers of integration history

北海道大学出版会

はじめに

ヨーロッパ統合史は、いま最もスリリングな学問領域の一つである。公開された史料に基づく実証的研究が日進月歩の勢いで積み重ねられていく一方で、それまでの歴史叙述を「修正」あるいは「脱神話化」していく作業が進められている。本書は、そうした実証的・先端的研究を担う若手の研究者を集め、ヨーロッパ統合史研究のあり方を根本的に問いなおし、その地平をさらに広げることを企図したものである。

本書のタイトルである『複数のヨーロッパ』は、単にヨーロッパ像が多様であったということを示すためのものではない。このタイトルには、従来の研究に対する批判が含まれている。というのも、いささか戯画化するならば、これまでのヨーロッパ統合史研究は、何か一つの「ヨーロッパ統合」というプロジェクトが存在し、あたかもそれが現在のEUや、「ヨーロッパ合衆国」のような究極的目標に向けて突き進んでいるかのようなイメージで、「ヨーロッパ統合」を語ってきたからである。それに対し、『複数のヨーロッパ』とは、そのような従来の、しばしば単線的かつ予定調和的な枠組みのなかで語られてきたヨーロッパ統合史像をいったん解体し、時系列的・空間的・アプローチ的に開放された新しい統合史研究を打ち立てるために選び取られた、きわめて挑発的な視座である(もちろん、従来の研究も事ほど左様に単純に括れるわけではない。統合史研究の現状とその陥穽、および将来の統合史研究の方向性について、詳しくは第一章で述べることにする)。

本書は、時代的には、従来の研究が等閑視してきた戦間期や戦時期を正面から扱い、さらに歴史学の対象としては最前線にあたる一九七〇年代に踏み込んでいく。そして、空間的には域内／域外、国際／国内を往還しつつ、政治・社会・経済・文化など多様な次元において、無数のアクターとそれらが担う複数の「ヨーロッパ」像が相互作用しながら構築される過程として、ヨーロッパ統合の歴史を描き出す。このため本書には、国際政治、外交史、思想史、社会経済史など、多様な専門的バックグラウンドを持つ執筆者が戦略的に集められている。

本書の各部・各章は有機的に構成されている。概要としてはまず、第Ⅰ部第一章で、既存のヨーロッパ統合史研究を批判的にレビューしつつ、統合史研究のフロンティアを設定する。それを踏まえて第Ⅱ部では、ヨーロッパが歴史的に抱えてきた「遺産」、すなわち戦争（第二章）や、キリスト教および保守主義（第三章）、そして植民地（第四章）が、ヨーロッパ統合の歴史にも影を落としていることを示す。そして第Ⅲ部では、重要でありながらも、これまで不当に軽視されてきた領域やアクター、すなわち農業セクターにおける統合の試み（第五章）や、経営者（第六章）や労働組合（第七章）のようなアクターを取り上げ、旧来的な「正史」に回収されない複線的な統合の系譜を明らかにする。最後に第Ⅳ部では、東方外交（第八章）やヨーロッパ政治協力（第九章）を題材に、最新の外交史料を駆使しながら、一九六〇―七〇年代の多極化する世界のなかで模索された「ヨーロッパ」のかたちを浮き彫りにする。こうして、多国・多次元・多領域にまたがる豊かな歴史が立ち現れる。以下では、各部・各章のポイントに踏み込んだかたちで、簡潔にわれわれの問題意識を提示していこう。

第Ⅰ部「ポスト「正史」のゆくえ」、第一章「ヨーロッパ統合史のフロンティア」（遠藤乾）では、現在までのヨーロッパ統合史研究自体の歴史が批判的に回顧され、それを踏まえて今後のヨーロッパ統合史研究の「フロンティア」が確定される。具体的には、『国民国家のヨーロッパ的救済』などを著し、一九九〇年代以降の統合史研究を規定したミルワードの問題設定をおさえながら、それに収まりきらない統合史研究の発展を検討したうえで、将来の統合史研究の方向性として、地理的・時系列的・アプローチ的な開放を提唱する。包括的な研究レビューと課題設定を兼ねた本章は、それ自体「史学史」となっているが、同時に本書全体を貫く視座を明らかにすることによって、本書の導入の役割を果たしている。本章の問題意識を受けたかたちで、続く各章のテーマも設定されている。

各論は三部に分けられる。**第II部「ヨーロッパの「暗い遺産」」**では、第二次世界大戦以前からヨーロッパに積み上げられてきた歴史的な（しばしば負のイメージが付与される）「遺産」とヨーロッパ統合との関係を問題化する。本書が具体的に扱う「遺産」は、戦争、キリスト教保守、植民地の三つである。これら従来の研究では積極的に扱われてこなかったテーマからヨーロッパ統合の歴史を逆照射することによって、統合史の脱構築／再構築を図るのが第II部である。

まずは戦争である。第二次世界大戦期のヨーロッパ統合構想は、統合史研究の草分けであるリプゲンスがそうしたように、これまで平和主義的・進歩主義的なヨーロッパ統合の物語《ストーリー》のなかで論じられてきた。これに対して、**第二章「戦争のなかの統一「ヨーロッパ」」（宮下雄一郎）**は、第二次大戦期のヨーロッパ統合構想を、それがあくまで同時代のヨーロッパで生まれた数多い国際秩序構想の一つであることを強調し、戦争史という広い枠組みのなかで分析する必要があることを説く。そして本章は、第二次大戦期フランスにおける統合構想のなかで、一方ではマルセル・デアら対独協力派の平和主義的な（！）ヨーロッパ構想、他方ではド・ゴールら国外レジスタンスの「自由フランス」による統合構想に着目することによって、当該時代のフランスの政治エリートが描いた複数のヨーロッパ像を浮き彫りにする。本章が明らかにするのは、第二次大戦期のヨーロッパ統合構想における「ヨーロッパ」や「統合」（主権の移譲ないし放棄）という言説は、具体的な戦局や戦時構想の文脈のなかにおいて初めて理解できるということである。

同様に進歩主義的かつ単線的なヨーロッパ統合史に異を唱えるのが、**第三章「黒いヨーロッパ」（板橋拓己）**である。本章は、ヨーロッパ統合を、反近代と近代とポスト近代、これら近代をめぐるそれぞれのベクトルがせめぎ合うなかで進められてきたプロジェクトだと捉えながら、これまで見落とされがちであった反近代的なアクターの一つ、すなわちキリスト教保守主義に着目している。具体的には、戦間期以来ドイツ語圏に見られ、第二次大戦後のドイツ連邦共和国で花開いた「西洋（アーベントラント）」という思想・運動をたどることによって、カトリック（伝統的に「黒」で表象される）の保守陣営が描いたヨーロッパ像を浮かび上がらせる。これにより、アデナウアーの西欧統合路線を支えた反近代的な基盤が明らかになるとともに、ヨーロッパ統合を専ら進歩主義的な言説で語ることは躊躇われるようになるだろう。

次に本書が問うのが、ヨーロッパ統合と植民地の関係である。しばしば見おとされがちだが、第二次大戦後にヨーロッパ統合に関与した西欧諸国（フランス、オランダ、ベルギー、そしてイギリス）は、同時に植民地帝国でもあった。このことは不可避的に、統合プロセスに脱植民地化、帝国再編、新興独立国がもたらすダイナミズムが持ち込まれることを意味する。**第四章「ヨーロッパ統合の裏側で」**（**黒田友哉**）は、「ユーラフリック」（ヨーロッパ＋アフリカ）という構想の命運を、起源としての一九世紀にもさかのぼり、主として第二次大戦後から、ＥＣ／ＥＵと第三世界との関係を初めて制度化したローマ条約の発効に至るまでのフランス外交を中心に、交渉相手国やアフリカ人議員の対応も視野に入れて追跡する。そこで明らかになるのが、脱植民地化を容認しつつも覇権的地位を維持しようとするフランスのユーラフリック構想の両義性である。ここから本章は、「埋め込まれた植民地主義」とでも言うべき統合ヨーロッパ像を示唆するのである。

第Ⅲ部「統合の複線的系譜学」は、主として第二次大戦後のヨーロッパ統合の歴史を扱うが、その際、制度発展を追う単線的進歩史観から距離を置きつつ、特に「正史」のなかで等閑視されてきたテーマやアクターに焦点をあてて統合史を書き改める。例えば、ヨーロッパ統合の「成立」については、一九五〇年のシューマン宣言に始まり、欧州石炭鉄鋼共同体（ＥＣＳＣ）の成立、欧州防衛共同体（ＥＤＣ）の挫折、メッシーナ会議での「再出発」からローマ条約の調印、そして欧州経済共同体（ＥＥＣ）へ、というかたちで語られてきた。かかるヨーロッパ統合の「成立」に関する単線的な「正史」からは見えない統合の系譜を明らかにしたのが、第五章と第六章である。

まず**第五章「もう一つの「正史」」**(川嶋周一)は、農業統合の系譜をたどることによって、「正史」からは見えない統合史の構図を描き出す。農業統合は、一九四〇年代末において支配的と思われた英仏主導の統合路線、およびOEECに体現される自由貿易と全般的な経済統合路線に対抗するものであった。つまり、ドイツを取り込んだうえで、自由貿易の代わりに生産や価格の管理を、経済全般ではなく農業というセクターの統合を志向したのである。たしかに、こうした従来の統合路線に対する異議申し立てという性格を共有しつつも、石炭鉄鋼はECSCという枠組みで成功する一方、農業統合は挫折した。しかし、本章が詳らかにする農業統合をめぐる錯綜した起源や論争、そして国際交渉過程は、多くの点でのちのヨーロッパ統合をめぐる議論を先取りしており(経済統合路線をめぐる問題や再分配メカニズム、そして植民地との関係、アメリカとの関係など)、また実際の超国家的な欧州共同体制度の成立過程を明らかにしている。本章の重要性は、長らくECの予算の大部分が農業に割かれてきた事実を想起するだけでも明らかだろう。

第六章「経営者のヨーロッパ統合」(田中延幸)は、一九五二年に創設された欧州石炭鉄鋼共同体と五八年に創設された欧州経済共同体とのあいだの統合路線の断絶(すなわち「超国家的」な「部門統合」と「政府間協力的」な「全般的統合」とのあいだの断絶)を確認したうえで、五〇年代前半における西ドイツ経営者団体の統合ヴィジョンを検討し、ヨーロッパ経済統合の原像を描き出す。本章は、西ドイツ鉄鋼業界とECSCとの関係、そして五〇年代前半における西ドイツの鉄鋼業界と産業界全体の統合路線をめぐるズレ、とりわけ超国家機関の権限をめぐる意見の違いを詳らかにすることによって、ヨーロッパ経済統合路線のいわば「複線化」を明らかにするものとなっている。本章がたどる歴史は、市場における規制やカルテルのあり方について、現在でも有効な示唆を含むだろう。

他方、労働組合という域内の社会アクター、および日本という域外アクターを取り込みつつユニークな統合史を叙述したのが、**第七章「日欧貿易摩擦の交渉史」**(鈴木均)である。これまでヨーロッパ統合史における労組の役割を討究し続けてきた鈴木は、本章で、一九七〇年代に頂点に達することになる日EC貿易摩擦の歴史を跡づけながら、その解消にあたって、労働組合出身で欧州委員会副委員長兼対外関係担当を務めていたハーファーカンプという人物が重要な役割を果たしたことを指摘している。さらに本章は、そうした労組アクターの重要性の指摘にとどまらず、EC・EUが、日本との貿易摩擦を緩和・解消させていくなかで、制度的な発展と国際的なプレゼンスの向上を果たしたと主張している(域外パワーとしての日本が外から「ヨーロッパ」の存在を際立たせたともいえる)。本章は、実証的な日EC・EU関係史の先駆的研究として位置づけられ、グローバル・プレイヤーとしてEC・EUが台頭する過程を示唆するとともに、ヨーロッパ統合史研究自体を域外の視点からグローバル化するものとなろう。

第Ⅳ部「多極化する世界とヨーロッパの模索」では、一九六〇年代末から七〇年代初め、冷戦が緩み多極化する世界のなかでの「ヨーロッパ」の揺らぎを、外交史的な手法から明らかにする。そもそもこの時代は史料的な観点からもフロンティアであり、それゆえにどちらにも従来のヨーロッパ国際関係史像を修正させる迫力がある。

第八章「「全欧」と「西欧」のあいだ」(妹尾哲志)は、西ドイツのブラント政権が推進した東方政策(Ostpolitik)とヨーロッパ統合との関係を、とりわけブラントの懐刀エゴン・バールの欧州安全保障構想を中軸に据えて考察したものである。そこで明らかにされるのは、東方政策が常に「西欧」統合に配慮しながら進められてきた点である。まさに「東方政策は西側に始まる」(ブラント)のである。本章は、東西の狭間でドイツ外交が抱えていた構造的問題を浮き彫りにすると同時に、冷戦下の西ドイツ外交におけるヨーロッパ統合への姿勢に関して複眼的に考察する恰好の材料を提供するだろう。まさに本章の主役たちが追求するのは、ECに回収されえない、鉄のカーテンを越えた「ヨーロッパ」なのである。

さて、二〇〇九年にようやくリスボン条約が発効し、それによりEUには「EU大統領」(欧州理事会常任議長)、「EU外相」(EU外務・安全保障政策上級代表)および「EU外務省」(欧州対外活動庁)が設立されたが、かかる政治統合の具体的起源は、一九七〇年代のヨーロッパ政治協力（ＥＰＣ）に求められる。このＥＰＣが実現する過程を明らかにしたのが、第九章「完成・深化・拡大」（山本健）である。ここで山本は、多領域連関（マルチ・イシュー・リンケージ）アプローチなる手法を採用している。つまり、ＥＰＣが成立する過程を、イギリスのＥＣ加盟問題、および共通農業政策（ＣＡＰ）という他領域との相互連関のなかから浮かび上がらせるのである。多領域《マルチ・イシュー》かつ多国家《マルチ・ナショナルな》にまたがる史料を紐解き、国益間の衝突・妥協のなかから超国家《スープラナショナルな》の領域が立ち現れるさまを描いた本章は、まさに外交史のフロンティアを行く研究であり、本書の最後を飾るにふさわしい。

このように最後の二章はともに、既存の「ヨーロッパ」像が揺れたのち、ＥＣ（統合の深化）へと収斂する過程を追うことによって、なぜ「複数のヨーロッパ」のなかからＥＣの中心性が次第に明らかになっていくのかという問いに答えるものとなっている。

以上のように本書は、「複数のヨーロッパ」という視座を導入することによって、旧来の統合史をいったん解体したうえで、再び統合史に立ち戻る。本書を通読することによって、読者の方々が二〇世紀ヨーロッパ統合史の奥行きと広がりを実感していただけるならば幸いである。

遠藤　乾
板橋拓己

目次

第II部　ヨーロッパの「暗い遺産」

FNSEA	Fédération nationale des syndicats d'exploitants agricoles：全国農業経営者連盟〔フランスの農民組合〕
FTA	Free Trade Area：自由貿易圏
GATT	General Agreement on Tariffs and Trade：関税と貿易に関する一般協定
IMF	International Monetary Fund：国際通貨基金
IREG	Internationale Rohstahlexportgemeinschaft：国際粗鋼輸出共同体
IRG	Internationale Rohstahlgemeinschaft：国際粗鋼共同体
JEIH	*Journal of European Integration History*
MSEUE	Mouvement socialistes pour les Etats-Unis d'Europe：欧州合衆国のための社会主義者運動
NATO	North Atlantic Treaty Organization：北大西洋条約機構
NEI	Nouvelles Équipes Internationales：ヌーベル・エキップ・アンテルナシオナル〔キリスト教民主主義の国際的なヨーロッパ統合推進組織〕
OEEC	Organization for European Economic Cooperation：欧州経済協力機構
RNP	Rassemblement National Populaire：国家人民連合
SPD	Sozialdemokratische Partei Deutschlands：ドイツ社会民主党
WEU	Western European Union：西欧同盟
WTO	World Trade Organization：世界貿易機関
WVESI	Wirtschaftsvereinigung Eisen- und Stahlindustrie：鉄鋼業経済連合

略語一覧

BDI	Bundesverband der Deutschen Industrie：ドイツ産業連邦連盟
CAP	Common Agricultural Policy：共通農業政策
CDU/CSU	Christlich-Demokratische Union / Christlich-Soziale Union：キリスト教民主同盟／社会同盟〔ドイツの政党〕
CE	Council of Europe：欧州審議会
CEA	Confédération européenne de l'agriculture：ヨーロッパ農業連盟
CEPAG	Commission pour l'étude des problèmes d'après-guerre：戦後問題を研究するための委員会
CFLN	Comité français de la libération nationale：国民解放フランス委員会
CFSP	Common Foreign and Security Policy：共通外交安全保障政策
CSCE	Conference on Security and Cooperation in Europe：欧州安全保障協力会議
DKV	Deutscher Kohlen-Verkauf：ドイツ石炭販売
EC	European Community：欧州共同体
ECA	Economic Cooperation Administration：経済協力局〔マーシャル・プランの米側実施機関〕
ECB	European Central Bank：欧州中央銀行
ECJ	European Court of Justice：欧州司法裁判所
ECSC	European Coal and Steel Community：欧州石炭鉄鋼共同体
EDC	European Defense Community：欧州防衛共同体
EDF	European Development Fund：欧州開発基金
EEC	European Economic Community：欧州経済共同体
EFTA	European Free Trade Association：欧州自由貿易連合
EMU	Economic and Monetary Union：経済通貨同盟
EPC	European Political Community：欧州政治共同体
	European Political Cooperation：ヨーロッパ政治協力
EU	European Union：欧州連合
EURATOM	European Atomic Energy Community：欧州原子力共同体（ユーラトム）
FDP	Freie Demokratische Partei：自由民主党〔ドイツの政党〕
FIPA	Fédération Internationale des Producteurs Agricoles：国際農業生産者連盟

第Ⅰ部　ポスト「正史」のゆくえ

第一章　ヨーロッパ統合史のフロンティア
——EUヒストリオグラフィーの構築に向けて

遠藤　乾

はじめに

近年におけるヨーロッパ統合史研究の進展には目を見張るものがある。かつての欧州共同体（EC）や現在の欧州連合（EU）が統合を進め、あるいは挫折を経験し、一定の注目を浴びて、世界政治経済におけるプレゼンスを確保するにしたがい、その出自や変容の解明を試みる動きが出てくるのは当然のことかもしれない。また、地域統合が離陸・定着する歴史的条件を探ろうとする問題関心は、当のヨーロッパの地を超えてアジアを含めた域外でも共有され、世界的に研究は盛んになった[1]。

これらを後押ししたのは、ほぼ三〇年を経て公開される各国の外交文書の存在である。したがって、ヨーロッパ統合が本格化した一九五〇年代の歴史研究は八〇年代後半以降開花し、九〇年代以降はまるで雪崩を打ったかのように研究成果が公刊されている。

本章では、こうした歴史研究（ヒストリオグラフィー）の進展を素描してみたい。すなわち、ここではアップダウンの激しい実際の統合の動きはもちろん、急速に蓄積が進む研究の動向とも若干距離を取り、それを横から見渡すこととする。こうした作業は、今後の方向性を占ううえで一定の意味を持つだろうし、そのための自省的な論考も出揃いつつある(Varsori 2001; Kaiser 2006; Harst 2007; Gilbert 2008; Ludlow 2009a, 2009b; Gilbert 2010; Kaiser and Varsori 2010)。またそれは、本書全体の課題を位置づけなおすことにもつながるはずである。

以下ではまず、とりわけ一九九〇年代以降の統合史研究のアジェンダに影響を与えたアラン・ミルワードの課題設定をてがかりに、それ以前の代表的な歴史研究を振り返り、彼の問題設定自体を批判的に洗い直したい(2)。そのうえで、おもに一九九〇年代から二〇〇〇年代において実際に進展した主要研究を概観し、いくつかの傾向を抽出する(3)。最後にそれらとの関連で、ヨーロッパ統合史の研究対象と手法の揺らぎに触れ、本書の課題を指し示すこととしよう。

第一節　ミルワードの帝国

偉人伝、理念史、外交史

アラン・ミルワードが提起した問題は多岐にわたるが、ここではその前提となる彼の先行研究批判を取り上げる。

それは、大きく括れば、連邦主義イデオロギーと外交史的手法に向けられていた(Rasmussen 2010: 130ff)。前者のほうから行くと、ミルワードはヨーロッパ連邦に貢献したとされる偉人を祭り上げるような歴史叙述にきわめて批判的であった。彼は、統合史研究史上最重要な著作の一つである『国民国家のヨーロッパ的救済』において、「ヨーロッパ統合史の歴史研究は偉人の伝説によって支配されている」(Milward 1992: 319)と批判し、統合に邁進した「欧州の聖人の生と教え」(Ibid: ch. 6)を綴る方法に異を唱えた。その際、具体的な批判対象として念頭に置いていたのは、統合史研究の拠点である欧州大学院大学の近代ヨーロッパ史講座創始者であるリプゲンスであった。ミルワードの前任者でもあるリプゲンスは、未完の大著『ヨーロッパ統合史文書』(Lipgens 1985, 1986, Lipgens and Loth 1988, 1991)を著し、無数のレジスタンス活動家、欧州連邦運動家・思想家を逐一取り上げ、平和的な統一ヨーロッパがいかに下からの運動によって形成されたものかを明らかにしようとしていた。

関連する先行研究として、統一ヨーロッパの観念や文化的前提を追跡した理念史的作品がいくつもある(Hay 1957; Barraclough 1963; Voyenne 1964; Brugmans 1970)。そのなかでも代表例として挙げられるのが、ド・ルージュモンの『ヨーロッパの二八世紀――ヘロドトスから現代までのテキストを通じたヨーロッパ意識』(De Rougement 1961)であろう。これは、古代から二〇世紀半ばまでの思想家・実務家の理念のうち、統一ヨーロッパに関連する部分を抜き出して解説を加えたものである。これらは、統合過程が具体化していった二〇世紀半ばにあって、脆弱なその過程を下支えする理念的支柱づくりを企図したといえよう。他方、それだけに、連邦主義的なイデオロギーとそれに傾いた歴史叙述からやはり逃れられなかった。

これらのイデオロギー批判とは別途、ミルワードは歴史叙述の方法論として、国家間外交の物語として統合史を語る手法にも同様に批判的であった。たしかに、外交史として統合史を描く歴史書には事欠かない。フランスの外交史家ジェルベによる古典『ヨーロッパの構築』(Gerbet 1983)[4]や、より典型的にはのちのデュ・レオー(Du Réau 1996)やビッチ(Bitsch 1996)に見られるように、そこでは各国の経済や社会から遮断されたかのように外交官や政治指導者が自律的に交渉を重ね、時に国益を背負って相互対立を経るものの、いかに共通の目標であるヨーロッパ構築を繰り返したかという構図で叙述がなされがちである。

みた。

経済と国家

そうしたエリート外交官・政治家の物語に飽き足らないミルワードは、三部作とも言える『西ヨーロッパの再建』『国民国家のヨーロッパ的救済』『国民主権の最前線』(Milward 1984, 1992, 1993)を通じて、重要な問題提起を試みた。

それは少なくとも三つの意味で画期的であった。一つは、各国の経済社会を統合の最重要な動因として明示したことであろう。実際のところ、ミルワードが批判するほどそれまでの統合史が没経済社会史的であったかは疑わしい。というのも、彼が批判していたフランスの大家ルネ・ジローなども、一九八〇年代初頭の段階にすでに、欧州経済共同体(EEC)や欧州原子力共同体(EURATOM)などの経済的性格に言及していたからである(Girault 1982: 1381; Rasmussen 2010: 130)。けれども、ミルワードは、ベルギーにおける鉄鋼業の事例分析などに典型的に現れているように、各国における経済社会の近代化の要請が、各国がヨーロッパ統合を選ぶ際の決定的な要因であったことを、重厚な実証研究を通じて明らかにしたのである。

そうすることでミルワードは、戦後の国家再建とヨーロッパ統合とをリンクさせ、『国民国家のヨーロッパ的救済』と題する書物に行き着くのである。これは、もう一つの画期性をもたらした。ここで彼は、連邦主義者たちをはじめ多くの論者が前提にしていたこと、すなわち統合と主権とを二律背反と捉えるテーゼを打ち壊しにかかった。つまり、国民国家の再建とヨーロッパ統合の双方が、並行してノンゼロサムなかたちで進行する新たな歴史物語を余すことなく提示したのである(5)。

最後に、この経済社会史的アプローチはまた、戦後のヨーロッパ統合を、戦間期、とりわけ大恐慌に起因する経済社会の再編成という二〇世紀史おなじみの一大テーマとの連続のなかで位置づけ解釈しなおすことを意味した。のちに述べることともかかわるが、これは統合史を、例えば主権超克による(独仏間)平和創造といったテーゼに依拠して二〇世紀史の断絶のなかで捕捉するスタンスや、それにしたがって二〇世紀史の他のテーマと接続困難な物語として描く手法に対するアンチテーゼともなっていたのである（Knudsen 2009: 8）。

冷戦とアメリカ

ミルワードの問題提起にもう一つニュアンスに富んだ点を付け加えるとすると、ヨーロッパ統合と冷戦やアメリカといった要因との関係についてだろう。

アメリカが戦後のヨーロッパ統合の初期過程において推進要因として作動したことを全面的に否定するものは少ないだろう。多くの論者がこの点を重視してきた（代表例としてHogan 1987）。ミルワード自身、冷戦遂行上、西欧がまとまることがアメリカ自身の利益に合致し、また欧州合衆国というイメージが諸邦合一によるアメリカ建国のアナロジーから受け入れやすかった点に触れている。「統合（integration）」ということばそれ自体、欧州石炭鉄鋼共同体（ＥＣＳＣ）原加盟国内発のものでなくアングロ＝サクソン起源であるのだが、とりわけ機能主義的な統合（推進）理論の背後にある米国イデオロギーの存在を指差したものといえよう（Milward 1992: 13; Milward and Sørensen 1993: esp. chap. 1）。

他方、ミルワードの叙述の特徴の一つは、そのアメリカや米ソ冷戦に回収されたかたちで統合を説明するのを拒否することにある。『西ヨーロッパの再建』（Milward 1984）では、西欧の戦後復興の説明の際、アメリカ発のマーシャル・プランの重要性が過度に誇張されていると批判し、西欧各国の社会経済的必要に根ざした欧州経済協力機構（ＯＥＥＣ）やＥＣＳＣの重要性を逆に強調した（Gilbert 2010: esp. 177ff）。それは、米ソ中心の冷戦史観に対して、ヨーロッパ諸国における内発要因を重視するという当時湧き起こりつつあった傾向と軌を一にする（例えばDeighton 1990）。『国民国家のヨーロッパ的救済』においても、この傾向に関しては不変であった。

多国間史料（マルチ・ナショナル・アーカイヴ）

このようにヨーロッパ内発要因を重視する際、ミルワードは、一国の史料のみに依拠して歴史を叙述する手法にきわめて懐疑的であった。それは、当該国の権力、利益、理念に集約して物語ることを意味し、えてしてゼロサムな国家間ゲームのなかでその国が「勝った」「負けた」という歴史に陥りがちだからである（Knudsen 2009: 6）。したがって、ミルワードのヨーロッパ統合史叙述は決まって多国間史料（マルチ・ナショナル・アーカイヴ）に基づいていたし（Ibid: 8）、それゆえに教え子を含めた国際的なチームで共同研究する姿勢が顕著であった。そうしながら、各国の相異なる事情や利益を勘案しつつ、複数国が統合という共同作業にコミットする際のノンゼロサムな契機を見いだすことにもつながるわけである。

この多国間史料への依拠という流れは、ある程度不可逆なものとなって、一国史料主義への有力な批判的視座を提供し続けている。後述するように、それは国別の史料に基づくゆえに、別の角度から批判の対象となっているものの、単に一国の史料のみに戻るという選択肢は有力ではなく、いまだに研究を呪縛しているといえよう。

第二節　統合史研究は実際にどのように進展してきたのか

以上、ミルワードの問題提起に沿って振り返ったが、実際の統合史研究はかならずしもその批判におさまるものではなく、いくつかの興味深い傾向をすでに示していた。また、批判自体にも当否があり、彼のアプローチにもいくつかの難点があった。以下では、これまでの主要研究にも触れながら、それらの点を検討する。

国家の権力・利益が織りなす普通の歴史？

すでに見たように、ミルワードの批判の矛先は、一つには統合史研究を貫く連邦主義的なバイアスに向けられていた。彼の手法は、各国家の経済社会が必要とし、選択した結果としての統合を描くことにあり、そうすることで連邦主義的な統合史が強調する平和要因ないしは脱国家主権的な契機を徹底的に後景に退け、戦前からのヨーロッパ史との連続のなかに位置づけなおしたのである。

しかしながら、そのような方向性は、アプローチは異なっても、すでに彼による批判以前のいくつかの統合史研究が打ち出していたものでもあった。その代表例である『ヨーロッパにおける権力』(Becker and Knipping 1986; Di Nolfo 1992)は、経済史ではなく断固として外交史のアプローチを取るものではあったものの多国間共同研究の成果であり、仏独英伊といった大国の権力計算(の変化)がもたらした選択として、統合を描き出していた。

それは同時に、統合という史的事象を、世界戦争の勃発、脱植民地化の開始、あるいは冷戦の終焉などといったヨーロッパ史や世界史の他の事象と同様の研究対象として取り扱うことを意味した。これは、統合を(主権超克や平和創造といった)特別な規範的現象として捉える連邦主義的統合史と距離を置くことを意味する。こうした観点から見た時、ミルワード流の経済史と外交史のあいだの距離が、彼が言うほど遠いものであったかどうか疑わしい(Ludlow 2009a: 16-17)。

もう一つの社会史

他方、各国経済社会が織りなす選択の歴史として統合を描くミルワードとは異なり、ケルブレは、各国(具体的には英仏独)の社会意識が、一九世紀末以降の産業化を介し、また特に戦後の急激な経済成長を通じて、ヨーロッパ大で共通化し収斂する歴史を描いてみせた(Kaelble 1987)。このいわば収斂史としての統合史は、各国の選択とは別の、より民衆に近い次元で生じている長期的な構造変動を指し示すことにつながる。

また近年のケルブレは、この古典における議論から若干修正を図り、ヨーロッパ統合とは無関係に進展する収斂の弁証を超えて、統合自体もまた収斂を促すという逆の構図を提示し始めた（Kaelble 2004, 2005, 2007）。具体的には、教育・福祉の制度の部分的な近接化・共通化、域内市場形成やシェンゲン協定を通じた人の移動の活発化、あるいは人権や民主主義といった価値の共有化が、ヨーロッパ各国社会を収斂させている側面を加味している（Kaelble 2004: 293–298; 2005: 185–192）(6)。

これは、結果的にふたたび、ミルワード流の経済史と外交史の距離の近さを指し示すだろう。というのも、前者は多くの場合産業界などの社会次元にまで降りて説明を探り、そこから（経済）官僚や政治家などによる各国の決定を追跡するのであるが、その分析はケルブレ流社会史の対象である庶民からするとエリートの次元にとどまっており、その点に限って言えば外交官や政治家などのエリートによる決定を重視する外交史に近いとも言えるのである。

主流としての外交史

一九九〇年代に開花したヨーロッパ統合史研究は、実際にはミルワードが希望した路線とずれたかたちで展開された。というのも、彼が推進した経済社会史的アプローチは決して主流にはならなかったからである。

一九九五年から発刊が開始された、『ヨーロッパ統合史ジャーナル（*Journal of European Integration History* / *Revue d'histoire de l'intégration européenne* / *Zeitschrift für Geschichte der europäischen Integration*）』（以下、英文名の頭文字から *JEIH* と略す）を事例に取ってみてみよう。この研究雑誌 *JEIH* は、一九八二年に設立された「欧州連合歴史家連携委員会（The European Union Liaison Committee of Historians / Le Groupe de liaison des professeurs d'histoire contemporaine auprès de la Commission des Communautés européennes）」（略称「リエゾン」）が、ルクセンブルク政府の援助を受けて年二回発刊しているもので、それ自体がこの分野における研究の発展と制度化の証左である。また *JEIH* は、リ

エゾンの委員が編纂するシリーズの編著とともに、主要な発信・討議媒体となっている。[7]

一九九五年の *JEIH* 発刊記念号では、巻頭論文においてミルワード本人がヨーロッパ統合史という歴史学における独立研究領域の誕生を高らかに謳い、その影響もあって、政治や外交とともに、経済、社会、文化などの多元的アプローチを企図するとしていた(Milward 1995)。たしかに、統合史という領域はそののち飛躍的に発展し、確立されたといってよい。しかしながら、アプローチ面に限って言えば、その後の展開はミルワードの希望通りというわけにはいかなかった。

一九九五年から二〇〇八年までの *JEIH* 掲載論文をサーベイしたサイデル(Seidel 2010)によると、文化史などの比重が若干高まりつつあるものの、経済史は初期の勢いはなく、周辺的であり続けている。主流はあいもかわらず外交史なのである。ほぼ三分の一の六〇論文がそれに該当し、近接領域である軍事・防衛(政策)史の一五論文を含めると、さらに比重が増す。二〇〇五年の段階で、ミルワード自身が「外交史、もっとも頻繁には一国外交史……が歴史家たちの優先的な選択であり続けている」と批判的に振り返っているのも無理はない(Milward 2005: xiii)。

外交史が主流であり続けることに理由がないわけではない。ECSC、EEC、EC、そしてEUは、いうまでもなくすべて加盟国政府——具体的には政治家や外交官——が、交渉し合意した結果、最終的には成立をみたものである。これは、近年の欧州憲法条約の締結や挫折、その後のリスボン条約の発効に至るまで、相当程度妥当する。もちろん、そうした局面における社会経済の重要性や国家以外のアクターの役割を無視するものではないが、そのような国と国が織りなす物語が続く限り、それらを綴る作業が残るのもまた当然といえよう。

伝記的アプローチ

ミルワードはふだん、モネやマクミランなど、統合史における主要人物を主語にして歴史を綴る手法に対し、もちろんやろうと思えばできるけれども、そうすることはしないと批判的であった。偉人伝的なアプローチを嫌ったのはいうまでもないことだが、そもそも歴史をトップ・ダウンな意思決定の束として見るのでなく、経済社会における水面下の傾向や構造的な要請を基点に説明を試みようとしたのであるから、十分に理解できることである。

しかしここでも、彼の批判的な態度とは裏腹に、伝記的なアプローチは脈々と受け継がれてきた（Ludlow 2009a: 18-19）。シューマンに関するポワドゥヴァンの研究はその代表例であろう（Poidevin 1986a）。他にも、アデナウアー、デ・ガスペリ、ビドー、スパーク、ヴァン・ゼーラント、ハルシュタイン、イーデン、ド・ゴール、ポンピドゥー、そしてマクミラン、モネといった指導者について、すぐれた伝記的研究が刊行されている[8]。欧州委員会の事務総長を三〇年の長きにわたって務めたノエルの伝記が、これに続くだろう（Bossuat, forthcoming）。

この伝記的アプローチの持続性には、いくつかの理由が考えられる。まずそれは、統合史研究にとって有用な基礎情報を提供する。それのみでなく次に、これらの多くは、偉人伝的な構えから離れ、統合に寄与した側面・局面のみを強調するのでなく、対象となる人物を相対化したうえで叙述を試みている。例えば、クラヴェリのデ・ガスペリ研究（Craveri 2006）は、通常ヨーロッパの父の一人と数えられる人物の統合スタンスが、いかに一筋縄ではいかない複合的な現象であるかという点を、戦後イタリア政治史の詳細な分析のなかで掘り下げている（Ludlow 2009a: 19）。関連して最後に、これらの指導者を、一九―二〇世紀のヨーロッパ史や世界史の文脈に接続したり、また政治学的な観点と接続させたりしながら、より開放的で豊かな統合史を提示する試みも散見される[9]。

多次元史料（マルチ・レベル・アーカイヴ）――多国籍（マルチ・ナショナル）を超えて

すでに述べたように、ミルワード以降の統合史研究は、多くの国（マルチ・ナショナル）にまたがる史料にあたり、一国の視点から見た勝ち負けより、複数国の共通利益の抽出に向かっていた。これは、もう一人の冷戦史家・統合史家であるダイトンが強調したように(Deighton 1995: xix)、国際的な研究チームを組んで、共同作業としてなされる傾向にあった。

こうした傾向は変わらないものの、近年の研究はさらにその一歩先を進んでおり、その含意は小さくないと思われる。

つまり、多国間史料の重視はいかに画期的であったとしても、ナショナルな政府の文書を総合するところでとどまっていたのに対し、ラドローなどが主導する研究は、ＥＥＣ・ＥＣ(委員会)に代表されるようなヨーロッパ諸機関の文書と視点を加え、ナショナルなそれとともに、多次元(マルチ・レベル)にまたがる史料とそのあいだの相互作用を重視する方向に明瞭に踏み出しているからである(代表的な近著として、Ludlow 2006)。

超国家(スープラナショナル)史――新たな正史の誕生？

この傾向には、ヨーロッパ諸機関の史料インフラが徐々に整備されてきたという背景もある。つまり、一九七六年に統合史研究を一つの使命とする欧州大学院大学が設立され、次いで七八年の決定に基づきそのふもとにヨーロッパ諸機関の史料を保存する史料館ができたのが八六年のことであった。したがって、三〇年ルールのもとで史料が整備され、やっと体系的利用が可能になったのが八〇年代末のことである。その後、若干のタイムラグを伴い、ＥＥＣ・ＥＣ(委員会)の視点を組み込んだ歴史研究が出てきたのが九〇年代であった。その分この傾向は新しいが、他方でおそらく不可逆なものともいえよう。

こうして入手が容易になったヨーロッパ諸機関の史料をもとに、それぞれの機関の設立や運営に関与した実務家によるオーラル・ヒストリーを加味して、欧州審議会、ＥＣＳＣ高等機関、欧州委員会、欧州議会、欧州投資銀行などヨーロッパ諸機関の歴史もまた綴られるようになってきた(Bitsch 1997; 上原二〇〇二；Spierenburg et Poidevin 1993; Dumoulin 2007; Mény 2009; Bussière, Dumoulin et Willaert 2008)。国家史(ナショナル・ヒストリー)ならぬ

「超国家史（スープラナショナル・ヒストリー）」（Laursen 2002）の誕生と目を紛うような潮流である。[10]

この流れもまた、上記の傾向とともに、ミルワードが予期したアジェンダから外れたところで形成されてきたのであるが、問題がないわけではない。というのも、欧州委員会史の編纂に典型的に見られるように同委員会自身がスポンサーとなるケースや、ＥＣＳＣ高等機関の歴史のように関与者が筆者となるケースもあるからである。[11]まるで自己イメージに敏感なスポンサーが肖像画を依頼したり、あるいは自画像を描くような構図といえよう。これは、ミルワードの批判した偉人伝を、機関史として立ち上げることにもなりかねないのである。対象を祭り上げることを避ける場合にも、欧州委員会史の例（Dumoulin 2007）に見られるように、事実を仔細にわたり叙述することでとどめ、歴史家としての判断をミニマムに抑える（したがってスポンサーとしての委員会を挑発しない）ような手法に訴えざるをえないこともまま出てこよう。

マルチ・レベル・ガバナンス史へ——政治学との協働事例

もちろん、多くの歴史家はこの手の正史に対して敏感である。一般に、ヨーロッパ次元での制度形成史を追跡し、ＥＣＳＣやＥＥＣ諸機関（例えば委員会）の視点を加味するのは重要であるものの、それのみで既存の歴史研究への貢献とすることにはためらいも大きい。[12]そうではなく、委員会などのヨーロッパ機関をアクターとして認知し、制度形成の歴史を追跡し、それらの見解や行動を分析したうえで、ナショナルな次元での相互作用とどうかかわるのか、マルチ・レベルな全体として検討するという方向を目指すことになろう。[13]したがって、多次元の関係性を問うこの方向性は、一方で単純な「超国家史」の成立や復権を意味しないのと同時に、他方でもっぱら国益や国家戦略をベースに統合史を組み立てる外交史・経済史といささか異なるだけでなく、「外交」や「国益」といった概念が旧来通りの意味で使えるのか疑義を挟む潜在力を併せ持つ。それにしたがい、外交史や経済史の伝統的叙述方法にも疑問が生じうるのである。[14]

これらは、近年の政治学におけるガバナンス研究とも合致する方向性であり、実際にそのような歴史学と政治学の「協働」を強く志向する歴史家もいる。その代表格は、カイザーであろう。

彼は、統合史研究の方向性について、比較的早期から自覚的に問題化を試みていた(Kaiser 2006)。その後の論考では、統合史の研究領域が自らの重要性を前提視し、他の関連領域から「孤立」気味だと指摘していた(Kaiser 2008b, 2010; cf. Ludlow 2009a)。そうした傾向に対しカイザーは、政治学研究における「ガバナンス転回」を重視し、国家中心の公式史観からの脱却を図ろうと試みる。その際、リプゲンスのように、ひたすら統合に寄与した「善」なるアクターを集積するのではなく、政党、利益団体、専門家、ジャーナリスト、国際・超国家組織などの広範囲な団体・運動が形成するヨーロッパ大のネットワークを重視し、それらが織りなす「非公式な政治」に注視することで、統合初期から現在に至るまでの歴史の描き方を洗練するよう提案する。そうすることで、何が統合に寄与したかだけでなく、統合が何に寄与しているのかという逆の面を含めて、ヨーロッパに生成した多層にまたがる統治(マルチ・レベル・ガバナンス)の実態や性格をより的確に把握できると考えるのである(Kaiser, Leucht and Rasmussen 2009: esp. 4–5; Kaiser 2009: esp. 16–8)。

もっとも、社会的なアクターを含めた統合史研究がなかったわけではない。初期の統合に利益団体がどうかかわったのかについては、(国際)政治学ではE・ハースが早くから取り組み、古典ともなった『ヨーロッパの統一』(Haas 1958)で詳細な実証を試みており、また歴史家でもデュムランとデュトリューの研究の主題であった(Dumoulin et Dutrieue 1993)。他にも、英語文献にのみに依拠する研究からは視界の外にありがちなのだが、ヴァルソリをはじめとするイタリアの統合史研究には、社会的アクターを重視する傾向が早くから見られた(Ciampani 1995; Varsori 2006a, 2006b; Varsori e Mechi 2008)。

政策史の興隆

関連するがこれとは別に、ＥＥＣ－ＥＣ－ＥＵの政策領域ごとに統合史、とりわけその起源を綴る手法も盛んになってきた。農業政策（Knudsen 2009; 川嶋二〇〇九ｂ）、対外（開発）政策（Calandri 2006）、競争政策（Seidel 2009; Warlouzet 2010a）、環境政策（Scichilone 2008）、社会政策（Mechi 2006; Varsori e Mechi 2008）、教育政策（Paoli 2007）、科学技術政策（van Laer 2006）など、すでに多くの領域がカバーされ、それは他の領域にも浸透しそうである。とりわけ、クヌートセンの共通農業政策の起源に関する本格的研究は、農業が長らくのあいだＥＣの予算の八割ほどを占めていた事実に照らすと、単なる一政策領域を超えて、統合の本質に迫る潜在力を持ったものだといえよう（Knudsen 2009）。

これらの政策史の手法は、上記のガバナンス転回との接続を可能にしている。つまり、主題となる政策に焦点を絞ることで、その領域にかかわる多くのアクターを叙述上カバーすることが可能となり、社会的な団体・運動から超国家的な諸機関の理念・関与に至るまで、より洗練された統合史を浮かび上がらせることができる。

これは、例えば、アメリカにおける政治科学の手法と言説に依拠し、条約改正などの主要な画期ごとに、経済社会の必要に基づいた（大きな）国家の利益に変数を絞って説明を試み、統合史を組み立てるモラヴチックの研究とは対照的なものである（Moravcsik 1998）。じっさい、これらの詳細な政策史が明らかにしたことは、専門家の役割、欧州委員会の理念、小国のイニシアティブなど、モラヴチックが軽視しがちであった要因の重要性であった。

世界に埋め込まれた統合

のみならず、政策史の手法は、統合の歴史をヨーロッパ人のヨーロッパ人による（多くの場合ヨーロッパ人のための）物語として描く、いわば「閉じた統合史」と無縁でありうる。いうまでもなく、ヨーロッパ統合は、はなからグローバルな政治経済構造に組み込まれたなかで発展し、その変容に寄与する過程でもある(Patel 2009: esp. p. 16)。

例えば、クヌートセンと同じ農業政策の起源を扱いつつ、コッポラーロ(Coppolaro 2006a, 2006b, 2006c)や川嶋(二〇〇三、二〇〇九b)の研究は、開かれた統合史を紡ぎ出す。すなわち、それらは、GATTのディロン・ラウンドやケネディ・ラウンドとの関係で、当時のECが世界的な(とりわけアメリカからの)農業セクター自由化圧力のなかで、域内産業のあり方を再考し、包括的な保護構造をつくり上げた点を強調する。これはもちろん、その後の世界的な農業構造にも影響を与え続けるのである。他にも、ツィンマーマンや権上による欧州通貨協力・統合史(代表例として、各々Zimmermann 2002; 権上二〇〇八)も、あるいはワルルゼによるEUの競争政策史(Warlouzet 2010a)も、アプローチは相当異なるものの、政策領域ごとに分け世界的な政治経済構造との関連で説明を試みるという意味では同様の例と言えよう。

もっとも、このような開かれた統合史は、政策史の手法でないと描けないわけではもちろんない。伝統的に統合史は、冷戦史の文脈と交差するかたちで、描かれてきた(Bossuat 1992; Lundestad 1998; Ludlow 2007; 最近のレビューとしてLudlow 2009c)。冷戦下のアメリカは、東側と対抗するうえで西欧統一に利益を見いだしており、じっさいにその方向で圧力をかけていた。また各州が統一して建国した歴史をアメリカ自身が持ち、それをヨーロッパの諸国へと投射する傾向は米欧にまたがって散見された。そうした点に統合史研究が取り組んできたという意味では、もとから大西洋には開かれたかたちで描かれてきたとも言えよう。他にも、途中からEC・EUに加盟する国や地域、とりわけイギリスやEFTA諸国との関係を問う研究も数多い(e. g. Ludlow 1997; 邦語では益田二〇〇八、小川二〇〇八)。

しかしながら、米ソ関係史としての冷戦史に対する反発から、ヨーロッパ内発の利益やイニシアティブを重視する修正主義が幅を利かせたせいもあってか、基本的に内向きの統合史、すなわちいかに(西)ヨーロッパ人が

(西)ヨーロッパの地において(西)ヨーロッパ人のために統合を成し遂げたのか、あるいは遂げられなかったのかという歴史物語が大勢を占めていた。

その点、近年見られる西ヨーロッパ中心主義からの脱却の動きは歓迎すべきものである。(15) 例えば山本は、ＥＣとソ連との関係の変遷を追跡することで、いわば統合の向こう岸にある他者の視点を組み込んだ統合史を提示してみせた(Yamamoto 2007)。これは、原理的には他の旧東側諸国とＥＣとの関係史にも応用可能な手法である。あるいは、ビッチやボシュアは、ヨーロッパの「裏庭」たるアフリカを統合史の主題として提示し、論文集を編んでみせた(Bitsch et Bossuat 2005; 邦語では平野二〇〇九)。これは、統合初期の加盟国の大半が、当時植民地帝国でもあった事実に照らせば、至極当然でもあるのだが、そのような視点は従来希薄だったのである。

第三節　ヨーロッパ統合史はどこに行くのか

こうして統合史は、ミルワードの問題提起を部分的に受け継ぎ、そこからずれ、またそれを超えて、大きく発展してきた。すでにいくつかの傾向がみられ、問題を抱えていることも見た通りである。以下では、それらを踏まえながら、今後の統合史研究がどうあるべきか、いくつかの点に絞って考えてみたい。

前もって断っておけば、この作業は統合史研究におけるアジェンダの包括的提示を企図しておらず、少なくとも以下のようなことは念頭に入れていくべきではないかというミニマムな提起にとどまろう。そうする際にも、ありうる他のアプローチが排除・軽視されるという性格のものではない。

そのうえで、具体的には、大きく三つの方向で統合史が開放されるべきであると考える。以下順次論じていこう。

地理的な開放──グローバル関係史へ

これは直前に述べた問題の延長上にあることだが、統合史研究はまず、地理的な意味での限定から開放されるべきである。

一方でヨーロッパ統合が、現地における現地人の意識、理念、行動によって織りなされていくこと自体は否定しようがない。それゆえ、統合に関与したヨーロッパの各国政府、ヨーロッパ諸機関、社会的アクター・ネットワークなどに分け入り、土台となるアイデンティティ形成を含めて、綿密に検証する作業をこれからも続けなければならない。しかしながらその前提のうえで他方、統合という現象はヨーロッパ当地を囲み、当地を組み込むような広範囲な地域や世界と無縁なわけでもない。したがって、域外の国家や地域、普遍的な国際組織、国境横断的な運動やネットワークなどとの関係を視界に収めたかたちで、叙述や分析を進めることになろう。

具体的には、アメリカなどの伝統的に分析に組み込まれてきた域外パワーはもちろん、さらにソ連・ロシア、日本、中国などの新旧パワーや植民地・新興独立国などの視点、これらとの関係をより深く組み入れる必要性がある。同様に、国際連盟・連合、ＧＡＴＴ・ＷＴＯ、Ｇ７／８、ＩＭＦその他多くの国際機関やフォーラム、また欧州審議会・西欧同盟・欧州安全保障協力会議などの非ＥＵヨーロッパ諸機構、そしてそれらがかたちづくる構造と関係から統合を見つめなおす余地はまだまだある。あるいは統合のアジェンダ設定との関係で、軍事・金融・環境・社会・文化・ジェンダーなどの幅広い分野において域内外にまたがる越境的なネットワークや団体も視野に収めるべきだろう。最後に、ＥＣが一九六〇―七〇年代を通じて世界政治経済上の一アクターとして徐々に自己を確立するに至り、その域外アクター・組織・ネットワークへの影響もまた考察の対象とせねばなるまい(16)。

本書でいえば、第四章の黒田論文が、近年急速に研究の進展した「ユーラフリック」概念とその含意を捕捉している。これは、植民地を抱えた帝国群が「統合」する際、その植民地を含む世界秩序の組み換えが企図され、また植民地側からもそのような再編へのイニシアティヴが取られたさまを活写するもので、研究史上の新しい潮流に合致するだけでなく、植民地側の視点や統合後の広域マネジメント制度の特色を分析した点で新境地を開くものである。他にも、第七章の鈴木論文は、一九七〇年代における日EC関係を扱い、統合史に新たな角度からアプローチしている。この章は、ECSCを契機に労働組合という社会的なアクターを統合過程に組み込んだ統合が、一九七〇年代に社会的側面を強化するにあたり、輸出攻勢を強める日本との貿易紛争に行きあたるという。これは、のちに強調する社会的アクターの重視という潮流にも合致するのだが、それとともに当時の新興国である日本という域外アクターを含めて統合を見つめなおすことで、その性格の（社会的）変容を捉える重要な貢献をなしてもいるのである。

このような地理的な開放は、内発的な統合の歴史自体を特権化せず、より広域化・グローバル化することを意味する。そしてその先に、ヨーロッパ史や世界史の様々な主題との接続、ひいては豊かな叙述を可能にするだろう。

時系列的な開放

冷戦史など他の隣接分野の歴史研究にも見られることであるが、統合史研究は、一般に政府・公的機関の文書が三〇年の時差をもって公開される規則、すなわち三〇年ルールにかなりの程度規定されてきた。つまり、多くの（若手の、特に博士論文クラスの）研究は、公開されたばかりの史料を利用することを一つのセールスポイントとし、対象となる時代の研究上の新しさを提示しようと試みるのである。その結果、無理からぬことであるが、いまなら一九七〇年代研究が盛んであり、その時代の埋もれた重要テーマ・出来事を掘り起こすことになるのである。まもなくこの傾向は、一九八〇年代の研究にも向かうだろう。

しかしながら、オランダでは例外的に二〇年ルールで史料公開制度が運用されており、より重要なことにイギリスやフランスなどの主要国の史料を三〇年待つことなく特例免除(Derogation)で閲覧できる制度もあることから、結果として三〇年ルールに縛られない研究も見られるようになってきた。こうして、ミッテラン時代のヨーロッパ社会政策や冷戦終結時にアジェンダに上った共通外交安全保障政策(ＣＦＳＰ)などのテーマが統合史研究の対象として具現化し始めているのである(Saunier 2003; De Rougé 2010)[17]。

他方、三〇年という時差の最前線を時代的にさかのぼり、すでに第一陣の歴史研究が通り抜けた時代を新たな角度から再検討する研究も見られる。そのなかには、ＥＣＳＣの対外代表・公館の設立をヨーロッパを表象する「象徴政治」の観点から位置づけなおす研究(Krumrey 2010)など、紹介しきれないほど多くの業績が積み上がりつつある。本書の掲載論文では、先にも挙げた労組という社会的アクターに着目した鈴木のＥＣＳＣ研究(本書第七章、鈴木二〇〇五)、ＣＡＰの起源を一九五〇年代前半までさかのぼって検討する川嶋の研究(本書第五章、川嶋二〇〇九b)などがこの流れに(も)位置づけられよう。

この文脈で特に注目したいのは、いわゆる統合の神話から離れた歴史研究の進展である。すなわち、ヨーロッパ統合は、国家主権の超克、独仏の和解、したがって平和の創造に(時に挫折はあるにせよ寄与した)とする一方向的で「目的論的な統合史」(Gilbert 2008)から距離を取り、ヨーロッパ統合史が持つ「暗い遺産」にも目を配るような研究である(遠藤二〇〇八a、序章)。これは、日本における先駆的研究のタイトルに引き付ければ、「ヨーロッパ統合の脱神話化」(中村・佐々木一九九四)という潮流に位置づけることができよう。

これは、統合史の時系列的な文脈で言うと、一九五〇年のシューマン・プランで歴史が断絶したとする旧き良き「正史」と正反対に、戦時期や戦間期、あるいはそれ以前の歴史との連続に重きを置いて叙述することを意味する。

例えば、地域統合という象徴が戦後にポジティブに転化する前の「地域」とは、「広域」であり、「勢力圏」であり、「帝国」でありえた。そうした遺産とＥＵは、どの程度断絶し、また連続しているのだろうか。「ユーラフリカ」という植民地込みの統合ヨーロッパ(とその遺産としての開発政策の起源)を分析した先述の黒田論文(本書第四章)は、この文脈からも語りうるものであろう。他方、ドイツ主導の「中欧」概念を取り上げることで、もう一つの「広域」という主題に取り組み、一九世紀からの連続のなかで統合と接続してみせたのが板橋の研究であった(板橋二〇一〇)。本書第三章でも、板橋は、(いわゆる反動を含む)カトリック勢力が持つ戦前からの長い歴史との関連で戦後の統合を位置づけなおしている。

同様に、戦後にはほぼ専ら平和との関連で語られてきた統合ヨーロッパは、実は戦争中、刻々と変わる戦局との関連で、右派から左派まで、ナチスやヴィシーなどの勢力からも構想されていた。本書第二章の宮下論文は、戦後のポジティヴな統合イメージのなかで忘却の彼方に押し込められてきた論者を議論の俎上に載せ、統合を平和とではなく真逆の戦争との関係で主題化している。

この「暗い遺産」とのかかわりを重視する潮流は、他にも戦間期のナチズムやファシズム、あるいはそのなかに見いだせるテクノクラシーと、戦後のヨーロッパ統合とのかかわりを指摘するなど、多くの刺激的な研究を生み出している(Mazower 1998; Joerge and Ghaleigh 2003)。他方、もちろん、第二次大戦以前の歴史と戦後のヨーロッパ統合を接続するということが、かならずしも「暗い遺産」のみにわれわれを導くわけではない。ミルワードの例を待つまでもなく、戦間期からの福祉国家建設の流れのなかで描くことも可能であるし、多くの外交史が試みたように、いつの世にも変わらぬ国益重視の外交の延長上に統合を描くこともたしかに可能である。

ここでの眼目は、一九五〇年のシューマン・プランをまるで創世記ないし紀元節のように扱う公的史観から離れ、長期的なスパンのなかに置きなおしてみると、そこにもまた統合史再解釈の豊かな余地が広がっているということである。

アプローチ上の開放

ヨーロッパ統合史の研究レヴューをみると、必ずと言っていいほど、学際的に開かれたアプローチの必要が説かれる（Varsori 2010; Ludlow 2009a, 2009b etc.）。たしかに、統合史研究は盛んになったものの、それはえてして孤立したトポスのなかで自らのトピックの重要性や方法論を自明視しがちである。ゆえに、経済学、法学、政治学などの他のディシプリンとの対話のなかから、それらをより広い層に向けて説明できるようになるべきだという主張には耳を傾ける必要があろう。

ここでも、ミルワードが経済社会の視点を持ち込んだことで統合史に大きな風穴を開けたのは間違いのないことである。戦前からの国家と市場の関係というテーマを、戦後における統合とリンクして論じた切り口は、経済史のアプローチとの融合がもたらした画期的なものであった。それは、先述のクヌートセンによる研究に見られるように（Knudsen 2009）、福祉国家建設という広くヨーロッパ史・世界史的な視点から共通農業政策を解釈しなおす作業にも受け継がれており、影響は現在進行形の統合史研究にも及んでいる。したがって、経済史との融合は試みられ、ポジティヴな成果を挙げてきているといえよう。もちろん、将来はもっと違う角度から経済学との相互作用が見られるのかもしれない。本書でも、第六章の田中論文が、経営者団体によるヨーロッパ統合構想がいかなるものであったのか、西ドイツの事例から検討を加え、一九五〇年代における統合路線の分化を実証的に跡づけている。

他方、例えば法学と統合史とのあいだの接点は、いままでのところ希薄であった。『ヨーロッパ統合史ジャーナル（*JEIH*）』の二〇〇八年二号は、例外的にそれらの融合を試みた。また、その特集号におけるラスムッセンの研究にあるように、欧州司法裁判所（ＥＣＪ）史の試みも散発的に見られないわけではない（Rasmussen 2008）。邦語でも伊藤（二〇〇二）のような先駆的研究が存在する。しかし、おおむね、法学的なアプローチを統合史研究に活かそうとする作品が多いとは言えない。(18)

これは、考えようによっては不思議なことである、というのも、ヨーロッパは『法を通じた統合』(Cappelletti, Seccombe and Weiler 1985)によって成立したと法学者は信じており、それは実際にある程度妥当することでもあるからだ。なぜいかにして、EC／EU法がひとに直接に効力を持ち、また国家法に優位する途が開けたのか、史料に基づいた歴史的検証の余地は大きく残っているはずである。というのも、法学者は(ただしくも)そうした現象を判例で跡づけるのに対し(Weiler 1991)、歴史家はその概念の起源、欧州司法裁判官の構成・理念・動機、加盟国政府内外の反応を原史料から再構成できるし、それは判例史より射程の広いものになりうるからである。[19] 他にも例えば、国家と連邦に関する法制史・憲法学的論争に知悉し、法的概念を整理したうえで、ふたたび長いスパン(ないし比較史のなか)で統合史を見直す作業も可能かもしれない。もちろんふたたび、競争法や独占禁止法などのセクターごとの分析や、法務局・ECJ・法曹界のあいだのネットワークの研究など、他にいくらでも学際的な統合史研究のテーマは残されていよう。

こうした学際性の要請は、近年とみに統合史にとって最も近しい学問体系である政治学に向けられている。[20] 主権や市民権といった政治理論・思想史上の基本概念と統合史の理念的アプローチとの接線は厚い。ヒーターや筆者の研究(Heater 1999; Endo 2001)は、その観点から位置づけなおせるかもしれないし、近年統合史研究において政治的理念・イデオロギーへの関心が復活傾向にあることからしても、[21] この方面でやれることはまだまだ多いと考えられる。

同様に、より政治科学的な道具立てを利用し、統合研究における政治学と歴史学の融合を図ることもまた可能であるし、望ましいシナジーを生み出すだろう。すでに、カイザーが提唱したようなガバナンス研究の統合史への適用例については述べた。そこでは、ネットワーク、社会化、公共領域といった社会科学、とりわけ政治学の概念を補助線とし、統合史を描きなおす作業が示唆されていた(Kaiser 2009: 14ff)。そのような試みの延長上に、伝統的な政治学が積み上げてきた議論、例えばコーポラティズムと中間団体(Schmitter and Streeck 1991; Schmitter

2000）、領域的統治（体）の再編（Bartolini 2005; Keating 1998）、政党システム（Rokkan 1966; Caramani 2006, forthcoming）などの理論を統合史の分析に取り入れることで叙述の対象や手法を変化させ、学際的対話を可能にし、よって統合史研究の孤立を和らげることが可能であろう。

また密接に関連する世論や議会選挙の研究についても、政治学の研究蓄積は相当なものがある。ユーロスタット（欧州委員会の統計担当局）は、一九五九年の設立（前身はＥＣＳＣ時代の一九五二年に設けられた統計部局）以降、ヨーロッパの世論調査を担ってきた長い歴史があり、それをもとにした世論研究も少なくない（歴史的な代表例として、Inglehart 1977）。また一九七九年以降の欧州議会の直前選挙導入は、そうした世論と欧州議会をつなぐ回路を開いたことを意味し、五年ごとの議会選挙もすでに七回を数え、それにしたがって研究も蓄積されてきた（Lodge 1979, 1986, 1990, 1996, 2001 2005, 2010; cf. Reif and Schmitt 1980）。他にも、時に死活的重要性を持つ国民投票についての政治分析も積み上がってきている（Butler and Kitzinger 1976; Perrineau 2005; 吉武二〇〇五：遠藤二〇〇五ｂ）。

他にも、マヨーネの研究に導かれるかたちで（Majone 1996）、規制という統治手法を多用する政治体としてＥＵにアプローチする政治学研究が近年急速に進んだ。競争政策や通貨政策が典型的だが、各国のフリーライドや抜け駆けを防ぐために、欧州委員会や欧州中央銀行における比較的中立な専門家集団に執行を預け、非政治化を図るのである。ＥＵはその際の規制主体として重宝されるわけだが、ＥＵはＥＣＳＣやＥＥＣの設立当初からそのような主体として企図されていたのだろうか。そうでないとすると、いつから規制主体化したのであろうか。これらに対する答えは、おそらくＣＡＰの成立に伴う執行委員会制度（コミトロジー）と関係するのであるが、このような歴史的研究はまだ緒についたばかりである（Knudsen and Rasmussen 2008）。同様に、この規制体としてのＥＵは、それが設定する標準や規制に従わない域外の国や主体に対して、五億人もの域内民を抱える一大市場をバックに、大きな影響力を行使するのであるが、このいわゆる「規制帝国」（鈴木二〇〇六）と化すＥＵはいつからどのようにそうなったのであろうか。こうした問いもまた、政治学と歴史学の協働可能性を示唆するのである。[22]

以上いくつかのトピックにわたって、政治学と歴史学の交錯する余地について述べてきたが、一般にその二つのディシピリンが協働するということは、歴史学から見た場合、それが政治学用語や分析法をやみくもに取り入れるということよりもむしろ、政治学の実証の盲点をきちんとつくような史料の掘り下げを試み、政治の議論の俎上に(も)載せられるようにその道具立ての妥当性を問うようなニュアンスに富んだ叙述をするということである。他方、政治学から見れば、歴史学の経験的な検証の緻密さにも耐えられる実証手続きを史料制約のなかで可能な限り踏むということ、その経験的な検証に役立つような道具立て(概念・分析枠組み)を可能な限りニュアンスを失わないかたちで絞り込み、提供するということであろう。近くて遠い両学問体系が突如融合するとは思えないし、それが望ましいとも思えない。お互いの強みを認識しつつ謙虚に相互交通すれば、得るものは多いと思われる。

おわりに

以上、ミルワードの問題提起を起点として、ヨーロッパ統合史という研究領域の発展をたどり、今後の展開について考えてきた。その際、地理的・時系列的・研究手法上の三重の開放を示唆した。

しかしこれは、同時に自明であった「統合(に向かう)ヨーロッパ」像を揺るがすことを意味する。西欧限定を解き、三〇年ルールや冷戦期に囚われず、史料を他のアプローチとの対話のなかから多方向に意味づけする方向を指し示したからである。それは、本書の題名に掲げた「複数のヨーロッパ」の存在を可視化することにつながる。

ただし、そうした開放は、ヨーロッパ像の拡散をもたらし、逆に何故にEU(につながる)統合を主題化するのか、「統合史」という研究領域そのものへの疑問をも胚胎するにちがいない。筆者は、それはそれで悪くない展開だと考える。そうすることで、隣接領域との接続や対話が可能になるからである。他方、それだけでは、とりわけ一九八〇年代以降のヨーロッパや世界の政治経済において、何故ＥＣやＥＵが(他の国家や組織に比肩しうる)一つの中心となりえたのかという問いに答えられない。その限りで、ＥＵの中心性の獲得は歴史的な問いとして持続するのではないだろうか。その際、戦後のヨーロッパ国際関係史における多くの重大な局面で、ＥＣ・ＥＵ統合が選択されてきたことには、やはり留意する必要がある。

本書のなかで言えば、妹尾論文(第八章)や山本論文(第九章)は、一九六〇年代末から七〇年代初頭のデタント期において、なぜＥＣ統合が進展を見せたのか明らかにしている。西ドイツのブラントが主導した東方外交は、いうまでもなく、戦後の冷戦のもと、ドイツの覇権を封じ込め、西に限定されたかたちで進行したヨーロッパ統合の土台を揺るがす一大事件であった。その重要な局面で、西ドイツ、フランス、イギリスは、メンバー拡大や共通農業政策をめぐり駆け引きを繰り返したが、そのなかからＥＣ統合は繰り返し選びなおされ(また挫折し)てきたのである。二つの論文は、古典的とも言える外交史の手法により、その過程を跡づけている。

もとより研究の最前線でもある一九七〇年代の歴史は、そのようなエピソードに還元できるものではなく、次々と新しい史実や解釈が披露されつつある。しかしながら、そうしたエピソードの繰り返しのなかから、どこかの段階で、のちのＥＣ・ＥＵの中心性が準備されてきたのは間違いのないことである。

こうして、複数のヨーロッパを明らかにし、統一像の拡散や揺らぎのなかから、ＥＣ・ＥＵの中心性の弁証が課題として再浮上する。これは、単に研究課題が一巡したということにならない。むしろ、様々な自明性の前提を取り払ったのち、古い課題が新しく見えるということであろう。おそらくそのようにしながら、統合史は、研究テーマとして、これからも多くを魅了し続けるにちがいない。

〈注〉

（1）本章はいうまでもなく独立して読めるように書かれた論考であるが、その前提として、筆者自身がかかわったヨーロッパ統合史に関する共同研究の成果がある。併せて遠藤二〇〇八a、特に序章、および遠藤二〇〇八bを参照されたい。なお前者は、台湾において中国語に訳され、遠藤二〇一〇bとして出版された。

これらの共同研究の成果は、いくつかのワークショップで批評の対象となり、そのたびにアプローチのあり方について考えさせられた。そうした機会を設けてくださった各方面に感謝している。ここでは特に、Wilfried Lothおよび網谷龍介（「次世代のEU研究」EUインスティテュート関西ワークショップ、大阪大学、二〇〇八年五月一〇日）、川島真（「広域史へのアプローチ」現代史研究会、青山学院大学、二〇〇八年一二月一三日）、廣田功および小島健（ヨーロッパ統合史フォーラム、立正大学、二〇〇九年一月二四日）、Georges-Henri Soutou (International Conference on EU-Asian Relations in the 21st Century, Institute of European and American Studies, Academia Sinica, Taipei, Taiwan, 4-5 December 2008)、および大竹弘二（「欧州統合の複数性」日本国際政治学会分科会、札幌、二〇一〇年一〇月三〇日）の各氏の批判的コメントに記して感謝したい。

本章は、大阪や台北におけるワークショップで提示した英文草稿 'Whither EU Historiography?' などをもとにし、全面的に論じなおしたものである。

（2）ここではテーマや争点を浮かび上がらせるため、ミルワードの一連の著作、特に Milward 1992 における（強烈な）問題提起にひとまず依拠する。他にも初期の研究レヴューとして、彼自身の Milward 1987 をはじめ、以下を併せて参照。Schwarz 1983, Arfè 1989; Griffiths 1990; Würm 1996.

他方、編年体によって（比較的素直に）統合史研究の起源と変遷を綴った最近のレヴューとして、Ludlow 2009a, 2009b や Varsori 2010 を参照されたい。ただし、後者に典型的だが、レヴューする者が同時に研究史の一部である場合、プレーヤーが審判を兼ねることともなり、その記述に時に偏りや自己礼賛があるのは無理からぬことである。

（3）紙幅の都合上、国ごとの統合史研究の傾向や、各国とEUのあいだの関係史の研究については、正面からは取り上げない。関心のある向きは、Gehler 2010 を参照されたい。

（4）ただし、ジェルベは国際連合の歴史についても書いており、ピュアな国家間外交史と趣を異にするばかりか、後段との関係で言えば、マルチ・レベル・ガバナンス史のはしりと見ることも不可能ではない。また、欧州石炭鉄鋼共同体について一九五〇年代から叙述しており、同時代史家としても記憶されることになろう。フランス外交史学の伝統については、宮下雄一郎・黒田友哉両氏によるご教示に多くを負うているが、公刊されたものとしては、宮下（二〇一一）を参照されたい。

（5）この点について早くから指摘していたものとして、中村研一「ヨーロッパは政治共同体たりうるのか」佐々木・中村編一九九四、第二章参照。

(6) ここでは扱わないが、EU統合に限定されないかたちでヨーロッパ・アイデンティティの形成を扱う大規模プロジェクトが、フランスの国際関係史家ルネ・ジローやその弟子のロベール・フランクによって主導された。その代表的な成果としては、Frank 2004 が挙げられる。また同様にフランスにおける国際関係史研究者であるエリック・ビュシエールを中心に、財界などのエリート次元に絞ったかたちでアイデンティティのヨーロッパ化を検討したものとして、併せて Bussière, Dumoulin, et Schirmann 2006a 2006b, 2007 を参照。

(7) Poidevin 1986b; Schwabe 1988; Serra 1989; Trausch 1993; Dumoulin 1995; Deighton and Milward 1999; Loth 2001; Bitsch et Bossuat 2005; Varsori 2005; Trausch 2005; Harst 2007; Loth 2008.

(8) 代表的なものを挙げると、それぞれ Schwarz 1986, 1991; Craveri 2006; Bézias 2006; Dumoulin 1999; Dujardin et Dumoulin 1997; Loth, Wallace and Wessels 1998; Horne 1989a, 1989b; Dutton 1997; 細谷二〇〇五; Lacouture 1991; Roussel 1994, 1996, 2002; Duchêne 1994.

(9) 筆者自身、ジャン・モネを題材として取り上げ、統合への貢献を神話化することをなるべく避けながら、二〇世紀における計画主義、テクノクラシー、ニューディールないしアメリカニズムなどの広い文脈のなかに開放し、ヨーロッパ統合史を論じようと試みた。遠藤二〇〇九、二〇一〇a参照。

(10) この点と関連し、川嶋（二〇〇九a、六頁）は「〈欧州〉共同体の内部をべったり見ていくことで誕生したヨーロッパ統合研究は、政府間主義に基づく修正を経て、再び〈超国家性〉とは何か、という問いに回帰した」可能性を示唆している。

(11) Spierenburg et Poidevin 1993 の共著者のうち、スピーレンブルグは初代高等機関のメンバーの一人であった。

(12) この点に明瞭に釘をさしているものとして、Ludlow 2009b: 40.

(13) この手の研究として、先に挙げた Ludlow 2006 以外にも、Palayret, Wallace and Winand 2006; Bajon 2009 などが挙げられる。

(14) 外交史や経済史におけるこうした伝統的概念・方法は「方法論的ナショナリズム」として括ることができよう。それに対する批判を含め、遠藤二〇〇五aを参照されたい。

(15) スタークによる通史は、ドイツを中心として中欧などの旧東側諸国を視野におさめた例として記憶されるかもしれない。Stirk 1996 参照。

(16) この最後の点については、例えば Harst 2007 が取り扱っている。

(17) 古くはシューマン・プランの起源を検討した Gerbet 1956、あるいは欧州通貨制度の形成を追跡した Ludlow 1982 も、同時代史的な統合史研究として位置づけうる。これと関連し、同時代ないし近接過去を一定の内部資料に基づいて分析する政治学の統合研究を、今後の統合史研究がどのように取り扱うのか、注視する必要がある。それは、とりわけ同時代的な政治学的分析が花開いた一九八〇年代後半以降の統合研究に当てはまろう。

(18)　若手の統合史研究者で構成するRICHIE (Réseau International de jeunes Chercheurs en Histoire de l'Intégration Européenne)は、二〇一〇年のワークショップに、ヨーロッパ統合史における法的側面をテーマとして選んだ。以下のウェブサイトを参照されたい。http://www.europe-richie.org/Groupes/law/index-en.html(二〇一一年四月一二日最終閲覧)

(19)　そのなかでAlter 2001が、欧州司法裁判所、加盟国裁判所、加盟国政府のあいだの相互作用の歴史叙述を試みているのは注目に値する。ただし、こうした歴史研究のインフラはかならずしも十全ではない。二〇一〇年執筆現在、欧州司法裁判所はいまだにその史料をフィレンツェの欧州連合史料館に寄託しておらず、その取り決めに向け、史料館長のJ＝M・パラレ氏は厳しい交渉中であった。

(20)　このテーマについて概観するには、Pine 2008; Warleigh-Lack 2009を参照。

(21)　代表的な作品として、Heater 1992があるが、最近の研究のなかでも、例えばキリスト教民主主義について、Kaiser 2007、社会主義や社会民主主義についてAnaya 2002、イギリスの欧州懐疑主義についてDewey 2009などを想起されたい。

(22)　これについては、別に遠藤・鈴木近刊にて論じる予定である。

〈引用・参考文献〉


板橋拓己(二〇一〇)『中欧の模索――ドイツ・ナショナリズムの一系譜』創文社。

伊藤洋一(二〇〇二)「基礎法・特別講義(七)ヨーロッパ法(一)―(四)」『法学教室』二六三―二六六号。

上原良子(二〇〇二)「「ヨーロッパ文化」と欧州審議会の成立」日本国際政治学会編『国際政治』第一二九号、九二―一〇六頁。

遠藤乾(二〇〇五a)「日本におけるヨーロッパ連合研究のあり方――方法論的ナショナリズムを越えて」中村民雄編『EU研究の新地平――前例なき政体への接近』ミネルヴァ書房、一―二七頁。

遠藤乾(二〇〇五b)「フランス・オランダ国民投票による欧州憲法条約否決」『生活経済政策』一〇四号、九月、二―八頁。

遠藤乾編(二〇〇八a)『ヨーロッパ統合史』名古屋大学出版会。

遠藤乾編(二〇〇八b)『原典ヨーロッパ統合史――史料と解説』名古屋大学出版会。

遠藤乾(二〇〇九)「帝国を抱きしめて――「ヨーロッパ統合の父」＝ジャン・モネのアメリカン・コネクション」『思想』一〇二〇(「暴力・連帯・国際秩序」特集)号、四月、一五二―一七〇頁。

遠藤乾(二〇一〇a)「ジャン・モネ――グローバル・ガバナンスの歴史的源流」遠藤乾編著『グローバル・ガバナンスの歴史と思想』有斐閣、四七―八〇頁。

遠藤乾編(二〇一〇b)『歐洲統合史』(國立編譯館主譯、姜家雄審閲、王文萱譯)五南圖書出版。

遠藤乾・鈴木一人編（近刊予定）『ＥＵの規制力』日本経済評論社。

小川浩之（二〇〇八）『イギリス帝国からヨーロッパ統合へ――戦後イギリス対外政策の転換とＥＥＣ加盟申請』名古屋大学出版会。

川嶋周一（二〇〇三）「ＥＥＣの成立と欧州統合史研究の手法に関する一考察――欧州共通農業政策の成立に関連して」『現代史研究』第四九号、五九―六八頁。

川嶋周一（二〇〇九ａ）「比較・関係・制度――国家を超える政治構造の歴史をいかに記述するか」『創文』五一六号、一―二月、六―一〇頁。

川嶋周一（二〇〇九ｂ）「ヨーロッパ構築過程における共通農業政策の起源と成立　１９５０―１９６２」『政經論叢』七七巻三―四号、二三九―二九五頁。

権上康男（二〇〇八）「スミソニアン体制崩壊後の欧州通貨協力（一九七三―七六年）」『横浜商大論集』第四一巻二号、二九―九一頁。

佐々木隆生・中村研一編著（一九九四）『ヨーロッパ統合の脱神話化――ポスト・マーストリヒトの政治経済学』ミネルヴァ書房。

鈴木一人（二〇〇六）「『規制帝国』としてのＥＵ」山下範久編『帝国論』講談社選書メチエ、四四―七八頁。

鈴木均（二〇〇五）「初の「欧州アクター」だったのか？――ドイツ労働総同盟（ＤＧＢ）の欧州統合理念および欧州石炭鉄鋼共同体への参画過程」田中俊郎・庄司克宏編『ＥＵと市民』慶應義塾大学出版会、二三七―二七七頁。

平野千果子（二〇〇九）「交錯するフランス領アフリカとヨーロッパ――ユーラフリカ概念を中心に」『思想』一〇二一号、一七八―一九九頁。

細谷雄一（二〇〇五）『外交による平和――アンソニー・イーデンと20世紀の国際政治』有斐閣。

益田実（二〇〇八）『戦後イギリス外交と対ヨーロッパ政策――「世界大国」の将来と地域統合の進展、１９４５～１９５７年』ミネルヴァ書房。

宮下雄一郎（二〇一一）「フランス国際関係史「学派」と理論をめぐる問題」『法学研究』第八四巻一号、四九九―五二八頁。

吉武信彦（二〇〇五）『国民投票と欧州統合――デンマーク・ＥＵ関係史』勁草書房。

Alter, Karen (2001), *Establishing the Supremacy of European Law: The Making of an International Rule of Law in Europe*, Oxford University Press.

Anaya, Pilar Ortuno (2002), *European Socialists and Spain: The Transition to Democracy, 1959–77*, Palgrave Macmillan.

Arfè, Gaetano (1989), *L'integrazione europea nella storiografia italiana del dopoguerra*, in: Valerio Grementieri e Antonio Papisca (a cura di), *Europa 1992: le sfide per la ricerca e l'Università*, Giuffrè, pp. 245–262.

Bajon, Philip Robert (2009), "The European Commissioners and the Empty Chair Crisis of 1965–66," *Journal of European*

Integration History, Vol. 15, No. 2, pp. 105-125.

Barraclough, Geoffrey (1963), *European Unity in Thought & Action*, Blackwell.

Bartolini, Stefano (2005), *Restructuring Europe. Centre Formation, System Building, and Political Structuring between the Nation State and the European Union*, Oxford University Press.

Becker, Josef and Franz Knipping eds. (1986), *Power in Europe ?* vol. 1, *Great Britain, France, Italy and Germany in a Postwar World 1945-1950*, W. De Gruyter.

Bézias, Jean-Rémy (2006), *Georges Bidault et la politique étrangère de la France: Europe, Etat-Unis, proche-orient, 1944-1948*, Harmattan.

Bitsch, Marie-Thérèse (1996), *Histoire de la construction européenne de 1945 à nos jours*, Complexe.

Bitsch, Marie-Thérèse éd. (1997), *Jalons pour une histoire du Conseil de l'Europe*, Peter Lang, collection Euroclio.

Bitsch, Marie-Thérèse et Gérard Bossuat éds. (2005), *L'Europe unie et l'Afrique: De l'idée d'Eurafrique à la convention de Lomé I*, Bruylant / L.G.D.J. / Nomos.

Bossuat, Gérard (1992), *La France, l'aide américaine et la construction européenne 1944-1954*, Ministère de l'Economie et des Finances.

Bossuat, Gérard (forthcoming), *Émile Noël: premier secrétaire général de la Commission européenne.*

Brugmans, Henri (1970), *L'idée enropéenne 1920-1970*, De Tempel.

Bussière, Eric, Michel Dumoulin et Sylvain Schirmann éds. (2006a), *Milieux économiques et intégration européenne au XXe siècle. Europe organisée ou Europe du libre-échange*, Peter Lang.

Bussière, Eric, Michel Dumoulin et Sylvain Schirmann éds. (2006b), *Milieux économiques et intégration européenne au XXe siècle. La crise des années 1970. De la conférence de La Haye à la veille de la relance des années 1980*, Peter Lang.

Bussière, Eric, Michel Dumoulin et Sylvain Schirmann éds. (2007), *Milieux économiques et intégration européenne au XXe siècle. La relance des années quatre-vingt (1979-1992)*, CHEFF.

Bussière, Eric, Michel Dumoulin et Emilie Willaert éds. (2008), *La Banque de l'Union européenne. La BEI, 1958-2008*, Imprimerie Centrale.

Butler, David and Uwe Kitzinger (1976), *The 1975 Referendum*, Macmillan.

Caramani, Daniele (2006), "Is There a European Electorate and What Does It Look Like? Evidence from Electoral Volatility Measures, 1976-2004," *West European Politics*, Vol. 29, No. 1, pp. 1-27.

Caramani, Daniele (forthcoming), *The Europeanisation of Electoral Politics: An Analysis of Converging Voting Patterns in 30 European Countries, 1970–2008*.

Calandri, Elena (2006), "L'Italia e l'assistenza allo sviluppo dal neoatlantismo alla Conferenza di Cancun del 1981," in Federico Romero e Antonio Varsori (eds.), *Nazione, interdipendenza, integrazione. Le relazioni internazionali dell'Italia (1917–1989)*, vol. 2, Carocci, pp. 253–271.

Cappelletti, Mauro, Monica Seccombe and Joseph Weiler eds. (1985), *Integration through Law: Europe and the American federal experience*, W. de Gruyter.

Chenaux, Philippe (1990), *Une Europe Vaticane: Entre le Plan Marshall et les Traité de Rome*, Ciaco.

Ciampani, Andrea ed. (1995), *L'altra via per l'Europa. Forze sociali e organizzazione degli interessi nell'integrazione europea (1947–1957)*, Franco Angeli.

Coppolaro, Lucia (2006a), *Trade and Politics across the Atlantic: The European Economic Community (EEC) and the United States of America in the GATT Negotiations of the Kennedy Round (1962–1967)*, PhD dissertation, European University Institute.

Coppolaro, Lucia (2006b), "The Empty Chair Crisis and the Kennedy Round of GATT Negotiations (1962–67)," in: Jean-Marie Palayret, Helen Wallace and Pascaline Winand (eds.), *Visions, Votes, and Vetoes. The Empty Chair Crisis and the Luxembourg Compromise Forty Years On*, Peter Lang, pp. 219–239.

Coppolaro, Lucia (2006c), "The European Economic Community in the GATT Negotiations of the Kennedy Round (1964–1967): Global and Regional Trade," in: Antonio Varsori (ed.), *Inside the European Community. Actors and Policies in the European Integration 1957–1972*, Nomos, pp. 347–368.

Craveri, Piero (2006), *De Gasperi*, Il Mulino.

Deighton, Anne (1990), *The Impossible Peace: Britain, the Division of Germany and the Origins of the Cold War*, Oxford University Press.

Deighton, Anne ed. (1995), *Building Postwar Europe: National decision-makers and European institutions, 1948–63*, Macmillan.

Deighton, Anne and Alan S. Milward eds. (1999), *Widening, Deepening and Acceleration: The European Economic Community 1957–1963*, Nomos / Bruylant.

De Rougé, Guillaume (2010), *La fil d'Ariane: La France et la défense européenne dans l'après-guerre froide 1991–2001*, Thèse de doctorat, Histoire contemporaine - Relations international, Université de Paris III.

De Rougemont, Denis (1961), *Vingt-huit siècles d'Europe. La conscience européenne à travers les texts d'Hésiode à nos jours*, Payot.

Dewey, Robert F., Jr. (2009), *British National Identity and Opposition to Membership of Europe, 1961-63: The anti-marketeers*, Manchester University Press.

Di Nolfo, Ennio ed. (1992), *Power in Europe ?* vol. 2, *Great Britain, France, Germany and Italy and the Origins of the EEC 1952-1957*, W. De Gruyter.

Duchêne, François (1994), *Jean Monnet. The First Statesman of Interdependence*, Norton.

Dujardin, Vincent et Michel Dumoulin (1997), *Paul van Zeeland, 1893-1973*, Racine.

Dumoulin, Michel éd. (1995), *Plans des temps de guerre pour l'Europe d'après-guerre, 1940-1947*, Bruylant / Guiffré / L.G.D.J. / Nomos.

Dumoulin, Michel (1999), *Spaak*, Racine.

Dumoulin, Michel éd. (2007), *La Commission européenne, 1958-1972, histoire et mémoires d'une institution*, Commission européenne, OPOCE.

Dumoulin, Michel et Anne-Myriam Dutrieue (1993), *La Ligue européenne de Coopération Économique. Un groupe d'étude et de pression dans la construction européenne*, Peter Lang.

Du Réau, Élisabeth (1996), *L'Idée d'Europe au XXe siècle. Des mythes aux réalités*, Complexe.

Dutton, David (1997), *Anthony Eden: A life and reputation*, Arnold.

Endo, Ken (2001), "Subsidiarity and Its Enemies: To What Extent Is Sovereignty Contested in the Mixed Commonwealth of Europe?" *EUI Working Paper RSC*, 2001/24, July, pp. 1-42.

Frank, Robert éd. (2004), *Les identités européennes au XXe siècle: convergences, diversités et solidarités*, Publications de la Sorbonne.

Gehler, Michael (2010), "At the Heart of Integration: Understanding National European Policy," Kaiser and Varsori (eds.), *European Union History*, pp. 85-108.

Gerbet, Pierre (1956), "La genèse du plan Schuman. Des origines à la déclaration du 9 mai 1950," *Revue française de science politique*, vol. 6, n° 3, pp. 525-553.

Gerbet, Pierre (1983), *La construction de l'Europe*, Imprimerie nationale.

Gilbert, Mark (2008), "Narrating the Process. Questioning the Progressive Story of European Integration," *Journal of*

Common Market Studies, vol. 63, no. 3, pp. 641-662.

Gilbert, Mark (2010), "A Polity Constructed: New Explorations in European Integration History," *Contemporary European History*, Vol. 19, No. 2, pp. 169-179.

Girault, Rène (1982), "Les relations économiques avec l'extérieur (1945-1975): mutations et permanences," in: Fernand Braudel and Ernest Labrousse (eds.), *Histoire économique et sociale de la France*, vol. 3, Presses Universitaires de France, pp. 1379-1426.

Griffiths, Richard (1990), "A la Recherche des Débuts de l'Integration Européenne," *Revue de Synthèse*, Série V, 111/3.

Haas, Ernst B. (1958), *The Uniting of Europe: Political, Social, and Economic Forces, 1950-1957*, Stanford University Press.

Harst, Jan van der ed. (2007), *Beyond the Customs Union: The European Community's Quest for Deepening, Widening and Completion, 1969-1975*, Bruylant / LGDJ / Nomos.

Hay, Denys (1957), *Europe: The Emergence of an Idea*, Edinburgh University Press.

Heater, Derek (1992), *The Idea of European Unity*, Leicester University Press（田中俊郎監訳『統一ヨーロッパへの道――シャルルマーニュからEC統合へ』岩波書店、一九九四年）.

Heater, Derek (1999), *What is Citizenship?* Polity Press（田中俊郎・関根政美訳『市民権とは何か』岩波書店、二〇〇二年）

Hogan, Michael J. (1987), *The Marshall Plan: America, Britain, and the Reconstruction of Western Europe, 1947-1952*, Cambridge University Press.

Horne, Alistair (1989a), *Macmillan, Vol. 1, 1894-1956*, Viking.

Horne, Alistair (1989b), *Macmillan, Vol. 2, 1957-1986*, Viking.

Inglehart, Ronald (1977), *The Silent Revolution: Changing Values and Political Styles in Advanced Industrial Society*, Princeton University Press（三宅一郎他訳『静かなる革命――政治意識と行動様式の変化』東洋経済新報社、一九七八年）.

Joerge, Christian and Navraj Singh Ghaleigh eds. (2003), *Darker Legacies of Law in Europe: The Shadow of National Socialism and Fascism over Europe and Its Legal Traditions*, Hart.

Kaelble, Hartmut (1987), *Auf dem Weg zu einer europaischen Gesellschaft: Eine Sozialgeschichte Westeuropas, 1880-1980*, C. H. Beck（雨宮昭彦他訳『ひとつのヨーロッパへの道――その社会史的考察』日本経済評論社、一九九七年）.

Kaelble, Hartmut ed. (2004), *The European Way: European Societies during the Nineteenth and Twentieth Centuries*, Berghahn.

Kaelble, Hartmut (2005), *Chemins de la démocratie européenne* (traduit de l'allemand par Nicole Thiers), Editions Belin [2001].

Kaelble, Hartmut (2007), *Sozialgeschichte Europas. 1945 bis zur Gegenwart*, Beck（永岑三千輝監訳『ヨーロッパ社会史――194

5年から現在まで』日本経済評論社，二〇一〇年）.
Kaiser, Wolfram (2006), "From State to Society? The Historiography of European Integration," in: Michelle Cini and Angela Bourne (eds.), *Palgrave Advances in European Union Studies*, Palgrave, pp. 190–208.
Kaiser, Wolfram (2007), *Christian Democracy and the Origins of European Union*, Cambridge Universtiy Press.
Kaiser, Wolfram (2008a), "Bringing People and Ideas Back in: Historical Research on the European Union," in: David Phinnemore and Alex Warleigh (eds.), *Reflections on European Integration*, Palgrave, chap. 2.
Kaiser, Wolfram (2008b), "History meets Politics: Overcoming the Interdisciplinary Volapük in Research on the EU," *Journal of European Public Policy*, vol. 15, No. 2, pp. 300–313.
Kaiser, Wolfram (2009), "Transnational Networks in European Governance: The Informal Politics of Integration," in: Kaiser, Leucht and Rasmussen (eds.), *The History of the European Union*. pp. 12–33.
Kaiser, Wolfram (2010), "From Isolation to Centrality: Contemporary History Meets European Studies," in: Kaiser and Varsori (eds.), *European Union History*, pp. 45–65.
Kaiser, Wolfram and Brigitte Leucht (2008), "Informal Politics of Integration: Christian Democratic and Transatlantic Networks in the Creation of ECSC core Europe," *Journal of European Integration History*, vol. 14, no. 1, pp. 35–49.
Kaiser, Wolfram, Brigitte Leucht and Morten Rasmussen eds. (2009), *The History of the European Union: Origins of a Trans- and Supranational Polity, 1950–72*, Routledge.
Kaiser, Wolfram and Antonio Varsori eds. (2010), *European Union History: Themes and Debates*, Palgrave Macmillan.
Keating, Michael (1998), *The New Regionalism in Western Europe: Territorial Restructuring and Political Change*, Edward Elgar.
Knudsen, Ann-Christina L. (2009), *Farmers on Welfare: The Making of Europe's Common Agricultural Policy*, Cornell University Press.
Knudsen, Ann-Christina L. and Morten Rasmussen (2008), "A European Political System in the Making 1958–1970: The Relevance of Emerging Committee Structures," *Journal of European Integration History*, Vol. 14, No. 1, pp. 51–68.
Krumrey, Jacob (2010), "The symbolic landscape of European integration. The search for Europe's capital during the formative years of the European integration process," RICHIE-EUI-Padova workshop, European University Institute, 10–11 June 2010.
Lacouture, Jean (1991), *De Gaulle: The ruler, 1945–1970*, Harvill.
Laursen, Johnny (2002), "Towards a Supranational History?" *Journal of European Integration History*, Vol. 8, No. 1, pp. 5–10.

Lipgens, Walter ed. (1985), *Documents on the History of European Integration, Vol. 1, Continental Plans for European Union, 1939-1945*, W. de Gruyter.

Lipgens, Walter ed. (1986), *Documents on the History of European Integration, Vol. 2, Plans for European Union in Great Britain and in Exile, 1939-1945*, W. de Gruyter.

Lipgens, Walter and Wilfried Loth eds. (1988), *Documents on the History of European Integration, Vol. 3, The struggle for European Union by political parties and pressure groups in Western European countries, 1945-1950*, W. de Gruyter.

Lipgens, Walter and Wilfried Loth eds. (1991), *Documents on the History of European Integration, Vol. 4, Transnational organizations of political parties and pressure groups in the struggle for European Union, 1945-1950*, W. de Gruyter.

Lodge, Juliet (1979), "The 1979 elections to the European Parliament: Results and prospects," *Australian Journal of International Affairs*, Vol. 33, No. 3, December, pp. 296-307.

Lodge, Juliet ed. (1986), *The Direct Elections to the European Parliament 1984*, Macmillan.

Lodge, Juliet ed. (1990), *The 1989 Elections to the European Parliament*, Macmillan.

Lodge, Juliet ed. (1996), *The 1994 Elections to the European Parliament*, Pinter.

Lodge, Juliet ed. (2001), *The 1999 Elections to the European Parliament*, Palgrave.

Lodge, Juliet ed. (2005), *The 2004 Elections to the European Parliament*, Palgrave.

Lodge, Juliet ed. (2010), *The 2009 Elections to the European Parliament*, Palgrave Macmillan.

Loth, Wilfried ed. (2001), *Crises and Compromises: The European Project 1963-1969*, Nomos / Bruylant.

Loth, Wilfried ed. (2008), *Experiencing Europe: 50 years of European construction, 1957-2007*, Nomos.

Loth, Wilfried, William Wallace and Wolfgang Wessels eds. (1998), *Walter Hallstein: The Forgotten European?* (Trans. from the German by Bryan Ruppert), Macmillan.

Ludlow, N. Piers (1997), *Dealing with Britain: The Six and the First UK Application to the EEC*, Cambridge Universtiy Press.

Ludlow, N. Piers (2006), *The European Community and the Crises of the 1960s: Negotiating the Gaullist Challenge*, Routledge.

Ludlow, N. Piers ed. (2007), *European Integration and the Cold War Ostpolitik-Westpolitik, 1965-1973*, Routledge.

Ludlow, N. Piers (2009a), "History Aplenty—but still too isolated," in: Michelle Egan, Neill Nugent and William Paterson (eds.), *Research Agendas in EU Studies: Stalking the Elephant*, Palgrave Macmillan, pp. 14-36.

Ludlow, N. Piers (2009b), "Widening, Deepening and Opening Out: Towards a Fourth Decade of European Integration History" in: Loth ed., *Experiencing Europe*, pp. 33-44.

Ludlow, N. Piers (2009c), "European Integration—A Cold War Phenomenon?" in: Odd Arne Westad & Mel Leffler (eds.), *The Cambridge History of the Cold War*, vol. 2, Cambridge University Press.

Ludlow, N. Piers (2010), "Governing Europe: Charting the Development of a Supranational Political System," in: Kaiser and Varsori eds., *European Union History*, pp. 109-127.

Ludlow, Peter (1982), *The Making of the European Monetary System: A Case Study of the Politics of the European Community*, Butterworth.

Lundestad, Geir (1998), *'Empire' by Integration: The United States and European Integration, 1945-1997*, Oxford University Press.

Majone, Giandomenico (1996), *Regulating Europe*, Routledge.

Mazower, Mark (1998), *Dark Continent: Europe's Twentieth Century*, Allen Lane.

Mechi, Lorenzo (2006), "Les États membres, les institutions et les débuts du Fonds Social Européen," in: Varsori (ed.), *Inside the European Community*, pp. 95-116.

Mény, Yves ed. (2009), *La Construction d'un Parlement: 50 Ans d'histoire du Parlement Europeen, 1958-2008*, Office des publications officielles des Communautés européennes.

Milward, Alan S. (1984), *The Reconstruction of Western Europe*, Routledge.

Milward, Alan S. (1987), "Der historische Revisionismus zur Einigungsgeschichte Westeuropas: Neue historische Erkennetnisse statt überholter Schulweisheitern," *Integration*, 10, S. 100-106.

Milward, Alan S. (1992), *The European Rescue of the Nation-State*, Routledge.

Milward, Alan S. et al (1993), *The Frontier of National Sovereignty: history and theory, 1945-1992*, Routledge.

Milward, Alan S. (1995), "Allegiance. The Past and the Future," *Journal of European Integration History*, Vol. 1, No. 1, pp. 7-20.

Milward, Alan S. (2005), *Politics and Economics in the History of the European Union*, Routledge.

Milward, Alan S. and Vibeke Sørensen (1993), "Interdependence or Integration? A National Choice," in: Milward et al., *The Frontier of National Sovereignty*, pp. 1-32.

Moravcsik, Andrew (1998), *The Choice for Europe: Social Purpose and State Power from Messina to Maastricht*, Cornell University Press.

Palayret, Jean-Marie, Helen Wallace and Pascaline Winand eds. (2006), *Visions, Votes and Vetoes: The Empty Chair Crisis and the Luxembourg Compromise Forty Years On*, Peter Lang.

Paoli, Simone (2007), "La nascita di una dimensone educativa comunitaria tra interessi nazionali e istanze di movimento (1969-1976)," in: Antonio Varsori (ed.), *Alle origini del presente. L'Europa occidentale nella crisi degli anni Settanta*, Franco Angeli, pp. 221-250.

Patel, Kiran Klaus ed. (2009), *Fertile Ground for Europe? The History of European Integration and the Common Agricultural Policy since 1945*, Nomos Verlag.

Pine, Melissa (2008), "European integration: a meeting ground for history and political science?" *Journal of European Integration History*, Vol. 14, No. 1, pp. 87-104.

Perrineau, Pascal éd. (2005), *Le vote européen 2004-2005. De l'élargissement au référendum français*, Presses de sciences po.

Poidevin, Raymond (1986a), *Robert Schuman, homme d'État*, Imprimerie nationale.

Poidevin, Raymond éd. (1986b), *Histoire des Débuts de la Construction Européenne, mars 1948—mai 1950*, Actes du colloques de Strasbourg, 26-30 novembre 1984, Bruylant / Guiffré / L.G.D.J. / Nomos.

Rasmussen, Morten (2008), "The Origins of a Legal Revolution—The Early History of the European Court of Justice," *Journal of European Integration History*, Vol. 14, No. 2, pp. 77-98.

Rasmussen, Morten (2010), "European Rescue of the Nation-State? Tracing the Role of Economics and Business," in: Kaiser and Varsori (eds.), *European Union History*, pp. 128-149.

Reif, Karlheinz and Hermann Schmitt (1980), "Nine Second-Order National Elections: A Conceptual Framework for the Analysis of European Election Results," *European Journal of Political Research*, vol. 8, no. 1, pp. 3-45.

Rokkan, Stein (1966), "Cleavage Structures, Party Systems and Voter Alignments," in: S. M. Lipset and Stein Rokkan (eds.), *Party Systems and Voter Alignments*, Free Press.

Roussel, Eric (1994), *Georges Pompidou, 1911-1974*, J. C. Lattès.

Roussel, Eric (1996), *Jean Monnet, 1888-1979*, Fayard.

Roussel, Eric (2002), *Charles de Gaulle*, Gallimard.

Saunier, Georges (2003), "François Mitterrand, un projet socialiste pour l'Europe? L'équipe européenne de François Mitterrand, 1981-1984," in: Gérard Bossuat and Georges Saunier (eds.), *Inventer l'Europe: histoire nouvelle des groupes d'influence et des acteurs de l'unité européenne*, Peter Lang, pp. 431-448.

Schmitter, Philippe and Wolfgang Streeck (1991), "From National Corporatism to Transnational Pluralism: Organized

Interests in the Single European Market," *Politics & Society*, Vol. 19, No. 2, June, pp. 133-164.

Schmitter, Philippe (2000), *How to Democratize the European Union . . . and Why Bother?* Rowman & Littlefield.

Schwabe, Klaus hg. (1988), *Die Anfänge des Schuman-Plans, 1950/51*, Beiträge des Kolloquiums in Aachen, 28.-30. Mai 1986, Nomos / Guiffré / L.G.D.J. / Bruylant.

Schwarz, Hans-Peter (1983), "Die europäische Integration als Aufgabe der Zeitgeschichtsforschung," *Vierteljahrshefte für Zeitgeschichte*, 31.

Schwarz, Hans-Peter (1986), *Adenauer: der Aufstieg, 1876-1952*, Deutsche Verlags-Anstalt.

Schwarz, Hans-Peter (1991), *Adenauer: der Staatsmann, 1952-1967*, Deutsche Verlags-Anstalt.

Scichilone, Laura (2008), *L'Europa e la sfida ecologica. storia della politica ambientale europea 1969-1998*, Il Mulino.

Seidel, Katja (2009), "DGIV and the origins of a supranational competition policy: Establishing an economic constitution for Europe," in: Kaiser, Leucht and Rasmussen (eds.), *The History of the European Union*, pp. 129-147.

Seidel, Katja (2010), "From Pioneer Work to Refinement: Publication Trends," in: Kaiser and Varsori (eds.), *European Union History*, pp. 26-44.

Serra, Enrico (a cura di) (1989), *Il Relancio dell'Eurpa e i Trattati di Roma*, Giuffrè / Bruylant / L.G.D.J. / Nomos.

Spierenburg, Dirk et Raymond Poidevin (1993), *Histoire de la Haute Autorité de la Communauté européenne du charbon et de l'acier*, Bruylant.

Stirk, Peter M. R. (1996), *A History of European Integration since 1914*, Pinter.

Trausch, Gilbert hg. (1993), *Die Europäische Integration vom Schuman-Plan bis zu den Verträgen von Rom. Pläne und Initiativen, Enttäuschungen und Mißerfolge*, Bruylant / Guiffré / L.G.D.J. / Nomos.

Trausch, Gilbert éd. (2005), *Le rôle et la place des petits pays en Europe au XXᵉ siècle*, Nomos.

Van Laer, Arthe (2006), "Liberalization or Europeanization? The EEC Commission's Policy on Public Procurement in Information Technology and Telecommunications (1957-1984)," *Journal of European Integration History*, vol. 12, no. 2, pp. 107-130.

Varsori, Antonio (2001), "La storiografia sull'integrazione europea," *Europa-Europe*, Vol. 10, No. 1, pp. 69-93.

Varsori, Antonio (2006a), "Alle origini di un modello sociale europeo. La Comunità europea e la nascita di una politica sociale (1969-1974)," *Ventunesimo secolo*, vol. 5, no. 9, pp. 17-47.

Varsori, Antonio (2006b), *Inside the European Community: Actors and Policies in the European Integration 1958-1972*, Nomos / Bruylant.

Varsori, Antonio (2010), "From Normative Impetus to Professionalization: Origins and Operation of Research Networks," in: Kaiser and Varsori (eds.), *European Union History*, pp. 6-25.

Varsori, Antonio e Lorenzo Mechi (a cura di) (2008), *Lionello Levi Sandri e la politica sociale europea*, Franco Angeli.

Voyenne, Bernard (1964), *Histoire de l'idée européenne*, Nouv. éd. Payot.

Warleigh-Lack, Alec (2009), "Interdisciplinarity in Research on the EU: Politics, history and prospect for collaboration," in: Kaiser, Leucht and Rasmussen (eds.), *The History of the European Union*, pp. 206-220.

Warlouzet, Laurent (2010a), *Le choix de la CEE par la France. Les débats économiques de Pierre Mendès-France à Charles de Gaulle (1955-1969)*, Comité pour l'histoire économique et financière de la France.

Warlouzet, Laurent (2010b), "Building an 'Economic Constitution' for Europe: The role of case law in the development of the EEC Competition Policy (1965-89)," Exploring the History of European Law, Conference, University of Copenhagen 29 June 2010.

Weiler, Joseph H. H. (1991), "The Transformation of Europe," *Yale Law Journal*, Vol. 100, pp. 2403-2483（南義清・広部和也・荒木教夫訳『ヨーロッパの変容――EC憲法体制の形成』北樹出版，一九九八年）.

Würm, Clemens (1996), "Early European Integration as a Research Field: Perspectives, Debates, Problems," in: idem (ed.), *Western Europe and Germany: The Beginning of European Integration, 1945-1960*, Berg.

Yamamoto, Takeshi (2007), "Détente or Integration? EC Response to Soviet Policy Change towards the Common Market, 1970-75," *Cold War History*, vol. 7, no. 1, pp. 75-94.

Zimmermann, Hubert (2002), *Money and Security: Troops, Monetary Policy, and West Germany's Relations with the United States and Britain, 1950-1971*, Cambridge University Press.

第II部　ヨーロッパの「暗い遺産」

第二章　戦争のなかの統一「ヨーロッパ」、一九四〇—一九四五年

宮下雄一郎

はじめに

ヨーロッパ統合史は「平和プロジェクト」の歴史として論じられ、「ヨーロッパ」は平和主義を体現する統合体として描かれてきた(1)。それゆえ、ヨーロッパ統合を戦争史の枠組みで論じることに対しては少なからぬ抵抗感があり、「ヨーロッパ」は戦争の対義語であるかのような議論も行われた。こうした状況の背景には、統合への道はヨーロッパが平和的な秩序に向かう過程であるという根強い「進歩主義的統合史観」の影響があった(2)。それゆえ、戦後ヨーロッパ諸国の和解プロセスのなかで「ヨーロッパ」という言葉に枢軸陣営の響きがすることは不都合なことであったといえよう(3)。

第二次大戦期、連合国と枢軸国の双方で様々なヨーロッパ統合構想が花開いた。そうしたことから、ヨーロッパ統合史研究の草分け的な歴史家であるリプゲンス(Walter Lipgens, 1925-1984)は戦時期の「ヨーロッパ」という言葉の持つ多様性を指摘した。ところが、リプゲンスはそうした多様性を認める一方で、ヨーロッパ統合史を

「平和プロジェクト」として描いた。[4] こうしてヨーロッパ統合は大戦期の挫折から戦後の成功へというストーリー性を持つに至ったのである。

しかし、第二次大戦期のヨーロッパ統合構想は同時期のヨーロッパで生まれた数多い国際秩序構想の一つであった。そうした構想を単線的なヨーロッパ統合史の枠組みのなかで論じると、統合をめぐる国際政治の力学がぼやけてしまう。つまり国家は統合によって何らかの目標を実現しようとしたわけであり、統合そのものが目的であったわけではないということだ。むろん、地域の平和もそうした目標の一つであったが、それだけにとどまるわけでもなかった。そのようなことから、第二次大戦期のヨーロッパ統合構想を論じる場合には、戦時の国際環境を念頭に置き、戦争史という広い枠組みのなかで分析する必要があろう。それゆえ、本章は戦争史のなかでヨーロッパ統合を理解しようと試みる。[5]

ヨーロッパ統合はその時代の置かれた国際環境のなかで変遷を遂げ、その時々の国際政治力学の影響を受けた。そもそも戦後ヨーロッパ統合も冷戦や脱植民地化の影響を強く受けたのである。例えば、アジアにおける冷戦と脱植民地化の産物であるインドシナ戦争は、フランスのヨーロッパ統合政策に少なからぬ影響を与えた。さらにスエズ危機も英仏両国の脆弱さを示し、「ヨーロッパ」として政治的にまとまるための流れを創出したといえよう。戦後ヨーロッパ諸国の外交戦略を規定した構造はおもに冷戦であり、各国の政治指導者はその構造を前提にヨーロッパ統合に関する考察を行った。このように歴史には各時代を象徴し、アクターを拘束する対立の構図というものがある。こうした対立は構造化することによって国家の外交政策に影響を及ぼすのである。冷戦がそうであったように第二次大戦も一つの構造であった。

「進歩主義的統合史観」からの脱却は理想主義的なヨーロッパ統合構想がパワー・ポリティックスと無縁ではなかったことを再確認することにもなる。フランスの歴史家であるフランク(Robert Frank, 1944-)は共同体方式の斬新さや小国の立場を尊重するなどの決定的なちがいを指摘しつつも、一九五〇年のシューマン・プランから

EUの誕生までに至るヨーロッパ統合史を、一九世紀以来の勢力均衡と欧州協調を土台とした国際秩序の歴史の枠組みのなかで論じることができるのではないかという問題提起を行った。[6] それならば第二次大戦期もそうしたマクロな視点で見ていく必要がある。

こうしたことを念頭に置いて、本章では第二次大戦期フランスの政治エリートが描いた「ヨーロッパ」について論じたい。戦争中のフランスでは多くの政治エリートが戦後に向けて国際秩序を構想し、結果的に複数の「ヨーロッパ」像が乱立していたのである。

一九四〇年六月に敗北したフランスにとって、国際秩序を構想するということは国家再興に向けて模索することであり、戦後フランスにとって有益な国際秩序を探究することでもあった。フランスの政治エリートは敗北を契機に、あるいは枢軸陣営の勝利を信じ、あるいはアメリカがイギリス側に立って参戦することを期待し、敵味方に分かれて行動するようになった。それぞれが対独協力派、抵抗運動派として別個の戦後国際秩序を構想するようになったのである。「ヨーロッパ」はそうした敵対するアクターの構想に共通して存在した政治・経済・文化の各分野にまたがる概念であった。

ただ一口に対独協力派といっても、第三共和制を解体したうえで正統政府を引き継いだヴィシー政府から占領下のパリに居を構え、政府とは距離を置いた対独協力派まで存在した。そして連合国側でもロンドンの自由フランス(La France libre)運動の枠組みで活動した人々と、フランス国内の抵抗運動に携わった人々では構想の内容が異なっていた。

こうした多岐にわたる構想に分析枠組みを当てはめ、歴史として叙述するのは容易なことではない。これまでの先行研究では、抵抗運動は抵抗運動、対独協力は対独協力と分けて研究することが多かった。[7] そのほうが議論の展開に統一性を付与することができる。しかし、それでは多面的な戦時期フランスの一面しか見ないことにもなる。一つのまとまった分析枠組みのなかで多くの面を論じることによって戦時期フランスの総合的理解に近づくことが可能となる。それゆえ、本章では対独協力と抵抗運動双方の統合構想に焦点をあてたい。

むろん、本章ではすべてのヨーロッパ統合構想を紹介することはできないので、できる限り時系列的な空間のなかで、その時の戦局を反映した構想をピックアップし、「ヨーロッパ」に込められた思惑を探りたい。ヨーロッパ統合構想は戦局の趨勢と切り離して考えることはできない。なぜ特定の時期に統合構想が特定のアクターによって論じられ、別の時期には論じられなくなったのか。こうした視点で見ていくことにより、構想の内容のみならず、構想を取り巻く国際環境の理解にもつながるのではなかろうか。

例えば、当初は自由フランスよりも対独協力派のほうで「ヨーロッパ」は多く論じられた。これはフランス国内における対独協力派の政治エリートがドイツで喧伝されていた「ヨーロッパ新秩序」構想に反応したからである。デア(Marcel Déat, 1894-1955)はそうした一人であった。戦前、社会党の右派に属していたデアは新社会主義を標榜するようになってから同党を脱し、徐々にファシズムに傾斜し、一九四〇年の敗北後は最も熱心な対独協力の指導者となった。デアはファシズムの社会観に魅力を感じながらも、その暴力的な側面は嫌うという戦間期フランスの「左翼からの脱線」を象徴する人物であった。その国際政治観を貫くのは平和主義であった。皮肉にも、戦後ヨーロッパ統合とは無縁のデアの「ヨーロッパ」論は「平和プロジェクト」に基づくものであった。ヨーロッパ統合研究は一筋縄ではいかないのである。

そうした一方で、連合軍側は国外抵抗運動の自由フランス、国内抵抗運動の双方が「ヨーロッパ」について論じた。抵抗運動は一九四三年にド・ゴール(Charles de Gaulle, 1890-1970)将軍のもとで結集することとなり、多くの抵抗運動組織のなかで自由フランスが正統な「フランス」の代表組織として振る舞った。本章では国内抵抗運動に比べて国際政治アクターとしての役割が濃かった自由フランスの構想に焦点を絞りたい。

抵抗運動派と対独協力派という、敵対し全く接点のない二つの「流派」の構想を見ていくことで、フランス内の異なる世界観の存在が明らかとなる。二つの潮流が戦争末期、いかなる趨勢をたどるのか。その行き着く先に焦点をあてて議論していきたい。

第一節　開戦と「ヨーロッパ」

敗者の「ヨーロッパ」

ドイツは中東欧を自らの「生存圏」と捉え、一九三九年九月一日、ポーランドに侵攻した。それを受けて三日にイギリスがドイツに宣戦布告し、フランスもイギリスに若干遅れて宣戦布告を行った。これはヨーロッパを舞台とした新たな国際秩序の構築をめぐる戦争であった。既存の国際秩序を破壊したドイツが目指したのは「生存圏」の確保であり、西ヨーロッパをも含めた「ヨーロッパ新秩序」の構築であった。

西部戦線では、しばらく「奇妙な戦争」という実際の戦闘が行われない日々が続いた。しかし一九四〇年五月一〇日、ドイツは西ヨーロッパへの電撃戦を急遽開始し、迎え撃ったオランダやベルギーは次々と敗れた。フランスもドイツの進撃を抑えきれず、六月一〇日に政府は首都のパリからツールへと逃れた。レイノー(Paul Reynaud, 1878-1966)首相は最高司令官を更迭したり、内閣を改造したりして政治的な奮起を図ったが、効果はなかった。政府はツールを去り、ボルドーに拠点を置いた。レイノーは一六日に閣議を終えた後、ルブラン(Albert Lebrun, 1871-1950)大統領に辞職の決意を告げ、後任として陸軍のペタン(Philippe Pétain, 1856-1951)元帥を推薦した。休戦を熱望していたペタンの首相就任はフランスの敗北を意味した。ペタンは早速一七日にラジオで戦闘停止を呼び掛けた。そして二五日、フランスと独伊両国とのあいだの休戦協定が発効した。

取り残されたイギリスは徹底抗戦を貫き、ロンドンではペタンの方針に真っ向から反発したド・ゴールが一八日に、やはりラジオでフランスの兵士や労働者に向けて抵抗継続を呼びかけた。この大胆な政府への反逆とフランスに戻れば軍法会議行き間違いなしの行動が抵抗運動の始まりであった。事実、しばらく後にド・ゴールは欠席の軍法会議で死刑判決を言い渡された。しかし、ド・ゴールは自らの行動を反逆行為とは考えず、ペタン率いる政府こそフランスに対し汚名を着せたと捉えていた。

こうしてヴィシーに拠点を置く政府と自由フランスとのあいだの対立が始まった。この構図にフランス国内の抵抗運動と積極的な対独協力者が入り混じることとなった。こうした対立構造のなかで、様々な政治エリートが「戦後世界」を描いたのである。もっとも、自由フランスを旗揚げしたばかりのド・ゴールは戦後にまで目を配る余裕はなく、戦後国際秩序を構想するどころではなかった。

そうした一方で、ヴィシー政府の統治するフランスでは政府内よりも言論界のほうで戦後をめぐる問題は論じられた。しかし、理想的な戦後国際秩序を論じたものだけではなく、悲観論に満ちたものもあった。例えばフランスを代表する右翼の政治団体で、機関紙を利用してペタンを熱心に支えたアクシオン・フランセーズ(Action française)を挙げることができる。[8] その団体の有力者であり、『アクシオン・フランセーズ(*L'Action française*)』紙の外交評論を担当していたドルベック(Jacques Delebecque, 1876-1957)は、ヴィシー政府が誕生して間もなく「ヨーロッパの再建設とは何を意味するのか」という記事を載せた。[9] 記事の結論部分が検閲に引っ掛かり、空欄になっているものの、その議論は明瞭であった。ドルベックはフランスが独伊主導によるヨーロッパの大変革に直面しているにもかかわらず、なすすべがなく黙って見ていなければならない状況を憂えた。しかし、フランスが何らかの役割を得たとしても、イニシアティブを発揮できるかどうかは疑わしく、「所詮は敗者である」という悲壮感の漂う叙述を行った。というのも、フランスがイニシアティブを発揮してこそ新たな国際秩序を構築する意義があったからだ。失意のドルベックはフランス史に希望を求め、ウィーン会議の時代に「敗戦国」フランスが「慎重で思慮深い国王」ルイ一八世(Louis XVIII, 1755-1824)と「偉大な外交官」タレイラン(Charles-Maurice de Talleyrand-Périgord, 1754-1838)の熟練した交渉術により「奇跡」をもたらし、国家を復活させたと論じた。[10] これに続く最終部分の数行は検閲で削除されているが，敗北という現実に失望し，過去の復活の歴史を懐古する姿勢が垣間見える。ドルベックはペタンを筆頭とした政府の指導者に，ナポレオン戦争に敗れた後のフランスを統治したルイ一八世やタレイランの姿を重ねたのであろうが，「ヨーロッパ再建設」にフランスが主体的に参加できそうもない失望感のほうが色濃く出ていた。

こうした失望感はドルベックに限らず，アクシオン・フランセーズの「二巨頭」であるモーラス(Charles Maurras, 1868-1952)とドーデ(Léon Daudet, 1867-1942)にも共有されていた。ドーデは「欧州合衆国」構想を提唱したブリアン(Aristide Briand, 1862-1932)を第一次大戦後のフランス外交の「諸悪の根源」と酷評し，ブリアンがフランス外交を衰退させ，敗戦の原因をつくったと論じた。第三共和制を代表するブリアンに対する批判は議会制民主主義に対する批判も含んでいた(11)。そしてブリアンに対する拒絶反応はヨーロッパ統合に対する嫌悪感でもあり，それを戦前の国内体制と結びつける典型的な反共和主義者の議論であった(12)。こうした思想は「ヨーロッパ」的な思考を拒絶することにつながった。

もっとも，モーラスは戦前の一時期，統合に基づく秩序観を持ち，ドイツを排除した「ラテン連邦(fédération latine)」や「カトリック・ラテン連合(union catholique latine)」という仏伊，そしてスペインを軸にローマ・カトリック教会を柱に据えた統合論を展開していた。しかし，ドイツの影響力増大が顕著になるにつれて徐々に統合に言及しなくなり，フランス中心主義に閉じ込もることとなった(13)。かくしてモーラスの政治論の特徴は国際性の欠如となった。『アクシオン・フランセーズ』紙は国内政治に関する議論のなかで秩序という言葉を盛んに使用したが，それが国際政治にも及ぶことは稀であった。

アクシオン・フランセーズは団体として政府の政策立案に関与したわけではなく，モーラスが入閣することもなかった。とはいえモーラスがペタンに与えた影響は大きかった。アクシオン・フランセーズは「国民革命」運動を提唱したペタンやその他の長老の軍人たちが共有していた懐古主義の潮流をフランスで思想的に体現してい

たのである。(14)

さらに、モーラスや軍の長老たちは敗北に伴う「衰亡意識」も共有していた。たしかにヴィシー政府の指導者がフランスの衰退を黙認していたわけではなく、それを阻止するための「国民革命」運動であった。ただ、それでも悲観主義は色濃かったのである。例えば、ヴィシー政府が率先して戦後国際秩序や西ヨーロッパの地域秩序に関する構想を出すことはなかった。それまでフランスは常にヨーロッパ国際政治の中心であり、秩序構築の最前線に立ち、国際会議を主導し、会議の場でイニシアティブを発揮してきた。ところが、ペタンはそうした外交面でイニシアティブを発揮できるような交渉力を欠き、気概もなく、指導者としてはルイ一八世に及ばず、外政家としてはタレイランのような外交感覚も持っていなかった。

もっとも、ヴィシー政府の首脳陣を最初から悲観主義に支配された集団として括るのは正しくない。ヴィシーにおいて政党出身者を代表した有力者がラヴァル(Pierre Laval, 1883-1945)だとすれば、軍人、とりわけ海軍を代表したのがダルラン(François Darlan, 1881-1942)提督であった。戦間期フランス海軍増強の立役者であったダルランは、一九三九年一〇月、開戦間もない時期に自ら描いた国際秩序構想をメモに残していた。ダルランはドイツがナチズムを基盤とする政治体制であろうとなかろうと、その膨張主義的な外交戦略は変化しないと考えた。それゆえ、ヒトラー(Adolf Hitler, 1889-1945)が失脚しても、それに続く指導者が同じ政策を取るであろうと論じた。そようするに、ドイツはフランスの永遠の敵であったわけだ。それゆえ、フランスにとって覇権的傾向のあるドイツを非武装化させることは至上命題であり、それを実現しないまま和解することは危険極まりない選択肢であると論じた。

ダルランは徹底したドイツ抑制を目的としたヨーロッパ国際秩序の再編が必要であるとの考えから、オーストリア＝ハンガリー帝国の解体は誤りであったと論じ、いくつかの提案を行った。第一に、フランスとその同盟国の管理下にライン左岸とルール地方を置くこと。第二に、ドイツのバイエルン州、オーストリア、ハンガリー、そしてチェコスロヴァキアによる「カトリック・パワー(puissance catholique)」を形成し、連邦国家(Etat fédéral)とすることを示唆した。その他、ドイツに不利となるようなポーランドの国境線の変更を唱え、徹底的なドイツの解体を論じたのである[15]。ダルランはこのような戦後処理案を考え、戦後ヨーロッパの勢力図を描いた。しかし、肝心のフランスを含めた西ヨーロッパの国際秩序に関しては、大掛かりな構想を立てていなかったようである。あるいは、ハプスブルク家の帝国を解体したことに問題の本質を求め、西ヨーロッパには連邦のようなものは必要ないと考えたのかもしれない。ダルランの描いた戦後国際秩序は中東欧の急進的な変革構想であった。

ペタンに関しては体系的な国際秩序観を見いだすことは難しく、現実の勢力関係のなかでフランスの外交戦略を考える状況対応型の反応をしていたというのが最も適当と思われる。それゆえ、休戦協定発効後はドイツの「ヨーロッパ新秩序」構想を簡単に受け入れた。ペタンと軍の首脳部はイギリスもフランスに続き早い段階で敗れることを前提に休戦協定の締結を決断した。ひとまずはドイツの勝利を受け入れ、フランスの再起を計画したのである。

ただし、ヴィシー政府のなかにはペタンに忠誠を誓いつつも、対独協力には冷淡な軍の高官がいたし、政府外でも慎重な意見を唱える知識人がいた。例えば、そうした知識人の一人であるドルベックは、ドイツが地域秩序を構築する大前提はイギリスの敗退であり、「〔独伊の〕独裁者たちはその実現を確信している」としつつも、それが本当に可能かどうかは「時が経てば分かること(Qui vivra verra)」と論じ、枢軸陣営の緒戦の華々しい戦果に惑わされないことを明示した。ドルベックは参戦国に関する詳細な資源など国力の情報がないので、戦争の行方に関するいかなる予測も避けるべきであると冷徹な判断を行った[16]。その一方で、ペタンは戦況判断を完全に読み誤り、イギリスはドイツの猛攻に耐えたのである。

ようするに、ヴィシー政府の戦後国際秩序観は他力本願的なものであり、「ヨーロッパ新秩序」をフランスの国益に沿うように修正する積極的な提案を行わなかったのである。ペタンは一九四〇年一〇月、フランス中部のモントワールという小さな町でヒトラーと会談し、「ヨーロッパ新秩序」建設のために対独協力に邁進することを明言した。しかし、ペタンがどこまで「ヨーロッパ新秩序」の具体像を思い描いていたかは不明である。ペタンは「ラテン連合」の形成にも言及したといわれているが、これもどこまで真剣に考えた末のものかは分からない。それどころかペタンが実際には「ヨーロッパ新秩序」構想に対して違和感を抱いていたような形跡すらある。

ペタンが「ヨーロッパ新秩序」構想を受け入れたのは、何よりも独仏両国の力関係を考慮したからである。敗北から約半年後の一九四一年一月、ペタンは『ニューヨーク・タイムズ（*New York Times*）』紙の記者の取材に応じ、国際情勢について語った。興味深いのはペタンの革命観である。ペタンは「国民革命」運動に熱意を示した。そして、これまでフランスが経験した革命とのちがいを次のように説明した。「一七八九年（フランス革命）の木は一八四八年（二月革命）に植え替えられ、果実を実らせた。その果実は落ちてしまった。今日の課題はより限られた空間のなかで新たな果樹園をつくることである」。ペタンは「国民革命」の意義をこのように説明した。さらに「国民革命」は、一九三三年のヒトラーの「革命」とも、それ以前のイタリアのムッソリーニ（Benito Mussolini, 1883-1945）の「革命」とも全く異なる精神に基づき実施されると強調した。ペタンは敗戦前のフランス、つまり第三共和制のフランスを「時代遅れの秩序」として批判したが、その遺産を完全に否定するわけではないとも付け加えた。自分の掲げる秩序を示す言葉として「集団秩序」、「豊穣なる家族」、「国家意識」などフランス右翼の価値観を列挙したが、これにはドイツのナチズムやイタリアのファシズムとは異なる権威主義体制を目指すという思いが込められていた。ペタンが理想としていたのは、カトリック教会との連携、コーポラティズムに基づく社会形成、軍の社会的重要性の徹底的普及など、スペインやポルトガルのような体制であった。

ペタンは独伊とは異なる国内政治体制を理想として描き、そうした距離感が国際情勢分析にも表れていた。アメリカのメディアに答えたからということもあるかもしれないが、ペタンはフランスがヨーロッパの極西にある国家として、アメリカとヨーロッパの架け橋としての役割を担いたいと述べ、フランスにとって大西洋関係が重要であると主張した。これを述べた直後に、「ヨーロッパ大陸の組織化は今般の戦争の抗い難い帰結である。フランスはヨーロッパと世界の持続的な平和のために大陸の組織化に協力する」と述べた。ヨーロッパの「組織化」、すなわちドイツの「ヨーロッパ新秩序」構想に配慮を示す一方で、米仏関係、あるいは米欧関係も大切であると明言し、英米と枢軸陣営とのあいだでさまようフランスの微妙な立場を示したのである。そして一九四一年初頭の厳しい冬の物資不足に直面していたこともあり、ペタンはアメリカに対し援助まで求めたのである[17]。

こうしたペタンの態度を通してヴィシー政府の錯綜した外交戦略が見えてくる。第一の特徴は、「中立国としてのフランス」という幻想に依拠して議論を展開していたことである。第二は、休戦協定の遵守に伴い対独協力政策を推進し、「ヨーロッパ新秩序」の建設を支持したことである。そして第三は、戦前の外交との連続性から良好な米仏関係の維持を希望したことである。ようするに、ヴィシー政府は全く相容れない三つの外交方針を並存させていたのである。アメリカのローズヴェルト(Franklin D. Roosevelt, 1882-1945)大統領も当初はフランスの潜在的な軍事力に期待を寄せる一方で、それが枢軸軍に利用されることを恐れていたことからヴィシー政府に戦略的な価値を見いだし、側近のリーヒ(William D. Leahy, 1875-1959)提督を大使として送ったのである。

しかし、三つの外交の傾向のうち対独協力に圧倒的な比重が置かれるようになった。にもかかわらずフランスの「ヨーロッパ新秩序」への対応は明確ではなかった。さらに、ヴィシー政府は対米関係を徐々に悪化させ、日米の参戦により「中立国」の立場は虚構となり、対独協力という名の対独従属はますます強まった。ヴィシー政府の外交政策は行き詰って破綻したのである。

敗北直後のフランスではペタンを「救世主」として見る傾向が強く、国民はこの老元帥が国内政治でも、外交でも閉塞感を打破してくれるのではないかと期待していた。実際のペタンにはおよそこのイメージと合致するような行動はなかった。外務省の高官であるマシグリ(René Massigli, 1888-1988)は、自由フランスに合流する前の一九四二年、ペタンに謁見し、独ソ戦について話し合ったのだが、「ペタンがドイツの勝利を願っていたとは思わない。でもとにかく何も考えていなかった。何も考えず、すでに手遅れの段階になってから考えていたのである」と酷評した。[18] 戦後、晩年のマシグリはこのようにペタンとの最後の会談を振り返ったのである。

ペタン以外の指導者も戦後国際秩序の問題に真剣に取り組むことはなかった。一九四〇年一二月、ラヴァルが一時的に失脚した後で権力を掌握したのがダルランであった。フランスが敗れた後のダルランは、ペタンと同じく休戦協定の条文を遵守することを重視し、さらには対独協力を軍事面にまで及ぼそうとした。しかし、これは長期的な外交戦略に基づく政策ではなかった。あくまでもドイツ優勢の戦局に順応したのである。ダルランはフランス政府が追求すべき課題を三つ挙げた。第一に、国内状況を改善するために休戦協定を改訂し、ドイツに連行された捕虜の帰還、そして占領費負担の軽減などを実現することであった。休戦協定の内容を緩和したうえで第二の課題となるのが、平和条約の調印であった。休戦協定の束縛から逃れるための最善の方法はドイツと平和条約を調印し、戦争状態を法的に終了させることであった。ダルランがこの二つの条件を解決した後の第三の課題として掲げたのが、ヨーロッパのなかのフランスの位置づけについて考えることであった。ダルランは新たなヨーロッパ秩序はフランスを抜きにして構築することはできないと論じ、高度な文明と文化を保有するフランスがヒエラルキーのなかで過去の地位に相応しい位置を占めるのは当然のことであると主張した。[19] つまりダルランも「ヨーロッパ新秩序」に順応したのである。ここには敗戦前に中東欧に「カトリック・パワー」の創設を唱え、徹底的にドイツの弱体化を狙っていたダルランの姿はない。

一九四二年一一月、ダルランは滞在先の北アフリカで連合軍の上陸を迎え撃つこととなった。しかし、ペタンの徹底抗戦の命令を無視し、一転して連合軍との協力に取り組んだ。ダルランの行為はペタンの怒りを招き、フランス国籍を剝奪されたものの、連合軍の信頼を得ることもなく、一二月二四日に暗殺された。

ヴィシー政府の指導者は徹底して状況対応型の外交に終始し、戦後を見すえた視点を持っていなかった。それは、フランスを代表する陸海軍の長老たちが豊富に持っていたはずの戦略的発想を外交で生かす機会を逸したことを意味する[20]。それゆえ、ヴィシーで語られた「ヨーロッパ」は自ずと空虚なものとなった。ドイツは連合軍による北アフリカ上陸作戦への対処としてフランス全土の占領を決行、ヴィシー政府は傀儡政府と化し、国際政治アクターとしての正統性を喪失したのである。

デアの「ヨーロッパ」

デアはこうしたヴィシー政府の戦略的発想の欠如と消極的な外交姿勢を批判した。一九四〇年九月、より思い切った対独協力を望んでいたデアはヴィシーに自らの居場所がないと感じ、占領下のパリに拠点を移した。そして一九四四年まで自らが政治部長を務める『ルーヴル（*L'Œuvre*）』紙のなかで、フランスが「ヨーロッパ新秩序」建設に向けて積極的な行動を取るよう訴え続けたのである[21]。

デアは『ルーヴル』紙上で盛んに「ヨーロッパ」について論じ、一九四〇年七月に「ヒトラーの最大の関心事はヨーロッパの再建設である」と記す一方で、敗戦は「英仏によるヨーロッパ建設の試みの失敗」とまとめた。そこには「ヴェルサイユ体制」や無力化した国際連盟に対する批判も込められていた。平和主義者のデアは戦間期には多国間協調主義を唱え、経済統合を基盤とする「ヨーロッパ」の構築を論じ、国際連盟にも期待を寄せていた（宮下近刊）。その分、期待を裏切られたことに対する失望感も大きかったのであろう。デアはファシズムに魅了されながらも平和主義者としての側面は保ち、ヨーロッパ統合が平和的な地域秩序をもたらすと考えていた。ファシズムと左派的な平和主義思想が一人の人間のなかで共存していたのである。

デアはこうした思想の延長線上にドイツの「ヨーロッパ新秩序」構想を見ていた。ドイツ版「ヨーロッパ」はフンク（Walther Funk, 1890-1960）経済相の構想を土台にしたものであり、経済統合を軸にしたものである[22]。戦前から経済統合に基づく「ヨーロッパ」を論じていたデアにとって、フンクの構想は受け入れやすいものであったと思われる。デアは自給自足体制と域内での分業体制の構築が効率の良い合理的な社会を形成すると考え、「工業国」ドイツと「農業国」フランスの双方に利益をもたらすと考えていたようである。「工業国」は「農業国」に工業製品を輸出する一方で、「農業国」で生産される生活必需品を輸入することによって貿易構造が成り立つという論理であった。つまり、ドイツが自国の生産物を域内で流通させるには「農業国」国民の購買力の上昇が必要であり、だからこそフランスも見捨てられることはないと考えたのである。こうした論理を用いて、デアは「ヨーロッパ」の構築が独仏双方に利益をもたらすと主張し、域内各国の主要産業は相互補完的であると楽観的に考えていたのだ。

そうした一方、デアはドイツの覇権を無条件に認めることには躊躇していた。七月二八日付の記事でドイツの覇権は軍事的なものではなく経済的なものであるという趣旨のことを書き、ドイツに理解を示した。ところが約三週間後の八月二二日には、ドイツが戦争から平和志向へとその政策を転換する必要があり、征服するような態度から協力する態度へと改める必要があると論じた。そして「ドイツは決定的な勝利をおさめて大陸の指導者となったのであり、方針転換をする責務がある」と強い調子で注文をつけたのである(23)。

デアの「ヨーロッパ」論は一九四一年六月二二日の独ソ開戦を契機に変化し、反共主義の立場から「ヨーロッパ」を「西洋」と同一視するようになった。デアは「ヨーロッパ」に政治行為を正統化する「効能」を見いだし、イギリスが「ヨーロッパ」と戦争をしているというレトリックを用いたのだ。そうした戦争観に、ソ連の参戦によって「西洋の防衛」というレトリックが加わったのである(24)。

ドイツの「ヨーロッパ新秩序」構想も、それをもとにデアが論じた「ヨーロッパ」構想もイデオロギー的なものであり、そうした傾向は戦争が進むにつれてますます強まった。ヴィシー政府の指導者はデアと反共主義の思想は共有していたものの、その急進的な統合論には理解を示さなかった。パリで対独協力の最前線にいたデアにとってヴィシー政府の無反応は歯痒いものであり、間もなく政府に対し痛烈な批判を行うようになった。デアは九月二八日付の記事を「一つのヨーロッパ、一つの革命」と題し、自らの「ヨーロッパ」像を一層鮮明に打ち出した。地域内の国家はそれぞれの言語、文化、あるいは行政機構を保持しつつも、「地方」のような存在になると説明した。こうした「ヨーロッパ」は文明圏であり、「有機的な経済システム」でもあった。この経済システムは、国境が廃止され、人とモノの自由移動が確保される、一種の共同市場のようなものであった。これを実現させることによって物価は安定し、地域間の生活水準の格差がなくなり、域内は安定すると論じた。さらには安全保障問題にも言及し、国軍を廃止する一方で域内の秩序維持のために「合同軍」を創設すべきであるという理想を語った。こうしたデアの急進的な統合論はヴィシー政府どころか、ドイツの真意ともかけ離れたものであった。デアはこの記事のなかで自らの構想を理解しようとしないヴィシー政府の政治指導者を批判した。なぜならば、彼らは依然として国家主権にしがみついているからであった。それに対し、デアは旧来の国境線の回復にこだわることなく、むしろそれを撤廃し、国家の枠組みを超える集合体を形成することがフランスの国益に沿うと論じたのである。[25]「ヨーロッパ」と「革命」との両概念を包摂するデアの統合論は、国家主権を基盤とした国際政治思想のパラダイム転換を求める革命的な見解であった。

デアは国家人民連合(RNP：Rassemblement National Populaire)という政治団体の党首であり、一二月中旬にフランス西部の町レンヌの党大会で持論を展開し、「ヨーロッパはいよいよ統一に向かう」と述べた。さらに、日本の参戦を踏まえて、「革命は世界規模で起き、ヨーロッパで起き、フランスで起きる」と論じた。デアは革命を社会主義的なものであると規定し、アメリカで見られるような資本主義社会を批判した。そして、フランスの対独協力については「勝者と敗者の協力」ではなく、「ヨーロッパ経済とフランス経済とが相互に浸透しあっている」のだと論じた。この奇妙なレトリックにデアのジレンマを見ることができる。単純に「独仏経済の緊密化」と言わずに「ヨーロッパ」を持ち出したことからも分かるように、フランスの敗戦によるトラウマを「ヨーロッパ」というマクロな概念で包摂し、敗北の記憶を勝者の「ヨーロッパ」に積極的に参加することにより中和しようと試みたのである。

デアは一九四二年一月にも主権思想を批判し、国境内のことしか考えない国家は利己的であると論じた。しかし、デアは国境線の撤廃を提唱しつつも国家が消滅すると考えていたわけではない。というのも、フランスがなくなるわけではなく、大陸の共同体に統合されることによってその勢いを維持できるなどと論じ、主権に固執せずとも国家は存在し続けることを示唆したからである。そして「ヨーロッパ」の地理的範囲にも言及し、独伊仏に加えスペインを挙げ、さらに他の「生存し続けるに値する全ての国家」が参加するであろうと書いた(26)。

デアはファシズムに魅了されながらも社会主義者としての過去を引きずっていた。そもそもデアにとってヒトラーは社会主義者であり、「ヨーロッパ」も社会主義的なものになると考えていた(Burrin 2003: 457)。デアは対独協力に積極的なラヴァルを一時的に追放したヴィシー政府を批判し、なかでもペタンの背後にいると考えていたモーラスを厳しく責めた。デアにとってモーラスの思想は軍国主義と対独復讐主義に狂信的な教権拡張主義が融合したものであった。こうした批判はデアにとって自然なものであった。「社会主義者」デアにとって対独協力も「ヨーロッパ新秩序」の構築も平和主義と結びついたものであり、そこに矛盾はなかったのである(27)。デアは自らをモーラスのような守旧的な右翼の知識人とはかけ離れた存在であると考えていた。たしかに「革命」や「社会主義」という用語はアクシオン・フランセーズのメンバーの口からはあまり出ないものであった。「国民革命」が例外であったのかもしれない。その一方で、モーラスはデアからの批判に無反応であったわけではなく、「ヨーロッパ」という言葉を安易に利用することを批判していた。そして、フランスにはそうした構想を実現するための手段はないという冷めた判断をしていた(28)。それゆえ、モーラスの目にデアの議論は空虚な理想論にしか映らなかったのである(29)。

デアは対独協力を正当化するために「革命」や「社会主義」にすがったのである。デア率いるRNPは一九四二年までユダヤ人に対する言及を避け、熱狂的な対独協力者の圧力が高まると、両大戦での従軍経験があり、フランスの発展に貢献したユダヤ人に関してはフランス人として認めるべきだという立場をとった。これが猛反発を受けると帰化の件は撤回したが、デアをはじめRNPの指導者は、ユダヤ人を「人道主義の枠外」に置くことに対しては反発し続けたのである(Burrin 2003: 451-453)。

デアは社会主義とファシズムとのあいだで揺れ続けた。その熱心な「ヨーロッパ」論は合理的な経済統合論に基づくように見えながら、実際には根拠の薄いものであった。人とモノの自由移動が実現することによって物価の安定や生活水準の均質化がかならずしももたらされるわけではない。あるいは「主権」と「国家」を分離するような議論も明確ではない。こうした点にイデオロギー的な統合論の脆弱性を見ることができる。

第二節　抵抗運動と「ヨーロッパ」

自由フランスと戦後に向けた動きの始動

一九四一年の末に自由フランスも戦後問題の研究を検討し始めた。実はロンドンに拠点を置いていた東欧の亡命政府は早い段階から国家連合の構想を立てていた[30]。ロンドンには東欧諸国だけでなく、ベルギー、オランダなど西ヨーロッパの亡命政府がひしめきあっていた。これら亡命政府は戦後に希望を託し、様々な国際秩序構想を練っていたのである。本来ならば西ヨーロッパの大国を代表している自由フランスも国際秩序の再編に向けてリーダーシップを発揮するはずであったが、実際にそうした機会が訪れることはなかった。ド・ゴールの喫緊の課題は前線に部隊を派遣することでも、戦後構想でもなく、自由フランスの制度化に取り組むことであった。つまり、自由フランスが求めていたのは組織としての正統性の獲得であり、その目的に沿った外交活動を実施していたのである。

そのようなわけで、自由フランスが戦後を見すえた行動を起こしたのは一九四一年一二月のことであった。すでに一九四〇年の末から自由フランス内では戦後に向けた研究実施を訴える声はあったが、実際に動きを見せるまでにはそれから一年が必要であった。一九四一年一二月二日の政令によって、戦後問題を研究するための委員会(CEPAG : Commission pour l'étude des problèmes d'après-guerre)の創設が決まった。[31]このCEPAGは四つの小委員会によって構成され、一九四二年にその一部が機能し始めた。しかし、CEPAGを構成する外交政策、国防、経済、司法・教育の四部門のうち実際に創設されたのは経済と司法・教育の二つのみであった。自由フランスの戦後構想をめぐる政治は他の亡命政府との外交のなかで必要に迫られて推移したと考えた方がよい。

そうした最初の例が、一九四二年三月六日の自由フランスの外交責任者であるドジャン(Maurice Dejean, 1899-1982)とベルギー亡命政府のスパーク(Paul-Henri Spaak, 1899-1972)外相との会談であった。スパークがドジャンに対し自由フランスの戦後の西ヨーロッパ国際秩序に対する考え方、そしてそれについて研究している場合にはその進展状況を聞いたのである。

スパークは戦後ヨーロッパが統合体を構築するか、あるいは連邦化に向けて動きだすと考え、イギリス主導による統合に期待を寄せていた。イギリスがそうしたイニシアティブを発揮しない場合には、ドイツが負けたとしても主導権を握ってしまうであろうと論じ、戦局の趨勢にかかわらず戦後の西ヨーロッパが統合を基盤とした秩序に向かうと予想した。[32]小国であるベルギーは率先して大国主導による国際秩序の構築を促し、イギリスとフランスのいずれか、あるいは両国が地域統合に向けて動き出すことを期待していたのである。

ところが、自由フランスはスパークが期待したような研究を全く進めていなかった。それでもドジャンは次のように自らの戦後西ヨーロッパ秩序に関する考えを明らかにした。第一に、共通の軍事政策が必要であること、第二に、その実現の前提として共通の外交政策とそれを体現する「政治的国家連合」の構築が必要であること、第三に、その国家連合を実現するには緊密な経済協調が必要不可欠であること。以上の点から、ドジャンの最終目標は地域の安全保障を確立するための共通軍事政策の確立であったことが分かる。ドジャンは経済面、次に政治面、最後に安全保障の順番で統合し、フランス、ベルギー、そしてオランダが主軸となり、ルクセンブルクも加えた国家連合の形成が望ましいのではないかと考えていたのである。

ドジャンの経済統合論の特徴は経済圏の範囲をヨーロッパに限定せず、植民地も含めたことである。統合を広範囲にすることで石油、ゴム、鉄鉱のような一次資源の共同管理が可能となり、農業生産力の向上にも取り組み、こうした資源・生産物の域外輸出の配分を合理的に実施できると考えた。さらに、ドジャンは地域統合に「ドイツ問題」解決の可能性を求めた。ドイツから西部の工業地帯を分離して地域統合に含め、その他にも上部シレジアをポーランドに管理させてはどうかと論じた。しかし、ドジャンはこれを外交案件とするのは時期尚早と判断し、CEPAGで経済問題を担当しているアルファン(Hervé Alphand, 1907-1994)に研究を委ねると応じるにとどめ、上記の構想をすぐに外交レベルに持っていくことに慎重な姿勢を示したのである。

そのアルファン率いる委員会は同年七月、「戦後経済問題――フランスの視点」という報告書を完成させた。これは国内政治、国際政治の双方の視点から戦後フランスが直面する経済問題を論じたものである。そのなかに「地域経済連合」に関する項目があった。その要点は、フランス、ベルギーなど西ヨーロッパ域内で関税を撤廃し、国民レベルの市場を拡張させることであった。ドジャンがスパークに述べたように、そこにはベルギー領コンゴやオランダ領東インドなども含まれていた。むろん、域外に対する共通関税適用の問題についても検討が行われ、最終的には関税同盟を軸とした西ヨーロッパの経済連合を目指すことを目標としていた。ところが、このドジャン＝スパーク会談は戦後西ヨーロッパの国際秩序構築に向けた第一歩となることはなかった(宮下二〇〇七、七二―七四頁)。

ド・ゴールにとっての「西ヨーロッパ連邦」

ドジャン＝スパーク会談の一年後の一九四三年七月にも両組織の外交代表がロンドンで同じような内容の会談

を行った。この会談の意味を理解するためには、その直前までの抵抗運動の政治動向を見る必要がある。一九四二年一二月のダルラン暗殺を契機に、一九四三年六月初旬にかけて、北アフリカに集結していたフランスの国外抵抗運動は統一組織の創設に向けて動いた。自由フランスとそれに所属していなかった軍とのあいだで合意が成立し、国民解放フランス委員会(CFLN : Comité français de la libération nationale)という政府的機構が誕生したのである。こうした制度化とそれに伴う権力闘争により、抵抗運動は内政に集中し、外交活動は停滞した。

つまり、戦後問題に関しては何ら進展がなかったのである。この七月の会談の当事者は、ベルギー側が引き続きスパークであり、CFLN側はドジャンから外交の職責を引き継いだマシグリであった。スパークの目的はフランスに「西ヨーロッパ統合」のイニシアティブを取ってもらうことであった。ベルギーの目的も一年前と変わらなかったのである。この要請に対しマシグリは慎重な姿勢を示し、CFLNの本拠地であるアルジェに話を持ち帰ると述べるにとどまった。

抵抗運動が政治的に安定し、さらにはスパークの働き掛けが功を奏したのかもしれないが、八月のアルジェではそれまでとは打って変わって戦後を見すえた構想立案が活発化した。その中心となったのがCFLNの「閣僚」に相当する委員たちであり、モネ(Jean Monnet, 1888-1979)やマイエル(René Mayer, 1895-1972)など戦後ヨーロッパ統合の「王道」を歩むこととなる政治エリートの面々であった。さらに、外交部局の経済問題の責任者に就任していたアルファンも引き続き中心的な役割を果たした。こうした政治エリートは「連邦」という言葉を頻繁に使った。ただ、統合体の詳細な内容を具体的に論じ、その構築に向けて条約案として提示するような動きはなかった。時として「連邦」は「国家連合」と同じような言葉として使われ、その解釈も三者三様であった。

アルジェで語られた統合論はイデオロギーとは無縁のものであり、デアの統合論との決定的な違いがこの点にあった。そして脱イデオロギー化された状況のなかで議論が行われていたため、戦後はフランスのヨーロッパ統合政策をめぐり対立することとなるド・ゴールとモネの双方が統合の必要性を訴えた。両者の国際政治観のあいだには違いもあったが、類似点もあった。モネはたしかに国家主権概念に固執する発想と距離を置き、国家を唯一のアクターと考える思想を批判したが、勢力均衡論的な発想や大国と小国とのあいだの力関係を否定したわけではない。同じように、ド・ゴールは主権概念に固執したわけではなかった。両者とも柔軟なリアリストであった。そのようなわけで、一九四三年のド・ゴールにとって「西ヨーロッパ連邦」の構築はフランスが取りえる現実的な政策の一つであった。

ＣＦＬＮでは多様な「ヨーロッパ」論が語られていたのである。その一方で、こうした多様な構想から外交方針を策定するために、議論をまとめる作業が必要不可欠であった。そこで一〇月二〇日、外交問題の討議を目的としたＣＦＬＮの会合が開催され、マシグリが基調報告を行った。米英ソの三極構造の誕生が現実味を帯びるなかで、戦後フランスの地位はどうなるのか。西ヨーロッパに国家の統合体を構築することはその解決策となるのであろうか。マシグリはこうしたことを問い掛け、自ら否定的な答えを出した。フランス経済が関税同盟に参加することによって受ける影響は未知数であった。さらに、マシグリが懸念したのがＣＦＬＮの「ドイツ問題」に対する見解がいまだに定まっていないことであった。マシグリはドジャンとは異なり、「西ヨーロッパ統合」の問題と「ドイツ問題」とを区別して考えていたのである。マシグリにとって西ヨーロッパの統合は実現の見通しが不透明で、現実味の薄い構想であった。

ヴィシー政府の失墜と並行してＣＦＬＮの存在感は増し、ド・ゴールは政治指導者としての正統性を確立しつつあり、ＣＦＬＮは戦後フランスの統治機構の創設を準備する存在として認知されるようになっていた。それでも戦後ヨーロッパ問題をめぐる外交は米英ソの三大国によって独占され、ＣＦＬＮの他、ベルギーやオランダは蚊帳の外であった。つまり、戦後フランスの地位はいまだ不安定なものであり、ＣＦＬＮは一刻も早く安定した外交活動を実施するための方針を策定する必要に迫られていたのである。

フランスにとって三大国も西ヨーロッパの小国も同じように重要な同盟国であった。フランスが大国として復興するためには三大国との関係が重要であることに関してはコンセンサスが成立していた。同時に、ド・ゴールは小国との地域統合にも関心を示し、戦後秩序の姿として「西ヨーロッパ連邦」構築の可能性もありえると考えていた。その目的は「ドイツ問題」への対処であった。西ヨーロッパの勢力を結集することによってドイツを抑制し、フランスが均衡体系のなかで優位に立つことを模索したのである。このド・ゴールの意見にしたがい、CFLNの外務委員会は外交方針の文書化に向けて案を練り、一〇月三〇日に完成させた。ヨーロッパ問題に関しては、対独均衡のために「西ヨーロッパ連邦」の実現が必要不可欠であるという内容であった。

このように積極的な外交活動を開始するかに見えたCFLNであったが、実際には「西ヨーロッパ連邦」実現に向けての外交活動は遅々として進まなかった。その理由として、CFLNの政治エリートのあいだで「西ヨーロッパ連邦」の具体的内容という本質的な問題について、依然としてコンセンサスが出来ていなかったことが考えられる。例えば、マシグリは統合そのものに懐疑的であった。ド・ゴールは軍事的安全保障の観点から「連邦」という言葉を使っていた。フランスがそれを主導する以上、「連邦」内で相対的な優位性を維持できると考えたのかもしれない。しかし、連邦化に必然的に伴う国内産業への影響、貿易構造の変化など経済面に対する配慮が不足していたのである。

こうしたド・ゴールの軍事的安全保障に軸を置いた統合論は、他の政治エリートに共有されていたわけではない。ロンドンでは「西ヨーロッパ連邦」の実現可能性を検証するための委員会が設置された。その作業を任された専門家の集団はフランス経済が連邦化によって受けるダメージを恐れ、消極的な結論をド・ゴールに提出した。ド・ゴールはこの結論に不満足であり、再検証を要求した。

この間、ベルギー亡命政府は痺れを切らし始めていた。一九四三年一〇月二一日、ベルギー・ルクセンブルク経済連合とオランダとのあいだで通貨協定が締結されて以来、ベルギーはフランスをも含めた関税同盟の実現に向けて動き始めていた。その結果、ベルギー版「CEPAG」を率いていたヴァン・ゼーラント(Paul Van

Zeeland, 1893-1973）がマシグリを訪問し、西ヨーロッパの統合を早急に実現するために、フランスとベルギーとのあいだでの関税撤廃に関する共同宣言の発表を提案した。ヴァン・ゼーラントは通商政策上の思惑のみならず、戦後国際秩序の原型が英米のみによって築かれていくことに対し強い危機感を持っていた。さらに、勢力圏構築に向けて膨張政策をとり続けていたソ連に対する警戒心も強かった。ヴァン・ゼーラントは西ヨーロッパの亡命アクターだけが何ら動きを見せないことに焦燥感を覚えていたのである。

それに対し、フランスの反応は相変わらず煮え切らないものであった。マシグリは共同宣言案を拒否し、慎重な姿勢を崩さなかった。もっとも、ＣＦＬＮは原則論的に統合に反対していたわけでもなく、相変わらずフランス経済に及ぼす影響と国民の反応が分からなかったため、消極的な立場を取っていたのだ。関税同盟に加入した場合のリスクはあるものの、たしかに安全保障面では有益な構想であり、折り合いをつけようとしていたのである。そこで一九四四年三月一四日、ＣＦＬＮは統合を進めるにあたって、ヨーロッパの政治・軍事機構を創設することの重要性を正当化することで、通貨協定や関税同盟など影響が未知数の政策を受容してもらうという至極単純な打開策をベルギーに伝えることにした。つまり、フランス国民に統合の安全保障面での必要性を訴えることによって、拒否反応を起こさないようにできるのではないかと考えたのである。

こうしてフランスはようやく動き出し、ベルギーと「西ヨーロッパ統合」の可能性を模索し始めた。ところが、間もなく問題が露呈した。もう一つの当事国であるオランダが消極的であったのだ。オランダはそもそもフランスの参加に疑問を抱いていた。それは、自国の産業構造に与える影響への懸念など経済的な理由ではなく、ＣＦＬＮに対する信用度が低いうえに、「西ヨーロッパ統合」の試みに対する英米の反応を気にしていたからである。ＣＦＬＮがようやく重い腰を上げたにもかかわらず、オランダの反応は鈍く、最後まで三カ国の定期委員会のような公式の交渉枠組みが設立されることはなかった。ベルギーとオランダとのあいだには、対仏関係をめぐって温度差があったのである。

ロンドン、そしてアルジェで、フランスとベルギーによる経済統合、さらには政治統合も視野に入れた話し合いが始まったものの、その試みが実を結ぶことはなかった。オランダの消極性、本章では論じなかったものの、米ソの反発など、外部環境が整っていなかったのである。さらに、CFLNの設立により、フランスの国際政治アクターとしての重要性がふたたび増し、責任ある国家としての役割を求められるなかで、壮大な構想を立てるよりも、現実的な国際秩序構想に順応することが戦後フランスの利益になるのではないかという考えが普及したことも主要な理由の一つであった。こうして戦争中にド・ゴールが模索した「ヨーロッパ」は実現の機会を失ったのである(宮下二〇〇七、第六章)。

第三節　戦争末期の「ヨーロッパ」論

統合をめぐる国際秩序

アルジェでCFLNが誕生し、戦後問題に取り組み始めた一方で、占領下のフランスではどのような「ヨーロッパ」が論じられていたのであろうか。ヴィシー政府は実効的な統治能力を失い、ペタンは権力を喪失し、ラヴァルが政府の舵取りを握っていた。しかし、枢軸陣営の劣勢は明らかであり、ラヴァルにとってドイツを軸とした戦後国際秩序構想はますます魅力を失っていた。対独協力に基づく政策を遂行していたものの、そこには国際秩序への意識はなかった。むしろ、ラヴァルはフランスが仲介国となり、連合国、枢軸国を集めた講和会議を実施することを夢見ていたのである。これと全く異なる考え方をしていたのがデアであった。デアはより一層対独協力を進めることによってフランスを窮地から救おうとしたのである(Cointet 1998: 289)。デアは『ルーヴル』紙を舞台に「ヨーロッパ」を語り続けた。

デアの論じる「ヨーロッパ」はイデオロギー的な色彩を強め、ますます現実と乖離していった。例えば、一九四三年六月一〇日付の記事のなかで、革命の産物としての「ヨーロッパ」と統合体としての「ヨーロッパ」の同一性を指摘し、フランスがこの「ヨーロッパ」誕生に向けた動きを主導すべきと主張した。そして、ヴィシー政府が三年間も無為無策であったと厳しく批判し、「国民革命」は取るに足らない偽りの革命であると酷評した。さらに、同政府を解体し、パリがふたたび政治の中心地となるべきことを提唱した。デアは「ピエール・ラヴァルのたゆまぬ努力にもかかわらずいまだにこうした状況にある」と皮肉を込めて政府を批判した。ラヴァルがパリの熱狂的な対独協力者たちを押さえ込み、対独協力を出来る限り緩和するために「パリのヴィシー化」を目論んでいたのに対し、デアはヴィシー政府の対独協力を深化させる「ヴィシーのパリ化」を狙い、双方の違いは鮮明であった(Cointet 1998: 290)。デアはフランスが積極的に新秩序建設に参加することによって、「ヨーロッパ」は完成すると論じたのである。[33]

デアは六月二九日付の記事のなかでふたたび経済統合論を展開した。その統合体は「一種の大ヨーロッパ経済国家(une sorte de grand Etat européen économique)」が生産活動と貿易を管理することによって成立するものであった。もっとも、各地域が生産物の割当を強要される分業体制ではなかった。デアは、当面は各地域が生産できるあらゆる種類のものを生産すればよいと論じた。曖昧な提案であるものの、段階的な分業体制の構築を考えていたのかもしれない。こうした分業体制の実施により、国家は主権の大部分を喪失することになるが、それは自明のことで、人々はより連帯感を感じるようになり、大きな恩恵を享受できると論じた。同時に国家帰属意識が消滅するわけではないと持論をあらためて述べ、国民としてのアイデンティティは残る一方で、排他的なナショナリズムがなくなることを期待していたようである。[34]デアは「ヨーロッパ」の構築によって、各国の国民性が大陸集合体に刻み込まれ、アイデンティティの拠り所が革新されることが最大の成果であると論じた。これは、域内の人々が国家と統合体の双方にアイデンティティの拠り所を求めるであろうという楽観論に基づいていた。

デアは平和主義者としての立場から、ナショナリズムこそ戦争勃発の原因であると主張した。同じ記事のなかで、一九世紀のナショナリズムの興隆を批判し、ヴェルサイユ条約の民族自決の原則を「まがい物」として一蹴し、その失敗の原因を経済統合が行われていなかったことに求めたのである。そして、各国民は文化を保持し、国家ごとの行政単位を残しつつも、「ヨーロッパ」を構築することによって広域経済圏の恩恵を享受することができると論じた。さらに、デアは統合論とフランス革命とを半ば強引に結びつけ、「ヨーロッパ」は革命思想に基づいたものであり、その思想の普及により、統一は達成されると論じた。この「ヨーロッパ」は社会主義的なものであった。

こうした理想の実現のために、デアは強い政治的リーダーシップの必要性を訴え、単一政党の創設を求めた[35]。デアはほかにも階級意識の撲滅などにも言及し、ファシズムと左翼的な考えが入り混じった議論を展開した。デアは「ヨーロッパは明白に経済統合に向かっており、政治的に同質化しつつある」と論じたものの、外部から政治体制を押し付けられることに対しては抵抗感を示した[36]。あくまでもフランスが自主的に統合に参加するという過程を重視したのである。

このような「ヨーロッパ」論を展開する傍ら、デアの国際秩序論は世界性を帯びるようになった。デアは太平洋戦争にも高い関心を寄せ、統合に基づく「ヨーロッパ」を論じるように、アジア情勢も統合論の視点で分析した。デアによるとインドを含むアジア地域が日本を中心とした国家連合に向かい、この統合においても経済的な動機が政治・軍事的側面より重要な役割を果たすと論じた。そうした秩序の変革のなかで、フランスの植民地であるインドシナは「西洋文化と極東文化の交流の場」となりうると論じ、フランスにとってアジアの国際秩序の変動が他人事ではないことを示唆した[37]。

それゆえ、デアが一九四三年一一月に東京で開催された大東亜会議に高い関心を寄せたのは自然の流れであった。デアはこの会議の結果出された宣言のフランス語訳を熱心に読み、独自の解釈を行った。デアは宣言が政治・経済の両面にわたって連邦的要素を含んでいると分析したうえで、人種差別撤廃、資源の開放を明記した第五項目に関して、「普遍主義と人間主義の思想がほとばしり出ている」と絶賛した。そしてアジアの台頭に「黄色人種の世界」が「白色人種」に戦争を挑む予兆を見ようとする右翼の黄禍論を否定し、むしろ日本を中心としたアジア地域の開放性に着目した(38)。

デアの国際秩序論は、ヨーロッパ統合論からアジア秩序論にまで広がりを見せた。しかし、それは現実の国際情勢に根拠を置かない、あくまでもデアの理想と現状に対する独自の解釈を基盤としたものであった。デアの言説は戦争が進むにつれて現実から乖離し、戦局が枢軸陣営にとって絶望的となるなかでの日独を戦後国際秩序の柱とするような議論は、当然のことながら虚構に過ぎないものであった。

衰微する地域統合論

むろん、デアにとっても連合軍の優勢は明らかであり、壮大な「ヨーロッパ」論の実現が夢物語に過ぎないことは本人も分かっていたであろう。もはやペタンも連合軍の勝利を疑わず、いかにして穏便に政府の権限移譲を行うかを考え始めていた。イタリアは連合軍側で対独参戦するようになっていたが、ペタンはその指導者のバドリオ(Pietro Badoglio, 1871-1956)元帥を模範としたかったようである(Cointet 1998: 294)。ようするに、相変わらず状況対応型の外交に終始していたわけだ。

もっとも、アルジェのCFLNも存在感のある外交を展開できずにいた。一九四四年四月になると、各国の思惑の違いは明らかとなり、前述のように積極的だったベルギーがフランスとの交渉継続に消極的になってきた。スパークは「鉄は熱いうちに打つ」必要があると述べていたものの、すっかり冷え切ったことを知った。この時点で、フランスが「西ヨーロッパ統合」を主導する機会は失われた。ローズヴェルトは普遍的な国際機構の創設を重視し、地域統合をその妨げと考えていた。CFLNもそうしたアメリカの反発を跳ね除けようという気運に欠け、むしろ状況対応的に、国際機構のなかでいかにフランスが有利な立場を占めるかということに外交の優先課題をシフトさせた。CFLNは共和国臨時政府へと制度的発展を実現したが、八月のダンバートン・オークス会議には招かれず、ド・ゴールの焦燥感はさらに深まった。

一〇月二三日、三大国は臨時政府を「臨時にフランス領土を事実上統治する文民政府」として承認した。ド・ゴールはようやく「一人前」の連合国の指導者として認められたのだ。しかし時すでに遅く、フランスは国際秩序構築に向けた外交でイニシアティブを発揮する間もなく、アメリカ主導の国際機構構想に引きずられることとなった。臨時政府は承認を受けたことで、正統なアクターとして承認されると同時に責任ある行動を求められた。もはや大戦の「構想立案の時期」は終わり、構想を現実化する段階に入っていた。一二月、フランスの駐米大使オプノー(Henri Hoppenot, 1891-1977)や駐英大使に転じていたマシグリは、本国の外務省に、早急にダンバートン・オークス案に対する政府の見解を明らかにするよう督促した。

フランスは正統な国際秩序のなかで、ふたたび大国として遇されることを欲していた。大国として振る舞うには責任ある行動を取らなければならなかった。その正統な秩序がアメリカによって構築されようとしていたのであり、それに順応することこそ大国化への最短の近道であった。そうしたことから、パリの外務省はダンバートン・オークス案を検討するための研究委員会を創設し、一九四五年一月三〇日付で修正案を完成させた。興味深いのは、この作成過程で統合構想について言及が行われたことである。この研究委員会のポール=ボンクール(Joseph Paul-Boncour, 1873-1972)委員長は、連邦主義に基づいたヨーロッパの政治機構構想は凍結する必要があると論じた。地域統合構想はさらに脇へと追いやられたのである。

フランスにとって地域統合とは小国との連携を意味した。しかし、大国として復活する可能性が高まるなかで、ベルギーやオランダなどの小国との関係よりも、大国間協調主義に軸足を移し始めたのである。一九四四年一二月のド・ゴールの訪ソとドイツを仮想敵とした軍事同盟である仏ソ条約の締結はその第一歩であった。さらに、フランスは類似の条約をイギリスと締結することにより、二国間条約網によるヨーロッパの安全保障体制を構築しようと模索していた。ポール＝ボンクールは前述の委員会において、フランス外交の柱として、第一に安全保障条約網構想、そして第二に国際機構構想を念頭に置くという方針に従ったのである。とはいっても、安全保障面で無力だった国際連盟の記憶が鮮明であり、フランスは国際機構よりも安保条約網に期待を寄せていた。

一九四五年四月、サンフランシスコで国際機構創設に向けての会議が幕を開けた。ビドー(Georges Bidault, 1899-1983)外相が団長を務めるフランス代表団がアメリカにわたった。代表団にとって、この会議はフランス再興を誇示するための場であった。サンフランシスコでビドーらが守ろうとしたのは地域的取り極めであり、具体的には国連憲章が仏ソ条約のなかの武力行使に関する条項の妨げとならないことであった。ようするに、フランスは普遍的な国際機構そのものが大きな役割を果たすことにはそれほど期待していなかったのである。

一九四五年のフランスが最も期待を寄せたのはソ連やイギリスとの堅実な同盟外交であった。戦時期のフランスでは複数の国際秩序構想が練られ、そのなかには複数の「ヨーロッパ」構想があった。しかし結局のところ、フランスが選んだのは最も古典的とも言える二国間条約による安全保障網であった(宮下二〇〇七、第七章)。

もっとも、戦後こうした条約網が機能することはなかった。終戦直後の一九四六年、そして冷戦が構造化に向かった一九四七年、フランスの政治エリートは国際秩序の姿についてふたたび悩むこととなった。そしてふたたびヨーロッパ統合論が台頭したものの、その模索は第二次大戦期の国際環境とは全く異なる状況のなかで行われた。

おわりに

第二次大戦期フランスが戦後国際秩序に切実に求めたのは、「一九四〇年六月」のような敗戦を二度と繰り返さないための枠組みであり、安全保障環境の整備であり、その次に重要な課題は、フランスの国内経済を復興させたうえで活性化させることであり、それを実現するための国際環境の整備であった。陣営を問わず、政治エリートはヨーロッパ統合にそうした目標を実現するための解決策を見いだした。その統合体である「ヨーロッパ」の地理的範囲も異なれば、統合の対象となった分野も異なっていた。そして、何よりも構想という性質上、その内容は曖昧であり、時には明確さを欠いた。とはいえ、第二次大戦のあいだに今日まで続く国際秩序の基盤が形成されたのであり、当時の構想にはアクターが本来目指していた国際秩序の原型を見ることができる。

大戦期フランスの構想はいずれも実現しなかった。デアの「ヨーロッパ」論にせよ、自由フランス系統の「西ヨーロッパ統合」論にせよ、構想としての域から出ることはなかった。この二つの構想には共通の特徴があった。それは他のアクターの構想を吸収し、フランスのものとして消化しようとしたことである。デアはドイツの構想に共鳴し、自由フランスはベルギーの働き掛けで構想立案に取り組んだ。ようするに、フランスは敗戦による政治的混乱のなか、それまで培ってきた外交上のイニシアティブを発揮する機会を失ったのである。しかし、ヨーロッパ統合は本質的に多国間協調主義を含んだ構想であり、フランスがその枠組みを利用してふたたび「外交大国」として復活する機会をつかむ可能性を秘めていた。統合を論じた政治エリートはそうした起死回生の策を「ヨーロッパ」に求めた。ヨーロッパ統合とは国家の経済力を回復させ、安全保障環境を整えるのみならず、外交力を伸ばす場としても期待されていたのである。

陣営を問わず、フランスの政治エリートは没落の危機に瀕した自国を大国として復興させることを至上命題とした。そうした復興を単独で行うのは難しいと考え、統合を模索したのだが、ここでも両陣営は同じ問題に直面した。第一に、政治エリートが経済統合を土台としつつ、そうした経済的側面をいかにして安全保障などの政治的側面と関連させるかという問題に取り組んだことである。一方ではデアのようなイデオロギー色の濃いヨーロッパ統合論があり、他方では自由フランスが実際的な観点から論じたヨーロッパ統合論があった。前者は理想主義的な構想であり、後者は現実主義的な思惑から出た構想であった。そうした思想的背景の決定的な違いにもかかわらず、結局は双方とも政治・経済の両面を包摂した統合体を形成する必要があると考えたわけである。こうした経済統合と政治統合との緊張関係の克服は、戦後ヨーロッパ統合史においても大きな課題の一つとなるのであった。

第二に、ヨーロッパ統合構想の他の構想との親和性の問題を指摘できる。デアの統合論は独ソ戦を契機に文明対立の構図を持つに至った。そして、大東亜共同宣言を自身の統合論に基づき解釈した。また、抵抗運動の系譜に連なる共和国臨時政府では、国際連合の誕生に直結する国際機構論的な発想とヨーロッパ統合論的な発想が同じ土俵で扱われた。

第二次大戦期のヨーロッパ統合論は戦争という枠組みを無視しては理解できない。フランスでは複数の「ヨーロッパ」がそれぞれの政治的な文脈のなかで発展、衰退していったのである。そうした多様な「ヨーロッパ」を「戦後ヨーロッパ統合の序章」として片付けてしまっては、戦時期の統合構想の本質的な理解の妨げになるのではなかろうか。

〈注〉

（1）本章では、統合体を意味する場合には「ヨーロッパ」と括弧をつけ、地域を示す地理的な概念として用いる場合には括弧をつけずにヨーロッパと記述する。

（2）例えば、次の邦語での古典的なヨーロッパ統合研究のなかで、戦後ヨーロッパ統合史は「平和の思想」の制度化と「戦争の非制度化」の思想という視点で描かれた。鴨一九九二、七六－八四頁。なお、本書においては、第三章で板橋拓己がヨーロッパ統合を単線的に叙述する進歩主義史観を批判するとともに、ドイツにおける多様な「ヨーロッパ」論を分析している。

（3）戦後ヨーロッパ統合の研究史に対する批判的な視点から第二次大戦期を分析した研究として以下のものがある。Bruneteau 2003.

（4）リプゲンスがヨーロッパ統合史の枠組みのなかで描いた第二次大戦については以下の文献の序章の記述が参考になる。Lipgens 1982, pp. 44-62.

（5）第二次大戦期フランスのヨーロッパ統合構想を包括的に論じた筆者の以下の研究があり、一部本章と内容が重なる。宮下近刊。また、自由フランスに関しては筆者の一連の研究を挙げておく。宮下二〇〇四、二〇〇五、二〇〇七。

（6）もっとも、フランクはあくまでも問題提起を行ったのであり、そうしたリアリズム的な枠組みでヨーロッパ統合を叙述しているわけではない。より詳しくは以下の論文を参照のこと。Frank 2003, pp. 51-56.

（7）こうした明確な分離は、とりわけ戦後構想をテーマとした既存研究において顕著である。研究史に関しては、次を参照。宮下二〇〇七、六一八頁。

（8）アクシオン・フランセーズは対独協力をめぐる姿勢から分裂し、積極的な協力論者は追放された。同団体に関する邦語での解説書として次のものがある。プレヴォタ二〇〇九。

（9）ドルベックは一九三六年二月、それまで『アクシオン・フランセーズ』紙の外交評論を担当していた高名な歴史家バンヴィル(Jacques Bainville)が死去したことにより、その後任を務めることになった。戦時中のドルベックはヨーロッパ情勢のみならず、アジア情勢など幅広いテーマについて執筆した。Miyashita (Thèse en cours) Chapitre 2.

（10）J[acques] Delebecque, “Reconstruction européenne ?,” *L’Action française*, mercredi 10 à vendredi 12 juillet 1940.

（11）Léon Daudet, “Briand,” *ibid*., samedi 10 août 1940.

（12）ドーデは一九二〇年代の後半にも国際連盟と議会制民主主義とを結びつける批判を行っていた。El Gammal 2009, p. 64.

（13）Soutou 2009, pp. 49-57.

（14）復古的な改革運動である「国民革命」論に関しては、以下の邦語文献がある。川上二〇〇一。

（15）Coutau-Bégarie et Huan 1989, pp. 183-184.

（16）Delebecque, “Reconstruction européenne?,” *op.cit*.

（17）*L’Œuvre*, jeudi 16 janvier 1941.

（18）Ministère des Affaires étrangères, Archives Orales (AO1), René Massigli, Entretien N. 2, Massigli assisté de Mesdames Michaud et Dupouey, réalisé par Maurice Vaïsse et Cécile Pozzo Di Borgo (vendredi 20 novembre 1981).

（19）*L’Œuvre*, mercredi 11 juin 1941.

（20）ペタンの軍事戦略論をめぐる議論に関しては、次の研究を参照のこと。Vaïsse 1985, p. 63.

（21）『ルーヴル』紙は機関紙であったものの、その発行部数は三つの一般紙(*Paris-Soir, Petit Parisien*, *Le Matin*)に次ぐ第四位を占め、他の機関紙を引き離していた。それは戦前から手際よく編集され、著名人も数多く投稿し、読者が多かったからだ。Cointet, *Marcel Déat*, p. 204.

(22) フンクの統合論に関しては、以下を参照。Walther Funk (1985), "The economic reorganization of Europe, 25 july 1940," in: Walter Lipgens (ed.), *Documents on the History of European Integration, Continental Plans for European Union 1939-1945*, Volume 1, Walter de Gruyter, pp. 65-71.

(23) 以上の議論に関しては、デアのドイツとヨーロッパに関する以下の記事を参照した。Marcel Déat, "L'Allemagne et l'Europe," *L'Œuvre*, dimanche juillet 1940. Déat, "L'Allemagne et l'Europe," *ibid*., mardi 20 août 1940.

(24) Déat, "Défense de l'Occident," *ibid*., lundi 23 juin 1941.

(25) *Id*., "Une Europe, une Révolution," *ibid*., vendredi 28 novembre 1941.

(26) *Id*., "L'Europe et ses nations," *ibid*., lundi 5 janvier 1942.

(27) *L'Œuvre*, dimanche 14 et lundi 15 décembre 1941.

(28) Charles Maurras, "La Politique II. - Vers l'Europe future," *L'Action Française*, vendredi 13 février 1942.

(29) モーラスはデアの単一政党論に関しても『アクシオン・フランセーズ』紙上で批判した。モーラスによれば独伊では単一政党が「自然に誕生したのであって、フランスで人工的に創設しても意味がない」ということであった。Cointet, *Marcel Déat*, p. 188.

(30) この件に関しては、以下の文献が詳しい。広瀬一九九四。

(31) ベルギー亡命政府も「CEPAG」という同名の組織を創設していた。ベルギー版「CEPAG」や「ベネルクス」に至るまでの動きについては、以下を参照のこと。小島二〇〇七、一三七–一六五頁。

(32) "Document I," in: *La pensée européenne et atlantique de Paul-Henri Spaak (1942-1972)* (Textes réunis et présentés par Paul-F. Smets), Tome I (1980), Goemaere, pp. 3-5.

(33) Déat, "Si la France servait l'Europe," *L'Œuvre*, jeudi 10 juin 1943.

(34) *Id*., "Aspects de l'unité européenne," *ibid*., mardi 29 juin 1943.

(35) 単一政党の創設はデアの悲願であった。一九四〇年七月、この案に消極的であったペタンはデアに単一政党に関する報告書の提出を求めた。しかし、ペタンがこの案を受け入れることはなかった。次の研究においてこの報告書が理想に終始し、現実味に欠けていたことが論じられている。Prost 1973.

(36) Déat, "Fédéralisme européen," *L'Œuvre*, vendredi 12 novembre 1943.

(37) *Id*., "La Grande Asie s'organise," *ibid*., lundi 16 août 1943.

(38) *Id*., "Les principes de la Grande-Asie," *ibid*., mercredi 15 décembre 1943.

〈引用・参考文献〉

史　料

未公刊

Ministère des Affaires étrangères, Archives Orales (AO1), René Massigli, Entretien N. 2, Massigli assisté de Mesdames Michaud et Dupouey, réalisé par Maurice Vaïsse et Cécile Pozzo Di Borgo (vendredi 20 novembre 1981).

公　刊

Lipgens, Walter ed. (1985), *Documents on the History of European Integration, Continental Plans for European Union 1939-1945*, Volume 1, Walter de Gruyter.

La pensée européenne et atlantique de Paul-Henri Spaak (1942-1972) (Textes réunis et présentés par Paul-F. Smets), Tome I (1980), Goemaere.

新　聞

L'Action française.

L'Œuvre.

参考文献

鴨武彦（一九九二）『ヨーロッパ統合』日本放送出版協会。

川上勉（二〇〇一）『ヴィシー政府と「国民革命」——ドイツ占領下フランスのナショナル・アイデンティティ』藤原書店。

小島健（二〇〇七）『欧州建設とベルギー——統合の社会経済史的研究』日本経済評論社。

広瀬佳一（一九九四）『ヨーロッパ分断１９４３——大国の思惑、小国の構想』中公新書。

ジャック・プレヴォタ、斉藤かぐみ訳（二〇〇九）『アクシオン・フランセーズ——フランスの右翼同盟の足跡』白水社、文庫クセジュ。

宮下雄一郎（二〇〇四）「第二次大戦期の「西欧統合」構想と自由フランス（１９４３年—１９４４年）」『現代史研究』第五〇号、五一—一九頁。

宮下雄一郎（二〇〇五）「自由フランスと戦後秩序をめぐる外交　１９４０—１９４３年」『国際安全保障』第三三巻第二号、四九—六五頁。

宮下雄一郎（二〇〇七）「第二次世界大戦期フランスと戦後国際秩序構想——主権と統合をめぐる政治１９４０—１９４５」慶應義塾大学大学院法学研究科博士論文。

宮下雄一郎（近刊予定）「未完に終わった欧州統合　一九四〇—一九四六年」吉田徹編『フランスとヨーロッパ——偉大さを求めた一世紀』法律文化社。

Bruneteau, Bernard (2003), *«L'Europe nouvelle» de Hitler, Une illusion des intellectuels de la France de Vichy*, Editions du Rocher.

Burrin, Philippe (2003 [1986 pour la première édition]), *La dérive fasciste: Doriot, Déat, Bergery 1933-1945*, Seuil.

Cointet, Jean-Paul (1998), *Marcel Déat*, Fayard.

Coutau-Bégarie, Hervé et Claude Huan (1989), *Darlan*, Fayard.

El Gammal, Jean (2009), "Léon Daudet, l'Action française et le « Balcon de l'Europe »," in: Olivier Dard et Michel Grunewald (eds.), *Charles Maurras et l'étranger, l'étranger et Charles Maurras*, Peter Lang, pp. 59-66.

Frank, Robert (2003), "Penser historiquement les relations internationales," *Annuaire français des relations internationales*, vol. 4, pp. 42-65.

Lipgens, Walter (1982), *A History of the European Integration, 1945-1947, The Formation of the European Unity Movement*, Volume I (with contributions by Wilfried Loth and Alan Milward), Clarendon Press.

Miyashita, Yuichiro (Thèse en cours à l'Institut d'Etudes Politiques de Paris sous la direction du Professeur Maurice Vaïsse), *La France face au retour du Japon sur la scène internationale, 1945-1963*.

Prost, Antoine (1973), "Le rapport de Déat en faveur d'un parti national unique (juillet 1940): essai d'analyse lexicale," *Revue française de science politique*, vol. 23, n° 5, pp. 933-971.

Soutou, Georges-Henri (2009), "La réflexion de Charles Maurras sur les relations internationales (1896-1952): entre la vieille Europe et la seule France," in: Soutou et Martin Motte, *Entre la vieille Europe et la seule France, Charles Maurras, la politique extérieure et la défense nationale*, Economica, pp. 43-61.

Vaïsse, Maurice (1985), "Stratégie et relations internationales. Bilan historiographique (1964-1984)," *Relations internationales*, n° 41, pp. 59-78.

第三章　黒いヨーロッパ
——ドイツにおけるキリスト教保守派の「西洋」主義

板橋拓己

だれもがみな同じいま、いまのなかにいるわけではない
——E・ブロッホ『この時代の遺産』（一九三五）[1]

わたしはヨーロッパを大国民国家に建設するという事業のみが、「五カ年計画」の勝利に対抗しうる唯一の道であると考えている
——オルテガ・イ・ガセット『大衆の反逆』（一九三〇）[2]

はじめに——ヨーロッパ統合と近代

ヨーロッパ統合と「近代」はいかなる関係にあるのか。この問いは、ヨーロッパ統合というプロジェクトの世界史的意味をどう考えるか、あるいはヨーロッパ統合の歴史をいかに叙述するかに深くかかわっている。

これまでヨーロッパ統合の歴史は、単線的な近代主義史観の延長線上で把握されがちであったように思える。例えば、しばしばヨーロッパ統合は「ポスト・ナショナル」あるいは「ポスト国民国家」の試みと呼ばれるが、

「ネイション＝国民」や「国民国家」が近代の産物であることに鑑みるなら、この場合さしずめヨーロッパ統合は、ポスト近代のプロジェクトと位置づけられるだろう。あるいはハーバーマスに倣って、ヨーロッパ統合を近代の「未完のプロジェクト」の一つと位置づけることも可能だろう。現在までのヨーロッパ統合の成果を考えるとき、こうした近代主義的な語りは至極妥当なものにも思える。とはいえ、ヨーロッパ統合の歴史は、単線的な進歩主義史観のみでは捉えきれない。「正史」のみに寄りかかっていたのでは、いかなる政治力学、あるいは政治理念から、ヨーロッパ統合というプロジェクトが歴史的に支えられてきたのかを説明することはできないのである。

些か抽象的な表現だが、ヨーロッパ統合は、反近代と近代とポスト近代、これら近代をめぐるそれぞれのベクトルがせめぎ合うなかで進められてきたと筆者は考えている。そこで本章では、かかるヨーロッパ統合の複合的性格の一端を明らかにするために、これまで見おとされがちであった反近代的なアクターの一つ、すなわちキリスト教保守主義に着目してみたい。具体的な検討対象は、戦後のドイツ連邦共和国において、「アーベントラント(Abendland：西洋)」というスローガンを掲げて、ある種のヨーロッパ統合を支持してきたキリスト教保守派の人々、所謂「アーベントラント主義者」の思想と運動である。

本章は、これまであまり積極的に扱われてこなかったヨーロッパ統合とキリスト教、あるいは保守主義との関係を、「アーベントラント運動」という一つの具体的事例から討究することによって、本書のテーマである「ヨーロッパ」の「複数性」の一端(＝「黒いヨーロッパ」！)を示すとともに、再保守化・再宗教化しつつあるかのような現代を背景に、「キリスト教の共同体」というレッテルを安易に貼られがちな現在のヨーロッパ統合を、歴史的な視座から問いなおすきっかけを与えるだろう。

第一節　「アーベントラント」とは何か

概念について

そもそも「アーベントラント（Abendland）」とはいかなる概念か。まずは、この概念の由来や含意から確認していこう。通例「西洋」と訳されてきたAbendlandは、ドイツ語で「晩」「夕方」「夜」を意味するAbendと「土地」を意味するLandが組み合わされた語であり、「陽の沈む土地」を意味する（英語のOccidentに対応する）。よく知られているように、これは「ヨーロッパ」の語源と重なり合っており（遠藤・板橋二〇〇八、二二頁）、実際「ヨーロッパ」と互換的に用いられもする。なお日本語でも「アーベントラント」は文脈によって「西欧」とも「ヨーロッパ」とも訳されてきた。最も著名な用例としては、第一次世界大戦が終結した年に出版され大ブームとなったシュペングラー（Oswald Spengler, 1880–1936）の『西洋（西欧）の没落（*Der Untergang des Abendlandes*）』（一九一八）が挙げられよう。

問題は、この「アーベントラント」が政治理念やスローガンに転じたときである。この場合「アーベントラント」は、単なる地理的表象であることを超えて、「西洋」共通の文化的な紐帯に基づいたヨーロッパ諸国民・諸民族の連帯を説く概念として機能する。そして、歴史的には保守派、とりわけカトリック保守派のヨーロッパ主義者のイデオロギーとして、「アーベントラント」は用いられてきた。

ではここで、些か論点先取りになるが、「アーベントラント」が政治的なスローガンに転じた時に込められる含意のなかから最大公約数を引き出してみよう。第一に、何よりもそれは反近代の概念である。「アーベントラント」に含意されているのは、宗教改革以前の全一なるキリスト教的共同体としてのヨーロッパへの郷愁であり、中世への憧憬である。かかる反近代という含意から、さらに以下の諸含意も導き出される。

すなわち第二に、「アーベントラント」は反自由主義的志向を内包している。近代の産物たる理性的で主体性を持つ個人という仮構を否定し、人間の限界、すなわち理性の限界を説く概念となるのである。同様の人間学的前提から、第三に、「アーベントラント」の称揚は反民主主義的志向にもつながる。ここからエリート主義的な主張が導き出されることはいうまでもない。そして第四に「アーベントラント」には、近代政治の獲得物である自由主義的な代議政治の否定、すなわち反議会主義の主張も含まれる。この主張は、古典的コーポラティズムに代表される職能身分制秩序に基づく政治システムの推奨につながっていくだろう。最後に「アーベントラント」は反中央集権主義も志向する。理想化された神聖ローマ帝国が範とされ、政治秩序としては連邦主義が称揚される。

以上の含意をそなえた「アーベントラント」が、とりわけドイツ語圏において、戦間期には独仏協調のシンボルとして、また冷戦期には反東・反共のプロパガンダ概念として機能した。そして注目すべきは、戦間期から冷戦期に至るまで、「アーベントラント」という概念を組織象徴として運動体が結成されてきたことであり、本章が対象とするのも、この「アーベントラント」運動に他ならない。

ヨーロッパ統合史との関係

ここで「アーベントラント」という概念・運動の存在が、ヨーロッパ統合史研究にいかなる意味を持つか、簡単に二点述べてみたい。第一は、ヨーロッパ統合の「暗い遺産」にかかわる問題である(遠藤二〇〇八、一二一一三頁)。第二次世界大戦後のヨーロッパ統合が基本的に西側の自由主義陣営のなかで進められてきたため、ヨーロッパ統合のいくつかの歴史的淵源が、これまで統合史の死角となってきた。例えば、しばしばヨーロッパ統合の父の一人に数えられるクーデンホーフ＝カレルギー(Richard Nikolaus Coudenhove-Kalergi, 1894-1972)のパン・ヨーロッパ構想は、貴族主義的で帝国主義的なものであった。とりわけ厄介なのは、ファシズムとコーポラティズムのあいだに位置する勢力によるヨーロッパ構想の位置づけである。遠藤乾は次のように指摘する。「家族、ギルド(職能団体)や地域共同体に根を張り、ジャコバン的な近代(国家)に背を向けるようなヨーロッパ統合主義は、カトリック的な保守主義からプルードン的な左翼にまで幅広く存在し、なかにはファシズムに接近するものも現れた。こうした勢力の社会像には、反ソ・反米の傾向を有し、ヨーロッパ統一への願望を併せもつものが含まれていたのである」(同、一三頁)。そして、上原良子がいみじくも指摘するように、「〔欧州審議会の枠内で〕地域・地方自治体とヨーロッパ統合との接合を図った勢力の一部には、戦前のファシズムとのグレーゾーンに位置するコーポラティストや反国家主義の系譜も存在している。国民国家によって抑圧されてきた地域という単位や、中間団体、職能代表制の主張の背後には、議会制民主主義への嫌悪と国家の解体という点で、連邦主義を経由してヨーロッパ統合思想を支持するという「暗い遺産」の影も見いだせる」(上原二〇〇八、一二三頁)。この遠藤と上原が指摘するヨーロッパ統合の「暗い遺産」のまさに一つの典型事例として、アーベントラント運動は位置づけることができる。それゆえ本章では、アーベントラント運動の戦間期からの連続性や、ファシズムとの距離にも着目することになるだろう。

第二は、ヨーロッパ統合史とキリスト教(とりわけカトリック)の問題である。よく知られているように、欧州石炭鉄鋼共同体(ECSC)条約に調印した六カ国の外相全員が、各国のキリスト教民主主義政党に所属していた。また、ＥＣＳＣを主導したシューマン(Robert Schuman, 1886–1963：ドイツ帝国領ロレーヌ出身)、アデナウアー(Konrad Adenauer, 1876–1967：ラインラント出身)、デ・ガスペリ(Alcide De Gasperi, 1881–1954：オーストリア＝ハンガリー帝国領トレンティーノ出身、学生時代はウィーンで学ぶ)は、三人ともカトリックであった(ちなみに言えば、三人はドイツ語で相互に会話したという)。浩瀚な戦後ヨーロッパ史を著したトニー・ジャットは以下のように述べる。

これら三人全員にとって……ヨーロッパが協力し合うというプロジェクトには経済的な意味と文化的な意味があったのだ。彼らはそれを、自分の青春時代のコスモポリタンなヨーロッパを打ち砕いてしまった文明の危機を克服するための努力だと捉えていた(ジャット二〇〇八、上、二〇二頁)。

逆に、北ドイツ出身のプロテスタントである社会民主党(ＳＰＤ)の指導者シューマッハー(Kurt Schumacher, 1895-1952)は、ＥＣＳＣに権威主義の匂いを嗅ぎ取ったのである。また、ベヴィン(Ernest Bevin, 1881-1951)の主席顧問ヤンガー(Kenneth Younger, 1908-1976)は、ＥＣＳＣの設立を「カトリックの「黒いインター」結成への第一歩」と捉えていたという(同)。

キリスト教民主主義(とりわけそのトランスナショナルなネットワーク)がヨーロッパ統合の成立や深化に果たした役割の評価については、いまや指導的なヨーロッパ統合史研究者であるカイザーのモノグラフが示すように(Kaiser 2007)、現在の統合史研究の最前線に位置する問題である。本章は、カイザーらの問題設定とは異なり、キリスト教保守派の人々がヨーロッパ統合についてどう考えていたかを、アーベントラント運動を例に検討することによって、キリスト教とヨーロッパ統合の問題にアプローチしてみたい。

付け加えるなら、本章はドイツ連邦共和国史の理解にも寄与するだろう。ドイツ現代史研究においては、しばしば一九四五年という「零時(Stunde Null)」をどう考えるか、すなわち第二次大戦の終結をドイツ現代史における断絶点と捉えるか、それとも連続性の相のもとで捉えるかが論争となる。むろん、一九四五年という断絶の重要性は疑うまでもないが(ケルブレ二〇一〇、八―九頁)、本章ではむしろ連続性の面に着目しよう。そのうえで本章は、再建期から「保守的近代化」(野田二〇〇九、六五―六六頁)の時代の政治思潮の一側面も明らかにするだろう。また、これまでドイツ連邦共和国は、その親ヨーロッパ主義を強調されてきたが、それがいかなる「ヨーロッパ」であったのかを明らかにしていく必要がある。本章は、主として建国期を題材に、ドイツ連邦共和国における「親ヨーロッパ主義」の内実の一端を解明するだろう。

先行研究

「アーベントラント」が本格的に歴史学の検討対象となったのは、ここ四半世紀のことである。[3] なかでも傑出しているのが、アクセル・シルトやヴァネッサ・コンツェ（旧姓プリヒタ）らの研究である。ドイツの社会史家シルトは、一九五〇年代の西ドイツ社会に関する浩瀚な教授資格論文を著し（Schildt 1995）、さらにその成果の一環として『アーベントラントとアメリカのあいだ』という書を公刊した（Schildt 1999）。そこでシルトは、五〇年代西ドイツの「精神風土」あるいは「時代精神」の一つの典型として、アーベントラント運動を検討している。一方、コンツェの博士論文『ドイツ人のヨーロッパ』（Conze 2005a）は、戦間期から一九六〇年代までのドイツにおける「ヨーロッパ」概念の多様性と、六〇年代以降の「ヨーロッパ」概念の「西欧化」（＝自由民主主義化・多元主義化）を論証するために、前半部でアーベントラント運動の戦間期からの連続性と、その戦後における興隆と没落を扱っている。[4] 以下では、人的・組織的なデータはこれら貴重な先行研究に負いつつ、アーベントラント運動の思想と行動を追跡していこう。

第二節　戦間期からの連続と断絶

アーベントラント運動に顕著なのは、戦間期からの人的・組織的・思想的な連続性である。そこで本節では、戦間期から第二次大戦期にかけてのアーベントラント運動を概観してみよう。[5]

雑誌『アーベントラント』

独仏間あるいは中央ヨーロッパ圏のカトリック知識人や政治家たちによる国境を超えた組織化は、第一次大戦以前にまでさかのぼることができる。例えば、マリア・ラーハ修道院周辺の典礼運動（Liturgische Bewegung）やカトリック・アカデミカー連盟（Katholischer Akademikerverband）の存在が挙げられよう（Müller 2005: 49）。これら教会と結びついたカトリック知識人の運動は、「アーベントラント」概念の普及とともに、各国キリスト教政党の国際的協働、そして後のキリスト教民主主義政党の創設に寄与することになる。一九一三年、典礼運動の最初のドイツ会合に参加したロベール・シューマンは、一九五九年に当時を回顧してこう述べている。

この出会いはわれわれにとって事件であり、共通の出発点だった。……協調と統一と友愛への道を拓く一切のものが同じ源泉から生み出されるということを、当時われわれはすでに認識し始めていた。この意味で、マリア・ラーハも将来のヨーロッパのための礎石だったのである（Müller u. Plichta 1999: 21）。

そして、これらの運動に従事しながら独仏協調に尽力していたロマニストのプラッツ（Hermann Platz, 1880-1945）の主導によって戦間期に刊行されたのが、雑誌『アーベントラント（*Abendland. Deutsche Monatshefte für europäische Kultur, Politik und Wirtschaft*）』（一九二五―一九三〇）である。この雑誌の編者陣には、ザイペル（Ignaz Seipel, 1876-1932）をはじめ、西南ドイツやオーストリアの有力なカトリック政治家・知識人がいた。また執筆者を一瞥すると、デンプ（Alois Dempf, 1891-1982）、ディルクス（Walter Dirks, 1901-1991）、ギュリアン（Waldemar Gurian, 1902-1954）、カース（Ludwig Kaas, 1881-1952）、コーゴン（Eugen Kogon, 1903-1987）、ネル=ブロイニング（Oswald von Nell-Breuning, 1890-1991）、シュミット（Carl Schmitt, 1888-1985）、シュパン（Othmar Spann, 1878-1950）、ストゥルツォ（Luigi Sturzo, 1871-1959）ら当時のカトリック知識人・政治家の錚々たる面々が揃っている。さらに『アーベントラント』

は、旧ハプスブルク君主国の貴族カール・アントン・ローアン公爵(Karl Anton Prinz Rohan, 1898-1975)が主導し、ヨーロッパの知識人ネットワークの一角を形成していたヨーロッパ文化同盟(Europäischer Kulturbund / Fédération des Unions Intellectuelles)、および月刊誌『ヨーロッパ・レヴュー(*Europäische Revue*)』とも相互に交流していた。(6)

執筆陣の多様性からも分かるように、『アーベントラント』は雑誌として必ずしも纏まったメッセージを発していたわけではない。例えば、ヴァイマル共和国に対する態度一つを取っても、共和国を積極的に支持していた者たちもいれば、所謂「理性の共和派」もいたし、「保守革命」論者に分類されるような文筆家たちも多数参加していた。とはいえ、少なくとも主導者であるプラッツたちは、独仏における偏狭なナショナリズムを非難し、キリスト教に基づいたヨーロッパ諸民族の連帯、とりわけ独仏間の連帯を説いていたのであり、その文脈から、相対的安定期におけるシュトレーゼマン(Gustav Stresemann, 1878-1929)の協調外交も支持していたのである。

なお、なぜ戦間期に「アーベントラント」概念が持て囃されるようになったかは、いくつかの要因があろう。何よりも「ヨーロッパの自殺」と称された第一次大戦を抜きにしては「アーベントラント」の流行は考えられない。大戦終結時の一九一八年にはシュペングラーの『西洋(アーベントラント)の没落』(第一巻)がベストセラーとなった。そして、大戦によって破壊されてしまった「西洋」の全一性を取り戻すために、「アーベントラント」概念は一つのシンボルとなったのである。また、とりわけドイツ国内においては、ドイツに対して懲罰的な「勝者の平和」たるヴェルサイユ体制を乗り越えるシンボルとしても用いられた。さらに、第一次大戦の敗北と帝政ドイツの瓦解が、同時にプロイセン＝プロテスタント的な社会と秩序モデルの崩壊と認識されたことも挙げられる(Plichta 2001b: 62)。そのうえで、近代リベラリズムも受け入れることができないカトリック層にとって、「アーベントラント」という秩序像が一層重要性を増したと言えるのではないだろうか。

ナチスとアーベントラント

『アーベントラント』周辺の人々が、ナチズムに取った態度は様々であった(Pöpping 2002を参照)。創刊者プラッツは、一九三〇年の『アーベントラント』休刊後も独仏協調に奔走したが、ナチスによってボン大学の教職を解かれてしまった。しかし、プラッツのようにナチス体制に睨まれた人々がいた一方で、他のアーベントラント主義者のなかにはナチスに迎合・協働する者もいた。例えばそれは、三三年七月にマリア・ラーハで行われたカトリック・アカデミカー連盟の大会に示されている。この大会参加者のなかには、カトリック的な「ライヒ(Reich：帝国)」の理念とナチズムを架橋しようとする者たちがいたのである。[7] 実に「ライヒ」理念は、伝統的なヨーロッパ像とナチスの「新秩序」を仲介させる役割を果たしたのである。

ところで、ナチス体制自体は、「アーベントラント」よりも「ライヒ」のほうを重宝した。これまで同様、国名をDeutsches Reichと名乗り続けたし、周知のように、ナチス体制の別称は「第三帝国(Das Dritte Reich)」である(ナチス自身はこの呼称を一九三九年七月から禁じたが)。さらに四二年三月、ナチス政府はメディアに指令を発し、「ライヒ」という呼称を他国に用いてはならないと命じている。「国家や国民はいくつもあるが、ライヒはただドイツのみ」とされたのである(石田二〇〇五、一二二―一二四頁)。

とはいえ、対ソ戦(特にスターリングラード以降)によって、ナチスも「アーベントラント」概念をしばしばプロパガンダに利用した。「アジア的」とされたソ連に対抗するには、ドイツ中心的な響きを持つ「ライヒ」よりも、フランスをも含めた「アーベントラント」概念のほうが便利であり、[8] 事実、かかる「アーベントラント」プロパガンダのもと、占領下フランスで徴兵が行われた(一九四四年に対ソ戦のためにフランス人で構成された武装親衛隊の師団は「シャルルマーニュ」と名づけられた(Laughland 1997: 10))。ヒトラー(Adolf Hitler, 1889-1945)自身、四三年一月にスターリングラードで降伏に傾きつつあった第六軍の指揮官パウルス(Friedrich Paulus, 1890-1957)に向けて次のような電報を打っている。

降伏は禁ずる。軍は最後の兵士と最後の弾薬が尽きるまで踏みとどまり、その英雄的な忍耐によって防衛線の構築とアーベントラントの救済のために忘れえぬ貢献をするのだ(Fest 1973: 909)。

他方、第二次大戦後の「アーベントラント」概念の復活を考える際には、ナチス時代に関する次の三点が重要な意味を持つ。第一は、ゲルデラー(Carl Friedrich Goerdeler, 1884–1945)やハッセル(Ulrich von Hassel, 1881–1944)、シュタウフェンベルク(Claus Schenk Graf von Stauffenberg, 1907–1944)ら保守派のレジスタンスたちが、「アーベントラントの没落ではなく興隆を」希求していたことである(Faber 2002: 34)。その彼らが一九四四年七月二〇日のヒトラー暗殺計画によって「英雄」となったことは、アーベントラント概念の浄化にもつながった。

第二は、一九三五年以来の教会闘争で「アーベントラント」概念を教会側が用いたことである。これにより戦後のカトリックたちは、アーベントラント概念を、ナチスおよび共産主義という全体主義に対立するものとして安心して使用できた。

第三は、前述のプラッツのように、『アーベントラント』周辺の人々のなかにも、ナチス体制によって迫害された者が多数いたということである。とりわけケルン大学の社会学者で、戦間期に独仏協調に尽力したライン・カトリックの連邦主義者であり、ナチス体制下で迫害を受け続け、三九年の大戦勃発直後にザクセンハウゼンの強制収容所で死亡したシュミットマン(Benedikt Schmittmann, 1872–1939)は、戦後、アーベントラント主義者たちによって「殉教者」に列せられている(Conze 2005a: 113–116)。

以上のように、実際にはナチズムとの「近さ」を見せた点は否定し難いものの、いくつかの重要な抵抗の証によって、「アーベントラント」は戦後の復活を可能にするのである。[9]

第三節　第二次大戦後の再出発

戦後ドイツの精神状況

よく知られているように、第二次大戦直後のドイツでは「ヨーロッパ熱」が高まり、雨後の筍のように出版された雑誌類のなかでヨーロッパ統合論議が盛んに行われていた(Loth 1986; クレスマン一九九五、第五章)。「アーベントラント」概念の流行も、この「ヨーロッパ熱」の文脈にある。前述のように、独ソ戦時の例外は見うけられるにせよ、ナチスが「アーベントラント」概念をそれほどプロパガンダ概念として重用しなかったことが、第二次大戦後における「アーベントラント」の復活を可能にした。これは、ナチスが積極的に活用したがために公には一種のタブー概念となった「ライヒ」や、ドイツ帝国主義の代名詞とされた「中欧(Mitteleuropa)」とは対照的である。逆に言えば、「アーベントラント」は、「ライヒ」や「中欧」のような伝統的なヨーロッパ秩序概念のなかで、珍しくナチスの経験によって貶められなかったものと言えよう。こうして「アーベントラント」は、一九四五—一九五五年の一〇年間にわたって、(西)ドイツの政治的・文化的言説のなかで頻繁に使用される概念となった(Schildt 2001: 20)。

それにしても、なぜアーベントラントが、戦後ドイツにおいてそれほどまでに重宝されたのか。その背景には、戦後直後のドイツにおける独特の精神状況がある。ナチズムというナショナリズムの過剰、政治の過剰に倦み疲れたドイツ人たちにとって、「アーベントラント」が提供する脱ナショナリズム的、キリスト教的、文化的なトーンは、ある種の癒しの機能を持った(Schildt 2001: 18-20)。そして何よりも「アーベントラント」概念は、ドイツ(人)をヨーロッパという文化的共同体へ回帰させる概念として重宝された。この点では、保守派やカトリックに限らず、プロテスタントや社会民主主義者でさえ、「アーベントラント」概念を意識的に活用したのである。ドイツにおいて全般的にヨーロッパ統合論議が高まるなか、こうして「アーベントラント」は、戦間期以来の第二の全盛期を迎えることになった。

雑誌『ノイエス・アーベントラント』

かかるドイツの精神状況を背景に創刊されたのが、雑誌『ノイエス(＝新)・アーベントラント』である。これは、ライン出身のカトリックのジャーナリスト、ヨハン・ヴィルヘルム・ナウマン(Johann Wilhelm Naumann, 1897-1956)が、一九四六年に故プラッツ周辺の『アーベントラント』サークルを再結集して創刊したものである。(10)このように『ノイエス・アーベントラント』は、人的にも戦間期にルーツを持ち、また創設者たちも戦間期との接続を自覚していた(とはいえ見逃せないのは、出版地が西部ドイツではなく、南ドイツのアウグスブルクに移ったことである)。そして、創刊号の巻頭言にある「ドイツはアーベントラントと不可分である。ドイツは再び諸国民の共同体(Gemeinschaft der Völker)に組み込まれねばならない」(11)というナウマンのメッセージは、上述のドイツの精神風土にぴたりと嵌るものであった。

こうして出発した『ノイエス・アーベントラント』だが、少なくとも初期は、現実政治にかかわることを相対的に忌避し、文化的・哲学的・神学的問題に沈潜する傾向があった。たしかに、ヨーロッパ諸民族のキリスト教的な文化・価値の統一性、あるいは共通の過去を強調するとともに、社会の「再キリスト教化(Rechristianisierung)」(この言葉は、当時のドイツのキーワードの一つである)を唱えてはいた。例えば、一九四八年のある論説は、「キリスト教信仰によってのみ、ヨーロッパは再生することができる」(12)と主張している。概して彼らは、資本主義と社会主義のあいだの第三の道としての「キリスト教社会主義」を説き、最終的には東西間の「第三勢力」としてのヨーロッパを目指した。しかしこの時代には、かかる主張が具体的な政治目標と結びつけられることは少なかったと言ってよい。

『ノイエス・アーベントラント』にとって転機となったのが、エミール・フランツェル(Emil Franzel, 1901-1976)への編集長(Chefredakteur)の交代であった。所謂ズデーテン・ドイツ人であるフランツェルは、かつては社会民主党員だったが、後に「保守革命」論者に転向し、第三帝国期にはナチスに共感するまでに至った人物である。第二次大戦後は、カトリック保守の立場から、ズデーテンの被追放者の利害を代弁していた[13]。かかる経歴・思想を持つフランツェルのもと、『ノイエス・アーベントラント』は、より政治的で攻撃的な論調にシフトしていく。当初のカトリック左派的な立場は消滅し、反自由主義・反議会主義・身分制国家志向が前面に押し出されるとともに、被追放者の利害代弁や「中欧」への追憶が顔を出すようになった(第五節参照)。こうして『ノイエス・アーベントラント』は「カトリック雑誌のなかでは最も右寄りに」(Brelie-Lewien 1990: 207)位置するようになったのである。むろん、この転換の背景には、冷戦の本格的開始と、それに伴う激しい反共主義の台頭があったことはいうまでもない。

付言するならば、この時期に『ノイエス・アーベントラント』は、上シュヴァーベンの貴族エーリッヒ・フォン・ヴァルトブルク=ツァイル侯(Erich Fürst von Waldburg zu Zeil und Trauchburg, 1899-1953)に買収されることによって、その活動の重心も、完全に南ドイツおよびオーストリアへシフトしている[14]。

第四節　アーベントラント運動の組織化

前節で見たように、『ノイエス・アーベントラント』は一九四八年を境に政治化していく。これに伴い、アーベントラントは運動化・組織化の局面を迎えることになる。

この組織化に与ったのが、新編集者ゲルハルト・クロル(Gerhard Kroll, 1910-1963)である。クロルは、一九四九年から五一年まで「ナチス時代研究所(Institut zur Erforschung der nationalsozialistischen Zeit)」(後のミュンヘン現代史研究所 Institut für Zeitgeschichte)の初代所長を務めた後、『ノイエス・アーベントラント』に加わった[15]。そして彼の活動は、出版のみに満足するものではなく、政治組織化を志向するものであった。こうしてクロルは、五一年八月にミュンヘンで「アーベントラント・アクション(Abendländische Aktion)」を創設し、自身でその指針となるパンフレットを二冊著した(Kroll 1951, 1953)。しかしこの「アクション」自体は、クロルの著作に示されているように、反近代性が前面に出過ぎており、設立当初から世論の批判を浴びることとなった。

この「アクション」の反省を踏まえて、よりエリート主義的なかたちで設立されたのが、「アーベントラント・アカデミー(Abendländische Akademie)」である。初代会長(Vorsitzender)は、著名な軍人であり、国法学者でもあるフォン・デア・ハイテ(Friedrich August Freiherr von der Heydte, 1907-1994)が務めることになった[16]。フォン・デア・ハイテは、すでに戦間期からカトリック・アカデミカー連盟に所属し、「ライヒ」や「アーベントラント」理念に共鳴していた人物である。このハイテが、アカデミーの執行部(Vorstand)と最高決定委員会(das oberste Entscheidungsgremium)を指導することになった[17]。

そしてアカデミーの理事会(Kuratorium)には、ドイツ連邦共和国の政界・経済界・学界の重要人物が集められた。理事のリストでとりわけ目を引くのは、当時の与党であるキリスト教民主同盟／社会同盟(CDU／CSU)の指導的な政治家たちの名前である。例えば、CDUの連邦議会議員団長で五五年から連邦外務大臣を務めたハインリヒ・フォン・ブレンターノ(Heinrich von Brentano, 1904-1964)がいる[18]。他にも、五五年から六二年まで連邦参議院相を務めたメルカッツ(DP、のちCDU)(Hans-Joachim von Merkatz, 1905-1982)、CSU所属で連邦郵政相(四九―五三年)のシューベルト(Hans Schuberth, 1897-1976)、被追放者相(五三―六〇年)オーバーレンダー(BHE、のちCDU)(Theodor Oberländer, 1905-1998)、連邦家族相(五三―六二年)ヴュルメリンク(CDU)(Franz-Joseph Wuermeling,

1900–1986)ら、連邦閣僚経験者が名を連ねている。また、CSU所属の連邦議会議員で、後の連邦議会副議長イェーガー(Richard Jaeger, 1913–1998)、同じくCSUでバイエルン州議会議長のフントハマー(Alois Hundhammer, 1900–1974)、そしてシュレスヴィヒ=ホルシュタイン州の元首相シュテルツァー(CDU)(Theodor Steltzer, 1885–1967)ら錚々たる顔触れが並ぶ。さらに理事会の構成員として見のがせないのは、カトリック教会の重要人物や貴族たちである。[19][20]

これら諸機関の構成員にも示されているように、アーベントラント・アカデミーは、カトリックの枠を超えプロテスタントも含めた超宗派性(Schildt 2000b)と、ドイツの枠を超えた国際性を志向した。とはいえ、五〇年代のアーベントラント運動の国際的なネットワークは脆弱であった。これは、戦間期にヨーロッパ統合推進を目指した諸団体(Frommelt 1977)、あるいは戦後のヨーロッパ連盟(Loth 1990)と対照的である。

ともあれ、アカデミーは毎年アイヒシュテットで年次大会を開催するなど、五〇年代前半は順調に活動を進めた。この年次大会は、毎年あるテーマをもとにメンバーや内外の識者が集まり報告・討論する学会形式のもので、二〇〇–五〇〇人が参加し、大会後には報告集も順次公刊されている。年次大会のテーマを見ていくと、一九五二年は「アーベントラントにおける価値と形式」、五三年は「人間と自由」、五四年は「国家、民族、スープラナショナルな秩序(Staat, Volk und übernationale Ordnung)」、五五年は「諸国民から見るアーベントラント」、五六年は「政治的実存における保守的立場」と興味深いものが並ぶ。そして、後述の事情で四年間の空白の後、一九六一年は「多元主義、寛容、キリスト者」、六二年は「現代世界におけるヨーロッパの遺産」、六三年は「社会とその法」がテーマとされている。では彼らはいかなる政治・社会を目指していたのだろうか。そして彼らにとってヨーロッパ統合はいかなる意味を持っていたのだろうか。[21]

第五節　アーベントラント主義者とヨーロッパ統合

本節では、アーベントラント主義者たちの思考様式を、とりわけその世界観や政治秩序像、そしてヨーロッパ統合観に焦点を合わせて検討してみよう。[22]

重層的な政治秩序像

まず、戦間期以来アーベントラント主義者に一貫している思考様式について、ヨーロッパ統合に関係した二点だけ確認しておこう。

第一に、戦間期以来、ほとんどすべてのアーベントラント主義者たちに共通した目標は、「アーベントラント」という同一の文化的紐帯で結ばれている（はずの）諸民族・諸国民・諸国家の協調や連帯、あるいは統合であった。「アーベントラント」の範囲や、連帯・統合の手法に関して意見の相違はあるにせよ、[23]「アーベントラント」を境界とした「スープラナショナルな秩序（Übernationale Ordnung）」の形成（あるいは「復興」）に対するコンセンサスは、少なくとも中核メンバーのあいだには存在していた。その意味でアーベントラント主義者は、「ヨーロッパ統合」というプロジェクトに対して、概ね「総論賛成」の側にあったと言ってよい。

第二に注目すべきは、その重層的な政治秩序像である。例えばクロルの著作『アーベントラント・アクションの秩序像』を一瞥すれば分かるように、彼らの秩序像は、「家族秩序」に始まり、「国家秩序」を経て、「スープラナショナルな秩序」に至る、それぞれ神聖かつ固有な「神が創りし秩序（Schöpfungsordnung）」が重層的に積み上げられたものである（Kroll 1953）。そして、これら秩序間の関係を律するのが「補完性原理（Subsidiaritätsprinzip)」に他ならない。例えば、「ヨーロッパ諸国民の共同体(europäische Völkergemeinschaft)」は、「アーベントラントの伝統を尊重し」、域内の「自由と平和を保護する使命をもつ」一方で、「各民族(国民：Volk)が独力で解決できる課題には介入してはならない」し、「〔各民族の〕独自性、言語、習俗を破壊してはならない」とされている(ebd.: 22-23)。さらにアカデミーの会長フォン・デア・ハイテは、「「古典的な」主権概念はもはや存在事由を持たない。それに代わるべきものが、正しく理解された補完性の概念である」[24]と述べ、近代主権国家モデルと自分たちの秩序モデルを明確に対置させている。なおいうまでもないが、こうした議論を支えているのは、ピウス一一世の回勅「クアドラジェシモ・アノ」(一九三一)をはじめとする、カトリック教説である。[25]

以上の二点は、ある意味で典型的なカトリック保守派の思考様式の一系譜ともいえよう。そして、かかる思考様式を現実のヨーロッパ統合論に接続したもの、別言すれば、第二次大戦後のアーベントラント主義者を所謂「ヨーロッパ統合主義者」としたのは、冷戦であった。

反共、反米、独仏協調

アーベントラント主義者たちは、他の多くのカトリック知識人たちと同様、おしなべて強烈な反共主義者である。彼らは第二次大戦後に「西側結合(Westbindung)」の支持者となったが、その支持理由は、一義的にはこの反共主義に由来する。「東側とのいかなる妥協も、ドイツを死に導きかねない」とフランツェルは述べている。[26]彼らは、すでに一九四八年にはドイツを軍事的に西側同盟に編入することも支持していたし、アメリカの核による抑止にも賛同していた。[27]

こうして、アーベントラント主義者たちは概して親「西側(West)」となった。しかし、アメリカ合衆国に対する彼らの態度はアンビヴァレントである。彼らは、共産主義の脅威からドイツを含む西側を防衛する、西側の軍事的・経済的な盟主として、アメリカ合衆国に頼らざるをえないことを認めていた。この点、当時流行していたヨーロッパ＝「第三勢力」論(cf. Loth 1986, 1995)に彼らは(戦後直後の時期を除けば)与していない。『ノイエス・アーベントラント』には次のような言明が記されている。

第三勢力は存在しない。ただ(東西の)二つの勢力があるのみであり、どちらが生き残るのかを見きわめねばならない！[28]

しかしこのことは、アーベントラント主義者たちが「西」の価値を受容したということを意味しない。当時のアーベントラント主義者の言葉を引くならば、西側同盟に属することは、共産主義に対抗するための「より少ない悪(kleineres Übel)」であった[29]。この点で重要なのが、彼らの(戦間期以来の紋切型の)反アメリカニズムである。彼らは、共産主義に対するのと同様、アメリカ合衆国の「非キリスト教的な」「物質主義」を拒否している。「キリストは「西」にも「東」にも与しえない」のである[30]。例えば、フランツェルが統合ヨーロッパを「異教の混沌に対するキリスト教文化の防塁」とイメージする時、その「異教の混沌」とは、共産主義だけでなく、アメリカニズムも指しているのである。すなわちヨーロッパは、「文化なき(kulturlos)」アメリカに対して、軍事的・経済的には庇護してもらうものの、文化的・精神的にはなお優越しているとされるのである(Conze 2005b)。冷戦に対峙せざるをえなかったアーベントラント主義者たちは、こうした「綱渡り」(Schildt 1999: 49)の論法を用いねばならなかったのである。

このアメリカに対するアンビヴァレンスと、戦間期以来の独仏協調路線の伝統から、当然のごとくアーベントラント主義者たちは、ヨーロッパ統合の中核を独仏に見いだしている。フランツェルは「イタリア人、スペイン人、スラヴ人、スカンディナヴィア人、オランダ人、ポルトガル人」、そしてイギリス人をも含む「アーベントラント諸国民の交響曲」を求めるが、「この交響曲のモティーフを定めるのは……常にフランス人とドイツ人である」と述べている。まさにドイツとフランスは「アーベントラントの担い手」なのである。[31] かかる独仏協調論は、戦間期の彼らの議論の変奏と言えよう。

「中欧」の追憶とイベリアへの憧憬

注目すべきは、彼らが冷戦による東西分断を暫定的なものだとみなしていたことである。アーベントラント主義者たちにとっては、失われた「中欧」もまた「アーベントラント」に属すべき地域であった。というより、「中欧」「ドナウ圏(Donauraum)」こそ、「ヨーロッパの中核圏(Kernraum Europas)」なのである。[32] この点を強調し続けたのが、ハプスブルク家の後裔、オットー・フォン・ハプスブルク(Otto von Habsburg, 1912-)である。[33] 彼は「アメリカとヨーロッパ統合」という論説(一九五二)で次のように述べる。

多くの俗物たちにとって、こんにちヨーロッパはヤルタ・ラインでとどまっている。これらの者たちは……ストラスブールに当座凌ぎ(Notbehelf)として創られた西欧の連合(die Westliche Union)を、永続的で堅牢なものだと思っている……。西欧が大陸のもう一つの部分なしでは生きていけないことを、彼らは忘れている。この〔西欧の〕連合は、地理にも歴史にも経済にも正当な根拠を持たない暫定措置(Provisorium)なのである。[34]

そして、アーベントラント主義者にとって理想の国家像を体現していたのは、同時代のサラザール(António de Oliveira Salazar, 1889-1970)のポルトガルであった。当地のカトリシズムに基づいた職能身分制国家こそが、彼らにとって理想の国家＝社会関係だったのである。フランツェルは、ポルトガルを「ヨーロッパのなかで最も良く統治された国家」(!)とまで呼んでいる。[35]

また、サラザールのポルトガルほどではないが、フランコ(Francisco Franco Bahamonde, 1892-1975)のスペインも一つのモデルと目された。現に『ノイエス・アーベントラント』にはスペインに関する論説が多数掲載されており（五七年第四号はスペイン特集である）、スペインを「真のアーベントラント」と呼ぶ者もいた[36]。

結局、サラザールのポルトガルとフランコのスペインを模したような権威主義国家が相互に連邦主義的に結びつくのが、アーベントラント主義者たちにとっての理想のヨーロッパ統合なのである。そしてそのモデルは、中世の神聖ローマ帝国、「ライヒ」秩序に他ならない。この中世のヨーロッパ秩序こそが、彼らにとって「自由＝連邦的な秩序」なのである[37]。さらにクロルに至っては、明け透けに次のように述べている。

> ……アーベントラントの刷新はライヒの刷新ともなるだろうし、神がもたらした形式としての皇帝権力（kaiserliche Gewalt）を避けて通ることは決してできない……それどころか、普遍的なライヒの刷新は、まさに神の信仰の復活のためのシンボルとなるだろう。それ以外、世俗化された現代においてこの形式への打開は全く考えられないのである（Kroll 1951: 94）。

なお、かかる彼らの反近代的傾向は、反議会主義志向と結びつき、欧州審議会（ＣＥ）に対する彼らの懐疑へとつながっていった（実際のＣＥが議会主義的かどうかは別として）。

アデナウアーへの積極的評価

かかる世界像を有していたアーベントラント主義者たちは、アデナウアー政治を積極的に支持することになる[38]。「宰相民主主義」といわれたアデナウアーの権威主義的な統治スタイルは彼らの好みに合っていたし、何よりアデナウアー自身、周知のようにライン地方出身のカトリックであり、「アーベントラント」という概念を頻繁に、そして印象的に使用した（Doering-Manteuffel 1994; Weidenfeld 1976; 北住二〇〇八を参照）。二つ例を挙げよう。

ロアール川とヴェーザー川のあいだに、かつてキリスト教的なアーベントラントの心臓が鼓動していた。……アーベントラント思想の刷新は、ドイツとフランスの実りある出会いの結果でしかありえないだろう（『ライニッシャー・メルクール』一九四八年二月二一日）[39]。

ヨーロッパ統合は、キリスト教的なアーベントラントの唯一可能な救済策である（一九五一年九月一四日、ＮＥＩ（キリスト教民主主義のインター）のバート・エムス会合での演説）[40]。

もちろん、アデナウアーの断固たる「西側結合」志向と、「中欧」への郷愁も含んだアーベントラント主義者の志向がどこまで重なっていたかは疑問である。しかし、アデナウアー側でも「アーベントラント」概念やアーベントラント運動の有益性を認識していた。それゆえ、アデナウアーおよびＣＤＵは、選挙の際に「アーベントラント」という言葉を連発したし（ＣＤＵの選挙ポスターには、しばしば「アーベントラントを救え！」といったスローガンが見られる）、連邦議会選挙を前にした五七年三月、アデナウアーは『ノイエス・アーベントラント』に選挙アピールを掲載したのである。この点、「ジャグラー」（Granieri 2003: 18ff.）と称されたアデナウアーの本領発揮というところであろう。

第六節　アーベントラント運動の衰退、そして再生？

このように戦後の一〇年間、アーベントラント概念・運動は、占領下、および建国期のドイツ連邦共和国でかなり浸透した。しかし、アーベントラント運動の絶頂と同時に、その凋落の契機となる出来事が一九五五年に起きた。それは、「レヒフェルトの戦い」千年祭である。

レヒフェルトの戦い千年祭とその余波(41)

アーベントラント・アカデミーは、年次大会などの成功を受け、活動の幅を一層広げようと試みる。その絶好の機会が一九五五年に訪れた。この年は、レヒフェルトの戦い、すなわち九五五年にザクセン朝ドイツ王オットー一世(のちの神聖ローマ帝国初代皇帝)がアウグスブルク近郊のレヒフェルトでマジャール軍を破った戦いからちょうど千周年にあたり、これを機にアウグスブルクで大規模な祝祭が催されることになった。そこでカトリック教会は、聖ウルリヒ(九五五年当時のアウグスブルクの司教。祈祷によって戦士たちに力を与え、神の助けによってハンガリーに対する勝利をもたらしたとされる)を讃えて祝祭週を七月に催し、そこでアーベントラント主義者たちも「アーベントラントの信仰の日(Tage abendländischen Bekenntnisses)」を祝ったのである。この祝祭週の最終日にあたる七月一〇日には実に六万人が集った。そこには当時フランス司法相を務めていたシューマンも出席し、挨拶で学生時代の思い出を語り、戦間期の「アーベントラント」を想起させたのである。まさにこの時、アーベントラント運動は絶頂を迎えた。しかし、これは終わりの始まりでもあったのである。

問題となったのは、アーベントラント・アカデミーの理事で、当時連邦外相に就任したばかりのフォン・ブレンターノが、祝祭週の最終日にアウグスブルクのローゼナウシュタディオンで行った演説である。この演説でブレンターノは、九五五年と一九五五年を反共的な意図から重ね合わせ、「東方」に対して「アーベントラント」の価値を守ることを訴えた。これは、ブレンターノが外相に就任してから初の公の場での演説であり、非常に重みを持っていた[Pape 2001; Kroll 2004: 38-40]。さっそく雑誌『シュピーゲル』がこの無神経とも言える演説を槍玉に挙げた。そして五五年八月以降、同誌はアーベントラント運動を、君主主義的で、民主主義と基本法に反する運動として批判したのである。[42] さらに、アーベントラント運動に多くの連邦政府閣僚が参加していること、そして運動に連邦の機関(Bundeszentrale für Heimatdienst)から資金が提供されていることも問題にされた。こうして、『シュピーゲル』の一連の記事をめぐり、アーベントラント主義者のヴェンガー(Paul Wilhelm Wenger, 1912-1983)が主筆を務める『ライニッシャー・メルクール』なども巻き込んだ論争がメディアで勃発した。[43] また、連邦議会でも野党SPDのシュミット(Helmut Schmidt, 1918-)が、アーベントラント運動の憲法敵対性(Verfassungsfeindlichkeit)を問題とする質問を行った。この案件は、議会調査委員会(Parlamentarischer Untersuchungsausschuß)に付託されたが、違憲性の疑い自体は却下され、五六年一〇月に捜査中止となる。

しかし、これらの騒動がアーベントラント運動に与えた打撃は大きかった。五六年のあいだ、アーベントラント運動に対する批判は続き、連邦もアカデミーへの助成を打ち切った。そして、『ノイエス・アーベントラント』は一九五六年から季刊へ移行、ついに五八年末に廃刊となる。アカデミーの年次大会も五七年から六〇年まで開かれることはなかった。六一年から大会は復活するものの、すでに指導的な政治家たちは手を引き、もはや往時の力を失ったのである。

六〇年代以降の再生？

このようにアーベントラント運動自体は六〇年代には力を失っていくが、アーベントラント主義者たちはその後も興味深いかたちで歴史にかかわっていくことになる。ここでは二つの動きを紹介しよう。

第一は、ドイツ連邦共和国における所謂「大西洋主義者(アトランティカー)対ゴーリスト論争」への関与である。この論争は、一義的には西ドイツの核アクセスの方途をめぐる外交路線対立であったが(川嶋二〇〇七、第三章)、それにとどまらず、現代史家エッカルト・コンツェが指摘するように、ドイツ連邦共和国がその国家の「暫定」的性格から脱け出し(＝近い将来における再統一の断念)、新たな「国益」を模索した、いわば「第二の建国」のあり方をめぐる論争であった(E. Conze 2003, 2006)。そしてこの論争のなかでアーベントラント主義者たちは、その反米主義も手伝って、概ね「ゴーリスト」に与して活躍したのである。(44)

第二に、ヨーロッパ・レベルでのアーベントラント主義者の組織化の動きが挙げられる。これはより長期的な意義を持つことになった。すなわち、「ヨーロッパ文書・情報センター(Das Europäische Dokumentations- und Informationszentrum / Centre Européen de Documentation et Information：CEDI)」への活動の重点の移動である(Conze 2005a: 169-206)。これは、一九五二年に設立された、アーベントラント運動の国際組織である。ヨーロッパ保守派のサークルで、大衆運動化は目指さず、ヨーロッパ各国の重要政治家への働き掛けと、トランスナショナルなネットワークの形成を志向していた。会長はオットー・フォン・ハプスブルクが務め、スペインを拠点として定期的な会合を行っている。主たるメンバーはスペインやドイツ、オーストリア、フランスの政治家・知識人だが、小さいながらもベルギー、スイス、イギリス、スウェーデン、リヒテンシュタイン、ポルトガル、フィンランドに支部が置かれた。ドイツからはアーベントラント運動の主要人物であったメルカッツやイェーガーら政治家、フランツェルやヴェンガーらジャーナリストが参加していた。また、ヴァルトブルク＝ツァイル家はこの組織の重要な出資者であった。(45)

こうしてオットー・フォン・ハプスブルクを鎹《かすがい》にして、アーベントラント運動のメンバーたちは、パン・ヨーロッパ連盟とも結びついていく。両者は戦間期には競合関係にあったが、戦後にファシズムへの反省と冷戦状況によって政治党派のスペクトルが狭まっていくなか、協力関係に転じていったと整理することができよう。例えばアーベントラント主義者メルカッツは、すでに五〇年代からパン・ヨーロッパ連盟ドイツ支部の委員会(Gremien)で活動しており、七〇年代には会長を務めているのである。

おわりに

本章は、アーベントラント主義者のような反近代的な勢力が、ヨーロッパ統合といういわばポスト近代的なプロジェクトの支持基盤ともなっていたという逆説を示してきた。ヨーロッパ統合に積極的に関与する諸アクターが「同床異夢」にあることは、これまで様々な側面から指摘されてきたが、本章は「夢」のなかでも最も反近代的な「夢」の一つを示したと言えよう。あるいは、ミュラーとプリヒタが指摘するように、初期のヨーロッパ統合が石炭鉄鋼という機能的・セクター的な統合、およびEECのように経済的な統合から進められたために、アーベントラント概念は、そうした経済的・機能的な統合をイデオロギー的に補完する役割を果たしていたと整理できるかもしれない（Müller u. Plichta 1999: 19）。第二次大戦による荒廃、そして冷戦という新しい時代のなか、ヨーロッパ人は新しいアイディアとともに、「昨日の世界」（ツヴァイク）にすがることも必要としたのである。

本章で示したように、アーベントラント運動は、戦間期からの連続性を顕著に示しつつ、東西冷戦という新しい文脈を与えられ、ヨーロッパ統合が次第に具体化・制度化していくなかで、自己の国際的な位置を模索するドイツ連邦共和国で新たに全盛期を迎えた。そして、その後のアーベントラント運動の衰退は、むろんドイツ連邦共和国およびヨーロッパ全体における「価値変化」や「世俗化」、世代交代の進行と平行しており、その意味では本章で扱ったアーベントラント運動自体は過ぎ去った歴史的存在となった。しかし、一九八九年に東ドイツ市民をハンガリー経由で逃した「パン・ヨーロッパ・ピクニック」（この成功はオットーのネットワーク抜きには考え難い）[46]がベルリンの壁を壊す一因となるほどの威力をふるったのを見るとき、あるいは、イラク戦争以来の反米言説、そして現在も絶えない反トルコ・反イスラム言説のなかで「アーベントラント」ということばがドイツ語圏でふたたび流行しつつあるのを見るとき、本章で扱ったキリスト教保守主義とヨーロッパ統合というテーマは、いまだアクチュアリティを有していると言えよう。

〈注〉

(1) 池田浩士訳、三一書房、一九八二年、七六頁。

(2) 神吉敬三訳、ちくま学芸文庫、一九九五年、二六六頁。

(3) 先駆的研究として、Faber 2002(初版は一九七九年)がある。また、カトリシズム研究の文脈から著された論文として、Brelie-Lewien 1990; Hürten 1985 を参照。

(4) シルトの研究はドイツの精神風土の解明をより重視し、コンツェの研究は「ヨーロッパ」理念のドイツにおける態様を解明することに重点があるが、両者に共通しているのは、戦後ドイツ連邦共和国の「西欧化」に対する関心である。ある意味でこれは洗練された「ドイツ特有の道」論であると言えよう。こうした研究動向に対する筆者なりの評価は別稿で述べた(板橋二〇〇九)。

(5) ヴァイマル共和国期やナチス期の「アーベントラント」については、ペッピンクの博士論文(Pöpping 2002)をはじめ、以下を参照。Conze 2005a: 27-110; Hürten 1985: 131-145; Müller u. Plichta 1999: 20-30; Schildt 1987.

(6) ローアンやヨーロッパ文化同盟については、Müller 2005 と福田二〇〇六を参照。

(7) ブリンドウは、この大会の議論を分析し、カトリックのライヒ・イデオローグたちとカール・シュミットの思想のちがいを明らかにしている(Blindow 1999: 32-38)。

(8) 一方、フランスの対独協力者たちも、独ソ戦を機に「西洋の防衛(Défense de l'Occident)」といったレトリックを用いた。本書所収の宮下論文を参照されたい。

(9) なお、一九三四年にプラハで『アーベントラント(*Abendland. Unabhängige deutsche europäische Stimmen für christliche Gesellschaftserneuerung*)』というカトリックの亡命雑誌が一号だけ出版されている。これは、イタリアのファシズムとは距離を取りながらも、シュシュニク(Kurt von Schuschnigg, 1897-1977)のオーストリアに示されたようなキリスト教的な身分制国家(Ständestaat)概念と、エリート層による国家指導を宣伝するものであった。

(10) ヨハン・ヴィルヘルム・ナウマンは、一八九七年七月七日にケルンで生まれ、哲学・歴史・文学を学んだ後、すでにヴァイマル期には中央党やバイエルン人民党(どちらもカトリック政党)の雑誌で活動していた。第二次大戦後には、バイエルン新聞社協会(Verein der Bayerischen Zeitungsverlager)の会長となり、『ノイエス・アーベントラント』の他、社会民主主義者のフレンツェル(Curt Frenzel, 1900-1970)とともに『シュヴァーベン地方新聞(*Schwäbische Landeszeitung*)』を出版していた。また一九四八年には、彼の目標であったカトリックの日刊紙『アウグスブルガー・ターゲスポスト(*Augsburger Tagespost*)』の発刊に漕ぎ着けている。さらに五一年以来、『ドイチェ・ターゲスポスト（*Deutsche Tagespost*）』の編集も担った。一九五六年五月一日、ヴュルツブルクで死去（Schildt 1999: 39; Plichta 2001a: 320 を参照）。

（11）Johann Wilhelm Naumann, "Neues Abendland," *NA*, Jg. 1, Heft 1, 1946/47, S. 1-3, hier zit. S. 2.

（12）Carl Speckner, "Rückkehr zu Europa," *NA*, Jg. 3, Heft 5, 1948, S. 151.

（13）フランツェルは、一九〇一年五月二九日にボヘミアで生まれ、ジャーナリストとして活動し、プラハ、ミュンヘン、ウィーンで歴史学とゲルマニスティークを学んだ。一九二五年に博士号を取得した後、三四年まで社会民主党の党教育施設の指導者だった。三四年から三七年まで、プラハの新聞『社会民主主義者（*Sozialdemokrat*）』の外交部門の編集を務めながら、雑誌『キリスト教身分制国家（*Der christliche Ständestaat*）』とも密接な交流を持った。また、ナチス党を除名されたオットー・シュトラッサー（Otto Strasser, 1897-1974）と知遇を得、彼の雑誌『ドイツ革命（*Deutsche Revolution*）』にも寄稿している。さらに三六年には『アーベントラントの革命（*Die abendländische Revolution*）』という著作を出版している。こうした三〇年代における漸次の右傾化によって、フランツェルは社会民主党内で孤立するようになり、三七年には同党を脱退、ズデーテン・ドイツ党（Sudetendeutsche Partei）に加盟した。三九年からは図書館司書として過ごし、終戦と追放の後はバイエルンに定住し、すぐにジャーナリスト活動を再開した。関与した紙誌は、『ノイエス・アーベントラント』の他、『ドイチェ・ポスト（*Deutsche Post*）』、被追放者の雑誌『人民の使者（*Volksbote*）』、『バイエルン州新聞（*Bayerischer Staatsanzeiger*）』など。Franz Murner、Timon、Witiko、Coriolan、Fortinbras、Franciscus などの多くの筆名を持つ。一九七六年七月三日に死去（Schildt 1999: 42; Conze 2005a: 71-85 を参照）。回想録に Emil Franzel, *Gegen den Wind der Zeit. Erinnerungen eines Unbequemen*, Aufstieg-Verlag, 1983 がある。

（14）エーリッヒ・フォン・ヴァルトブルク=ツァイル侯は、一八九九年八月二一日生まれ。一九三〇年にゲルリッヒ（Fritz Gerlich, 1883-1934）とともにカトリックの雑誌『一筋の道（*Gerader Weg*）』を創刊しているが、この雑誌はナチスに抵抗を試みたものであり、三三年に出版が停止されている（ゲルリッヒはナチによって殺害された）。ヴァルトブルク=ツァイル侯は一九五三年五月二四日に自動車事故で死ぬ。なお、ヴァルトブルク=ツァイル家に関する研究として、Dornheim 1993 がある。

（15）ゲルハルト・クロルは、一九一〇年八月二〇日にブレスラウで生まれ、ブレスラウ、ウィーン、ベルリンで国家学と国民経済学を学び、博士号取得後、ジーメンス&ハルスケでの見習生を経て、二九年から三八年までベルリンで哲学と宗教学を学んだ。こうした過程で、彼は次第にアクティヴなカトリックとなっていく。三八年から四二年まで統計学者として働き、四三年から四五年まで戦争に従事している。クロルは、ナチスの政権掌握以前は社会民主党の党員だったが、第二次大戦後、キリスト教社会同盟（ＣＳＵ）の設立に携わり、一九四九年まで草創期ＣＳＵの要職を担った。なお、基本法を制定した議会評議会（Parlamentarischer Rat）のメンバーでもある。そして、本文でも触れたように、一九四九年から五一年まで「ナチス時代研究所」

（のちミュンヘン現代史研究所）の所長を務め、その後、『ノイエス・アーベントラント』の編集となった。一九六三年一一月一〇日に死去（Plicha 2001a: 326を参照）。なお邦語では、ドイツ国家学の系譜をたどるなかで、クロルのキリスト教的国家論を、ドイツ国家学におけるナチスに対する反省の一つのあり方として紹介した、矢部一九六一（特に二七九―二八二頁）がある。

(16)　フリードリヒ・アウグスト・フォン・デア・ハイテ男爵は、一九〇七年三月三〇日にミュンヘンで生まれ、法律を勉強しながら、一八歳で帝国陸軍に入隊した。戦間期にはカトリック・アカデミカー連盟に所属しており、一九三三年のマリア・ラーハにおける連盟の大会（本文参照）に出席した際には、連盟のナチスへの接近に賛同している。三五年までウィーンとミュンスターで研究助手として働くが、三六年にふたたび軍に戻っている。四四年一二月のアルデンヌ攻勢中に捕虜となっており、釈放された後、教授資格を得て、五一年にマインツ大学に招聘された。そして、五四年にヴュルツブルク大学に転じ、そこでハイテは七五年の定年退職まで国法学を教えていた。なおハイテは、連邦軍の予備将校として出世し、六八年には予備役准将にまでなっている。また彼は、シュピーゲル事件の際、国家反逆罪で件の雑誌を告訴したことで耳目を集めた。政治活動としては、ハイテは一九四七年以来CSUに所属しており、また「アーベントラント・アカデミー」の他にも、一連の保守系団体に所属していた（例えば「ドイツ・サークル（Deutscher Kreis）」「西欧防衛団（Westliches Wehrwesen）」「自由を守れ（Rettet die Freiheit）」「聖墓騎士団（Ritterorden vom heiligen Grab）」など）。さらに、四八年から五六年まで「ドイツ・カトリック中央委員会（Zentralkomitee deutscher Katholiken）」のメンバーでもあった。一九九四年七月七日に死去。回想録にFriedrich August Freiherr von der Heydte, *Muß ich sterben, will ich fallen... Ein "Zeitzeuge" erinnert sich*, Vowinckel, 1987がある。

(17)　執行部には、ハイテの他、ゲオルク・フォン・ヴァルトブルク＝ツァイル侯（Georg Fürst von Waldburg zu Zeil und Trauchburg, 1928-）、シュテーリン（Wilhelm Stählin, 1883-1975）、フランツ・ゲオルク・ヴァルトブルク（Franz Georg Waldburg）、フォン・ウーラッハ侯（Eberhard Fürst von Urach, 1907-1969）、ハイルマン（Wolfgang Heilmann）、ゲオルク・フォン・ガウプ＝ベルクハウゼン（Ritter Georg von Gaupp-Berghausen）、シュタットミュラー（Georg Stadtmüller, 1909-1985）、イバッハ（Helmut Ibach）らがいた。また顧問会（Beirat）には、独墺をはじめ、スイス、フランス、スペイン、イギリスから有識者が集められた。

(18)　フォン・ブレンターノと「アーベントラント」については、ブレンターノ生誕百周年を記念して出版されたKoch編の論文・資料集、特に所収論文Kroll 2004: 37-47を参照。

(19)　例えば、マリア・ラーハの修道院長エーベル（Basilius Ebel, 1896-1968）、パダーボルンの大司教イェーガー（Lorenz Jaeger, 1892-1975）、アイヒシュテットの司教シュレファー（Joseph Schröffer, 1903-1983）など。

(20)　最も重要なのはヴァルトブルク＝ツァイル家の人々だが、他にもフォン・ウーラッハ侯、フォン・ヒュールステンベルク男爵（Freiherr Elimar von Fürstenberg, 1910-1981）、被追放者が結成した同郷会連盟（Verband der Landsmannschaften）の会長アオエン(Rudolf Lodgman von Auen, 1877-1962)、コイデル(Walter von Keudell, 1884-1973)など。

(21) 公刊された年次大会の報告書を列挙すると、*Jahrestagung der Abendländischen Akademie vom 6.-10.8.1952 in Eichstät*, s. n., s.n., 1952; *Der Mensch und die Freiheit. Vorträge und Gespräche der 2. Jahrestagung der Abendländischen Akademie von 1953*, München, Verlag Neues Abendland, 1953; *Staat, Volk und übernationale Ordnung. Vorträge und Gespräche der 3. Jahrestagung der Abendländischen Akademie von 1954*, München, Verlag Neues Abendland, 1954; *Das Abendland im Spiegel seiner Nationen. Vorträge und Gespräche der 4. Jahrestagung der Abendländischen Akademie von 1955*, München, Verlag Neues Abendland, 1955; *Konservative Haltung in der politischen Existenz. Vorträge und Gespräche der 5. Jahrestagung der Abendländischen Akademie von 1956*, München, Verlag Neues Abendland, 1956; *Pluralismus, Toleranz und Christenheit. Veröffentlichungen der Abendländischen Akademie e.V.*, Nürnberg, 1961; *Das europäische Erbe in der heutigen Welt. Veröffentlichungen der Abendländischen Akademie e.V.*, Nürnberg, 1963. なお六三年の大会については、報告書は公刊されなかった。

(22) むろん、アーベントラント主義者といっても一枚岩ではない。以下で紹介するのは、『ノイエス・アーベントラント』の論説、年次大会の報告書、そして二次文献から抽出した、あくまで一般的な傾向である。

(23) 特に一九五四年のアカデミーの年次大会の報告書(*JAA*, 1954)に見られる議論を参照。

(24) Friedrich August Freiherr von der Heydte, “Die übernationale Ordnung,” in: *JAA*, 1954, S. 88-99, hier zit. S. 94.

(25) Vgl. Adolf Süsterhenn, “Das Stiftungsprinzip,” in: *JAA*, 1954, S. 50-68.

(26) Emil Franzel, “Nach der Konferenz,” *NA*, Jg. 4, Heft 8, 1949, S. 245.

(27) 「合衆国が核爆弾の製造・開発を中止しても、世界平和はもたらされないし、恐ろしい兵器の使用も妨げられず、ただソヴィエトの侵攻を誘発するだけだろう」(E. F. (=Emil Franzel), “Ein notwendiges Nachwort,” *NA*, Jg. 5, 1950, S. 181-183, hier zit. S. 182)。

(28) Robert Ingrim, “Der Rat der Tse-Tse-Fliege,” *NA*, Jg. 9, Heft 8, 1954, S. 475-476, hier zit. S. 476.

(29) Helmut Ibach, “Die andere Möglichkeit. Das Kriegsrisiko der Friedenspolitik,” *NA*, Jg. 8, Heft 1, 1953, S. 33-38, hier zit. S. 35.

(30) Wolfgang Heilmann, “Christliches Gewissen zwischen Ost und West,” *NA*, Jg. 6, Heft 11, 1951, S. 597-606, hier zit. S. 602.

(31) Emil Franzel, “Frankreich und Deutschland als Träger des Abendlandes,” *NA*, Jg. 5, Heft 1, 1950, S. 1-4, hier zit. S. 4.

(32) Albert Karl Simon, “Grundlagen einer politischen Ordnung im Donauraum,” *NA*, Jg. 11, Heft 4, 1956, S. 332-334, hier zit. S. 333.

(33) オットーとアーベントラントの関係については、Conze 2005a: 99-110を参照。またオットーの経歴については、さしあたり本人御墨付きの伝記であるBaier u. Demmerle 2007を参照。

(34) Otto von Habsburg, “Amerika und die europäische Integration,” *NA*, Jg. 7, Heft 5, 1952, S. 321-332, hier zit. S. 324. オットーは「中欧」という言葉に特別な意味を持たせ続けている。z.B. ders., “Gedanken zur Staatsform,” *NA*, Jg. 11, Heft 2, 1956, S. 111-120, S. 111.

(35) Emil Franzel, “Portugal, der bestregierte Staat Europas,” *NA*, Jg. 7, Heft 5, 1952, S. 266-272. また以下も参照。Franz Niedermayer, “Portugals Denken zwischen Tradition und Gegenwart,” *NA*, Jg. 7, 1952, S. 307-311; ders., “Ein Tag im Leben des Antonio Oliveira Salazar,” ebd., S. 440-441; Hispanófilo, “Salazars iberische Rolle,” *NA*, Jg. 12, 1957, S. 328-332.

(36) Franz Niedermayer, “Spanien -echtes Abendland,” *NA*, Jg. 5, 1950, S. 293f. Vgl. auch ders., “Wo ist das „wahre Spanien“?,” *NA*, Jg. 6, 1951, S. 110-115; ders., “Spanien sucht Europa,” *NA*, Jg. 7, 1952, S. 753-754. 以下も参照。Herbert Auhofer, “Spanischer Katholizismus,” *NA*, Jg. 8, 1953, S. 376-378; ders., “Spaniens soziale Wirklichkeit,” *NA*, Jg. 12, Heft 4, 1957, S. 317-327; Alfons Dalma, “Spaniens Euroäertum,” *NA*, Jg. 8, 1953, S. 697-698; Hans von Gianellia, “Spanisches Maß für Spanien,” *NA*, Jg. 10, 1955, S. 572; Otto von Habsburg, “Spanien und Europa,” *NA*, Jg. 12, Heft 4, 1957, S. 291-299; Maximilian von Loosen, “Europa von einem Spanier gesehen,” *NA*, Jg. 5, 1950, S. 187-193; José Ignazio Escobar Marques de Valdeiglesias, “Spanien in Europa,” *NA*, Jg. 9, Heft 3, 1954, S. 147-156; ders., “Spaniens Lehre an Europa,” *NA*, Jg. 9, Heft 9, 1954, S. 527-536; ders., “Der Beitrag Spaniens,” *NA*, Jg. 10, Heft 5, 1955, S. 285-291.

(37) Walter Ferber, “Das historische Europa als Kultureinheit,” *NA*, Jg. 4, Heft 11, 1949, S. 321-324, hier zit. S. 322.

(38) E.g. E. F. (=Emil Franzel), “Der Kanzler. Zum 75. Geburtstag Konrad Adenauers am 5. Januar 1951,” *NA*, Jg. 6, Heft 1, 1951, S. 1-3.

(39) *Rheinischer Merkur*, 21. 2. 1948, zit. aus Schwarz 1980: 435.

(40) “„Deutschland und der Friede in Europa.“ Ansprache vor den Nouvelles Equipes Internationales in Bad Ems, 14. September 1951,” in: Adenauer 1975: 224-232, hier zit. 230.

(41) レヒフェルトの戦い千年祭をめぐる問題について詳細は、Pape 2001; Conze 2005a: 162-167を参照。

(42) E.g. “Abendland. Die missionäre Monarchie,” *Der Spiegel*, Heft 33/ 1955 (10. Aug. 1955), S. 12-14 (http://www.spiegel.de/spiegel/print/d-31970943.html: 二〇一〇年九月一日最終閲覧); “Abendländische Akademie. Wo hört der Unsinn auf?,” *Der Spiegel*, Heft 7/ 1956 (15. Feb. 1956), S. 18-19 (http://www.spiegel.de/spiegel/print/d-31587424.html: 同上最終閲覧).

(43) E.g. Paul Wilhelm Wenger, “Jakobinische Gespensterjagd. Zum Kesseltreiben gegen die Abendländische Akademie,”

Rheinischer Merkur, Jg. 11, Nr. 6, 1956 (10. Feb. 1956).
(44) この対立軸に関する浩瀚な最新の研究として、Geiger 2009 を参照。
(45) CEDIの世界像については、Conze 2005b を参照。
(46) 例えば、『NHKスペシャル　こうしてベルリンの壁は崩壊した――ヨーロッパ・ピクニック計画』(DVD、NHKエンタープライズ、二〇〇九年)(一九九三年放送)を参照。

〈引用・参考文献〉

史料に関する注記

主たる一次史料は、雑誌 *Neues Abendland. Zeitschrift für Poltik, Kultur und Geschichte* (1946-1958)、およびアーベントラント・アカデミーの年次大会報告書 *Jahrestagung der Abendländischen Akademie* (1952-1956, 1961, 1963、注21参照)である。前者は *NA*、後者は *JAA* と略記し、引用・参照した個別記事・論説の書誌情報は、他の一次文献とともに注内に記した。なお本研究は、諸般の事情から基本的に日本国内のみで遂行され、公刊資料のみに依拠したものであり、将来的にはアーベントラント運動に従事した人物たちの個人文書を渉猟するなど、アーカイブワークによって補完される必要があろう。ともあれ、本章の執筆を可能にしたのは、北海道大学附属図書館の「アルミン・モーラー文庫」によるところが大きい。本文庫は、エルンスト・ユンガーの秘書も務めていた文筆家アルミン・モーラー(Armin Mohler, 1920-2003)の蔵書コレクションだが、「アーベントラント」関連史料も多数所蔵している。なおモーラー自身は、戦後西ドイツの保守派の主流とは異なり、ナショナリズムを重視した「国民保守派」の論客であった(川合全弘「ドイツ版ゴーリズムの提唱――アルミン・モーラーの政治評論」『再統一ドイツのナショナリズム――西側結合と過去の克服をめぐって』ミネルヴァ書房、二〇〇三年、第二章を参照)。


石田勇治(二〇〇五)「帝国の幻影――神聖ローマ帝国からナチズムへ」同『20世紀ドイツ史』(シリーズ・ドイツ現代史Ⅰ)白水社、一一一―一二四頁。

板橋拓己(二〇〇九)「ドイツ現代史における「ヨーロッパ」理念の諸相」『北大法学論集』第五九巻五号、二五七―二六四頁。

上原良子(二〇〇八)「ヨーロッパ統合の生成1947―50年――冷戦・分断・統合」遠藤乾編『ヨーロッパ統合史』名古屋大学出版会、九四―一三〇頁。

遠藤乾(二〇〇八)「ヨーロッパ統合の歴史」遠藤乾編『ヨーロッパ統合史』名古屋大学出版会、一―一九頁。

遠藤乾・板橋拓己(二〇〇八)「ヨーロッパ統合の前史」遠藤乾編『ヨーロッパ統合史』名古屋大学出版会、二〇―五三頁。

川嶋周一(二〇〇七)『独仏関係と戦後ヨーロッパ国際秩序――ドゴール外交とヨーロッパの構築　1958―1969』創文社。

北住炯一（二〇〇八）「戦後ドイツ国家形成と連邦主義言説――アデナウアーと同時代人」『名古屋大学法政論集』第二二一号、一一五三頁。

クレスマン、クリストフ（一九九五）『戦後ドイツ史１９４５―１９５５――二重の建国』石田勇治・木戸衛一訳、未来社。

ケルブレ、ハルトムート（二〇一〇）『ヨーロッパ社会史――１９４５年から現在まで』永岑三千輝監訳、日本経済評論社。

ジャット、トニー（二〇〇八）『ヨーロッパ戦後史』全二巻、森本醇・浅沼澄訳、みすず書房。

野田昌吾（二〇〇九）「ドイツ」網谷龍介・伊藤武・成廣孝編『ヨーロッパのデモクラシー』ナカニシヤ出版、五三―九〇頁。

福田宏（二〇〇六）「忘却されたヨーロッパ構想――戦間期の中・東欧における「保守革命」とカール・アントン・ロアン公爵」北海道大学スラブ研究センター、ＣＯＥ研究員セミナー、二〇〇六年一一月六日、未公刊論文。

矢部貞治（一九六二）「ドイツ国家学の展開と帰結――第二次大戦前後のドイツ国家学を中心として」福田歓一編集代表『政治思想における西欧と日本――南原繁先生古希記念（上）』東京大学出版会。

Adenauer, Konrad (1975), *Reden 1917-1967. Eine Auswahl*, hg. von Hans-Peter Schwarz, Deutsche Verlags-Anstalt.
Baier, Stephan u. Eva Demmerle (2007), *Otto von Habsburg. Die Biografie*, 5., überarb. u. erw. Aufl., mit einem Grußwort von Papst Benedikt XVI., Amalthea (zuerst 2002).
Blindow, Felix (1999), *Carl Schmitts Reichsordnung. Strategie für einen europäischen Großraum*, Akademie Verlag.
Brelie-Lewien, Doris von der (1990), "Abendland und Sozialismus. Zur Kontinuität politisch-kultureller Denkhaltungen im Katholizismus von der Weimarer Republik zur frühen Nachkriegszeit," in: Detlev Lehnert u. Klaus Megerle (Hg.), *Politische Teilkulturen zwischen Integration und Polarisierung. Zur politischen Kultur in der Weimarer Republik*, Westdeutscher Verlag, S. 188-218.
Conze, Eckart (2003), "Staatsräson und nationale Interessen. Die ‚Atlantiker'-‚Gaullisten'-Debatte in der westdeutschen Politik- und Gesellschaftsgeschichte der 1960er Jahre," in: Ursula Lehmkuhl, Clemens A. Wurm u. Hubert Zimmermann (Hg.), *Deutschland, Großbritannien, Amerika. Politik, Gesellschaft und Internationale Geschichte im 20. Jahrhundert. Festschrift für Gustav Schmidt zum 65. Geburtstag*, Steiner, S. 197-236.
Conze, Eckart (2006), "„Atlantiker" und „Gaullisten": eine Kontroverse zur deutschen Außenpolitik aus den 1960er Jahren," in: Ulrich Schlie (Hg.), *Horst Osterheld und seine Zeit (1919-1998)*, Böhlau, S. 99-124.
Conze, Vanessa (2005a), *Das Europa der Deutschen. Ideen von Europa in Deutschland zwischen Reichstradition und Westorientierung (1920-1970)*, R. Oldenbourg.

Conze, Vanessa (2005b), "Abendland gegen Amerika! „Europa" als antiamerikanisches Konzept im westeuropäischen Konservatismus (1950-1970)," in: Jan C. Behrends, Árpád von Klimó u. Patrice G. Poutrous (Hg.), *Antiamerikanismus im 20. Jahrhundert. Studien zu Ost- und Westeuropa*, Dietz, S. 204-224.

Doering-Manteuffel, Anselm (1994), "Rheinischer Katholik im Kalten Krieg. Das „Christliche Europa" in der Weltsicht Konrad Adenauers," in: Martin Greschat u. Wilfried Loth (Hg.), *Die Christen und die Entstehung der Europäischen Gemeinschaft*, W. Kohlhammer, S. 237-246.

Dornheim, Andreas (1993), *Adel in der bürgerlich-industrialisierten Gesellschaft. Eine sozialwissenschaftlich-historische Fallstudie über die Familie Waldburg-Zeil*, Peter Lang.

Faber, Richard (2002), *Abendland. Ein politischer Kampfbegriff*, 2. Aufl., Philo (zuerst 1979).

Fest, Joachim (1973), *Hitler. Eine Biographie*, Ullstein (Neuausg. 1997).

Frommelt, Reinhard (1977), *Paneuropa oder Mitteleuropa: Einigungsbestrebungen im Kalkül deutscher Wirtschaft und Politik 1925-1933*, Deutsche Verlags-Anstalt.

Geiger, Tim (2009), *Atlantiker gegen Gaullisten. Außenpolitscher Konflikt und innerparteilicher Machtkampf in der CDU/CSU 1958-1969*, R. Oldenbourg.

Granieri, Ronald J. (2003), *The Ambivalent Alliance. Konrad Adenauer, the CDU / CSU, and the West, 1949-1966*, Berghahn Books.

Hürten, Heinz (1985), "Der Topos vom christlichen Abendland in Literatur und Publizistik nach den beiden Weltkriegen," in: Albrecht Langner (Hg.), *Katholizismus, nationaler Gedanke und Europa seit 1800*, Schöningh, S. 131-154.

Kaiser, Wolfram (2007), *Christian Democracy and the Origins of European Union*, Cambridge University Press.

Kroll, Frank-Lothar (2004), "Heinrich von Brentano. Ein biographisches Porträt," in: Roland Koch (Hg.), *Heinrich von Brentano. Ein Wegbereiter der europäischen Integration*, R. Oldenbourg, S. 25-65.

Kroll, Gerhard (1951), *Grundlagen Abendländischer Erneuerung*, Verlag Neues Abendland.

Kroll, Gerhard (1953), *Das Ordnungsbild der Abendländischen Aktion*, hg. von Landesvorstand der Abendländischen Aktion, 2., erg. Aufl., Neues Abendland (zuerst 1951).

Laughland, John (1997), *Tainted Source: Undemocratic Origins of the European Idea*, Little, Brown.

Loth, Wilfried (1986), "German Conceptions of Europe during the Escalation of the East-West Conflict, 1945-1949," in: Josef Becker and Franz Knipping (eds.), *Power in Europe? Great Britain, France, Italy and Germany in a Postwar World, 1945-*

1950, Walter de Gruyter, pp. 517-536.
Loth, Wilfried (1990) "Die Europa-Bewegung in den Anfangsjahren der Bundesrepublik," in: Ludolf Herbst, Werner Bühler u. Hannes Sowade (Hg.), *Vom Marshallplan zur EWG. Die Eingliederung der Bundesrepublik in die westliche Welt*, R. Oldenbourg, S. 63-77.
Loth, Wilfried (1995). "Rettungsanker Europa? Deutsche Europa-Konzeptionen vom Dritten Reich bis zur Bundesrepublik," in: Hans-Erich Volkmann (Hg.), *Ende des Dritten Reiches - Ende des Zweiten Weltkriegs. Eine perspektive Rückschau*, Piper, S. 201-221.
Müller, Guido (2005), *Europäische Gesellschaftsbeziehungen nach dem Ersten Weltkrieg. Das Deutsch-Französische Studienkomitee und der Europäische Kulturbund*, R. Oldenbourg.
Müller, Guido u. Vanessa Plichta (1999), "Zwischen Rhein und Donau. Abendländisches Denken zwischen deutsch-französischen Verständigungsinitiativen und konservativ-katholischen Integrationsmodellen 1923-1957," *Journal of European Integration History*, vol. 5, no. 2, pp. 17-47.
Pape, Matthias (2001), "Lechfeldschlacht und NATO-Beitritt. Das Augsburger „Ulrichsjahr" 1955 als Ausdruck der christlich-abendländischen Europaidee in der Ära Adenauer," *Zeitschrift des historischen Vereins für Schwaben*, Bd. 94, S. 269-309.
Plichta, Vanessa (2001a), "„Die Erneuerung des Abendlandes wird eine Erneuerung des Reiches sein…". „Europa" in der Zeitschrift „Neues Abendland" (1946-1957)," in: *Le discours européen dans les revues allemandes (1945-1955)/ Der Europadiskurs in den deutschen Zeitschriften (1945-1955)*, hg. von Michel Grunewald, in Zusammenarbeit mit Hans Manfred Bock, Peter Lang S. 319-343.
Plichta, Vanessa (2001b), "Reich - Europa - Abendland. Zur Pluralität deutscher Europaideen im 20. Jahrhundert," *Vorgänge. Zeitschrift für Bürgerrechte und Gesellschaftspolitik. Nr. 154: Im Sog des Westens*, Jg. 40, Heft 2, S. 60-69.
Pöpping, Dagmar (2002), *Abendland. Christliche Akademiker und die Utopie der Antimoderne 1900-1945*, Metropol Verlag (eigtl. Phil. Diss., Bochum, 2000).
Schildt, Axel (1987), "Deutschlands Platz in einem „christlichen Abendland". Konservative Publizisten aus dem Tat-Kreis in der Kriegs- und Nachkriegszeit," in: Thomas Koebner, Gert Sautermeister u. Sigrid Schneider (Hg.), *Deutschland nach Hitler. Zukunftspläne im Exil und aus der Besatzungszeit 1939-1949*, Westdeutscher Verlag, S. 344-369.
Schildt, Axel (1995) *Moderne Zeiten. Freizeit, Massenmedien und „Zeitgeist" in der Bundesrepublik der 50er Jahre*, Christians.
Schildt, Axel (1999), *Zwischen Abendland und Amerika. Studien zur westdeutschen Ideenlandschaft der 50er Jahre*, R. Olden-

bourg.
Schildt, Axel (2000a), "Eine Ideologie im Kalten Krieg. Ambivalenzen der abendländischen Gedankenwelt im ersten Jahrzehnt nach dem Zweiten Weltkrieg," in: Thomas Kühne (Hg.), *Von der Kriegskultur zur Friedenskultur? Zum Mentalitätswandel in Deutschland seit 1945*, Lit, S. 49-63.
Schildt, Axel (2000b), "Ökumene wider den Liberalismus. Zum politischen Engagement konservativer protestantischer Theologen im Umkreis der Abendländischen Akademie nach dem Zweiten Weltkrieg," in: Thomas Sauer (Hg.), *Katholiken und Protestanten in den Aufbaujahren der Bundesrepublik*, W. Kohlhammer, S. 187-205.
Schildt, Axel (2001), "Der Europa-Gedanke in der westdeutschen Ideenlandschaft des ersten Nachkriegsjahrzehnts (1945-1955)," in: *Le discours européen dans les revues allemandes (1945-1955)/ Der Europadiskurs in den deutschen Zeitschriften (1945-1955)*, hg. von Michel Grunewald, in Zusammenarbeit mit Hans Manfred Bock, Peter Lang, S. 15-30.
Schwarz, Hans-Peter (1980), *Vom Reich zur Bundesrepublik. Deutschland im Widerstreit der außenpolitischen Konzeptionen in den Jahren der Besatzungsherrschaft 1945-1949*, 2. erweiterte Aufl., Klett-Cotta (zuerst 1966).
Weidenfeld, Werner (1976), *Konrad Adenauer und Europa. Die geistigen Grundlagen der westeuropäischen Integrationspolitik des ersten Bonner Bundeskanzlers*, Europa Union Verlag.

＊　本研究については、日本国際政治学会二〇一〇年度研究大会の欧州国際政治史・欧州研究分科会で報告する機会を得た。有益なコメントをくださった大竹弘二先生、フロアの方々、そして司会の鈴木一人先生に御礼申し上げたい。また本稿は、平成二〇―二一年度科学研究費補助金（若手研究（スタートアップ））による研究成果の一部である。

第四章　ヨーロッパ統合の裏側で

——脱植民地化のなかのユーラフリック構想

黒田友哉

はじめに

ヨーロッパ統合は、脱植民地化を抜きにして語られようか。従来の傾向では、ヨーロッパ統合史は、欧州域内の力学、大西洋関係（米欧関係）によって語られてきた（Garavini 2007: 299）[1]。しかしながら、第二次世界大戦後加速化した脱植民地化は、ヨーロッパ統合に無視できない影響を及ぼしてきた。狭義の脱植民地化（Pervillé 1991: 15-22）[2]は五〇カ国以上の新たな国際社会への参加をもたらし、全世界の三分の一の人口の地位を変化させた（Girault, Frank et Thobie 1993: 206）。それは革命とともに、まさに「世界の政治地図を劇的に変動させた」のであった（Hobsbawm 1994: 344-345）。この脱植民地化が[3]、その規模から考えれば当然のようにヨーロッパ統合プロセスにも影響を及ぼしてきたのである。その余波は現在にまで及んでいる。例えば、約五〇年前の一九五七年三月に調印され、ＥＵの制度的起源となったローマ条約（欧州経済共同体設立条約）は、脱植民地化への対応として、植民地・旧植民地との特恵貿易・開発援助を規定した。この規定を土台に、今日ＥＵはアフリカ諸国とのあいだでしばしば言及される「特別な関係（lien particulier）」を築いているのである。この濃密な関係を端的に示しているのは、EUにとってのアフリカの貿易上の低い重要性にもかかわらず（Milward 2005: 79-80）[4]、加盟国による二者間援助を含めればEUが世界最大の対アフリカドナーであるという事実である[5]。本章の目的は、世界史上重要な国際変動であった脱植民地化が進行するなか、ヨーロッパ統合がどのように変質せざるを得なかったのか、という問題をより包括的に検討することである。

脱植民地化との関連でヨーロッパ統合を論じる際、分析の焦点が対アフリカ政策となるのは自然である。制度化により、現在のヨーロッパ統合に色濃く影を落としているのが欧州経済共同体（EEC：European Economic Community）諸国の対アフリカ関係だからである[6]。このようなヨーロッパとアフリカの関係を考える際、中心となる概念はユーラフリック（Eurafrique）である[7]。それは多くの場合、欧州諸国による共同でのアフリカ開発を意味してきた。このユーラフリック構想を検討する際、アフリカを中心に広大な植民地帝国を築いていたフランスが分析の中心となろう。なぜなら、フランスを中心に据えることで、脱植民地化とヨーロッパ統合の関連が顕著に描き出されるからである。第一に、ユーラフリック構想は一九世紀フランスを起源としている。さらに、一九五七年に調印されたローマ条約は、海外領土加入を条約締結の必要条件として要求する仏政府のイニシアティブの影響が大きく、植民地・旧植民地向けの条項を組み込むことになったのである。ただし本章では、フランスを分析の中心としながらも、外交交渉相手国の立場やアフリカ人議員の立場との交錯にも注目することで、より包括的な分析を目指す。

ヨーロッパ統合と脱植民地化の関係をフランスに焦点をあてて検討した研究はいくつか存在する。大きく分けると、ユーラフリック構想を、植民地支配を継続させる装置とする見方（Montarsolo 2010; Guillen 1989: 104; Kent 1992: 306-307）[8]と、植民地独立の要求を受容あるいは進める脱植民地化政策として捉える見方（Girault 1989; Bossuat 2005: 465; Migani 2005: 252）[9]が並存してきた。しかしながら、それらはこの主題の一側面を物語っている一方、フランスにとってのユーラフリック構想の全体像を捉えたものではない。フランスが主導したユーラフリック構想は、脱植民地化政策でもあり、植民地政策の延長でもあるという矛盾をはらんだものであったからである。[10]

その他の点においても、ユーラフリック構想の全体像が十分に検討されてきたとは言い難い。ローマ条約期を扱う先行研究はＥＥＣ条約交渉に絞って、ユーラフリック構想を検討してきた(Moser 2000; Migani 2005; Wall 2005; Montarosolo 2010)。それと同時に交渉されたユーラトム条約交渉、[11]また英国のイニシアティブにより同時期に行われた自由貿易圏(FTA：Free Trade Area)交渉、において、ユーラフリック構想がどのような位置を占めたのか、[12]を従来の研究は明らかにしていない。本章はユーラフリック構想のより包括的な歴史的検討をおこなうため、ＥＥＣのみならずＦＴＡも対象とし、もう一つのヨーロッパ統合構想におけるユーラフリック構想の位置づけも検討したい。

なお、本章の対象時期について述べておきたい。いくつかの研究は脱植民地化の起源を第一次世界大戦前後に求めているが(Ageron 1994: 2; Westad 2005: 2)、本章は主として第二次世界大戦後からローマ条約発効までを対象とする。というのは、アフリカにおける脱植民地化プロセスが具体的に進行し(Ageron 1994: 5)、ヨーロッパ統合プロジェクトと交錯するのが、第二次大戦後だからである。そして本章の終着点となるローマ条約の発効は、ＥＣ／ＥＵと第三世界関係の制度的起源となった点で画期であった。本章ではこのプロセスを検討するための準備作業として、まず一九世紀の起源にさかのぼり、その背景になる思想を抽出する。次に、外交史アプローチに基づき第二次大戦後におけるユーラフリック構想の連続性と断絶性を考察し、ユーラフリックのより包括的な分析を行っていく。

最後に、外交史アプローチの意義についても一言触れたい。冒頭で示唆したように、今日のＥＵとアフリカの関係は通商関係だけでは説明されない。それは政治性を帯びた「植民地時代からの遺産(l'héritage colonial)」に規定されている。このような政治・外交の歴史的変遷は、政策決定者の認識や政策決定力学の説明に適した外交史アプローチを用いて検討することが望ましいと思われる。

第一節　ユーラフリックの前史

本節では、ユーラフリック構想のより包括的な検討という本章の趣旨に沿って、起源にさかのぼり代表的構想を取り上げたい。

ユーラフリックの起源――「文明化の使命」

ユーラフリックの最初の提唱者は、諸説あるものの、一九世紀半ばの一人のフランス人であると思われる。ユートピア的な社会改革を志向するサン＝シモン主義者であったアンフォンタン（Barthélémy Prosper Enfantin, 1796-1864）である。アンフォンタンは、大規模な建設によりアルジェリア・サハラ全体の開発を提案したのである（Metzger 2005: 59）。その後も、知識人のあいだでサハラ以南の黒人が多く居住するブラックアフリカを欧州諸国の共同管理下に置く構想が提起された。その代表が、欧州合衆国の信奉者として知られる文豪ヴィクトル・ユゴー（Victor Hugo, 1802-1885）による、将来の二〇世紀におけるユーラフリック構想の提唱である（Ageron 1975: 446）。

ユゴーは、次のように述べた。「今や欧州は、その側にアフリカがあることに気づかねばなりません。欧州諸国のグループに対して、次のように言わなければならなりません。「団結せよ、そして、南へとお行きなさい」と。一九世紀には白人は黒人を人間にしました。二〇世紀に欧州は、アフリカを世界にします。アフリカを新しくし、古いアフリカを文明に対し従順なものへとしましょう。それは、欧州が解決すべき問題なのです」と（Ageron 1975: 446）。このように、ユゴーは、黒人を「文明化[13]」するという白人の責務に駆られて、欧州諸国の協力を呼び掛けたのであった。このような言説は、一種の進歩主義、ヨーロッパ文明を普遍的とするヨーロッパ中心主義的思想に彩られていたといえよう。次に、もう一つの典型となるクーデンホーフ＝カレルギー（Richard Nikolaus Coudenhove-Kalergi, 1894-1972）伯爵（以下、ク伯と略記）のユーラフリック構想について考察する。

クーデンホーフ＝カレルギー伯のユーラフリック――欧州衰退の危機からの脱却

一九世紀には知識人の思想として出発したユーラフリックは、第一次世界大戦を経て、大規模な連邦構想として提起される。第一次大戦はアメリカの世界政治における台頭を顕在化させ、欧州にショックを与えることになった。第一次世界大戦による荒廃の後、一九一八年に初めて出版された哲学者シュペングラー（Oswald Spengler, 1880-1936）の『西洋の没落（*Der Untergang des Abendlandes*）』は、循環史観に基づき、欧州が西洋文化の段階を終え文明という衰退期にあると悲観したものであった。それは、思想的に決して真新しいものではなかった。欧州の衰退は歴史家ブルクハルト（Jacob Burckhardt, 1818-1897）や哲学者ニーチェ（Friedrich Nietzsche, 1844-1900）らにすでに言及されていた（Du Réau 2008: 72-76）。しかしながら、それはベストセラーとなった。そしてこのような世界における欧州の力の没落に対する共有された危機感から、欧州諸国の団結が唱えられたのである。

このようななか、ユーラフリック構想が一つの救済策として提案されるようになる。シュペングラーの欧州衰退論に影響を受け、連邦主義に立脚したユーラフリック（Eurafrika）構想を提唱したのが、ク伯である。ハプスブルク帝国の外交官を父に、日本人の骨董商の娘を母に持つク伯は、大戦期にウィルソンの国際連盟を支持していたものの、ウィルソンのビジョンに失望し、欧州の連邦化に関心を持つようになる（Stirk 1996: 26）。彼は、一九二三年に発表したマニフェスト『パン・ヨーロッパ（Pan-Europa）』の成功で欧州文壇の寵児となったが（戸澤・上原二〇〇八、六六―六七頁）、その構想は将来的に世界を五分割するというものであった。五大グループとは、「英連邦帝国」、フランス・ベルギー・イタリアらの植民地を含めた「パン・ヨーロッパ」、カナダを除き北中南米を含めた「パン・アメリカ」、「ロシア連邦帝国」、そして、日本・中国などからなる「極東」であった。つまり、ク伯のパン・ヨーロッパ構想は、イギリス・ロシアを除き、植民地帝国をそのなかに含めた連邦構想だったのである。

このような統合の必要性は、黒人を啓蒙するという「文明化の使命(mission civilisatrice)」[14]に加えて、諸国家が統合しなければ、欧州は、「アジアやアメリカに経済的にも政治的にも排除されて」しまう、という欧州衰退がもたらす恐怖から生まれていた[15]。そのような統合がもたらす効果、特にアフリカの欧州域外の領土を含んだ効果は、すべての原料とすべての食糧を「パン・ヨーロッパ」が生産することによる経済的自立であった(Fleury 2005: 37)。ク伯は、アフリカの植民地は、原料へのアクセスという点で、統合欧州に恩恵を与えるものと考えたのである。それに加え、ク伯は、ヴェルサイユ条約で海外植民地をすべて失ったドイツ、その他、東欧やスカンディナヴィア諸国といった、欧州外の領土に恵まれない国に対しても、サハラ砂漠を一部耕地にする計画などを恩恵として提供することを考えた。また、アフリカをドイツやイタリアといった「人口超過」の国にとっての移民先として考えた。その見返りとして、アフリカ開発という宗主国一国では不可能な膨大なプロジェクトにおいて全欧州諸国が協力することが期待されたのである[16]。

ク伯の帝国としての欧州連邦構想は、一方でナショナリズムを超えた性質を持つものであった(Ageron 1975: 451; Fleury 2005: 43-44)。つまり、アフリカ開発により、オーストリアという自国の国益のみならず、欧州全体に経済的利益、世界的影響力の維持がもたらされるという考えであった。しかし、ク伯の構想はジャーナリスト・植民地省・企業家のあいだで反響を得たものの、欧州連邦を支持する政治家達の支持を得られなかった(Fleury 2005: 46)。

このようなク伯の構想は、アフリカを取り込むことで欧州の国際的影響力の向上を図ったという意味では、その後のユーラフリック構想にも共通している。次節で扱う、ベヴィン(Ernest Bevin, 1881-1951)英外相による米ソから自立した第三勢力構想としてのユーラフリック構想やサンゴール(Léopold Sédar Senghor, 1906-2001)のユーラフリック構想にもこのような試みが見られるのである。

小　括

以上、ユーラフリックを起源までさかのぼって、その類型を概観してきた。[17] 構想の多様性にもかかわらず、啓蒙主義者の普遍主義とヨーロッパ中心主義的思想から始まり、これらの構想は欧州諸国によるアフリカの共同開発という共通項を持った。それらは、クーデンホーフ＝カレルギー伯のパン・ヨーロッパ、その後のヨーロッパ統合構想においてしばしば、国際的影響力の向上を目指す手段としても提起された。

ユーラフリックはこのように時代の枠を超えた共通項を持ちつつも、これらの構想は胎動しつつある脱植民地化を意識したものではなかった。それらはあくまで帝国を前提にしていた。次節では、変動する国際環境を背景に、ユーラフリックがいかにヨーロッパ統合構想のなかで形成されていくのかを見ていく。

第二節　ヨーロッパ統合政策と植民地政策——主権委譲に対する躊躇とフランス連合優先

黎明期ヨーロッパ統合とユーラフリック——主権委譲への抵抗

論者によっては中世以前にもさかのぼるヨーロッパ統合構想は、第二次大戦後ようやくプロジェクトとして実現する。そのようななか、新たなヨーロッパ統合構想が提起されるたびに、そのなかでの植民地の位置づけも政府間交渉などのハイレベルで議論されることになった。本節では、ユーラフリック構想を歴史的に位置づけ、その連続性と断絶性を検討するため、マーシャル・プランに始まるユーラフリック制度化の試みとその挫折を検討することにする。

マーシャル・プランとアフリカ――英仏協調としてのユーラフリック

第二次世界大戦による疲弊と四六年から四七年にかけての冬の飢饉は、欧州経済の自立を困難にすることになった。そのような状況で四七年六月、米国国務長官マーシャル(George Marshall, 1880-1959)は、ハーヴァード大学での卒業生向けの演説で、欧州復興を目的とした欧州諸国への大規模援助計画、通称マーシャル・プランを発表する(18)。

そして、マーシャル・プランの援助受入を欧州側で実施する機関として設立された欧州経済協力機構(OEEC：Organization for European Economic Cooperation)の協定において、海外領土の資源の動員が規定された(Schreurs c1997: 87)。その後、一九四八年一二月の理事会の決定により、海外領土問題を検討する専門委員会「海外領土委員会(OTC：Overseas Territories Committee)」が設置され、OEEC枠内でのアフリカ開発の枠組みが議論される。フランスの海外領土に対しては約三億ドル以上が供与され、それはフランスに与えられたマーシャル援助全体の一〇分の一以上を占めた。

予算の規模からするとマーシャル・プランが海外領土開発に持つ効果は決して少なくないと思われる。しかし、中期的にはそれは周縁に置かれることになった。マーシャル・プランという一時的な措置が終了したのちには、OTCは長らく知られた存在ではなかった。のちにOTCは一九六一年に開発援助グループ(DAG：Development Assistance Group)と統合され開発援助委員会(DAC：Development Assistance Committee)となり、OEECを改組した先進国クラブ・経済協力開発機構(OECD：Organization for Economic Cooperation and Development)における開発援助の中核的存在を担った。しかし、五七年三月のローマ条約調印に至る時期において、注目を集めることはなかった。欧州審議会(CE：Council of Europe)の枠内での援助プログラムであるストラスブール・プランやローマ条約交渉の際、開発援助に対し「アフリカのためのマーシャル・プラン」という言葉が度々用いられた。その一方、マーシャル・プランの枠内での開発計画については決して言及されなかったのである(Schreurs c1997: 88, 94)。

このOTCが発足する前の作業部会において、英仏の植民地当局間ではOEEC枠内でアフリカの共同開発を進めることに合意があった。しかし、アメリカによるポイント・フォア計画(Point Four Program)は、そのような流れを大きく妨げることになった。ポイント・フォア計画とは、一九四九年一月、トルーマン(Harry S. Truman, 1884-1972)大統領が一般教書演説の際に、第四番目のポイントとして提案した、アフリカ・アジアに及ぶ大規模援助プログラムである。のちに拡大技術援助計画(United Nations Expanded Program for Technical Assistance)として結実するこの計画は、アフリカにアメリカの影響力が浸透する英仏の恐れを喚起したのである(Michel 1983: 167)。英仏の植民地当局間のアフリカ共同開発計画は最終的に挫折したが、その後、サハラ以南アフリカ技術協力(CCTA : Commission for Technical Co-operation in Africa South of the Sahara)に結実する(Kent 1992: 266)。ポイント・フォア計画に示されたアメリカや国際機関によるアフリカ介入の可能性を排除すべく、英仏は、CCTAというアメリカを除いた、欧州・アフリカ諸国からなる機構にその重点を傾けることになるのである[19]。このようにマーシャル・プランにおいて推進されたユーラフリック構想は、イギリスはコモンウェルスに、フランスは「フランス連合(Union Française)」[20]に対する影響力維持を図るという理由から発展しなかったのである。

マーシャル・プランが実施されるなか、英仏協調を軸としたヨーロッパ統合構想が追求されていた。これは英外相ベヴィンにより追求された、いわゆる「西欧同盟(Western Union)」構想である[21]。この統合構想は植民地協力も謳い、ユーラフリックの要素を持っていた。ここでは、ユーラフリックの歴史的検討という目標に沿って、引き続き、英仏協調としてのユーラフリックを論じたい。

「西欧同盟」構想は冷戦体制下で米ソ両陣営からの一定程度の自立を図る第三勢力構想であり、そのなかで植民地・コモンウェルスを内包した関税同盟案が提案された(Kent 1989: 57)。しかし、短期的にはかばかしい成果を生まなかった。四八年二月中旬に英仏間で会合が行われたが、通信、市場での取引(marketing)などの技術的な問題にとどまった。さらに、このような技術的問題においてさえ、開発・価格政策をめぐる英仏間の相違は埋まらなかったのである。両者のあいだの植民地統治観の隔たりが大きかったためであった。特に、フランス側が中央集権的な性格を持ちトップ・ダウンによる画一的な計画を支持するのに対し、イギリス側は西アフリカの植民地で作成されたボトム・アップ型のプランを提示するという具合だったのである(Kent 1992: 176–178)。

その後、ブリュッセル条約は西側諸国の植民地協力の可能性を謳ったものの、冷戦の進行下でその優先順位が低下したため、ユーラフリックは進展しなかった。四八年三月一七日に英仏ベネルクスの五カ国が調印した西側安全保障体制を定めるブリュッセル条約は、第一条において署名国の経済復興を目的として挙げ、「経済政策上の紛争の消滅、生産協力、通商の発展」により最大限可能な結果を生むという目標も挙げていた[22]。このような経済的便益は、植民地、特にアフリカを含んで初めて予期されるものであった(Kent 1992: 179)。しかしながら、このブリュッセル条約の枠内でのアフリカ開発協力も技術的なレベルを超えては推進されなかった。

特にイギリスにおいては、冷戦の進行に伴い、もともとこの問題に消極的であった外務省のアフリカ政策における機能が麻痺していくのである。植民地省は、ブリュッセル条約により設立されるブリュッセル条約機構が植民地に対して持つ意義を現地の総督に伝えようとするが、その起草作業を担当することになったのが外務省であった。しかし、外務省は、ベルリン封鎖、NATOの成立に追われることになり、起草文書が完成したのは四九年七月であった(Kent 1992: 179)。そのあいだ、イギリスは大西洋同盟重視へと向かい、第三勢力構想自体を放棄することになった。第三勢力構想と密接に連関していたユーラフリックもここに放棄されていったのである(Deighton 2005: 117; Adamthwaite 2005: 119–132)。英政府がアメリカとの関係を重視し大西洋主義へと傾くなか、ベヴィンを中心に提唱されたユーラフリック構想は一九四九年には挫折を迎えることになった。ここに、マーシャル・プランに始まる英仏協調としてのユーラフリックは破綻を迎えた。それではヨーロッパ統合が初めて超国家的機構を持つ制度として具体化したシューマン・プランにおいては、植民地はどのように位置づけられたのであろうか。

シューマン・プランと北アフリカ――超国家的ユーラフリックと主権委譲に対するフランスの躊躇

一九五〇年五月には、シューマン・プランが発表される。このプランは、九日、外務省の時計の間での記者会見で仏外相シューマン(Robert Schuman, 1886–1963)によって発表された。石炭・鉄鋼部門という戦争遂行の基盤となる部門の超国家機構による共同管理を提案したこの平和プロジェクトは、欧州石炭鉄鋼共同体(ECSC：European Coal and Steel Community)条約として結実し、今日のＥＵにつながっていくのである。

シューマン・プランは最終的に海外領土における石炭・鉄鋼の生産に関し規定しなかったが、加盟国の海外領土を完全に除外したものでもなかった。宣言では、アフリカ開発への貢献を明記していたのである。シューマン宣言には、「欧州は、アフリカ大陸の開発という一つの本質的課題の実現を向上した能力により追求できるでしょう」というフレーズが挿入されたのである。

このアフリカ共同開発案はどのようにシューマン・プランに挿入されたのであろうか。五〇年四月から五月六日にかけて、九稿におよぶ草案がモネ(Jean Monnet, 1888–1979)を中心とした小グループにより作成されたが、このあいだにアルジェリアのコンスタンティーヌ選出の議員であったルネ・マイエル(René Mayer, 1895–1972)法相の要望により、この条項は挿入された(Poidevin 1986: 259; Uri 1990)。マイエルは、一九四三年九月からアルジェで策定された欧州連邦構想と同じ方向に向かうこのプロジェクトを熱意を持って迎えたのである(Poidevin 1984: 73)。マイエルは五〇年五月の段階で西独および逆に西独に義務を課そうとするフランス外務省を説得する魅力的な計画として、アフリカ共同開発案を考えていた(Uri 1990: 80)。これに対しては、首相アデナウアー(Konrad Adenauer, 1876–1967)を中心に西独の支持も見られていた(Moser 2000: 175)。西独側の支持の理由は、植民地企業の管理、東独との競争における優位、東欧の販路を失ったドイツ産業に対する新たな販路の可能性であった

(Metzger 1994: 66)。

しかし、シューマン・プラン交渉において、鉄鋼生産にまで及ぶ、北アフリカを含めたアフリカの加入は、実現しなかった。アフリカに関する規定は、条約第七九条による、「無差別」の原則に基づく市場開放にとどまった。それは石炭・鉄鋼共同市場において、海外領土に対する特恵の維持を認めたうえで、他の加盟国に対しては宗主国同様の条件を認める、という取決めであった。石炭・鉄鋼・鋼鉄の生産は、そこから除外されたのである。実際には、本国の立場からすればフランス連合の傘下にあったチュニジア・モロッコといった保護領およびアルジェリアをECSCに含めることを、フランスは望んでいなかったからである。この背景には、北アフリカの資源の査察権まで要求するイタリアに反対するアルジェリア鉱業界によるロビー活動があった(Moser 2000: 179-182)。[23]

しかし、鉄鋼産業近代化計画の実現をかけたイタリアは、北アフリカ、特にアルジェリアの鉄鉱資源の「欧州化」を要求する。それには、ハルシュタイン(Walter Hallstein, 1901-1982)西独連邦首相府外務担当次官、モネの同意もあった。[24]その後、フランス、イタリア間で二国間交渉が行われるが、イタリアはフランスの提案する妥協案に満足せず、シューマン・プランに署名しなかった。そのうえ、軍事面での統合構想、欧州防衛共同体(EDC：European Defense Community)構想にイタリアが敵対的態度を取りうるという威嚇を交渉のカードとして使う始末であった。結局、条約調印の二カ月前には、イタリア北部ジェノヴァ近くのサンタ・マルゲリータでの仏伊首脳会談において、シューマン仏外相とデ・ガスペリ(Alcide De Gasperi, 1881-1954)伊首相のあいだで合意が成立した。北アフリカからの鉄鉱石をイタリアが当初要求した半分の量を供給する合意に加えて、ギニアのコナクリから鉄鉱石を供給するという、イタリアの鉄鋼業界の要求に部分的に理解を示した妥協策が約束された。[25]

このような合意は仏政府にとっていかなる意味を持ったのか。さかのぼれば、五〇年一一月初めには、仏外務省は、アフリカの産業発展におけるフランスの「完全に自由な行動」が失われること、つまり主権の制限を恐れ、海外領土の加入には慎重であった。[26]またミッテラン(François Maurice Mitterrand, 1916-1996)海外フランス相も、

「不可分な」フランス連合の「経済的二分割」を危惧していた(Moser 2000: 183)。このようなフランスの思惑通り、北アフリカのＥＣＳＣへの制度的加入は回避され、五一年四月一八日の調印に至ったのである。そして批准過程においてはアフリカの位置づけは重要でなく、ＥＣＳＣ条約第七九条の規定も変更されることがなかった(Moser 2000: 187)。これは鉄鋼業界のロビーという側面もあったが、その背後には主権の問題があった。植民地帝国における主権の喪失に対するフランスの危機感からユーラフリック構想は頓挫したのであった。

サンゴールのイニシアティヴと思想――複合的ユーラフリックの興亡

ヨーロッパ統合がシューマン・プランにより本格的にスタートすると、アフリカ人によるユーラフリック構想も提唱される。その中心的人物がセネガル出身で、多才な知識人であったサンゴールである。彼は、詩人であり、人種差別に対抗し黒人の解放を目標とするネグリチュードの指導者としても知られ、またブラックアフリカ出身初のアグレガシオン(フランスの一級教員資格)保有者であった。

サンゴールは、シューマン・プランに対し抗議を行った。プラン発表一週間後の五月一五日には、サンゴールが参加していた仏植民地のアフリカ人議員を中心とする海外領土独立会派(IOM : Indépendants d'Outre-Mer)の議会グループは、「対等な立場(sur un pied d'égalité)」で経済的な連合を促進すべきと反発したのである[27]。この当時サンゴールは経済的な構想に限定していたと思われるが、その後、欧州審議会と欧州政治共同体(EPC : European Political Community)交渉において、政治面にも及ぶユーラフリック構想を発表していく。

一九四九年に発足した欧州審議会では、英仏独など欧州審議会の参加国が加盟国植民地などに共同援助を行うことを目指すストラスブール・プラン(別名レイトン・プラン)が議論された[28]。これは、「ユーラフリックのコモンウェルス」とよばれ、ユーラフリック構想の一つと考えられる。欧州審議会の諮問委員会で議論されたこのプランには、サンゴールは五二年九月のプランの起草にもかかわっていた。このプランがイギリス他北欧諸国を含むなど参加国の点でローマ条約交渉と異なるのも確かである。また最終的にはこのプランは放棄されている(Palayret 2005a: 202)。しかし、サンゴールの要求により設置が予定された欧州開発基金[29]や特恵措置の設置など、ストラスブール・プランがローマ条約において結実する政策を完全に先取りしていたことは注目に値する。このストラスブール・プランはサンゴールにとっては、米ソに対峙しうる「大勢力(la grande force politique)」、つまり国際的第三勢力構想でもあった[30]。

一方で、EPCという将来の連邦形成を視野にいれたプロジェクトが五二年頃から開始される。この交渉において、EPCを関税同盟へと拡大することを図ったベイエン・プランに対応し、サンゴールはユーラフリック共同市場の形成を主張した。彼は経済分野にとどまらず、独自の政治的なユーラフリック構想を追求した。サンゴールはEPCで設置されることになる議会において、海外領土への割り当て分としてフランスの議席増加を要求したのである。

五二年五月に調印されたEDC条約自体は海外領土の加入を排除し[31]、フランスの代表は、本国の議員により代表されるというECSCと同じ原則が適用されることになっていた。しかし、その第三八条がEPC構想を生み出す法的基盤となる。第三八条では、EDCの議会は二院制で権力分立の原則に基づき「連邦あるいは国家連合(fédéral ou confédéral)」の要素を持つ機関となることが定められていた。EDCの議会を中核とするEPCは、欧州連邦形成の可能性を持ったのである。この取り決めによって、海外領土の位置づけをめぐる議論も活発になったのである[32]。

一九五三年には、欧州よりもフランス連合がフランスにとって重要であった。そのような状況でも、キリスト教民主主義政党である中道右派の人民共和運動(MRP：Mouvement Républicain Populaire)の議員テトジャン(Paul-Henri Teitgen, 1908-1997)は三月の閣議では欧州とアフリカを一つの政治的まとまりとするユーラフリックの可能性を否定しなかった。共和主義と第四共和制憲法第六〇条に基づいて、「一にして不可分な」共和国全体が、欧州連邦(Union européenne)に加入するであろうと述べたのである。テトジャンは、植民地のEPCからの除外がフランス連合の安定を瓦解させる「政治的悲劇」となることを恐れたのである(Moser 2000: 204)。一方、サンゴールはより急進的なユーラフリック推進派であった。サンゴールのヴィジョンでは、ヨーロッパ統合はユーラフリックのようなより広大なプロジェクトの実現に至って初めて支持しうるものである。ユーラフリックとは、植民地時代の終わりを示すものであり、海外領土の願望が考慮されるものであった。このようなヴィジョンを描くサンゴールにとって、海外領土の議員のプレゼンスを高めることが具体的な政治プロジェクトであった。サンゴールは、普通選挙による議員の選出という民主的な基盤を持ったEPCにおいて、フランスの海外領土の代表が選出されるよう、ベルギーの議員ヴィグニ(Pierre Wigny, 1905-1986)とともに草案を提出する。この案は、普通選挙において加盟国の人口に比例して議席が配分されるという決議となった(33)。そして外相会談での批准を待つばかりとなった(Avit 2005: 13-21)。

しかし、フランス連合に対するフランスの特権的地位は、そう簡単に放棄し、他国と共有できるものではなかった。ビドー(Georges Bidault, 1899-1983)仏外相は、五三年三月、六月に相次いで次のように述べた。「フランスに不利益となることがないように、欧州を創造せよ、……また、フランス連合にも不利益とならないようにとも言いたい(Faire l'Europe sans défaire la France, ... je veux dire aussi, sans défaire l'Union française)」と。このビドーの立場が、フランスにおいて大勢を占めた立場であった(Bossuat 1993: 213)(34)。つまり、ヨーロッパ統合に比べて、フランス連合の利益のほうが、植民地を含めた広い意味でのフランスの外交戦略において優先順位が高かったのである。その結果、シューマン・プランでの「アフリカ大陸の開発」というフレーズ挿入の立役者マイエル自身が、慎重な検討の結果、海外領土の除外を強く薦めるに至った(Moser 2000: 205)。

一九五三年一〇月に発足した憲法委員会では、海外領土加入の是非が、議論を呼ぶ争点となった。憲法委員会の草案では、海外領土の「可能な限り緊密な連合関係」が望まれるとされていた。そのようななか、ユーラフリックをめぐる仏国内の分裂状態は続いていた。ゴーリストのドゥブレ(Michel Debré, 1912-1996)上院議員が植民地に対する主権を委譲する、いわば「植民地帝国の欧州化」に反対していた一方(Moser 2000: 200)、ユーラフリック推進派のサンゴールは、EPC交渉推進のてことして一九五三年末になっても海外領土の統合を図る。サンゴールは、海外領土は、「文化的、政治的に」はフランスである一方、「経済的には」欧州に開放すべきとしたのである。[35] つまり、海外領土をすべての交渉相手国の投資と技術に開放する必要を説いたのである。ここではサンゴール派の巻き返しが見られたものの、この欧州連邦形成への期待は長くは続かなかった。一九五四年五月の外相会談の決議では、EDC条約の批准後になって初めて、憲法の直接投票が行われることが定められた。そもそもEDC批准推進という役割を担うことに合意があったEPCの行方は(Küsters 1993: 289)、完全にEDC条約の帰趨に委ねられたのである。

一九五四年八月三〇日、軍事という中核的な主権を他国と共有することへの反対を主な理由として仏国民議会でEDC条約が否決された。[36] この時、サンゴールらを中心に提唱された海外領土の政治参加、EPCに具体化されたアフリカ共同開発を含んだ複合的なユーラフリック構想も、同時に破綻したのである。

サンゴールによるユーラフリックの再均衡——独立より連帯

このようにサンゴールのユーラフリック構想は、経済的次元にとどまらず、同時に政治的・戦略的な構想であった。たしかに彼の政治的なユーラフリック構想はかならずしも欧州とアフリカの協力を謳ったものではなく、本国を媒介にしたフランサフリックとでも呼べるものであった。[37] チップマンによれば、フランサフリックとは、フランスとアフリカが地理的・政治的に一体であるということを根拠に、アフリカにおけるフランスの活動を正当化する概念であった(Chipman 1989: 62)。たしかにそれはフランスによる植民地支配を前提にしていたが、サンゴールの思想の奥行きの深さは特筆に価する。

そこでサンゴールのユーラフリックに関する思想についてまとめておきたい。サンゴールは欧州とアフリカの対等な協力をたびたび提唱したが、おそらくサンゴールが現実的に目指していたのは、欧州とアフリカの関係を対等にすることではなかった。それはたしかに究極目標であったかもしれない。そもそも、アフリカ人でもありフランス人でもあるサンゴール個人にとって、欧州とアフリカはいずれか一方を選ぶものではなかった。欧州とアフリカは調和すべきであったのである(Vaillant 2006: 317)。またサンゴールは苦労の末フランスのエリート街道を歩んできたのであり[38]、ヨーロッパ社会の成熟を肌で感じていたと思われる。第一の目標は、アフリカの連帯により、欧州との関係を再均衡させ調和させることにあったのである。サンゴールにとってはエジプトの古代文明が人類の源であり(Roche 2001: 89)、欧州文明の普遍主義的傾向はサンゴールにとって受け入れ難いものであった。明らかな欧州の優位に対し、アフリカとして相対的に自立し、欧州に対し、何らかの貢献をすることがサンゴールの課題だったと思われる[39]。

もしも欧州との対等な関係を望んでいたとすれば、独立は急務だったのではないだろうか。それにもかかわらず、サンゴールは、アフリカの連帯とフランスからの独立を天秤にかけた結果、連帯に独立より重きを置いた。それは、アフリカに対するヨーロッパの圧倒的優位という、先ほど触れたサンゴールの現実的な情勢認識によるものと推測される。連帯することによってのみ欧州との関係の再均衡は可能と考えられたのだろう。実際、サンゴールはブラックアフリカの独立には躊躇を示し続け[40]、連邦を理想とし、領土や国家を超えた連帯を、セネガル初代大統領就任直前まで一貫して追求し続けた。サンゴールの所属したＩＯＭは汎アフリカ主義団体であったし、五〇年代半ばのユーラフリック構想はすでに見たように経済面を除けば、政治的にはフランス本国を通した海外領土の権限拡大を求めていた。その後フォール(Edgar Faure, 1908-1988)政権で首相府付国務大臣として、サンゴールは海外領土に加え、独立するチュニジア・モロッコを含めた、「国家連合同盟(L'Union des Etats confédérés)」構想を検討した。この構想は、「連邦、国家連合、統合」という三つの連帯手法を融合させ、あくまでフランス連合を再編する計画であった。また、五六年の海外領土およびトーゴ・カメルーンに対する基本法をめぐっては、それを海外領土の連邦を分解する「バルカン化」と批判し、仏領西アフリカといった連邦を擁護した。その後、彼は仏領西アフリカによる連邦形成を模索する。仏領スーダン(今日のマリ)とセネガルからなるマリ連邦設立に関与し、セネガル独立二カ月前の崩壊まで大統領となった。

このようなサンゴールの欧州とアフリカの再均衡は、政治協力、そして冷戦下での第三勢力としての戦略的なユーラフリックにわたっていた。彼の構想の多面性は注目されてよい。長期で見た場合のサンゴールの役割は、開発援助基金の設置など、のちのローマ条約における植民地加入の枠組みを提供したことにあった。しかしながら、このような試みには限界もあった。時代を先取りしたサンゴールの構想は、仏政府に広く受け入れられたものではなかった。フランス政治において、まずフランス連合ありきという考え方がいまだ根強かったからである。

小　括

このように数多くのユーラフリック構想は植民地に関する主権委譲に対する抵抗を主たる理由として破綻した。フランス連合か欧州かという二者択一のなかでそれらの構想は放棄されていったのである。ＥＰＣ交渉の破綻自体は複合的な要因から生じたＥＤＣ条約の否決により説明されるが、フランス連合の一体性を優先すべきという主権維持の要求がユーラフリック構想の進展しない大きな要因でもあった。しかしながら、このような挫折のなかにも、その後につながる要素がみられた。まず、ヨーロッパ統合構想が具体化するなか、植民地、特にアフリカの位置づけを議論することが慣習化したことである。第二に、サンゴールが提唱したように、開発基金・特恵貿易措置など、後のローマ条約で実現するアイディアの原型がすでに見られたことである。このような土台をもとに、脱植民地化のなかで、ユーラフリック構想は大きく前進していくことになる。

第三節　ヨーロッパ統合政策と植民地政策の収斂

ローマ条約と「連合」の成立──脱植民地化対応戦略としての「ユーラフリック」構想

脱植民地化のなかで、ユーラフリック構想が初めて持続的な制度として実現したのは、ローマ条約においてである。本節では、「ユーラフリック」構想推進のイニシアティブを取り中心的な役割を果たしたことから、モレ政権を中心にその過程を検討する。特に、脱植民地化のなか、モレ政権がいかなる動機で「ユーラフリック」構想を推進し、それが交渉のなかでどのように変化し、最終的にどのような結実を迎えたのかを検討する(41)。それによって、この「ユーラフリック」構想の歴史的意義およびユーラフリック構想がより包括的に検討されるであろう。

モレ政権の発足とヨーロッパ統合の「再発進(Relance)」

五六年春には、モレ政権は「ユーラフリック」構想を推進することになった。しかしながら、ピノー(Christian Pineau, 1904-1995)外相、モーリス・フォール(Maurice Faure, 1922-)外務担当閣外相など親欧派からなり、ドゥフェール(Gaston Defferre, 1910-1986)海外フランス相というユーラフリック推進派を擁した左派中心のモレ政権でさえ、発足からユーラフリック構想を公式に推進しようとしていたわけではない。モレの首相就任演説では、アルジェリア・海外領土・ヨーロッパ統合は重要課題とされながら、別々の問題として扱われていた。

しかしながら、組閣の時点ですでに大きな変化も見られた。サンゴールを排除し、ドゥフェールを入閣させたことにより、後のユーラフリックの路線があらかじめ決定されることになったからである。首相府付国務大臣をアフリカ人から選ぶことが暗黙の了解になっていたなか、モレはユーラフリック構想の強硬な推進者サンゴールではなく、ウフエ＝ボワニ(Félix Houphouët-Boigny, 1905?-1993)を選ぶに至った。コートディヴォワールの族長の息子に生まれたウフエ＝ボワニは医師でプランテーション経営も行う恵まれた境遇にあった。その後、第四共和制が発足するとフランス連合議会の議員に選出され、汎アフリカ政党アフリカ民主連合(RDA：Rassemblement Démocratique Africain)のトップとなった。このウフエ＝ボワニ入閣の第一の理由は、連邦を理想とするサンゴールよりも、海外領土の自治拡大を図るドゥフェール路線をモレが選択したことにあるのではないかと推測される。五三年秋の時点で、海外領土における選挙権の制限を撤廃し普通選挙の実施を提案するドゥフェールをモレはすでに支持していた(Montarsolo 2010: 182-183)。これは海外領土への権限委譲の点では野心的で、サンゴールのユーラフリック構想よりも脱植民地化へのはずみは大きかった。ドゥフェールのこの構想は実際、モレ政権下の五六年春に基本法として成立するのである。ウフエ＝ボワニ入閣の第二の理由は、直前の選挙でのRDAのサンゴール派に対する優位だと考えられる(Grah Mel 2003: 675)。彼は海外領土の自治を拡大する基本法の成立などに役割を果たしたが、「ユーラフリック」に関しては実務的な役割にとどまった。ウフエ＝ボワニは五七年初めにブリュッセル代表団に参加したが、ドゥフェールの構想に賛同したのみで、アフリカからの支持を得るために利用された側面が強い(黒田二〇〇九、九七頁)。というのも条約が調印された際、アフリカ人議員の支持が条約批准の結果を左右しうるほど重要だったからである。[42]

モレ政権にとってユーラフリック構想を推進する直接のきっかけとなったのは、五六年四月二一日に専門家委員会により提出されたスパーク報告である。ローマ条約交渉の土台としてのスパーク報告には海外領土問題の軽視という問題がみられた。[43] これに対し、モレは海外フランス省・経済財政省など各省庁に検討を要請する。その結果、採択されることになったのが、「ユーラフリック共同市場(Marché Commun Eurafricain)」構想である。これは海外フランス省で検討された結果、ドゥフェール海外フランス相によって推進されたものである。そこで次に

「ユーラフリック共同市場」構想に対するドゥフェールの動機とモレによる採択の動機を分析し、これまでのユーラフリック構想のなかに位置づけたい。

ドゥフェール、モレと海外領土――脱植民地化の統制

「ユーラフリック」構想推進の背景には、脱植民地化の加速という国際情勢の変化があった。第一に、五四年一一月のアルジェリア独立運動勢力の蜂起以降、アルジェリア戦争が本格化したことである。第二に、バンドン会議(アジア・アフリカ会議)開催である。この会議には五五年春、二九の独立国が結集し、人種・国家間の平等を謳うなど、反植民地主義・反帝国主義的性格を持った平和十原則を採択していた。そして第三に、マンデス＝フランス(Pierre Mendès-France, 1907-1982)仏首相のイニシアティブにより仏政府がインドシナ休戦に合意したことによる。インドシナでの共産党を主軸とした統一戦線ヴェトミン(ヴェトナム独立同盟)の攻勢がディエンビエンフー陥落というかたちでピークを迎えていた状況があった。ジュネーヴ協定の締結により、欧州とインドシナのリンケージより、欧州とアフリカの関係が前面に出てくることになる。

ドゥフェールのユーラフリック共同市場構想は、設立予定の欧州共同市場と、フランスと海外領土間の「共同市場」という二つの共同市場の統合を図ったもので、これには海外領土への特恵貿易措置や開発援助基金の創設も提案された。ドゥフェールにとって、この措置は脱植民地化政策の要素が強かった。なぜなら、彼は、加盟する他の欧州諸国との主権の共有は政治面でのリスクであるとしながら、どちらにせよ海外領土の自治拡大の流れは不可避であると認識していたからである。[44] この構想は、経済面に限定したもので、サンゴールの要求する政治的権利の拡張とは異なる路線であった。しかし、サンゴールらが欧州審議会において提案した経済構想と内容の点で近いものだった。ユーラフリック共同市場設立を提案するこのドゥフェール書簡をモレは私的に承認する。[45]「アルジェリアを最後の砦」として脱植民地化の統制に腐心していたモレは、もはや独立は不可避と思われた仏

海外領土を自身の影響下につなぎとめる「新しいかたちでの連携」の一つとしてユーラフリック共同体の構築を望んだのである。モレ政権のユーラフリック構想の特質は、「脱植民地化の統制」であった(黒田二〇〇七、二八三―二九〇頁)。仏領アフリカに事実上維持していたフランスの覇権的地位を継続して追求するという点では、これは植民地政策の継続とみなせる。一方、植民地独立を受容していた点では脱植民地化政策とも言える。このようななか、五月末のヴェネツィア外相会談でピノー外相は海外領土の参入を条約可決の必要条件(sine qua non)として要求する。

このユーラフリック共同市場構想には歴史的意義があった。いままで見てきたように、第四共和制下で規定された植民地帝国、フランス連合はヨーロッパ統合推進において制度のうえで乖離していた。このようななか、ヨーロッパ統合推進派の仏政府にとって、このユーラフリック構想は、植民地、欧州のどちらに戦略の基盤を置くかという困難な選択を回避し、ヨーロッパ統合に対する支持を結集するための有効な手段となったのである。

フランス・ベルギー共同路線――ベルギーの妥協と無差別原則の確立

この「ユーラフリック」構想の実現に向け、ドゥフェール、海外フランス省はベルギーとの協力を目指した。この協力路線は五六年一一月のフランスとベルギーの共同メモランダム作成に至る。この交渉過程で、「ユーラフリック」構想に変化が見られた。例えば「統合(intégration)」のように単一共同市場形成を短期間で達成するのではなく、海外領土の経済発展が確認されたうえで初めて単一市場の形成を目指す「連合(association)」への変化である。しかし、これはベルギーとの交渉のみで生じた変化ではない。欧州とブラックアフリカを含む単一共同市場の形成に対する仏外務省の多数派など仏政府内の反対のなかで、徐々に変容したものである。

当初ベルギーは植民地の統合に積極的ではなかったが、一九五六年五月末のヴェネツィア外相会談にて海外領土の加入を条約締結の必要条件としたフランスをローマ条約に引き込むため、妥協的態度を示した。ベルギー領コンゴは、そもそも外国市場とのあいだで無差別的な自由貿易体制を取っており、欧州六カ国に新たに市場を開く必要はなかった。ベルギーにとっての問題は、むしろ閉じられた特恵体制にあった。これは、ベルギーとフランス政府のあいだで共同報告作成が進むなか、無差別の原則を導入することで解決された。この原則はローマ条約に導入される。またその後のローマ条約交渉においては、連合に反対するオランダの説得にあたったスパーク(Paul-Henri Spaak, 1899-1972)の仲介者としての影響が大きかった(Deschamps 2003: 135, 139)。

ベルギー首脳の影響力は、短期間でフランスとの共同路線を築き、植民地主義が根強く残るベルギー国内および加盟国に対し、フランスとともに行った仲介者として行使されたと言えるであろう。その役割は交渉を締結に導くうえで重要だったと思われる一方、ベルギー政府のユーラフリック構想そのものに与えた影響は限定的だったと言える。

ローマ条約交渉最終段階での交渉——開発援助をめぐる西独の妥協

ローマ条約交渉において最後の懸案となった海外領土問題には、国際環境の変化という外因的問題よりも欧州内部の政治力学が大きく働いた。国際環境の変化とは、スエズ危機を機に悪化する中東情勢や西側同盟国の関係であり、内部の政治力学とは加盟国間交渉である。

スエズ危機が海外領土問題交渉に直接与えた影響は少ない。というのも、英仏イスラエルによるスエズ進攻がアメリカや国連での反対を招き英仏が撤退を余儀なくされる一一月初旬から翌年初頭まで、交渉に大きな変化は見られなかったからである。しかし、スエズ危機の与えた影響があったとすれば、それは英仏連合(Anglo-French Union)構想の興亡であろう。

五六年七月二六日になされたエジプト大統領ナセル(Gamal Abdel Nasser, 1918-1970)のスエズ運河国有化宣言を契機にスエズ危機が勃発すると、外交・軍事面での英仏協力が進展する。スエズへの共同介入が議論されるなか、五六年九月にはモレ首相により英仏両国を一国家に統合する英仏連合案も提唱された。モレによるこの構想提案の動機は明らかではないが、ピノー外相によれば、モレは英仏連合に「全外交の軸を置く準備が出来ていた」という程重視していた(Pineau 1976: 86-87)。またモレからイーデン(Anthony Eden, 1897-1977)英首相にフランスのコモンウェルス加入が提案されたように、英仏連合案はイギリスのヨーロッパ域外の領土との協力体制構築を含意していた。二度の英内閣での検討の後、結局、この構想は放棄されることになった。この構想の破綻はモレにとっての外交上の選択の幅を狭め、欧州共同市場構想と一体化したユーラフリック共同市場構想への関与を強めることになったと言える。

スエズ危機が仏独の接近の媒介となり、社会保障政策の調和、ユーラトム条約に対する独仏間の合意(超国家機構の購買優先権と供給独占)など交渉が進むなか、五七年を迎えても海外領土問題交渉は進展しない。五七年二月二〇日になってようやく海外領土の連合の合意が六カ国間で得られた。このようななか、影響が大きかったのは、開発援助への関与が縮小することによる西独の妥協である。

欧州経済の中心であり開発援助の負担を期待された西独にとって、海外フランス相ドゥフェールの財政的要求は多過ぎ、西独はそれへの関与を躊躇していた。ローマ条約において、開発援助基金は、フランスがベルギーと共同で作成した一一月一五日付の覚書における当初の要求の約半分とされた。条約交渉において、西独が最終的に海外領土連合を受諾したのは、開発援助の負担が減額したことにあった(Thiemeyer 2005: 282-283)[46]。これはのちに「ユーラフリック」に大きな影響を与えることになる。というのは、これにより、欧州六カ国による開発援助基金が、フランスによる開発援助の「補完的」役割を果たすのみとなったからである[47]。

FTA交渉におけるユーラフリック——仏政府による現状維持の追求

五七年二月二〇日の海外領土の「連合」に関する最終合意は、特恵措置と欧州開発基金(EDF：European Development Fund)を設けたうえで、海外領土市場の統合を五年間先延ばしするというものであった[48]。西独の合意を得るための開発援助基金減額を除けば、それはフランスの要求が色濃く反映されたものであった。このような「フランス的システム」はＦＴＡ交渉においていかに変容したのだろうか。

以下で、ローマ条約が実際に関税同盟として始動する五九年一月まで、並行して行われていた、ＦＴＡ交渉の枠組みでの海外領土問題交渉を取り上げる。というのは、英政府のイニシアティブにより貿易障壁の撤廃を図ったＦＴＡ締結交渉は海外領土への特恵を部分的であれ取り払い、ローマ条約で定められた「連合」の本質を変える可能性を持っていたからである。従来、この問題はその重要性にもかかわらず、ほとんど取り上げられなかった。ここでは海外領土問題の交渉に焦点をあて、ＦＴＡ交渉を概観したい。それによって、「ユーラフリック」構想、ひいてはユーラフリック構想がより包括的に検討されると思われる。

ＦＴＡ交渉における海外領土の連合――アルジェリア優先とユーラフリックの保護

ＦＴＡ交渉における仏政府の立場は端的にいえば、共同市場の保護であった。それはユーラフリックの結実である特恵貿易と開発援助基金の設置においても同様であった。ユーラフリック共同市場の推進者ドゥフェールは海外領土のＦＴＡへの連合、つまり特恵を認めたうえで海外領土をＦＴＡに参加させることに反対していた[49]。重要なのは、ＦＴＡより域外共通関税を設ける共同市場を優先する立場を仏政府が継続したことであった。五七年四月二六日には、省庁間作業部会で海外領土連合を議論し、その後の基本路線となる政府の立場を専門的に検討する。この海外領土作業部会では、海外領土の適用除外という結論が出された。経済的観点からは、海外領土からの本国への輸入減少、ローマ条約で維持を図った海外領土市場の開放が加速化されＥＣの連合がもたらす利益が損失するなど、不利益が多く指摘された。また政治的観点からは、イギリスとポルトガルにとって受容困難であると議論された。仮にイギリスなどが農産品を除外した場合、六カ国の海外領土のみが加盟国市場への例外的アクセスを確保できるため、イギリス・ポルトガルに不公平になるという反対であった。そのため、海外領土のFTA連合は行わないほうが望ましいとの結論に至ったのである[50]。つまり、省庁間作業部会は、EEC下での海外領土特恵体制というユーラフリック構想の一つの成果の維持を図ったのである。

FTAにおける海外領土連合構想がユーラフリック共同市場構想と異なる点は、アルジェリアの特別な地位が明確になったことである。アルジェリアに関しては、海外領土とは異なり、政治的観点から連合が望ましいと結論された。アルジェリアがFTA内で本土から切り離されることで、アルジェリア・本土間の「特別な性質の絆」が弛緩することが危惧されたのである[51]。アルジェリア戦争解決の糸口が見えず、アルジェリア独立勢力を支援していると見られたナセル大統領に対するスエズ作戦が失敗に終わるなか、フランスにとって、アルジェリアとのつながりをいかに維持するかが重要だったのである。一方、イニシアティヴを取り交渉の行方を握ったイギリスも、海外領土の除外に対しては一致していた。それは、主に三つの理由からであった。第一に、イギリスが望む農業の除外が、海外領土の加入により不可能となる。第二に、コモンウェルス諸国が「ユーラフリック」を「植民地主義の拡大」と認識し躊躇したこと。第三に、コモンウェルス内の独立国を自治領と差別して扱うと、英連邦の一体性がそこなわれるということだった(Schenk 1996: 444-463; Ellison 2000: 110-113)[52]。

この後、仏政府は既得権益を保護しながらもアルジェリアを連合させるため交渉の進展を図る。しかし、交渉が停滞するなか、アルジェリア情勢は悪化していく一方であった。

そのなかでの大きな変化は五八年二月二四日に発表されたガイヤール(Félix Gaillard, 1919-1970)首相による欧州経済協力連合(UECE：Union Européenne de Coopération Economique)構想である。要点は、共通通商政策(特に域外関税の設置)、外国市場へのアクセスに関するセクター別協定の締結、社会政策の調和、生産条件・社会経済条件の加盟国間での確保、そして共通農業政策を含む農業問題の挿入であった[53]。同構想は従来のEEC優先を確認したものであった。海外領土のFTAへの連合に関しても、海外領土・海外県は除外、アルジェリアは含むという五七年春以来の立場を踏襲したものであった。しかし、セクター毎の競争条件を考慮したセクター別協定、ＯＥＥＣ加盟国のコモンウェルス特恵システム参加という新提案もなされた。

しかし、この構想に顕著な保護主義は、強硬な自由貿易論者エアハルト(Ludwig Erhard, 1897-1977)西独経済相を中心とする自由貿易論者からの反対を招いたのみであった。ブリュッセルやイタリアなど加盟国からの妥協案がなされるが、どれも功を奏さなかった。ＵＥＣＥ提案の新要素である帝国特恵の拡大を担当するＯＥＥＣのオクラン特別委員会の報告書も延期を重ね、提出されたのは五八年一〇月であった。

第四共和制最後の首相ド・ゴール(Charles de Gaulle, 1890-1970)は共同市場推進派であり、ＦＴＡ交渉妥結の見込みは薄かった。首相就任直後の六月一〇日の限定閣議で、ド・ゴールは共同市場は「欧州の政治的、文化的機関」であると述べ、共同市場を支持していた(54)。一方でＦＴＡ推進に積極的ではなかった。たしかに、ド・ゴールは夏にかけてＦＴＡ推進のための幾つかの妥協的措置を行った(55)。しかし、九月一四日のコロンベ・ドゥ・ゼグリーズの私邸での独仏首脳会談において、ド・ゴールは、共同市場を妨害しないＦＴＡに原則として好意的であると述べ(56)、ＦＴＡに対するＥＥＣ優先の立場を崩さなかった。交渉締結の余地がないまま迎えた一一月一三、一四日のモードリング委員会では、スーステル(Jacques Soustelle, 1912-1990)仏情報相が、イギリスが望むＦＴＡ設立は不可能という旨の声明を出す。それを受けＦＴＡ交渉の中心的舞台となった政府間委員会・モードリング委員会は交渉中断を宣言した。六カ国の支持が得られないなか交渉中断に傾いていた仏政府は、イギリスのイニシアティブによる中断を待っていたのである。リンチによれば、イギリスはフランスの罠にはまったのである(Lynch 2000: 131)。

このように、仏政府は当初、ＦＴＡ交渉のなかで「ユーラフリック」の結実の保障を図り、その後、帝国特恵のＯＥＥＣへの拡大という、いわば新たなユーラフリック構想まで提案した(57)。しかしながら、共同市場を救済するためにＦＴＡ交渉自体が五八年一一月に中断されると、ローマ条約で定められた特恵貿易、開発援助基金はそのまま維持されたのである。

ＥＥＣ委員会の設立と仏政府との亀裂――「ユーラフリック」の矛盾

このようにローマ条約、ＦＴＡ条約交渉を通じて、「フランス的システム」が欧州に導入された。ユーラフリック構想の帰結を明らかにするため、ここでは条約発効前後の経緯も検討する。

ローマ条約批准のプロセスにおいて、海外領土の連合問題は、重要な論題の一つとなった。そのプロセスにおいて、モネを仲介役とした独仏での共同批准路線(58)に対する合意、アルジェリア問題を少なくとも一時的にはＥＤＦから切り離すという措置などに仏政府の批准に対するイニシアティブが見られた。その結果条約は批准され、五八年一月のローマ条約発効にあたり、ブリュッセルに暫定的に置かれることになった超国家機構ＥＥＣ委員会が発足する。この組織内にＥＤＦなどを管轄する第八総局が設置され(59)、ＥＤＦの管理を担うことになる。

成立した第八総局に平行して、ＥＥＣ委員長のハルシュタインも役割を果たす。前述のように、ハルシュタインは、シューマン・プラン交渉時にアフリカ加入を推進していた。またローマ条約交渉以降も彼はアフリカ政策に積極的だった(Küsters 1998: 74)。そして、ＥＥＣ委員長に就任するや、彼はあらゆる点で開発援助政策を支持するようになる(von der Groeben 1998: 104)。

ハルシュタインの提案は、ＥＥＣ委員会によるアフリカ人との直接のコンタクトの拡大であった。欧州共同市場の行政機構における教育やインターンの実施に加え、ストラスブールの欧州審議会での記者会見においてハルシュタインが訴えたのは、海外領土の地方当局とＥＥＣ委員会との「直接のコンタクト」の必要であった。それがユーラフリック共同体実現を渇望する欧州審議会によって好意的に受け止められたことが問題であった。そのため、フランス側の常駐代表はＥＥＣ委員会の意図を注意深く検討する必要があると電報を送った(60)。フランスはこのようなハルシュタインの介入を好ましく受け止めなかったのである。その結果、仏政府は五八年以来、欧州共同体の官僚がアフリカを訪れる際には、フランス連合を再編した機構・フランス共同体当局により指名されたフランス人官僚一名を同行させることを要求した(61)。そして、このフランス政府の行動は、ＥＥＣ委員会を苛立たせることになった（Dimier 2005b: 39）。フランスは条約批准での動きに反し、ＥＥＣ委員会を警戒したのである。その後、第八総局では開発基金を管理するＥＤＦ局長フェランディ（Jacques Ferrandi, 1914-2004）によりフランス植民地行政システムが導入されていくことになる。自身を「ミスターＥＤＦ」と認めるほどであったフェランディ(62)は「マフィア（une grande famille）」文化を浸透させ仏政府からの自立を拡大していく（Dimier 2005a: 408）。ヨーロッパに導入されたこのフランス的行政制度が、発足当初から仏政府とのあいだで対立し、その後、仏政府から自立した存在となるのは、歴史の皮肉かもしれない。

小　括

モレ政権下で推進された「ユーラフリック」構想は、脱植民地化の進行という国際環境を不可避としつつ、フランスの影響力をリベラルなかたちで維持する手段として推進された。それは独立を受容していたという点で脱植民地化政策の性質を帯びつつ、フランスのアフリカにおける覇権的地位の維持を図った点で植民地政策の延長でもあった。それは、五〇年代前半にサンゴールなどによって提唱された政治面にも及ぶユーラフリック構想からは縮小し経済面に限定されたものの、それらの構想を土台にし、より現実的にしたものであった。六カ国交渉のなかでフランスはベルギーとともに海外領土の加入を条約締結の必要条件とし、推進する。そのなかで多少の変化はあったが、「連合」はユーラフリック構想の初めての持続的な制度化であった。しかしながら、ここに成立した「フランス的システム」としてのＥＥＣ委員会第八総局は皮肉にも仏政府とは別の意志を持つ存在となった。

おわりに――堆積されたユーラフリックと矛盾したヨーロッパ的解決

一九世紀にさかのぼるユーラフリック構想は一九五七年のローマ条約に至るまで、多くの場合、ヨーロッパ統合構想の一つとして構想されてきた。しかしながら、植民地に対する主権を維持しようとする仏政府は、「ヨーロッパか、植民地か」という二者択一的思考から脱却できず、自身がユーラフリック構想推進への対抗勢力ともなった。

そのようななか、ユーラフリック構想が初めて持続的なものとして具体化したのが、ローマ条約における「連合(Association)」であった。「ユーラフリック」は、急速な脱植民地化に対応する戦略として、モレ政権により採択され、多国間交渉において推進されたのである。これは国際的影響力の源泉としてのヨーロッパと植民地の両方にフランスが軸足を置き続けることを可能にする外交上の打開策であった。それと同時に、この「ユーラフリック」構想は、フランスの覇権的地位の維持を図る植民地政策でもあり、脱植民地化を容認あるいは進行させる脱植民地化政策でもあるという両義性を持つものであった。

ＥＤＦ・特恵貿易というかたちでユーラフリック構想が初めて持続的な制度としてヨーロッパ統合に埋め込まれた点で、「連合」が持つ断絶性は注目に値する。しかしながら、その結実が連続性のなかに位置づけられることも確かである。第二次大戦以前から、ユーラフリック構想は、文明化の使命というヨーロッパ中心主義的思想と国際的影響力の拡大を共通項としてきた。また植民地・旧植民地は、ヨーロッパ統合構想が具体化する第二次大戦後においては、それらの加入がたえず争点となっていた。さらに、欧州レベルでの開発援助・特恵体制を構築したこの「連合」は五〇年代前半に提唱されたサンゴールのユーラフリック構想を土台にし、それを現実的に経済面に限定したものであった。

本章は、従来の研究とは異なり、「ユーラフリック」をFTA構想との関連においても検討した。その結果、二つの点が明らかになった。それはまず、共同市場における開発援助・特恵体制の維持であった。第二に、アルジェリアの特別な地位が顕在化した。他の植民地・旧植民地は除外するにもかかわらず政治的な理由からアルジェリアのみをFTAに連合するという仏政府の矛盾した姿勢は、「ユーラフリック」において優先順位が低いように見えたアルジェリアの重要性を顕著に浮かび上がらせることになった。また、ローマ条約交渉の結果、「フランス的システム」が導入されたEEC委員会の第八総局と仏政府間の亀裂も、ユーラフリック構想に求めた仏政府の政策上の矛盾を顕著に表すものだろう。「連合」のみならず、FTA交渉、EEC委員会の成立期を考察に含めたことにより、ヨーロッパ的解決としての「ユーラフリック」の矛盾がより明白になった。

この「連合」はその後、植民地の独立後も持続する欧州─アフリカ間の特別な関係構築の土台となった。六三年に調印されたヤウンデ協定から第三次ロメ協定の約三〇年間においては、ECにとってカリブ海・太平洋諸国とともにアフリカは「特権のピラミッド(Pyramid of Privilege)」の頂点に立ち(Mishalani et al 1981)、途上国のなかで最重要なパートナーとなった。ユーラフリックという視点を導入することで、植民地主義が歴史的に埋め込まれた一つの統合欧州像が浮かび上がってくるのではないだろうか。さて、国際秩序論の観点からは、いかなる含意があろうか。欧州国際秩序は、異なる秩序をも時には模索する脱植民地化の流れにもかかわらず、最近まで一つのグローバルな国際秩序であり続けたとされる(Watson 2009: 297-299)。ユーラフリック構想は、アフリカの欧州国際秩序への再編という目標に、よりソフトな手段をもって一定の機能を果たしたと解釈できるかもしれない。最後に、東アジア共同体構想に対してわれわれが立場を取るよう求められている現代、成立期ヨーロッパ統合に矛盾をはらんだ植民地主義的要素が少なからず見られたことは頭のすみに置いておいてもよいだろう。

(63) (64)

〈注〉

(1) さらに、冷戦も主な要因の一つに挙げられるだろう。代表的著作は、Ludlow 2007. より包括的なサーベイは本書第一章を参照。
(2) 本章は Pervillé による「植民地の独立」という狭義の脱植民地化を採用する。広義での脱植民地化は、経済・文化・精神的な独立を意味する。木畑二〇〇八、二一二―二一七頁。
(3) Darwin によれば、脱植民地化は冷戦の産物というにはあまりにも独自なダイナミックスを持った。Darwin 2000, p. 5.
(4) 二〇〇〇年の段階で、アフリカ諸国はＥＵ加盟国の輸出・輸入において、それぞれ、一・五三パーセント、一・七一パーセントを占めている。
(5) ＥＵは、二者間援助を含めると、全世界の対アフリカＯＤＡの約六〇パーセント(二〇〇三年)をアフリカに対し拠出している。http://europa.eu/rapid/pressReleasesAction.do?reference=MEMO/05/370&format=HTML&aged=0&language=EN&guiLanguage=en (二〇一〇年一二月六日最終閲覧)。
(6) もちろん、仏領インドシナの脱植民地化とヨーロッパ統合の関連も重要である。しかし、それは最終的に制度化されず、ヨーロッパ統合に対する持続的な影響はより小さいと考えられる。インドシナとヨーロッパ統合の関連については、注(31)を参照。
(7) ユーラフリックは、ヨーロッパとアフリカをつなげたフランス語で、ヨーロッパがアフリカをその内部へと包み込むことを試みる構想であった。
(8) Schreurs はローマ条約において失敗したものの、ユーラフリック構想を植民地政策の維持と見る立場である。Schreurs 1993. 邦語文献としては、平野二〇〇九。なお、ユリの役割については、藤田二〇〇五。
(9) またこの時期に経済的側面でのフランスの重心が植民地から欧州へとシフトしたという解釈はマルセイユを参照。Marseille 2005.
(10) この点に関して、博士論文をもとにしたモーザーの詳細な著作は同様の見解を取っている。しかしながら、この研究は、第一次ヤウンデ協定において、ユーラフリック共同体が成立したというかなり特異な結論を下しており、本章において掘り下げて検討する可能性が十分に残されていると思われる。Moser 2000.
(11) なお、ＥＵＲＡＴＯＭについては、黒田二〇〇八を参照されたい。
(12) なお、イギリスの立場を軸にＦＴＡ構想に分析の中心をあて、脱植民地化とヨーロッパ統合を分析した論考としては、Schenk 1996.
(13) 文明化の使命については注(14)を参照されたい。
(14) アジュロンによれば、一六世紀にはすでにこのような言説が見られた。Ageron 1978, p. 62.

(15) *Paneuropa*, 5. Jahrgang, 1929, Nr 2, S. 4.　世界の分割については同冊子巻末の地図を参照。
(16) *Paneuropa*, 5. Jahrgang, 1929, Nr 2.
(17) ユーラフリックの地理的範囲についても言及しておきたい。その範囲は曖昧だが、ブラックアフリカだけでなく北アフリカにも及んでいた。クーデンホーフ＝カレルギー伯爵に加え、戦間期に提唱された仏植民地相サロー(Albert Sarraut)のユーラフリック構想は、北アフリカを包含していた。一方、欧州における地理的範囲については、英国を含むかどうかという点で、違いがあった。
(18) マーシャル・プランについては例えばBossuat 1997; Hogan 1989; Milward 1984; 上原二〇〇八、九七—一〇〇頁。
(19) コモンウェルスとは、本国を中心に自治領・旧植民地諸国から構成される緩やかな連合体を指す。
(20) フランス連合とは、第四共和制憲法で規定された本国および植民地の総称である。その他、連合領土もそこに含まれた。
(21) さしあたり以下の文献が参考になる。章末に挙げる一九九二年のKentによる文献および細谷の研究を参照。細谷二〇〇一。
(22) Lipgens 1982, pp. 558-559.
(23) もっともチュニジア・モロッコはフランス連合への参加を拒否していた。
(24) Ministère des Affaires Étrangères, La Courneuve (MAE), DE-CE, 519, Lettre de Jacques Fouques à Robert Schuman, Rome, 29 septembre 1950.
(25) 五年間にわたる契約で、供給量が最大の年には八三万トンに上るという合意内容であった。MAE, DE-CE, 519, Note, Santa Margerita, 14 février 1951.
(26) MAE, DE-CE, 501, Note du 5 novembre 1950 au sujet de l'inclusion des pays d'outre-mer dans la Communauté européenne.
(27) Groupe des Indépendants d'Outre-Mer, Motion publiée à l'issue de la Conférence de Londres, Eurafrique, 15 mai 1950.
(28) 当時の加盟国は、アイルランド、イタリア、イギリス、オランダ、スウェーデン、デンマーク、ノルウェー、フランス、ベルギー、ルクセンブルクの原加盟国とギリシャ、トルコ、アイスランド、西独を合わせた一四カ国であった。
(29) Centre des Archives d'Outre Mer, Aix en Provence (CAOM), FM 21/1affpol/2314, Plan de Strasbourg, adopté par l'Assemblée du Conseil de l'Europe.
(30) CAOM, FM 21/1affpol/2317/1, Document sans titre et date.
(31) EDC条約が成立せず制度化はされなかったが、第一次インドシナ戦争(一九四五—一九五四)とヨーロッパ統合はリンケージしていた。仏政府は条約交渉でインドシナにおける兵力をEDCの範囲外とする要求を行った。また米政府との交渉においてEDCへの関与を条件にインドシナ戦争への資金援助を要求していた。特に仏米関係におけるこのリンケージについては以下。Aimaq 2000, pp. 124-134.

（32）EPCの交渉過程については、Küsters 1993; Bossuat 1993; 細谷二〇〇五。

（33）サンゴールは海外領土の人口を考慮し、当初は二〇票分を加えた八三票をフランスの割当として要求した。最終的には、この要求は七三票という提案に落ち着いた。

（34）このような立場のなかには、欧州市場のアフリカ市場との困難な経済的統合の末、フランスの統合欧州での指導的地位までも弱まるという政治経済的観点からの懸念もあった。

（35）CAOM, FM 21/1affpol/3255, Intervention de Senghor, Député du Sénégal à l'Assemblée ad hoc, chargée d'élaborer un projet de traité instituant une communauté politique européenne, 8 et 9 janvier 1953 à Strasbourg.

（36）否決は、EDCと深く関係するドイツ再軍備への反対派（anti-cédistes）が国民議会で多数派になったことが大きい。Aron et Lerner 1956, p. 18. その他、この変化の要因に関しては、Bitsch 2008, p. 93.

（37）二〇世紀初頭から三〇年代には「グレーター・フランス（La plus grande France）」という標語も用いられた。

（38）サンゴールがアグレガシオンに合格したのも三度目の挑戦であった。また試験準備期間に、奨学金授与機関の間違いが原因で彼は家賃を滞納していたこともあった。Vaillant 2006, p. 136.

（39）三〇年代後半から彼は民俗学に傾倒し、黒人女性の美をうたう「黒い女（Femme Noir）」という詩も四六年には発表している。

（40）五五年にフォール内閣に入閣した際、チュニジアの独立をサンゴールが認めていたことは興味深い。一方、スーダン・ガーナなどブラックアフリカの独立が始まる五七年から五八年にかけても、サンゴールは独立という言葉を口にしなかった。この最後の点に関しては以下。Vaillant 2006, p. 346.

（41）なお、冷戦戦略としてのユーラフリックの意義はピノー外相が意識していた。黒田二〇〇七。

（42）MAE, DE-CE, no. 719, Lettre de Deferre à Mollet, Paris, 17 mai 1956. ドゥフェールは、海外領土出身議員の票が状況次第では条約批准の結果を決定すると述べていた。

（43）ユーラトムへの海外領土の参入は、すでに海外フランス省で議論されていた。CAOM, FM/1affpol/2316/5, Note au sujet de projet "Euratom", 2 février 1956.

（44）注（42）に同じ文書に依拠。

（45）モレの官房長官であったエミール・ノエル（Émile Noël）によれば、モレは、私的な会合のみならず、メンバーを限った会合においても、比較的短期間に基本法〔六月二六日基本法〕が対象とする領土が独立へと導かれるであろうことを隠さなかった。Lettre d'Émile Noël à Gérard Bossuat, le 8 septembre 1985, cité dans Bossuat, *L'Europe des Français*, p. 322.

（46）アデナウアー首相は、仏政府の植民地加入要求がローマ条約締結の必要条件であることを外相に確認していた。そのため、開発援助の負担が大きくとも、ローマ条約締結のためには必要として、首脳会談の事前に受容していたという。Wilkens 2005, pp.

297–298. 171. Kabinettssitzung am Freitag, den 15. Februar 1957, in: Weber 2000.

(47) MAE, DE-CE, no. 397, Note de Comité interministériel pour les Questions de Coopération Economique Européenne, 2 janvier 1957.

(48) 「連合」は、ローマ条約（欧州経済共同体設立条約）一三一－一三六条に規定されている。それは、フランス、ベルギー、イタリア（ソマリア）、オランダ（ニューギニア）の海外領土を対象としている。特恵体制は、①植民地が対本国貿易でとっている条件を共同体他加盟国にも適用すること、②共同体他加盟国は、本国が当該植民地に対し取っている貿易・投資条件と対等なアクセスを持つ、という「無差別」原則に基づいていた。開発援助基金の総額（五年間）は、五億八一〇〇万計算単位（米ドルと等価）であり、その内訳は、フランス、ベルギー、オランダ、イタリアの海外領土に対してそれぞれ、五億一〇〇〇万、三〇〇〇万、三五〇〇万、五〇〇万計算単位であった。投資負担の内訳は、フランス、西独がそれぞれ二億計算単位、ベルギー、オランダがそれぞれ七〇〇〇万計算単位ずつ、イタリアが四〇〇〇万計算単位であった。

(49) Archives départementales de l'Aveyron, Rodez, Fonds Paul Ramadier, 52J115, Note du MAEF pour le président, Paris, 10 avril 1957.

(50) CAOM, FM 21/1affpol/2316/2, Rapport sur la participation des territoires relevant du Ministre de la Zone de Libre échange entre les pays de l'O.E.C.E., Paris, 26 avril 1957.

(51) Centre des Archives Contemporaines, Fontainebleau, 1977471/60, Participation éventuelle de l'Algérie à une zone de libre échange, Paris, 17 avril 1957.　なお行政上アルジェリアはフランスの「本国（Métropole）」と同じ扱いであった。

(52) イギリスを中心にＦＴＡ交渉を分析した邦語文献としては、小川二〇〇八、第三章および益田二〇〇八、第八章、第九章。

(53) MAE, DE-CE, 753, Projet français associant à la Communauté Economique Européenne, les autres pays européens au sein d'une Union Européenne de Coopération Economique, 24 février 1958.

(54) MAE, Cabinet du Ministre, 282, CR de réunion chez le général sur les questions internationales, juin 1958.　なお、ド・ゴールの対ヨーロッパ政策については、以下を参照。Vaïsse 1998; 川嶋二〇〇七。

(55) MAE, DE-CE, 753, Relevé des délibérations du Conseil restreint du 17 juillet 1958 sur les problèmes posés par une zone de libre échange, 18 juillet 1958.

(56) MAE, SG, EM, 5, Entretien du Général de Gaulle et du chancelier Adenauer, 14 septembre 1958 à Colombey-les-deux-églises de 16 heures à 18h30.

(57) 同様の見解は以下。Schenk 1996, p. 458.

(58) これは独仏の条約批准が相互に好影響を与え合うことを狙った計画であった。

(59)　第八総局と仏政府の関係については、Dimier の文献を参照。Dimier 2005b, pp. 37-38.　フランスの植民地行政制度が与えた第八総局の制度に対する影響については、以下。Dimier 2005a, pp. 393-409.

(60)　MAE, DE-CE, 721, Dépêche du représentant permanant de la France auprès des communautés européennes à M. le Ministre des affaires étrangères, Bruxelles, 25 octobre 1958.

(61)　MAE, DE-CE, 721, Télégramme de Brunet au Ministre des Affaires étrangères, 20 février 1959.

(62)　Entretien avec Jacques Ferrandi par Jean-Marie Palayret et Anaïs Legendre à Ajaccio, 28 et 29 mai 2004, p. 33.

(63)　植民地的関係を清算したと評されることもある第一次ロメ協定(一九七五年調印)の評価は大きく分かれていると思われる。Twichett のような植民地主義との訣別を主張する肯定派もいれば、Lister のように新植民地主義として糾弾する立場もある。Twitchett 1978; Lister 1988.　最近の歴史研究では、植民地主義との関係に直接触れていないものが多い。その例として、Palayret 2005b, pp. 369-398.

(64)　「新しい中世」的帝国としてのEUは、ローマ条約、さらにはシューマン・プランにさかのぼるという見方もある。Zielonka 2006, p. 152.

〈引用・参考文献〉


上原良子(二〇〇八)「ヨーロッパ統合の生成　1947―50年――冷戦・分断・統合」遠藤乾編『ヨーロッパ統合史』名古屋大学出版会、九四―一三〇頁。

小川浩之(二〇〇八)『イギリス帝国からヨーロッパ統合へ――戦後イギリス対外政策の転換とEEC加盟申請』名古屋大学出版会。

川嶋周一(二〇〇七)『独仏関係と戦後ヨーロッパ国際秩序――ドゴール外交とヨーロッパの構築　1958―1969』創文社。

木畑洋一(二〇〇八)『イギリス帝国と帝国主義――比較と関係の視座』有志舎。

黒田友哉(二〇〇七)「モレ政権の対フランス連合政策――ユーラフリック共同体構想を中心に」『法学政治学論究』第七二号、二七七―三一〇頁。

黒田友哉(二〇〇八)「フランスとユーラトム(欧州原子力共同体)――海外領土の加入を中心に(一九五五―一九五八年)」『日本EU学会年報』第二八号、一三二―一五〇頁。

黒田友哉(二〇〇九)「第四共和制後期フランス外交とヨーロッパ統合――冷戦、脱植民地化との連関の中で(一九五五―一九五八年)」慶應義塾大学法学研究科博士論文(二〇〇九年提出)。

戸澤英典・上原良子(二〇〇八)「ヨーロッパ統合の胎動――戦間期広域秩序論から戦後構想へ」遠藤編、前掲書、五四―九三頁。

平野千果子(二〇〇九)「交錯するフランス領アフリカとヨーロッパ――ユーラフリカ概念を中心に」『思想』第一〇二一号、一七八一一九九頁。

藤田憲（二〇〇五）「ヨーロッパ経済共同体設立交渉とピエール・ユーリ」木畑洋一編『ヨーロッパ統合と国際関係』日本経済評論社、五三―八二頁。

細谷雄一（二〇〇一）『戦後国際秩序とイギリス外交――戦後ヨーロッパの形成　１９４５年～１９５１年』創文社。

細谷雄一（二〇〇五）『外交による平和――アンソニー・イーデンと20世紀の国際政治』有斐閣。

益田実（二〇〇八）『戦後イギリス外交と対ヨーロッパ政策――「世界大国」の将来と地域統合の進展、１９４５～１９５７年』ミネルヴァ書房。

Adamthwaite, Anthony (2005), "Britain, France and the United States and Euro-Africa, 1945-1949," in: Marie-Thérèse Bitsch et Gérard Bossuat (dir.), *L'Europe Unie et l'Afrique*, Bruylant, pp. 119-132.
Ageron, Charles-Robert (1975), "L'idée d'Eurafrique et le débat colonial franco-allemand de l'entre-deux-guerres," *Revue d'histoire moderne et contemporaine*, pp. 446-475.
Ageron, Charles-Robert (1978), *France coloniale ou parti colonial?* PUF.
Ageron, Charles-Robert (1994), *La Décolonisation française*, Armand Colin.
Aimaq, Jasmine (2000), "Rethinking the EDC: Failed Attempt at Integration or Strategic Leverage?" in: Michel Dumoulin (ed.), *La Communauté européenne de défense, leçons pour demain?* Peter Lang, pp. 91-134.
Aron, Raymond et Daniel Lerner dir. (1956), *La Querelle de la C.E.D.*, Armand Colin.
Avit, Désirée (2005), "La question de l'Eurafrique dans la construction de l'Europe de 1950 à 1957," Gérard Bossuat, (dir.), Europe et Afrique au tournant des indépendances: un nouvel avenir, *Matériaux pour l'histoire de notre temps*, (janvier-mars 2005), no. 77, pp. 17-23.
Bitsch, Marie-Thérèse et Gérard Bossuat dir. (2005), *L'Europe Unie et l'Afrique*, Bruylant.
Bitsch, Marie-Thêrèse (2008), *Histoire de la construction européenne*, nouvelle édition mise à jour, Éditions Complexe.
Bossuat, Gérard (1993), "La Vraie nature de la politique européenne de la France (1950-1957)," in: Gilbert Trausch (Hg.), *Die Europäische Integration vom Schuman-Plan bis zu den Verträgen von Rom*, Nomos Verlag, pp. 191-230.
Bossuat, Gérard (1996), *L'Europe des Français 1943-1959*, Publications de la Sorbonne.
Bossuat, Gérard (1997), *La France, l'aide américaine et la construction européenne, 1944-1954*, 2 vol., CHEFF, Réédition.
Bossuat, Gérard (2005), "Conclusion," in Marie-Thêrèse Bitsch et Gérard Bossuat (dir.), *L'Europe Uni et l'Afrique*, Bruylant,

pp. 461-467.

Chipman, John (1989), *French power in Africa*, Basil Blackwell.

Darwin, John (2000), "Diplomacy and decolonization," *The Journal of Imperial and Commonwealth History*, Vol. 28, Issue 3, pp. 5-24.

Deighton, Anne (2005), "Ernest Bevin and the idea of Euro-Africa from the interwar to the postwar period," in: Bitsch et Bossuat, *op. cit.*, pp. 97-118.

Deschamps, Étienne (2003), "La Belgique et l'association des pays et territoires d'outre-mer (PTOM) au Marché Commun (1955-1957)," in: Michel Dumoulin, Geneviève Duchêne et Arthe Van Laer, (dir.), *La Belgique, les petits États et la construction européenne*, P.I.E. Peter Lang, pp. 119-145.

Dimier, Véronique (2005a), "Négocier avec les rois nègres: l'influence des administrateurs coloniaux français sur la politique européenne de développement," in: Bitsch et Bossuat (dir.), *op. cit*, pp. 393-409.

Dimier, Véronique (2005b), "Construire l'association entre l'Europe communautaire et l'Afrique indépendante. Regards croisés franco-africains," Bossuat (dir.), Europe et Afrique au tournant des indépendances, *Matériaux pour l'histoire du notre temps*, pp. 32-38.

Du Réau, Élisabeth (2008), *L'Idée d'Europe au XXe siècle, des mythes au réalités*, Éditions Complexe.

Ellison, James (2000), *Threatening Europe: Britain and the Creation of the European Community, 1955-1958*, Macmillan.

Fleury, Antoine (2005), "Paneurope et l'Afrique," in: Bitsch et Bossuat (dir.), *op. cit.*, pp. 35-57.

Garavini, Giuliano (2007), "The Colonies Strike Back," *Contemporary European History*, Vol. 16, No. 3, pp. 299-319.

Girault, René (1989), "La France entre l'Europe et l'Afrique," in: Enrico Serra (dir.), *Il Relantio Dell'Europe e i Trattati di Roma*, Guiffré, pp. 351-378.

Girault, René, Robert Frank et Jacques Thobie (1993), *La Loi des Géants, 1941-1964: L'Histoire des relations internationales contemporaines*, tome III, Masson.

Grah Mel, Frédéric (2003), *Félix Houphouët-Boigny: Biographie*, Éditions du CERAP.

Guillen, Pierre (1989), "L'avenir de l'Union Française dans la négociation des traités de Rome," *Relations Internationales*, no. 57, (printemps 1989), pp. 103-112.

Hobsbawm, Eric (1994), *The Age of Extremes: The Short Twentieth Century, 1914-1991*, Micheal Joseph.

Hogan, Micheal J. (1989), *The Marshall Plan: America, Britain and the Reconstruction of Western Europe, 1947-1952*,

Cambridge University Press.
Kent, John (1989), "Bevin's Imperialism and the idea of Euro-Africa, 1945-1949," in: Michael Dockrill and John W. Young (eds.), *British foreign policy, 1945-56*, Macmillan, pp. 47-76.
Kent, John (1992), *The Internationalisation of Colonialism: France, Britain, and Black Africa, 1939-1956*, Clarendon Press.
Küsters, Hanns Jürgen (1993), "Zwischen Vormarsch und Schlagenfall. Das Projekt der Europäischen Politischen Gemeinschaft und die Haltung der Bundesrepublik Deutschland (1951-1954)," in: Gilbert Trausch (Hg.), *Die Europäische Integration vom Schuman-Plan bis zu den Verträgen von Rom*, Nomos, pp. 259-293.
Küsters, Hanns Jürgen (1998), "Hallstein and Negotiations on the Rome Treaties," in: Wilfried Loth, William Wallace and Wolfgang Wessels (eds.), *Walter Hallstein, the Forgotten European?* translated from the German by Bryan Ruppert, MacMillan.
Lipgens, Walter (1982), *A history of European integration*, Vol. 1, translated from the German by P. S. Falla and A. J. Ryder, Clarendon Press, 1982, Original. *Die Änfange der europäischen Einigungspolitik 1945-1950*, Klett, 1977-.
Lister, Marjorie (1988), *The European Community and the Developing World: the Role of the Lome Convention*, Averbury.
Ludlow, N. Piers (2007), *European Integration and the Cold War: Ostpolitik-Westpolitik, 1965-1973*, Routledge.
Lynch, Francis (2000), "De Gaulle's First Veto: France, the Rueff Plan and the Free Trade Area," *Contemporary European History*, Vol. 9, No. 1, pp. 111-135.
Marseille, Jacques (2005), *Empire colonial et capitalisme français: Histoire d'un divorce*, Albin Michel.
Metzger, Chantal (1994), "Les deux Allemagnes: têmoins ou acteurs de l'évolution du continent africain depuis 1949," *Relations Internationales*, no. 77, pp. 65-79.
Metzger, Chantal (2005), "L'Allemagne et l'Eurafrique," in: Bitsch et Bossuat (dir.), *op. cit.*, pp. 59-75.
Michel, Marc (1983), "La coopération intercoloniale en Afrique noire, 1942-1950: un néo-colonialisme éclairé," *Relations internationales*, no. 34, pp. 155-171.
Migani, Guia (2005), "L'association des TOM au marché commun: histoire d'un accord européen entre cultures économiques différentes et idêaux politiques communs, 1955-1957," in: Bitsch et Bossuat (dir.), *op. cit.*, pp. 233-252.
Milward, Alan S. (1984), *The Reconstruction of Western Europe, 1945-1951*, Methuen.
Milward, Alan S. (2005), *Politics and Economics in the History of the European Union*, Routledge.
Mishalani, Philip et al (1981), "The Pyramid of Privilege," in: Christopher Stevens (ed.), *EEC and the Third World*, ODI/IDS,

pp. 60-82.
Montarsolo, Yves (2010), *L'Eurafrique, contrepoint de l'idée d'Europe*, Publications de l'Université de Provence.
Moser, Thomas (2000), *Europäische Integration, Dekolonisation, Eurafrika: eine historische Analyse über die Entstehungsbedingungen der Eurafrikanischen Gemeinschaft von der Weltwirtschaftskrise bis zum Jaunde-Vertrag, 1929-1963*, Nomos-Verlag.
Palayret, Jean-Marie (2005a), "Les mouvements proeuropéens et la question de l'Eurafrique, du Congrès de La Haye à la Convention de Yaoundé (1948-1963)," in Bitsch et Bossuat (dir.), *op. cit.*, pp. 185-229.
Palayret, Jean-Marie (2005b), "Mondialisme contre régionalisme: CEE et ACP dans les négociations de la convention de Lomé, 1970-1975," in Antonio Varsori, (ed.), *Inside the European Community. Actors and Policies in the European Integration 1957-1972*, Bruylant, pp. 369-398.
Pervillé, Guy (1991), *De l'Empire français à la décolonisation*, Hachette.
Pineau, Christian (1976), *1956 Suez*, Robert Laffont.
Poidevin, Raymond (1984), "René Mayer et la politique extérieure de la France, 1943-1953," *Revue d'Histoire de la deuxième guerre mondiale et conflits contemporains*, no. 134., pp. 73-97.
Poidevin, Raymond (1986), *Robert Schuman: Homme d'État*, Imprimerie nationale.
Roche, Christian (2001), *L'Europe de Léopold Sédar Senghor*, Éditions Privat.
Schenk, Catherine R. (1996), "Decolonization and European Economic Integration: The Free Trade Area Negotiations, 1956-58," *Journal of Imperial and Commonwealth History*, Vol. 24, No. 3, Sep 1996, pp. 444-463.
Schreurs, Rik (1993), "L'Eurafrique dans les négociations du Traité de Rome, 1956-1957," *Politique Africaine*, vol. 49, (mars 1993), pp. 82-92.
Schreurs, Rik (c1997), "A Marshall Plan for Africa? The Overseas Territories Committee and the Origins of European co-operation in Africa," in: Richard T. Griffiths (ed.), *Explorations in OEEC History*, Organisation for Economic Co-operation and Development, pp. 87-98.
Stirk, Peter M. R. (1996), *A History of European Intergation since 1914*, Pinter.
Thiemeyer, Guido (2005), "West German Perceptions of Africa and the Association of the Overseas Territories with the Common Market," in: Bitsch et Bossuat (dir.), *op. cit.*, pp. 269-285.
Twitchett, Carole Cosgrove (1978), *Europe and Africa: from association to partnership*, Saxon House.
Uri, Pierre (1990), *Penser pour l'Action: un fondateur de l'Europe*, Odile Jacob.

Vaillant, Janet G. (2006), *Vie de Léopold Sédar Senghor: Noir, Français et Africain*, Éditions Karthala.
Vaïsse, Maurice (1998), *La Grandeur: la politique étrangère du Général de Gaulle 1958-1969*, Fayard.
Von der Groeben, Hans (1998), "Walter Hallstein as President of the Commission," in: Loth, Wallace and Wessels (eds.), *op. cit.*, pp. 95-108.
Wall, Irwin (2005), "Les Etats-Unis et la décolonisation de l'Afrique. Le Mythe de l'Eurafrique," in: Bitsch et Bossuat (dir.), *op. cit.*, pp. 133-147.
Watson, Adam (2009), *The Evolution of International Society*, Reissue with a new introduction by Barry Buzan and Richard Little, Routledge.
Weber, Hartmut Hg. (2000), *Die Kabinettsprotokolle der Bundesregierung*, Band 10, Oldenbourg.
Westad, Odd Arne (2005), *The Global Cold War: Third World Interventions and the Making of Our Times*, Cambridge University Press（佐々木雄太・小川浩之・益田実・三須拓也・三宅康之・山本健訳『グローバル冷戦史』名古屋大学出版会、二〇一〇年）.
Wilkens, Andreas (2005), "L'Allemagne et l'Afrique, 1949-1963," in Bitsch et Bossuat (dir.), *op. cit.*, pp. 287-300.
Zielonka, Jan (2006), *Europe as Empire: The Nature of the Enlarged European Union*, Oxford University Press.

＊　本章の執筆にあたり、数多くの方からご教示を賜った。特に、世界政治学会ＲＣ―３（二〇〇八年九月）および日本国際政治学会（二〇一〇年一〇月）での二回にわたる報告の際に得られたコメントに多くの示唆を得た。報告の機会を下さった遠藤乾先生、司会を務めて下さった鈴木一人先生、それぞれ討論者を務めて下さった宮下雄一郎氏、大竹弘二先生には特に感謝を申し上げたい。また草稿に対して貴重な意見をいただいたKaris Muller先生、川嶋周一先生、角井誠氏、田所昌幸先生、根木昭英氏、廣田功先生、細谷雄一先生にも記して感謝を申し上げたい。

第Ⅲ部　統合の複線的系譜学

第五章　もう一つの「正史」

——農業統合の系譜とプールヴェール交渉、一九四八―一九五四年

川嶋周一

はじめに

ヨーロッパ統合はいかにして成り立ち、そして進化していったのか。歴史は細部に入っていくと複雑な色をなし、解釈もまた多様である。しかし、ヨーロッパ統合が実際に形成された一九四〇年代末から五〇年代中盤にかけての動きを要約すると、おおよそ次のように説明されよう。すなわち、五〇年五月九日の石炭鉄鋼の共同管理を提言したシューマン宣言によってヨーロッパ統合が現実の制度へと具体化し、その大きな野心は欧州防衛共同体(EDC：European Defense Community)へと進み、そしてEDCの失敗によってヨーロッパ統合は危機を迎え、その危機はメッシーナ会議をきっかけとして統合の新たなるステップアップに転じ、そしてローマ条約の調印によって成立した欧州経済共同体(EEC：European Economic Community)をもって、ヨーロッパ統合の「成立期」は幕を閉じた。

このような統合成立の語り方は、事態の進展をきわめて簡略化しているが、それゆえ一層強力に神話化されて

いる「正史」と言ってよい。正史は正史であり、それが誤った歴史的事実に基づいているわけではない。そのどの説明も妥当だからである。しかし「正史」からだけでは見えない歴史認識というものはないのだろうか。本章の問題意識は、このシューマン・プランからローマ条約までの「成立期」のストーリーを、農業共同体の視角から見ることで、「正史」からは見えない構図、すなわち「もう一つの正史」を描き出すことである。

農業共同体とは農業領域における統合構想のなかで語られる共同体であり、そのような構想は、一九四八年ごろからヨーロッパ統合を議論する様々な場において語られ、そして五一年から五四年にかけて農業統合を実現するべくヨーロッパ大の政府間交渉が繰り広げられた。とりわけこの試みは「プールヴェール（緑の共同体）」と呼ばれ、そこでは広範な議論が交わされたが、結果として一九五四年に具体的な成果を残さないまま終了し、農業統合構想は失敗に終わった。

このプールヴェールに関する歴史研究は欧州各国で極めて分厚い研究蓄積があり、すでに多くのことが明らかになっている。(1) 第一に、農業統合の起源についてであるが、そのアイディアは四〇年代末にヨーロッパ運動において出現しており、そこにおいて、ヨーロッパ大の農業共同体の実現に向けた具体的な論点が多く議論されていたという事実である。(2) 第二に、しかしながらプールヴェールにおいて鍵となるフランスの政策は、このようなヨーロッパ運動の系譜を受け継いで登場したというよりも、戦後西欧の自由貿易の制度的構築に関する議論のなかで登場した計画庁による農業生産向上とその結果生じる余剰生産物のヨーロッパ的解決という志向性から出てきたことである。(3) そして第三に、プールヴェールはたしかに失敗に終わり何ら具体的な帰結を残さなかったが、しかしそれは五五年から五七年にかけてのローマ条約（ＥＥＣおよびＥＵＲＡＴＯＭ設立条約）交渉時の重要な準備段階となったことである。つまり、四〇年代後半から五〇年代中盤にかけての農業統合の系譜は、さらに一九六〇年代にＥＥＣにおいて合意された共通農業政策（CAP：Common Agricultural Policy）の具体的政策立案の成立という段階を経て実現した長い過程の一部であり、ヨーロッパ統合における農業統合は、プールヴェール交渉、ローマ条約成立交渉、ＣＡＰにおける規定交渉という三つの局面を経て実現したものである(Cf. Patel 2009)。

このように、農業統合の系譜は、いまとなっては決して埋もれてしまった歴史ではないのだが、それを本章で「もう一つの正史」として叙述する意義は以下の三点にある。

第一に、農業統合の持つ特性から見た意義である。しばしば指摘されるように、農業政策は欧州統合におけるきわめて象徴的かつ決定的な政策分野である。シューマン・プランが欧州統合の制度的出発点だったとするならば、最初の欧州統合の政策分野は石炭鉄鋼政策となる。しかし、一九六〇年代から九〇年代まで最も予算が割かれた政策は農業だった。欧州共同体は農業共同体として発展し、二一世紀の現在に至っても、総予算の四割を占める政策領域となっている。なぜ農業統合は成立したのか。農業統合はどのような理由から必要とされ、どのような論理のもとで実現しようとされたのか。欧州における学界では既知となっている事柄も含め、その歴史的経緯を過不足なく説明することは悪いことではあるまい。

第二に、本章が扱う四〇年代から五〇年代前半までの農業統合の姿は簡単に言えば失敗の歴史なのだが、失敗がなぜ失敗に終わったのかを描くことは、シューマン・プランがなぜ成功したのかを逆照射することにつながる。シューマン・プランから始まる歴史は輝かしい歴史である。だが、それがなぜ輝かしいのかは、同じ経済統合の試みであった農業統合の失敗と合わせることで、より立体的に把握することができるはずである。

第三に、ヨーロッパ統合の基本的な視座をいま一度再検討することにつながることである。農業統合においては、同時期に発表されたシューマン・プランの影響を受け正面から「超国家性」に関する議論がなされた。農業分野において考えられた「超国家性」を検討することは、ヨーロッパ統合において「何故に、何が、どうやって統合されるのか」という基本的な問いを再検討することになろう。

第一節　構想と現実の狭間で――第二次大戦後の農業統合議論の開始

ヨーロッパ運動における農業統合の検討――セペードの販路確保としての農業統合論

では具体的な農業統合の構想が、いかにして生まれていったのかを見てみることにしよう。戦後の農業統合がどのような政治的・経済的文脈のなかから出てきたのかについては、仏農業統合史家のノエルの研究蓄積がある。彼が指摘しているように、農業統合の本格的検討が最初に行われたのはヨーロッパ運動においてであった(Noël 1979, 1981)。一九四七年に設立されたヨーロッパ運動は、四九年四月にロンドンにおいてウエストミンスター経済会議を開催する。この会議の準備過程において、農業統合の議論が登場したのである。ただしその検討は、農業だけを扱うものではなく、広く経済統合の実現を議論するなかで、経済セクターの重要な下位領域として農業を取り上げたものであった。

ウエストミンスター経済会議に向けたフランス国内の農業検討下部委員会において農業統合に関する議論を戦わせていたのが、仏農業省調査資料課課長セペード(Michel Cépède, 1908-1988)とパリ大学法学部教授フロモン(Pierre Fromont)だった(4)(Noël 1999, 75)。同委員会は四八年一二月七日以降、確認できるだけで一一回の会議が四九年三月まで開かれたが、ここで農業政策の基本方針を提案したのがセペードだった。当時の西欧農業の問題点として彼が指摘したのは、第一に、第二次大戦以前の西欧は東欧を主とする域外諸国からの農作物を輸入することで食糧需要を賄ってきたのに対し、冷戦の勃発によってそれが不可能となったこと、第二に、西欧諸国の食糧生産は低いままにとどまっているため一方で西欧の国民は不安定な食糧供給に晒されていること、他方でアメリカからの一方的な輸入が必要となりそのことが西欧諸国の対米貿易収支の赤字を引き起こしていることであった(5)。

そこでセペードは、農業ヨーロッパ市場を構築することでこの二つの問題を一挙に解決することを提案する。すなわち、西欧域内における農産品取引の促進と合理的な農作物分配の実現によって、域内で農産品を消費し、以ってヨーロッパにおける安定した農産物の生産と供給を可能とすることを目論んだのである。セペードが提案した具体的な政策とは、販路を確保することによって価格保証を行うと同時に、対内的には構成国間の価格の固定と通商および在庫量の決定を行い、対外的には域外からの必要な農産品を調達する役割を負う連邦機関を設立することだった(6)。

セペードの議論は、販路確保による価格保証によって農業生産を向上させる枠組みとしてヨーロッパ共同体を提案する、その後の農業統合の系譜の原点となるものだった。しかし、同時に彼の議論には、六〇年代に実現するＣＡＰにはない幾つかの特徴があった。第一に、セペードの議論は域内調達を基本とするが、その調達先として海外領土が含まれていた。セペード自身は、第二次大戦以降ヨーロッパ諸国は植民地からの安い農作物の輸入が期待できなくなったことを農業統合の必要性の一つの理由として挙げてはいるものの、農業下部委員会参加者からは植民地主義的な色彩が指摘された(7)。第二に、セペードの議論には後のＣＡＰに濃厚な所得の再分配という色彩が薄かった。これは、戦後直後という飢餓対策と食糧の安定的供給が最重要課題だった時期における時代的拘束と言えるだろう。最後にセペードは、そもそもなぜヨーロッパ統合が必要なのかという理由づけに関して、戦争によるヨーロッパ文明の死の恐怖への克服を挙げており、ヨーロッパ統合は世界平和に資すると主張すると同時に、米ソに対抗する強力な経済力を身につけなければならないとしている(8)。

このセペードの提案に対して強く反論したのがフロモンだった。フロモンは、セペードの提案をヨーロッパレベルでの実質的なアウタルキーの構築だと批判し、農産物の安定的供給には、ヨーロッパ大には農業生産に付随する産品(種子、肥料など)の自由化と世界大の農産品の自由貿易体制の確立が必要であることを主張する(9)。また、価格保証に関しては、フロモンはこの制度ではイギリスが加盟する見込みがないことを指摘する。この指摘に対して、イギリスがヨーロッパ市場に加盟しないリスクを避けるべきとフロモンに同調する声があがる一方で、販路の確保による価格保証というセペード提案の骨子は他の出席者から合意を得た。こうしてヨーロッパ運動枠内でのフランス提案は、ヨーロッパの人々の食糧供給を満たすための農産品調達、そのための農業生産の向上、農産品生産の向上に必要な販路の確保と価格保証、そしてこれらの政策を実施するために必要な「農産品理事会」を設立することが盛り込まれた(10)。

一九四九年四月に開催されたウエストミンスター経済会議において、フランスの国民議会議員アンドレ・フィリップ(André Philip, 1902-1970)による報告書をもとにして、経済共同体(Union économique)の設立を訴える決議が採択された。フィリップは、ヨーロッパの統合のためにはヨーロッパ大の一つの市場を設立し、通貨、農業、投資などを一元化することが必要だと訴えた(11)。農業は、このような経済共同体の不可欠な構成要素だった。具体的に農業に関しては、以下の三点を勧告する決議が採択された。第一には生産を組織化し農産物の配分を実施することを検討すること、第二には当該農産品のヨーロッパ市場を規制する手段を考案すること、第三には規制を行う機関を設立することであった(Noël 1979: 589)。実のところ、フィリップとセペードは、欧州合衆国のための社会主義者運動(ＭＳＥＵＥ)のメンバーでもあり、同四九年九月にパリで開催されたＭＳＥＵＥの大会においても、ウエストミンスター経済会議同様全般的な経済統合の推進を訴えた。そして農業分野においては、ヨーロッパ大での生産を管理し、農産物の分配を組織的に行う「ヨーロッパ食糧委員会(European Food Board)」の設立を勧告した(12)。そのうえで同勧告は、欧州審議会の農業委員会に、これらの農業問題を検討することを要求したのである。

これらのヨーロッパ運動における検討は、しかしながら構想の段階であり、政府の政策として検討されることも政府間の国際交渉として俎上に載るものでもなかった。しかしこれらの検討が行われた背景として、当時の農作物の生産性の低さとそれに伴う欧州域外、取り分けアメリカからの農作物輸入の必要性、それによって引き起こされる対外収支の不均衡が問題視されていた。さらに、ヨーロッパ大での農産品貿易の強化と生産性向上は、農業団体自身が関心を持たざるを得ないテーマだった。一九四九年後半という時期にあって、この問題に対する農業団体の態度は割れていた。ヨーロッパ農業連盟（ＣＥＡ）は、四九年に行われた総会において各国の農業政策の調和化と「ヨーロッパ市場」の設立が必要であるとの認識を示したのに対して、国際農業生産者連盟（ＦＩＰＡ）は農産品貿易のさらなる自由化が農業問題の解決につながると考えていた（Noël 1979: 593）。

ＯＥＥＣの機能と限界

実のところ、一九五〇年以降、政府案として登場する農業統合の議論は、セペードによる販路確保による価格保証（フロモンの言うところのヨーロッパ的アウタルキー）を行う枠組みとしての農業共同体という骨子を引き継ぎながら、一九四〇年代末に欧州統合の枠組みとして期待された欧州経済協力機構（OEEC：Organization for European Economic Cooperation）の限界を乗り越える新しい統合路線として登場したものだった。ＯＥＥＣはマーシャル・プランにおける欧州側の援助の受け皿として一九四八年に成立したものだが、単なる経済的組織ではなく、ヨーロッパ統合を全般的に推進する政治的な役割を発揮することも期待されたヨーロッパ大の国際組織だった。そのような政治統合を前進させるための具体的な成果として協議されていたのが、数量制限の大幅な撤廃による欧州域内貿易の自由化の促進だった。農業専門家、政策担当者が重視していた農業生産の向上と農産物の安定供給の実現の達成は、ＯＥＥＣの枠内においては、ヨーロッパ域内における数量制限の撤廃と関税引き下げという自由貿易取引枠組みの強化によって実現するべきとされていた。

しかしＯＥＥＣにおける統合の試みは、翌四九年には幾つかの点で壁に突きあたることとなる。第一には、数量制限の撤廃そのものへの合意達成が遅々として進まず、欧州各国の経済統合への熱意に疑問符が付けられた。第二には、ＯＥＥＣ枠内でのヨーロッパ統合の推進に不可欠な英仏間の協調がほとんど機能しなかったことである。その結果、四九年一〇月に経済協力局（ECA：Economic Cooperation Administration）長官ホフマン（Paul Hoffman, 1891-1974)は、欧州諸国に対してマーシャル・プランの引き上げをちらつかせて統合への具体的な成果を求めるまでに至った。[13] しかしこのホフマンの言明は、ＯＥＥＣの本質的な再活性化をもたらすものではなく、むしろ、ＯＥＥＣを核とした政治統合の試みを最終的に断念することの表れであった(Milward 1992: 241-242)。

他方で、進展しないＯＥＥＣの枠内で統合に活力を与えるものとして一九四九年に計画されたのが、地域的な関税同盟の設立だった。フランス財務省の主導で進められたのが、同年五月に提案されたフランス・ベルギー・オランダの三カ国による関税同盟(いわゆるフィネベル Finebel)構想だった。次いでフランスとイタリア間の関税同盟の設立を主眼とするフリタルクス(Fritalux)構想が登場する。これらの構想は、三カ国程度での経済的な「小ヨーロッパ」をまず設立し、それをてこにヨーロッパ全体の経済統合を推進することを目的とするものだった。しかし、そのように正当化された理由とは裏腹に、これらの地域的関税同盟構想もまた一向に進展しなかった。

特に農業との関連においては、ＯＥＥＣによる自由化の加速もフィネベル・フリタルクスの地域関税同盟構想も問題視されていた。第一に、主要農産品のなかでも例えば小麦の価格はフランスにおいてはヨーロッパにおける平均価格よりも高く、代替的保障措置のない自由化はフランス農家に大きな打撃を与えることが予想された。そのために、フランス農業省はＯＥＥＣの自由化に好意的ではなかった。[14] 他方で、ヨーロッパ域内での自由流通の実現はたしかに新しい市場の確保という魅力があった。しかし、フランスにとって大きな魅力となる西ドイツはこの枠組みに入っていなかった。四九年九月のＯＥＥＣの自由化交渉において、農相フリムラン(Pierre Pflimlin, 1907-2000)はフランス農産品の販路確保のためにもまたヨーロッパ経済全体の利益のためにも、同交渉に西ドイツを参加させることを望んでいた。[15] これは、シューマン・プラン以前にすでに、西ドイツを含めた新しいヨーロッパ秩序の構築が必要とされていたことを示していたと言えよう。

第二節　農業市場統合構想の始動――欧州審議会勧告からマエストラッチ構想へ

欧州審議会による価格保証勧告

欧州審議会において経済統合の議論が始まったのもこのころだった。四九年九月初頭に開かれた欧州審議会総会において、イギリスのエクレス(Robert Eccles)が経済問題の検討にかかわる報告書を提出した(Noël 1999, 78)。北米からの輸入に依存している西欧の食糧事情を改善する必要があることを訴えたこの報告書は、完全雇用と生活レベルの向上という二つの目標を掲げた。エクレスはＯＥＥＣ枠内での経済同盟の設立が遅れており、その代替的主導権を欧州審議会が取るためにも、全般的な経済問題の検討が必要だとして、財政・通貨、通商・工業、農業・食糧の三つの下部委員会を設立して、西欧の経済的統一を進めることを主張した。[16] このエクレス案の議論の際、同じイギリスの代議士リー(Frederik Lee)が保障市場の拡大・発展の文言を勧告書に含める修正案を提案した。というのも、リーが主張するには、特恵関税と保障市場(marché garantis / guaranteed market)の存在こそが農業生産を後押しする手段であり、農業生産の向上は、日常的食糧供給が低レベルにとどまるヨーロッパにとって直ちに取り組まなければならない事柄だったからである。[17] このリーによる修正案は総会にて採択されるが、ここでの保障市場の定義は、特恵関税と並列的に語られるような、域内特恵関税に近い内容だった。[18]

この欧州審議会による勧告書は、四九年一一月一九日の総会において最終案として採択された。そして直ちに欧州審議会事務局長を通じてＯＥＥＣ事務局長マルジョラン(Robert Marjolin, 1911-1986)に、ＯＥＥＣ内での検討を求めて送付された。[19] そこでＯＥＥＣでは、欧州審議会提案を幾つかの下部委員会に分けて検討したが、そこでの結論は、保障市場が農業生産の向上に刺激となることを認めるも、自由流通の加速化政策と共存しないことを問題視して、その市場をどのように制度化するのかという点について一切言及しなかった。[20] ようするにＯＥＥＣは、農業生産の向上のためにヨーロッパ統合的な手段を取ることに反対したのである。

マエストラッチ構想

このＯＥＥＣによる欧州審議会提案への検討において、ＯＥＥＣの限界を認識し、農業統合に向けた具体的な制度案を構想したのがフランス農相官房長のマエストラッチ(Pierre Maestracci)だった(Noël 1999, 81-82)。マエストラッチは、四七年から五一年という萌芽的農業統合構想が議論された時期にあって、フリムランとヴァライ(Gabriel Valay, 1905-1978)という二人の農相の官房長を務めた官僚だった。[21] マエストラッチは、ＯＥＥＣの欧州審議会への最終返答において、農業生産向上を目的とする保障市場システムについて具体的な制度設計には踏み込まないことがほぼ明らかになったことを受け、ＯＥＥＣの対応を暗に批判した。[22] そして、独自に保障市場を制度化する計画に着手するのである。

フランス農業省対外関係局は、このマエストラッチの計画を受けて一九五〇年二月初頭(すなわちシューマン・プラン作成前)に、農業統合に関するより具体的な覚書を作成する。[23] その覚書は、当初問題視された食糧生産不足から引き起こされる問題ではなく、むしろ生産過剰から引き起こされる問題を念頭に置いて、農業統合を設計しようと試みたものだった。具体的には、第一に、ドル・ギャップ解消のために強い通貨によって農産品購買をどのように促進するかということ、第二に、食糧生産が過剰となった国家に対して販路を利益可能な価格でどのように確保するかということであった。[24] 具体的な制度として構想されたのは、第二の価格保証市場に関する点であった。というのも、価格保証を実現するためには、すでにセペードの草案に描かれたように、域内・域外において市場参加国による統一的な政策を遂行する必要があり、そのためにはＯＥＥＣではない新しい組織が必要になるからである。域内においては、主要産品に対し価格保証を行うこと、域内における農産品の在庫管理を一元化すること、域内生産者間および域内と域外生産者間の競争を可能とすることが挙げられた。他方で域外に対しては、域外輸出を一元化するために、「ヨーロッパ農業輸出共同体（pool européen d'exportation）」を設立することが検討課題であるとされた[25]。

このような価格保証は「国家もしくは国家に類似する組織」による買い上げによって実現されるものとされ、そのためには、価格を統一し在庫を一定にする必要が指摘された[26]。しかしこのような施策は、ＯＥＥＣが当時行おうとしていた自由主義的政策と真っ向から対立するものだった。というのも、価格統一と在庫管理を実行するためには、介入主義的な経済政策、輸入割当量の実施、関税保護、生産補助金、輸出奨励金といった政策が適合的だったからである。

このようなマエストラッチ構想は、農業生産高の向上を前提として、国内需要量よりも過剰となる農業生産をどのように消費に結びつけるかというフランス農業政策上の問題関心と、ヨーロッパにおける一体的な政治経済的な共同体をいかにして構築するかというヨーロッパ統合上の問題関心とが融合して成立したものだった。紙幅の都合上詳しく論じることができないが、この農業生産の向上という政策方針は、グリフィスおよびティーマイヤーが指摘するように、四八年に策定されたフランス計画庁の農業生産向上計画に端を発するものだった（Griffiths & Milward 1986, 4-6; Thiemeyer 1999, 35）。

マエストラッチの構想は、ＯＥＥＣの自由貿易化路線を明白に批判し、農業統合に対し価格に対する国家介入による市場管理を基本とした統合案だった。シューマン宣言が発表されてから本格化するフリムラン・プランの骨子は、マエストラッチ構想のなかに見いだすことができる。さらに、価格管理を市場介入的に行うこと、域内生産に好意的な共同体特恵を実施すること、という二点は、後に実現される共通農業政策の基本枠組みそのものと言ってよい。ただしマエストラッチの構想では、価格管理に不可欠な統一価格政策をどのような組織が実施するのかという点について言及しておらず、制度設計としては具体性を欠いた曖昧なものだった。それに突破口を与えたのが、シューマン宣言だった。

第三節　フランス政府による農業統合の着手――フリムラン・プランの生成と提示

フリムラン・プランの生成

一九五〇年五月九日のシューマン宣言、すなわちフランス外相シューマン(Robert Schuman, 1886-1963)によって発表された石炭鉄鋼の共有計画は、農業省内で企画されていた農業統合構想を政府案として対外的に発表するきっかけとなるものだった。その先駆けは、シューマン宣言から約一カ月後の六月六日に、農相ヴァライがシューマンに送った書簡からうかがえる。[27] 同書簡においてヴァライは、独仏間の経済関係の転回を謳うシューマン宣言の実施が、フランス農産物が西ドイツに豊かな販路を確保する絶好の機会であるべきだと訴えた。そのような販路の確保こそが、フランス農業の生産性拡大を可能にするからである。そのためには、生産に関する組織化、市場、農産品取引の三点に関する基本方針を検討することとされた。この提案が国益に適うという正当化を行いながら、農業分野に関するヨーロッパ大の経済統合の実現にフランスがイニシアティブを取ることを、ヴァライは提案したのである。この論点は、農業統合が独仏の政治的和解にも資する構想であるというアピールにもつながるものだった。

ヴァライはさらに同月一五日の閣議において、フランス政府がヨーロッパ農業統合に向けたイニシアティブを取ることを提案する。[28] ヴァライはその場において、農業の生産向上と域内自由流通の促進を進めていたOEECの手法を批判し、OEECの目的をより効率的に達成するために、またフランスの農業生産高の向上に伴う価格保証と販路の確保という目的を達成するために、ヨーロッパ大の農業市場の統一が必要であることを訴えた。そのうえで、各国の経済政策の調和化や市場の規制を実施し、段階的に連合(Union)へと至るための共通の高等機関の設立を提案したのである。

ヴァライの提案から半月後の七月二日、フリムランはふたたび農相に復帰した。ここに、フランス政府が農業統合に向けて突き進む号令が開始された。というのも、実質的に構想の起草者であるマエストラッチが引き続き農相官房長を務めたこと[29]、また農相復帰以前よりフリムラン自身が農業統合に向けて積極的な態度を取っていたからである[30]。これ以降、フリムランとマエストラッチの両者は、農業統合の牽引者となっていく。

さっそくフリムランは七月二八日に農業統合に向けて幹部級官僚会合を開催する。ここで議論されたのは、統合対象となる産品と参加国をどのように選ぶかについてだった[31]。最初に議論された産品は、小麦・ワイン・砂糖・乳製品(バター)だったが、それが選ばれた理由としては小麦についてフランスにおける主力産品であることに加え、在庫管理が容易な農産品からであった。またこの段階での議論では、イギリスの加盟が望ましいとされた。

フリムランは八月にふたたび農業統合の実現にむけた具体的な取り組みを政府として行うことを主張した。ここでフリムランは、上記と同じ四つの産品についての市場設立を検討し始めること、また市場を管理する機構の権限について、在庫管理を通した流通の確保と供給の安定を行うこと、加盟国全体の輸出入を管理すること、共同市場への移行期間中に発生する経済問題に対処することを提案した[32]。実のところこの「ヨーロッパ機構」をどのような機構として設立するのかについては、事前協議を進めている省庁間でも意見は一致していなかった。特に計画庁は機構そのものの必要性を疑問視し、多角的な通商協定で十分と考えていた。そのため、この時点では、機構の設立は必要という点での合意にとどまった[33]。

フリムラン提案の具体化

しかし同年九月五日の閣議において、農業統合に向けたイニシアティブを開始するために、フリムランが提案した四つの農産品についてヨーロッパ大の共同市場の形成を具体的に検討することが合意された[34]。この四つの農産品の市場化について、立ち上げられた四つの下部委員会において議論され、報告書が作成された。この報告書に関して、一〇月二五日にフリムランは職業団体の代表を交えた会議を開催して、その了承を求めた。それまでOEECの枠組みで進められていた自由貿易の促進に代わる新しい西欧域内での農業政策の登場に、農業団体の態度は一枚岩ではなかった。一方でCEAとFIPAはフリムランの構想に賛同したが、ただしこれは従来のOEECが進めていた自由貿易の加速化に反対する性質が強かった[35]。他方で、FNSEAの態度はやや慎重であり、下部委員会の議論の原則賛成にとどまった。しかし、表立った反対ではなかったことで、フリムランの構想は職業団体からのゴーサインを得ることができた。

統合構想が対外的に公式に提案される前にフリムランが農業団体の代表者を交えた会合を開き、農業統合の基本的方向性について了承を得ようとしたことは、農業統合の一つの特質を表している。というのも、農業統合が同時期に先行する石炭鉄鋼領域とは異なる理由として、それに所属する職業的組織の数の違いが指摘されていた[36]。すなわち、石炭鉄鋼セクターで活動する企業の数は、どの国においても百の単位にとどまるのに対し、農業セクターにおいては、当時は小規模農業が多かったこともあり、万単位の企業(自営業を含む)が活動しているとされた。そのようなきわめて多数の農民・食糧関係企業に対して影響が出る農業統合を推進するためには、それらを束ねる労組や職業団体からの了解が不可欠だったのである。

四つの産品を共同市場化するという農業統合に関する基本的方向性について閣議での了承と職業団体からの了解を得たこの一〇月二五日以降、フリムランは具体的提案の作成に入っていく。議論を開始するにあたってフリムランが提示した農業統合の目的は次の三つだった。①価格保証と十分な栄養水準の発展を確保しながら加盟国の農産物生産の発展を確かなものにすること、②一般的な生活水準の向上と参加国農業の競争力を強化するために技術発展と生産性の合理化を促進すること、③西欧の政治・経済統合に寄与すること[37]、である。

この目的を達成するためには、共通資源の活用と在庫管理、輸出入の一元化および生産・投資計画の調和化を実行する必要があった[38]。なぜなら、共同体内の各国で特定産品の生産が不足する場合、共同体全体の量を管理することで共同体内での再分配を行う必要があるからである。他方で生産が過剰となる場合、域外輸出に向けた諸国間の調整と消費および在庫管理を行うこととなる。また輸出入政策を共同体で一元化することで、域内の農産品の総量を管理することができるからである。

フリムランによれば、このような市場化手法を実現するためには、関税障壁と物量制限を完全に撤廃する必要があった。このような貿易自由化を実現するためには、各国市場における競争条件も同一でなければならない。このような競争条件の実現のためには、参加国間の価格を異ならせている人工的な要因を排除し、財政および社会負担を調和化し[39]、交通料金体系を一本化し、対外関税を統一化し、市場の組織化メカニズムを統一化もしくは協調する必要があった。そして農産品毎に共同市場化された共同体の管理組織は、以下のような機能を果たすべきだとされた[40]。

・過剰国からの輸出と不足国間への再配分への取り組み
・グループ国家間の通商に適用される価格の固定化
・価格の安定と共同体全体の市場の均衡を可能とする共同輸出組織と在庫管理

これらの機能を果たすことで、共同体への参加国は、特定産品が不足しても共同体全体の農業政策によって十分な農産品を確保することができ、そのような販路の確保によって共同体内の農家は安心して生産に取り組むことができる。こうして、共同体全体の農産物の生産性が向上することが期待されたのである。

このようなフリムランによるヨーロッパ農業市場化構想は、後にローマ条約で登場する共同市場の考えにきわめて近い。さらに興味深いのは、マエストラッチからフリムランを経た議論が発展するなかで、農業統合の実現に向けて以下の三つの論点が立体的に絡み合っていったことである。第一に農業統合における共有資源の共同管理の実現、第二に農産品に対する価格保証の実現、第三に農業統合は農業だけにかかわるものではなく、広く経済全般の調和化を必要とする点である。特に一点目と二点目はマエストラッチから受け継がれたものだが、三点目は具体的な提案となった際に登場した論点であった。他方で、後年の農業統合論と比べてフリムラン提案に固有のものとして指摘できるのは、共同資源の管理手法として在庫管理を重視している点と農業統合の目的として生産性の向上を重視している点である。このような変化の裏側には、農業統合において一貫している資源の域内再分配をどのように具体的に実行するのかという手法が、当初は在庫管理として認識されていたがその後価格支持という方式に転換したことに加え、戦後復興期における農業生産の向上の重要性という時代的背景があった。

これ以降の五〇年後半における農業統合に向けた具体的な論点は、①農業統合交渉への招待国の範囲、②四つの産品毎の高等機関の制度設計、③同じく高等機関の持つ権能、の三つとなった。交渉への招待国の範囲については、フリムランは当初、シューマン・プランの六カ国での枠組みを重要視しており、農業交渉の相手国を六カ国から拡大することには慎重な姿勢だった(41)。どの国を農業統合に組み込むのかという問題は、単純な経済的利害にとどまらないきわめて重要な問題であった。その範囲には幾つかのオプションが考えられた。第一には六カ国のみ、第二には六カ国にイギリスと北欧諸国を加えたもの、第三にはOEEC加盟国、第四には欧州審議会加盟国である(42)。このうち、第三のオプションについては、フリムラン提案が反OEEC的な農業共同市場化構想という点から見て実際的ではなかった。第二のオプションは、招待国をどのような基準で選んでいるのかについて説得的ではなかった。しかし、販路の確保から見ればイギリスの加盟が、乳製品の確保としてはデンマークの加盟が、また安い原料の確保という面から見れば、ワイン市場への地中海諸国の加盟がそれぞれ望まれた(43)。つまり、経済的な観点から見れば六カ国よりも拡大した枠組みが望ましいが、政治的な観点から見れば先行するシューマン・プランを側面から支援するという意味でも六カ国の枠組みが望まれたのである。このように、招待国をどう選ぶのかは、石炭鉄鋼共同体の試みとどのように関連するのかという問題と深くかかわると同時に、設立しようとする農業共同体の性格づけそのものにかかわる問題だった。

他方で制度的な側面に関して言えば、フリムランの構想では、石炭鉄鋼共同体を模して超国家的な高等機関が設立されることが原則として打ち立てられた。しかし後のヨーロッパ交渉でも問題になるように、この原則は共同体の根幹にかかわる問題だったにもかかわらず、この時点ではその内容に曖昧さがぬぐい切れなかった。というのも、フリムランが当初考えていたのは、産品別に高等機関を組織し、その高等機関が各農産品の共同市場を管理するというものだった(44)。しかし、産品毎に高等機関を設立することが可能なのは、四つという少数の農産品のみしか共同市場化しないからだった。フリムラン、マエストラッチ自身、この四つの共同市場を設立した後、どうやってその他の農業共同体を発展させていくのかについては、何ら具体的な提案を行わなかった。しかしフランス政府内でも、計画庁のユリ(Pierre Uri, 1911-1992)は、共同市場化する農産品は四つにとどまらず、農業一般の共同市場の構築が求められることを予想していた(45)。すべての農産品が共同市場化するとき、それを管理する高等機関はどのような形態を取り、どのような権限を握るのか。共同市場化する産品の種類と組織化の種類は、強く結びついていたのである。

翌一九五一年三月二九日、フランスは、欧州審議会の事務局を通じて、欧州審議会の全加盟国とその他三カ国を対象とする一七カ国(46)に覚書を送付し、農業統合の着手にヨーロッパ大の政府間交渉を開始することを提案した(47)。これがいわゆるフリムラン・プランと知られる農業統合に向けたイニシアティブの開始であった。この覚書においてフランス政府は、ヨーロッパ農業共同体を石炭鉄鋼共同体と同様の組織形態として確立すること、すなわち農業版の高等機関、閣僚委員会、司法裁判所を設置し、小麦・ワイン・砂糖・乳製品の四つの農産品に関する共同市場の設立を目指すことを提案したのである。

こうしてフランス政府は石炭鉄鋼に続く超国家的な統合に乗り出すことになった。その経済的な射程は、イギリスを含む一六カ国の「大ヨーロッパ」に一つの農業共同体を設立するという意味で、きわめて野心的なものだった。しかし、農業統合の実現に向けた障害を乗り越えるためには、農業統合は政治的な思惑とは中立的であることを強調したほうが得策だった(48)。すなわち、役割のバッティングが危惧されたシューマン・プランとの関係において、政治的なプロジェクトとしてのヨーロッパ統合の役割はシューマン・プランに任せ、フリムラン・プランは経済的なプロジェクトとして相互補完的にヨーロッパ統合を推し進めようとしたのである(49)。

第四節　予定されていた失敗――プールヴェール交渉の開始(交渉前半一九五一―一九五二年)

フリムラン・プランへの疑義

実のところフリムラン・プランには、フランス政府内にきわめて強い反対者がいた。シューマン・プランの生みの親であるモネ(Jean Monnet, 1888-1979)である。モネはフリムランから農業統合のイニシアティブの開始を通知されるやいなや、強い調子でイニシアティブの取り下げを迫った(50)。モネは、石炭鉄鋼の統合推進ですら細い丸木橋をわたっているような現実から、共同体の加盟国と対象領域をいたずらに増やすことには反対だったのである。フリムランは、農業統合計画があくまでも超国家的統合の推進を支援する構想であることを理由に、モネの圧力を突っぱねた(51)。モネの側近のユリは、フリムランに同調し、石炭鉄鋼の統合の成功が農業統合を可能にすると考えた(52)。後に農業統合の特有の問題が明らかになるにつれこのような楽観論は影をひそめるが、この時点での石炭鉄鋼から農業への統合領域拡大を当然視するのは非常に典型的な機能主義的発想と言えるだろう。そこでモネは、農業統合の計画を石炭鉄鋼と全く同様に組織化することを逆に提案する。すなわち、農業統合の加盟国は六カ国にとどめること、石炭鉄鋼共同体における高等機関と同様の超国家的な管理組織によって率いられる農業共同体の設立条約草案を交渉の最初から提示することだった[53]。超国家的機構の設立を農業統合の実現の原則ではなく前提として最初から提示しなければ、原則は骨抜きになり、超国家的なものとしては誕生しないというのがモネの主張だった。動かすことができない前提として、加盟国から決定権を委託される超国家的組織の既成事実化こそが、まさに「事実の積み重ね solidarité de fait」(シューマン宣言)でしか統合は推進できないと主唱したモネの手法だった。

モネの反対は、農業共同体が先行する石炭鉄鋼共同体とどのようにかかわるのかという点にあったが、似たような理由からフランス政府内でフリムラン・プランに懐疑的だったのは外務省だった。外務省は、農業共同体とOEECとの関係を疑問視した。農業統合は石炭鉄鋼統合以上に域外諸国との通商問題が重要であり、欧州域内の農産物通商をヨーロッパ組織が一元的に管理することの現実的困難さとOEECの権能とのバッティングから、フリムランの提案を評価しなかった[54]。ECAの高官は仏外務省にフリムラン提案を「中身のない貝殻」と評したが、これは農業統合構想の現実味の薄さとそれが含意する対外的に防御的な性格を鋭く表していた[55]。

さらにフリムラン直後の後任だったアンティエ(Paul Antier, 1905-1996)は、生産力向上と欧州域内における農産物取引の増加のためには農業共同体の構築よりもOEECの枠組み内での関税障壁の引き下げを推進するべきだと考えていた[56]。このように、フリムラン提案は決してフランス政府内で堅固な支持を得ていた構想ではなかった。農業統合構想は、フリムランの粘り強い推進とそれを支えるマエストラッチやセペードといった農業省内における親欧派官僚の支持があって初めて可能だったのである。

その意味で、フリムランが農業統合に向けた政府覚書をヨーロッパ諸国に提示するものの、その統合に向けたヨーロッパ会議が始まる前の五一年八月に、政権交代に伴って農相から海外相へ転任したことは、農業交渉の大きな転換点となるものだった。マエストラッチという土台のうえにフリムランのヨーロッパ主義が開花した農業統合構想は、一転先行き不透明なものとなったのである。それは、フリムランの後任に、フランス農業の利益代表の色が強いロランス（Camille Laurens, 1906-1979）が農相に就任したからだった。オーヴェルジュ地方の農家生まれで独立農民党に所属していたロランスは、計画局の農業生産向上に親和的なフリムランの農業政策よりも、小規模農業の近代化と生活レベルの向上の具体的な実施策に、より関心を持っていた[57]。ロランスは、農業統合の発想そのものに反対していたわけでは決してないが、その推進に際して農業団体の利益をより反映する政策を主張した。特にロランスは、始めから農業交渉へのイギリスの参加を主張しており、シューマン・プランの貫徹による超国家的統合の推進には関心が低かった[58]。

マンスホルトのオランダ

このように、フリムラン後迷走し始めるフランスとは裏腹に、一貫してプールヴェール交渉で農業共同体の成立を目指していたのがマンスホルト（Sicco Mansholt, 1908-1995）農相率いるオランダだった。オランダ北部の農家に生まれ、大学に進まずに農園経営の夢を抱いて戦間期のジャワに渡るものの得るものもなく帰国、しかし第二次大戦中のレジスタンス活動への参加を機に政治の道に足を踏み入れたマンスホルトは、シューマン宣言を聞くやいなやオランダ農業省内での農業統合の検討に着手した（Griffiths & Guirao 1995: 7）。オランダは西欧での有数の農業国であり、農産品輸出が国家経済の多くを占めていたことから、自由貿易の加速化を支持していた国だった。他方で、実のところオランダ農業省ではすでに、一九四九年よりヨーロッパ統合と農業問題を検討する委員会が結成されており、西欧大の経済統合の着手が進言されていた（Vermeulen 1989: 52-53）。この報告書は、農業統合の実現には共通関税、社会負担の相違の解消、労働者および資本の自由移動など、単なる域内自由流通の実現にとどまらない積極的な措置が必要であることを指摘していた。またマンスホルト自身は、四九年には農民の所得維持のために小麦のような基幹食物には価格保証を行うことを提案していた（Marriënboer 2009: 186）。

マンスホルトは五〇年五月一二日には、イギリスやデンマークを含めた西欧諸国の関税同盟をもとにした農業統合の可能性について検討するように指示をしており、翌六月から七月にかけて、全般的な農業市場の形成と超国家的なヨーロッパ組織による価格保証機能を骨子とする農業統合構想を側近とのあいだで練り上げた（Vermeulen 1989: 58-66）。このオランダ構想は、同年一一月にマンスホルトが国内での講演において語ることで対外的に発表された(59)。オランダがフランスに次ぐ農業統合の推進国として名乗り出たのである。しかし実のところオランダは、農業統合のイニシアティブをフランスに奪われて焦っていた(60)。それゆえ、五一年一月にマンスホルトはセペードと会談した際に、仏蘭共同覚書のかたちでともに農業統合を進めていくことを提案した(61)。しかしフランスは、プールヴェールに向けた招待提案を単独で発表することで、農業統合のイニシアティブをオランダにはわたさなかった。マンスホルトは仕方がなく五一年四月にオランダ単独提案のかたちで覚書を正式にヨーロッパ諸国に提案するものの(62)、その後も常にフランスとの共同歩調を取ることで、オランダにとってより望ましい農業統合の実現を進めようとしたのである。

しかし、準備会合の開催を前にして、この二国には深刻な対立があった。第一にはＥＣＳＣの六カ国とプールヴェールとの関係である。具体的には、イギリスおよび北欧・地中海諸国の加盟をどのように扱うか、事前会談によって六カ国の見解をあらかじめ一致させておくべきか、という問題があった。フリムラン・プランがそもそも欧州審議会の加盟国プラスアルファの国家に提示され、そしてロランスが明確にイギリスの加盟を望んだように、フランスは可能な限り広く加盟国を募り、石炭鉄鋼共同体とは並存しつつも制度的には独立した——欧州審議会と同様の——農業共同体の構築を目指した。第二には、統合すべき農産品の種類である。フランスが一貫して限定された産品による統合から出発しようとしたのに対し、オランダは一貫して農産物全般の農業統合を望んだ。第三に、超国家的統合をめぐる皮肉な温度差である。そもそも石炭鉄鋼共同体に模した超国家的統合を農業分野で行うというのがフリムラン・プランの骨子だったにもかかわらず、フリムランの退任以降、フランス農業省内では超国家的統合を積極的に推進する姿勢が薄れていった。他方でマンスホルトは一貫して超国家的統合を擁護し、これを推進する姿勢を崩さなかった。端的に言って、オランダとフランスとのあいだには、農業統合を行うという原則的な合意以外、およそ具体案に関して一切の合意がなかったのである。

一九五二年の準備会談

五一年のフランス政府覚書を受けて、五二年三月に準備的な閣僚級会談が開催されることが予定されていた。これは、フリムランの提案以降初めて具体化した農業に関するヨーロッパ大の政府間交渉だった。この五二年三月の準備会合の特徴は、会議に閣僚や関係する省庁の官僚だけでなく、各国の農業団体の代表も参加することだった。これは、農業統合の実現によって多数の農民と食品関係企業に影響が及ぶことから、最初から農業交渉に職業団体の代表を組み込んだのである。西ドイツに至っては、交渉団の代表を西ドイツ最大の農民団体代表が務めることになっていた。

ところが五二年の準備会合において、すでに当初のフリムラン・プランの成立は黄信号が点っていた。まず、フランス政府覚書にあった超国家的統合という原則について、多くの国家が反対もしくは態度の保留を表明したからである。会議に参加した一五カ国(63)のうち超国家的統合原則に明示的な賛成を表明したのは、フランス・オランダ・ルクセンブルク・オーストリア・ギリシャ・トルコの六カ国に過ぎなかった。明示的な反対を表明したのはイギリス・スウェーデン・デンマーク・アイルランド・スイス・ノルウェーの六カ国であり(64)、これに加えて西独・ベルギー・イタリアは態度を保留することで実質的に農業分野における超国家的統合に反対したのである(65)。特にイギリスおよびスウェーデンは、農業共同体を設立するならば「アソシエーショナル」な組織とすることを主張し、設立される欧州組織に加盟国政府を拘束するような何らかの決定権限を移譲するならば、農業共同体には加盟しないことを明言した。

五二年の準備会合においてすでに点っていた黄信号は、それだけではない。さらに重要なのは、フランス政府が超国家的統合手法を農業統合構想の主軸から実は外していたことである。というのも、この準備会合においてフランスは再度覚書を提出するのだが、その趣旨は、農産品の共同市場化に向けた技術的な枠組みづくりをプールヴェール交渉は行うべきであるというものだった。[66] つまり、超国家的制度を打ち立てて農業統合を進めるという趣旨から、農産物の共同市場化に向けて必要であれば超国家的機構が適切な権能を持つことができるという趣旨へ、超国家的統合を推進するための農業統合というロジックは秘かに後退したのである。むろんそのような後退を、超国家的統合に明確に反対する諸国に対する妥協であり、まず技術的な共同市場化の手法を議論する枠組みづくりを優先したと解釈することもできよう。いずれにせよモネの忠告通り、農業共同体における原則のはずだった超国家的統合手法は、後で見るように、やがて消滅するのである。

この準備会議を締めくくるにあたり、各国の農業政策専門家（主として各国農業省の高官）・職業団体によって構成される準備的ワーキング・パーティ（Groupe de Travail Interimaire / Preparatory Working Party）を設置し、農業統合の実現に向けた具体的な検討作業をこのワーキングパーティに委任することが合意された。同年五月にパリにおいて準備的ワーキング・パーティの最初の会合が開かれ、この場で三つのサブコミッティーが設置されることになった。[67] 農産品・食料品全般を検討するのが仏農業省対外局局長ラボ（Louis Rabot）を委員長とする第一サブコミッティー、特定農産品の生産条件を検討するのが蘭農業省国際機構局局長ファンデルリー（Jacob Van der Lee, 1918-1992）を委員長とする第二サブコミッティー、農業統合の制度的問題を検討するのが、イタリアのパピ（Ugo Papi）が委員長を務める第三サブコミッティーであった。これら三つのサブコミッティーは、同年六月から一二月にかけて会合を重ね、それぞれ一〇〇頁を超す報告書を同年一二月の中旬から下旬にかけて相次いで完成させた。

とはいえ、このサブコミッティーによる報告書の完成は、プールヴェール交渉に付きまとっていた根本的問題を解決したわけではなかった。それは、交渉において対立軸が複数あり、その対立国が二分していなかったこと、そしてより深刻だったのはそのような錯綜した対立軸は交渉を主導する立場にあった仏蘭二カ国において最も見うけられたことだった（表1参照）。複数ある対立軸とは、先に述べたように、共同体機構の性格（超国家的か否か）、メンバーシップ（六カ国か否か）、共同体化する農産品の種類（四種類か全般的か）の三つである。プールヴェール交渉は開始したものの、その実現にはきわめて高いハードルが掛かっていた。

表1　プールヴェール交渉をめぐる仏蘭の対立軸

	超国家性	メンバーシップ	産品
フリムラン	必要（ECSC 的）	16 カ国	限定的
ロランス	不要（政府間的）	16 カ国	限定的
モネ	必要（ECSC 的）	6 カ国	限定的
マンスホルト	必要（ECSC 的）	6 カ国	全面的
ベイエン	必要（関税同盟的）	6 カ国	全面的

農業共同体の国際的位置づけ

これら農業統合が実現する農業共同体は、国際秩序のなかにはどのように位置づけられるものだったのだろうか。農業共同体に関する議論は、強い経済的志向性のため、その国際的な位置づけについてそれほど多くの議論がなされているわけではない。しかし、農業統合と冷戦との関係については、農業統合は明確に第三勢力的な志向性を含意していた。例えばフリムラン・プランを内部で議論していた五一年から五二年にかけて、分断されたドイツが再統一された場合の農業統合の問題が簡単にだが議論の俎上に載せられた。もしドイツが再統一された場合、東ドイツ領内は農地として戦時中開拓された場所も多く、再統一ドイツの農業生産量は向上することが予想された。興味深いのは、再統一がされた場合であっても農業共同体は変わらず機能するとされ、ドイツの生産量の変動によって農業高等機関は必要な措置を講ずる権限が授けられる必要があると議論されたことである[68]。これは、ドイツ再統一という国際政治上のインパクトにかかわらず、農業統合を追求しようとする姿勢の表れだった。しかしながら同時に、この時期の統合構想には、アメリカから何らかの支持を引き出そうとするための正当化論理が付きまとっており、それは農業統合においても同様だった。

マンスホルトは、農業統合はＮＡＴＯともリンクしており、ＮＡＴＯ軍を養う超国家的な食糧供給が必要だと主張し、国際政治的な含意として冷戦を戦う西側の食糧基地の役割を果たすことができるとした[69]。これは、アウタルキー的発想から出発した農業統合構想にアメリカの支持を得るための正当化論理に他ならなかった。

より直截な表明は、プールヴェール交渉が破綻間近だった五四年に、オランダ農業省において交渉を仕切っていたファンデルリーに対してフランス農業省が送付した書簡でなされている。この書簡によれば、農業統合は米ソという超大国に挟まれた中級国家が寄り添って対抗するための方策である[70]。後年、実際に共通農業政策が成立し実施された時、問題となったのはアメリカとの貿易摩擦だった。そもそも広域関税同盟として成立したＥＥＣを西側の自由貿易体制の枠組みに当てはめるためにＧＡＴＴでのラウンドが開始されたのであり、ラウンド交渉の最中に発生した鶏肉をめぐる米欧間の摩擦は「チキン戦争」とさえ呼ばれたのである、チキン戦争の背景は、共通農業政策の実施に伴う欧州域内での鶏肉生産量の増加と欧州単位での保護政策の存在であった。これは、共通農業政策が欧州単位でアメリカの農産品貿易に対抗し、欧州レベルで自陣の農産品を保護することを意味していた。この意味でまさに農業統合の対外的含意はアメリカへの対抗にあり、冷戦のなかでの欧州の保全を意識したものだった。

第五節　プールヴェール交渉の頓挫——転換から終焉、そして復活へ（交渉後半一九五二―一九五四年）

ベイエン・プランの登場

五二年後半、三つのサブコミッティーにおいて、農業統合に向けた各国農業政策の比較検討と各種専門家による多角的交渉が開始した。この報告書をもとにして、五三年三月には前年度の準備的閣僚会議をブラッシュ・

アップさせた、農業共同体の設立に向けた閣僚級会談が予定されていた。このサブコミッティーの議論と並行して、この時期に起こった欧州統合をめぐる動きのなかから、農業統合交渉に新しい転機が訪れた。一九五二年一一月にオランダ外相ベイエン(Jan Willem Beyen, 1897–1976)が提案した欧州政治共同体枠内での共同市場設立構想、いわゆるベイエン・プランの登場である。

ベイエン・プランとは、同五二年九月に石炭鉄鋼共同体の六カ国で採択された政治共同体の設立を加速化させることを意図したルクセンブルク決議を受けて、ヨーロッパ大の共同市場の構築という全面的な経済統合の実現を政治統合のなかの議事日程に入れようとした構想だった(71)。ベイエンの構想において追求される全般的経済統合は、農業を含む経済全般の統合を意味していた。たしかにグリフィスが指摘するように、ベイエン・プランは広域自由貿易圏の構築を目指す長期的なオランダの対外経済政策のトレンドのなかから生まれたものだったが(Griffiths 1985)、それに加えて、六カ国枠組みとしての農業統合の実現を目指すなかで登場した戦術でもあった。

ベイエン・プランが登場したことで、農業交渉のアジェンダとして、一六カ国による全体会議の前に六カ国での事前会談の実施とそれに伴う六カ国の共同歩調を実現させることを、オランダは強力に主張し始めることとなる。すなわち、プールヴェール交渉の名目上の独自の地位を捨て、ＥＣＳＣ六カ国の枠組みでの統合進展の文脈に農業統合を位置づけることで、農業統合の実現をシューマン・プランに連なる統合路線のなかに組み込もうとしたのである。

他方でマンスホルトは、デンマークとイギリスという、六カ国以外の西欧諸国のうち、オランダにとって最も農業共同体への参加が望ましい国についてもアプローチを重ねた。マンスホルトは、五三年三月の第一回全体会議の開始を前にして、六カ国による共同歩調の実現と同時にイギリス・デンマークへの説得を行うために、同年一月上旬にベルギー・西ドイツ・デンマーク・イギリスの四カ国を集中的に回る。ここで明らかになったのは、マンスホルトがベイエンの構想を進めることの矛盾である。すなわち、六カ国による政治的共同体を構築するために必要な経済的単位＝共同市場を創出するというベイエン・プランにおいては、農業分野は共同市場のなかの二次的な領域でしかない[72]。他方で、農業市場の効率性とオランダ農業の利益を考えれば、六カ国だけにとどまらない「大ヨーロッパ」の構築が実のところ望ましい。後者はともかく、前者の問題は農業統合の目的そのものを修正するものだった。

六カ国の一員であるベルギーと西ドイツは、オランダの働き掛けに対して正反対に反応した。マンスホルトと会談したアデナウアー西独首相(Konrad Adenauer, 1876-1967)は、ルクセンブルク決議からベイエン・プランに至る六カ国枠組みでの政治統合の推進に賛成であることを表明した[73]。とはいえ西ドイツでは、首相・外相レベルでは政治的含意から農業統合に肯定的だったのに対し、プールヴェール交渉の西独交渉団代表でもある西独農業組合は、ベルギーの農業団体と国境横断的に反プールヴェール戦線を組んでいた[74]。六カ国内で最もプールヴェールに否定的だったベルギーの態度も変わらなかった[75]。この職業団体からの反対は、プールヴェール交渉を挫折に導いた一つの主因でもあった(Thiemeyer 2009)。もはやこの頃には、プールヴェール交渉の構図は、統合推進を主導しようとするオランダとそれ以外の気乗りしない他国、という様相を呈していた。

フランス政府方針の転換

しかし、プールヴェール交渉の行く末を決定的に定めたのは、同交渉を主導していたはずのフランス政府の方針が、この五二年から五三年にかけて一八〇度近く転換したことだった。一言でいえばフランスは、ヨーロッパ統合ではなく、政府間協定による農業政策の国際協調を行う方針に転換したのである。その理由はフランスの海外領土(その多くは旧植民地である)をめぐる問題だった(フランスおよびヨーロッパ統合と旧植民地との関係については第四章を参照)。もとよりフランスの海外領土をヨーロッパの農業市場のなかにどのように組み入れるかという問題は、最初から議論の俎上に載せられていた。フリムランは、当初この問題についてかなり楽観的だった。五〇年においては、この問題は瑣末な問題としてしか認識されなかったのである。その後も海外領土の問題は繰り返し議論のなかに登場するが、五一年までは海外領土を単純に農業共同体に組み込むかもしくは排除する楽観的な考えが優勢だった。とはいえ五二年の準備会議以降、フランス政府はこの問題に正面から検討することを避けていた。

だが五三年二月の閣議において、フランス連合と農業共同体をめぐる楽観論は決定的に封じ込められた。フランス連合と農業共同体との関係において、ヨーロッパ農業共同市場の設立の結果フランス本土と海外領土との従来的な関係が破綻するのであれば、ヨーロッパの農業共同体を設立すべきではないこと、価格や供給の安定化といった農業統合によって実現すべき目的は、農業共同市場を設立するのではなく政府間での農産品通商協約を結んで対処することが、閣議で合意されたのである(76)。

そもそもフランス連合とヨーロッパ統合との関係は、フランスが従来的な特恵的関係を維持することを望む以上、共同体に加盟する国はフランスの海外領土への工業製品の自由なアクセスを当然に要求することが考えられた。だとするならば、海外領土とヨーロッパ統合の問題は、フランスとヨーロッパ諸国との関係を深く規定する問題なのであり、これは農業だけの視点から解決できる問題ではなかった(77)。この閣議決定を受けて、フランス政府は農業交渉において、従来の名目上の「超国家的統合」の追求を放棄し、特定産品に関する協定のみを締結することを、五三年三月に開催が予定されている第一回の全体会議で提案することが決定された(78)。

このような政府間協定論は、超国家的組織の設立に否定的なロランスにも適合的だった。驚いたのはオランダだった。ベイエン・プランの提示以降(79)、一一月のロランスとの会談でルクセンブルグ決議の農業統合への影響について合意していたことから、五三年三月のプールヴェール全体会議の場で仏蘭での共同提案を実現させることで、農業統合を一挙に進展させようとオランダは目論んでいたからである。五三年一月のロランスとの会談で政府協定案を知らされたファンデルリーは驚きを隠さなかった。外務官僚が作成した議事録に「驚いた」と書いてあることは、実際にはおそらく驚いたのではなく合意を反故にされた怒りを露わにしたのだろう。フランスの提案は、オランダにとって共同提案どころか、プールヴェールそのものを無意味化させかねないほどだったからである。

実際仏蘭による共同戦線の成立はついに実現することはなく、二国は三月に「アド・ホック」なヨーロッパ会議の開催を迎えた。そしてその交渉の場で、フランスはヨーロッパ大の機構の設立の必要のない政府間協定による産品毎の通商協定の締結を提案するのである。[80] ヨーロッパ共通の機関の設立が必要なければ、それはもはや新しいヨーロッパ統合の試みとは言えなかった。フランス提案はＯＥＥＣで行われていることと同じであったのであり、畢竟イギリスは五三年三月の会議でプールヴェール交渉のＯＥＥＣ枠内への移管を提案するのである。[81] この後も新しく立ち上げられた閣僚級委員会が農産品についての共同市場の設立に向けた検討を行うこととなったが、プールヴェール交渉は、急激にそのレゾンデートルを喪失しつつあった。翌五四年七月に名目上準備交渉でもなければアド・ホックでもない「ヨーロッパ会議」が開催されたが、ＯＥＥＣへの作業の移管は既定路線だった。[82] プールヴェール交渉は、名目上開始した瞬間にすでに終わっていたのである。

農業統合構想の「復活」――モネとベイエンの断絶と連続

以上見てきたように、統合の春にその構想が生まれ、シューマン・プランとともに成立が期待されたプールヴェール構想は実現に至ることはなかった。なぜプールヴェールは失敗に終わったのだろうか。それは第一に、フランスのイニシアティブが一貫していなかったことである。第二に、農業統合をセクター別に統合することの限界である。これはつまり、農業統合の特質として、農業生産が国内消費より超過するか否かというその国家の農業生産状況によって国家利益が異なり、それによって統合に有利・不利という立場が出やすかったという点がある一方で、おおよそどの国家も農業に対しては固有の保護政策を実施していた。つまり、統合に不利な立場の農民は、従来の保護された立場を失うことを意味していたのであり、このような統合によって失う利益をどうやってカバーするのか、という基本的な点について、農業統合はそれが農業という部門だけで行う限りどうしても限界が出てしまうのである。すでに述べたように、この交渉が始まる前から、そして始まってからも、様々なアクターが農業統合と経済全般的な統合とのリンケージを指摘していた。

当初のフリムラン・プランはシューマン・プランの農業版という意味で、モネの手法を農業にも当てはめ、農業部門での超国家的組織に導かれた共同体の構築を目指していた。しかしそのような方法論は、農業では通用しなかった。なぜなら、ボシュアの言葉を借りるなら「シューマン・プランは政治的なシンボルであって経済的には幻想だった」からである(Bossuat 1993: 219)。このような農業統合の限界の露呈は、逆に言えばモネによるシューマン・プランの特殊性を浮き立たせているが、実のところこの説明では、ほとんど同じ要因が揃っていたローマ条約交渉において、何故農業統合は成功したのかを同時に説明できない。すなわち、フランスのイニシアティブの不在と統合構想の不一致にもかかわらず、農業統合はローマ条約交渉時に何故成功したのだろうか。

紙幅の都合上、ローマ条約交渉時の農業統合を論じることはできないが、この疑問に関して、ティーマイヤーは明確な結論を下している。つまり、ローマ条約成功の理由は、プールヴェール交渉は何が統合にとって障害となり何が統合の成功には必要だったのかを学習する機会となり、農業統合は全般的な経済統合のなかに組み込まれて初めて実現可能な構想であることを、プールヴェール交渉を通じて最も農業統合に積極的だったオランダが自覚したことだった(Thiemeyer 2009: 59)。そしてヨーロッパ統合の再出発の際に、最初から農業統合を含んだ全般的経済統合路線を共同体のたたき台としてオランダは提示したのであり、それがモネとスパークに受け入れられ、そしてローマ条約交渉においてフランスによって受諾された時に、農業統合は実現した。後はある種の——ただし、なお決定的な——条件闘争だった。

おわりに

シューマン・プランは、四〇年代末において支配的と思われた英仏主導の統合路線ならびにOEECによって体現される自由貿易と全般的な経済統合路線を対蹠的に変更させるものだった。英仏主導ではなく独仏主導で、自由貿易の代わりに超国家的機構による管理・規制を、経済全般ではなく特定の経済領域の統合実現という路線をシューマン・プランは取ったのである。これに対して農業統合は、モネとは異なったかたちでの従前の統合路線の限界を乗り越えるために、英仏からドイツを取り込み、自由貿易の代わりに管理を（特に価格）、経済全般ではなく農業の統合を志向するものだった。しかし、モネが推進した石炭鉄鋼とは異なり、農業統合は失敗に終わった。そしてそのリバイバルは、特定領域統合から全般的統合への再度の路線転換によって可能となった。しかし、路線回帰は全面的なものではなかった。第一に英仏への回帰はなく、冷戦構造のなかでのドイツ封じ込めの意味がある西ドイツの包摂、なかんずく独仏間の合意がヨーロッパ統合のベースラインとなった。第二に、全般的な経済統合による原則は関税同盟というかたちで復帰したが、それでも管理と規制という統合手法は持続したのである。

他方で、安全保障の側面で語られるヨーロッパは「大西洋」か「ヨーロッパ」か、という問いは農業統合ではほとんど語られることはなかった。しかしその理由は逆説的である。農業ヨーロッパは「ヨーロッパ」であり、「大西洋」の向こうからやってくるアメリカの農産品を断ち切る作用があったからである。その意味で、農業ヨーロッパはすぐれて第三勢力構想的なヨーロッパだった。農業ヨーロッパは冷戦の現実を前提としつつ、その実アメリカからの支持を得るために、本来的には無関係なロジックを裏側に仕込んだのである。農業ヨーロッパは、もとよりアメリカとの二律背反な関係を暗示していた。

農業統合構想は、幾つかの点で後の統合における議論を先取りしている。経済統合・政治統合・安全保障という三局面の多元的な関係、共同市場に基づく通貨を含めた経済統合の問題、価格保証という再配分メカニズム、植民地との関係、アメリカとのアンビヴァレントな関係、国家的措置と共同体的措置の相克である。だが具体的に本章の結論としてここで指摘しておきたいのは、以下の三点である。

第一に、農業統合において常に付きまとう「保障」の変化と連続である。最初に指摘したように、農業統合の一つの出発点はセペードが提示した「ヨーロッパ的アウタルキー」の構築だった。その要点は域内産品の通商量を管理することにあったが、それがマエストラッチらによって共同体組織による農産品買い上げによる価格支持という内容に転換した際、農業統合による「保障」の内容は大きく変化した。すなわち、農業統合は安定した食糧政策の遂行という側面から正当化され推進されていったが、そのマクロな政策目標を実際に遂行する際に、最終的には農業従事者に対する補助金の支給というかたちで実行されることとなった。そのため、ヨーロッパ統合は国家介入的な政策として始まり、各国が従来持っていた保護主義的な措置をヨーロッパ大に拡大することで農業統合は可能となったのである。(83)

第二に、農業統合において登場した「管理」の問題である。農業統合において構想されたシューマン・プランを模した「超国家的統合」とは、一言でいえば、共同体組織に主権国家を拘束する決定権を付与する方法として認識された。他方で、農業統合で認識されていた超国家的統合とは異なる統合の手法もあった。それは、決定権は加盟国に留保されているものの、決定された政策を実施する権限を共同体組織に移譲することで、特定農産物の共同市場を管理する手法だった。この方法は、単なる政府間合意を超えた統合手法であり、ＮＡＴＯに似た統合と理解されていたが、(84)後から振り返ると、ＥＥＣ成立以降の共同体政策の特質に他ならない。超国家的統合でもなく政府間協定でもないその中間的な手法で共通の資源を「管理」する統合は、農業統合の手法として最初から想定されていたのである。

第三に、農業統合にまとわりつく様々な技術的な用語の裏にある理想主義と政治力学の存在である。農業統合が構想された当初は戦後直後の食糧欠乏期であり、これを解消するためには食糧生産の向上が必要であり、農業の生産向上は欧米間の貿易収支の赤字の解消を同時に目指すことにも寄与するとされた。しかし実際に農業統合が政府間交渉の俎上に載った時、そのような時代的な状況は消滅していた。にもかかわらず農業統合が推進されたのは、欧州統合を是とする一種の理想主義が存在したことだった。(85)

経済的な合理性だけで考えれば、フロモンの反農業統合論は十分な説得力を持っていたが、しかしフロモンの主張はその後の農業省でも取り上げられることはなかった。それは、欧州統合が持っていた本質的に政治的な側面をフロモンが半ば意図的に無視していたからである。マンスホルトがアメリカの支持を得るために、農業統合の意義として東西冷戦を戦う際に必要なヨーロッパ大の食糧基地の構築を挙げたのは、農業統合の政治的な側面を逆用したものだった。また実際のプールヴェールの交渉においては、海外領土という名の植民地主義の遺産をどのように解消するのかという問題が、農業統合の行く末を決定的に左右したのであり、そしてプールヴェールの挫折に海外領土の要素がからんでいることは、ヨーロッパ統合の時代的拘束性と、この要素がほとんど入り込まない石炭鉄鋼統合の成功要因を示唆している。

現在のヨーロッパ統合の姿は、多くの点でハイブリッドであると指摘される（Magnette 2005）。それは、本来であれば交わることのない志向と政策を一つの枠組みに同居させることで参加国の理解を得ていたがゆえに、共同体制度が混合物としてしか成立できなかったことを意味している。農業統合をめぐる錯綜した起源と国際交渉の推移は、この混合物としての制度の成立過程の一端を示しており、その成立過程からは超国家性と政府間性を融合した共同体独自の権能がいかにして成立していったのかがうかがえよう。この意味で、農業統合の系譜は「もう一つの正史」なのである。

〈注〉

(1) プールヴェールに関する先行研究は、交渉の多角性と経済的側面を重視するミルワードおよび彼と先駆的な共著論文を執筆したグリフィス、最初の体系的な農業統合史研究を進めたノエル、プールヴェール交渉をローマ条約交渉期までの農業統合史に位置づけつつ、ミルワードを受け継いで交渉の多角性を再び強調するティーマイヤーの四者が重要である。プールヴェール交渉に関する事実関係だけに限れば、ノエルの研究は重要なほぼすべての事項を網羅しているが、ティーマイヤーとのちがいは、ノエルが海外領土の問題をほとんど扱っていないのに対し、ティーマイヤーはこの問題をプールヴェール交渉からローマ条約交渉までほぼ連続的に扱っていることにある。プールヴェール交渉のもう一方の主役であるオランダについては、フェルミューレンによる先駆的研究の他、グリフィスらの共同研究がオランダの対外経済政策との関連からオランダの農業統合政策を分析している。Noël 1979, 1981, 1988, 1993, 1999; Griffiths & Milward 1986; Griffiths & Grivin 1995; Griffiths 1990; Milward 1992; Thiemeyer 1999, 2009; Vermeulen 1989.

(2) この点はノエルが先駆的に紹介している。Noël 1979, 1981. なお筆者も本章を執筆する前に、これらの先行研究をまとめた農業統合史論稿を発表している(川嶋二〇〇九)。

(3) この点を強調しているのがミルワード、グリフィス、ティーマイヤーの研究である。

(4) セペードは農業経済学が専門で、一九四四年に公刊した価格理論研究によって博士号を取得した。その後農業省に入り四七年からは国立農学研究所教授を兼任していた上級官僚だった。

(5) Mouvement Européen, Commission économique et sociale française, 11ème réunion, 2 février 1949, Procès-Verbal. L'OURS, Fonds Michel Cépède, 31 APO 6, Dossier 1.

(6) Mouvement Européen, Commission économique et sociale française, sous-commission agricole, R/W-10, «Rapport de M. Michel Cépède sur les problèmes agricoles en Europe occidentale». L'OURS, 31 APO 6.

(7) Mouvement Européen, Commission économique et sociale française, sous-commission agricole, 5ème Réunion, 15 mars 1949, Procès-Verbal. L'OURS, 31 APO 6.

(8) «Rapport de M. Michel Cépède sur les problèmes agricoles en Europe occidentale». L'OURS, 31 APO 6.

(9) Mouvement Européen, Commission économique et sociale française, sous-commission agricole, 2ème Réunion, 21 février 1949, Procès-Verbal. L'OURS, 31 APO 6. フロモンは後のプールヴェール交渉においても農業統合に懐疑的な姿勢を崩さなかった。その理由としては、一方でフロモンが農業統合の政治的な含意に留意せず西欧諸国の農産物の安定的供給のためにはヨーロッパ域外国(特にアジアとラテンアメリカ)からの調達が最も経済的には合理的であり、国民への安定的な農産物供給には域内自由化が最適であると考えていたからであるが、他方でセペードとの個人的な確執も大きかった。フロモンによるプールヴェール交渉批判としては Fromont 1953 を参照。

(10) Mouvement Européen, Commission économique et sociale française, «Conclusion des travaux de la sous-commission agricole». Le 15 mars 1949. 31 APO 6.

(11) Mouvement Européen, Commission économique et sociale française, W/RG 1, Préparation à la Conférence de Westminster. 1ère Rédation du Rapport Général préparé par M. André Philip. L'OURS, 31 APO 6.

(12) «Third Congress: Launching of the Campaign for a Federal Pact», 7 November 1949, in Walter Lipgens & Wilfried Loth (eds.), *Documents on the History of European Integration*, Vol. 4, Walther de Gruyter, 1991, p. 310-311.

(13) 文面については、遠藤乾編『原典ヨーロッパ統合史——史料と解説』名古屋大学出版会、二〇〇八年、二二一—二二二頁。

(14) Compte-rendu de la réunion tenue le 10 septembre 1949 au Ministère de l'Economie Nationale sous le Présidence de M. Filippi. AN, F10, 5700.

(15) Lettre du Ministre de l'Agriculture au Président du Conseil des Ministres, 26 septembre 1949. AN, F10, 5700.

(16) Conseil de l'Europe, Assemblée consultative, première session, 10 août - 8 septembre 1949, Comptes Rendus, Tome III., 13ème séance, pp. 786-788. CoE.

(17) Ibid., 14ème séance, p. 914.

(18) Ibid., p. 916

(19) Organisation Européenne de Coopération Economique, Paris, le 31 décembre 1949, CE (49) 200, «Comité exécutif mise à l'étude des récommandations adoptées par l'Assemblée Consultative du Conseil de l'Europe en matière économique» CAC, AGRI/CAB, 88. Ver. 800140, art. 2.（以下、CAC, AGRI/CAB, 88）

(20) Organisation Européenne de Coopération Economique, Comité de l'Alimentation et de l'Agriculture, Sous-Comité des Plans et Programmes de Production Agricole, DT/A/AG/89, Restricted, Paris, le 24 janvier 1950. «Projet de commentaires du Secrétaire général sur la recommendation faite par l'Assemblée Consultative du Conseil de l'Europe au Comité des Ministre ayant trait au déveleppement du système des marchés garantis». CAC, AGRI/CAB, 88.

(21) 四七年から五五年までのフランス農相は以下の通り。なおマエストラッチは、五一年八月に農相から海外領土相に転任したフリムランの官房長を引き続き務める。

フリムラン(Pierre Pflimlin)	一九四七年一一月二四日—一九四九年一二月　二日
ヴァライ(Gabriel Valay)	一九四九年一二月　二日—一九五〇年　七月　二日
フリムラン	一九五〇年　七月　二日—一九五一年　八月一一日

アンティエ(Paul Antier)　　一九五一年　八月一一日—一九五一年一一月二一日
ロランス(Camille Laurens)　　一九五一年一一月二一日—一九五三年　六月二八日
ウデ(Roger Houdet)　　一九五三年　六月二八日—一九五五年　二月二三日

(22) PM/JV, Lettre du Ministre de l'Agriculture au Ministre des Affaires Etrangères, 17 jan 1950. CAC, AGRI/CAB, 88.

(23) AD/JV, « Plan d'un mémorandum sur l'organisation des marchés », s.d.; AD/AF, « Esquisse d'un mémorandum sur l'organisation des marchés agricoles », 2 février 1950. CAC, AGRI/CAB, 88. なお、以前発表した拙稿(川嶋二〇〇九)では一次史料を参照しなかったことからくる誤解のため、本章で取り上げたマエストラッチ構想については不正確な記述となっている。ただしマエストラッチ構想に限らず五〇年代初頭におけるフランスの農業構想には、未だ不明確な個所が多く、なお一層の史料調査が必要である。

(24) « Plan d'un mémorandum sur l'organisation des marchés » なお、具体的な制度草案を記した書類(註23)が実際にマエストラッチによって作成されたという証拠は残されていないが、マエストラッチ構想を最初に指摘したノエルの論稿では、この書類がマエストラッチによるものであることを前提として執筆されている(Noël 1999: 82)。

(25) Ibid.

(26) « Esquisse d'un mémorandum sur l'oraganisation des marchés agricoles ».

(27) PM/AF, Lettre du Ministre de l'Agriculture au Ministre des Affaires étrangères, 6 juin 1950. EUI, Dépôts Pierre Uri, PU40.

(28) Communication du Ministère de l'Agriculture tendant à inviter le gouverment à prendre l'initiative d'une organisation européenne des principaux marchés agricoles (15 juin 1950). EUI, PU 40.

(29) モネに農相報告の文面を送付したマエストラッチは、ヴァライとフリムランの考えが同一であることを強調する。PM/AF, Lettre du Ministre de l'Agriculture au Commissaire Général du Plan d'Equipement et de Modernisation, le 5 juillet 1950. EUI, PU 40.

(30) 六月一二日の国民議会において、フリムランはＭＲＰ所属の議員とともに、フランス政府が農業統合の実現に向けた行動を取ることを要求している。ARA, ML, DIO, 673.

(31) AD/AR, Service des Relations Exterieures, 27.7.50, «Compte-rendu sommaire de la réunion qui s'est tenue le 26 juillet chez M. le Ministre». CAC, AGRI/CAB, 88.

(32) Communication du Ministère de l'Agriculture relative à l'oganisation européenne des principaux marchés agricoles (Paris, le 10 août 1950). EUI, PU. PU 40.

(33) Compte-rendu de la réunion du 2 août 1950. CAC, AGRI/CAB, 88.
(34) « Compte rendu sommaire de la réunion de la Commission plénière pour l'organisation des marchés agricoles européens », 25 octobre à 17h. CAC, AGRI/CAB 88.
(35) Ibid.
(36) 外相シューマンと欧州審議会担当閣僚モレとの会談におけるシューマンの発言。S.D. L'OURS, 31 APO 5, Dossier 2.
(37) Secrétariat Général du Gouvernement, «Communication du Ministre de l'Agriculture sur l'organisation européenne des marchés agricoles», le 25 octobre 1950. CAC, AGRI/CAB, 88.
(38) Ibid.
(39) Ibid.
(40) Ibid.
(41) Ibid.
(42) モレとフリムランとの会談において。S.D. L'OURS, 31 APO 5.
(43) Questionnaire à présenter aux Associations Spécialisées participant à la Commission pour l'Organisation internationale des marchés. CAC, AGRI/CAB, 88.
(44) « Compte-rendu sommaire de la réunion qui s'est tenue le 26 juillet chez M. le Ministre ». Supra, note 31.
(45) Note pour M. Monnet, "Marché commun des produits agricoles," 18/9/1950. EUI, PU 40.
(46) 送付された国家は以下の通り。欧州審議会加盟国として、西ドイツ、ベルギー、ルクセンブルク、オランダ、デンマーク、ギリシャ、アイルランド、アイスランド、イタリア、ノルウェー、イギリス、スウェーデン、トルコ、ザールランド。その他の三カ国がスイス、オーストリア、ポルトガルである。なお覚書送付の準備段階で、スペインへの送付も検討されていた。しかし、超国家的統合にこだわっていた当時の段階で、フランコ体制下のスペインを欧州統合の枠組みに入れることは問題視され、スペインへの送付は見送られた。
(47) 文面については、遠藤編『原典ヨーロッパ統合史』二四九―二五二頁
(48) Article Malezieux, Confidentiel, s.d., «Les aspects politiques essentiels du projet de pool vert». AN, F10, 5553.
(49) マエストラッチは、政府覚書が提出されてから程なくして発行されたフランス農業経済学会機関誌において、農業統合がヨーロッパ経済統合を促進させることを強く主張する。Pierre Maestracci, «Intégration de l'agriculture européenne», *Bulletin de la société française d'Economie rurale*, Vol. 3, n°3, 1951, p. 126. CAC, CAB/AGRI, 88.
(50) JM à M. Pflimlin, samedi 19/8 (1950). EUI, PU, 40.

（51）Lettre de Pflimlin à M. Monnet, Réf. à rappeler: DO77 S.P. 812. s.d. EUI, PU 40.
（52）Note pour M. Monnet, “Marché commun des produits agricoles,” 18/9/1950. EUI, PU 40.
（53）Le Commisaire Général au Plan à M. le Ministre d’Etat chargé du Conseil de l’Europe, 20 janvier 1952. EUI, PU 40.
（54）Service de Coopération Economique, 25 août 1950, Note pour le Président, MAE, DECE, 580.
（55）Service de Coopération Economique, 17 août 1950, Note pour M. Charpentier, “Organisation européenne des marchés agricoles.” MAE, DECE, 580.
（56）CAB. 1676, 13 octobre 1951, Le Ministre de l’Agriculture à M. Pflimin, «Organisation européenne des marchés agricoles». CAC, AGRI/CAB, 88.
（57）ロランスの人物紹介記事より。S.d. PU, 40.
（58）Conversation du 6 février 1952 entre Pflimlin, Laurens et Mansholt. AN, F 10, 5553.
（59）Bulletin de la communication, «Le ‘Plan Mansholt’ tend à remplir les conditions pour la coopération entre les pays de l’Europe occidentale dans l’agriculture», 2 novembre 1950. IISG, Archief Sicco Mansholt, 474.
（60）C. Staf aan de Herr Minister, «Frans Landbouwplan» 26.2.51. ARA, ML, DIO 682.
（61）Note pour M. le Ministre d’Etat, Confidentiel, «C.R. de réunion à la Haye». L’OURS, 31 APO 5.
（62）これがいわゆるマンスホルト・プランである。その文面については、遠藤編『原典ヨーロッパ統合史』二四五―二四九頁参照。登場の文脈や詳しい内容については、Marriënboer 2009; Griffiths 1990 参照。
（63）送付された一七カ国のうち、ザールランドはその特殊な地位のため準備会合には招待されなかった。また、ポルトガルも参加せず。
（64）デンマークの態度については、議事録によって異なる。覚書ではデンマークは明言していないとするのに対し、閣議提出議事録では明言しているとする。
（65）Direction Générale des Affaires Economiques et Finacières, 4 avril 1952, «réunion préparatoire sur l’organisation européenne des marchés agricoles». CAC 88.
（66）Memorandum la délégation française, 25 mars 1952. http://www.ena.lu/memorandum_french_delegation_25_march_1952-2-12334.pdf（二〇一〇年八月二八日最終閲覧）
（67）«Le Groupe de Travail Intérimaire chargé de la préparation de la Conférence européenne de l’Agriculture se réunit à Paris le 15 mai». 14 mai 1952. AN, F10, 5553; Repport to United Kingdom Delegation to OEEC, 20th May, 1952. Restricted. TNA, MAF 243/24.

(68)　Commission d'étude pour l'organisation d'une Communauté européenne de l'Agriculture, 12 février 1952, «Note relative aux problèmes posés par la constitution d'un pool agricole dans le cadre des 6 pays du plan Schuman». CAC, AGRI/CAB, 88.

(69)　Note pour M. le Ministre d'Etat, Confidentiel, «C.R. de réunion à La Haye», le 3 janvier 1951. L'OURS, 31 APO 5.

(70)　Ultra secret, Lettre à M. Van der Lee, 5 janvier 1954. CAC, AGRI/CAB, 88.

(71)　ルクセンブルグ決議については、遠藤編『原典ヨーロッパ統合史』二七六—二七七頁、ベイエン・プランの文面は、同じく、遠藤編『原典ヨーロッパ統合史』二七八—二八一頁を参照のこと。

(72)　GS/DIO, 14. Secret. S.D., «Your Visit to Danmark». ARA, ML, DIO, 677.

(73)　GS/DIO, 169, 18 Januari 1953, «Besprekingen te Bonn op 15 Januari 1953». ARA, ML, DIO, 677.

(74)　Ibid.

(75)　Lettre de Mansholt à Laurens, La Haye, le 5 janvier 1953. AN, F10, 5553.

(76)　Note relative aux réunions tenues au Quai d'Orsay des 2 et 5 février entre les cabinets ministériels en vue de la préparation d'un Comité Interministériel, 7 février 1953, «Les Territoires d'Outre-Mer et le projet d'Organisation Européenne des marchés agricoles». CAC, AGRI/CAB, 88.

(77)　Ibid.

(78)　Note pour le Conseil des Ministres, «Note au sujet de la préparation de la Conférence Européenne de l'Agriculture». 3. 3.53. CAC, AGRI/CAB, 88.

(79)　Note, sans titre, novembre 1952. CAC, AGRI/CAB 88.

(80)　Ministère de l'Agriculture, Cabinet, Paris, le 10 mars 1953, «Note relative à la Conférence européenne de l'Agriculture». AN, F 10, 5694.

(81)　«Communication de M. Le Ministre de l'Agriculture au sujet des travaux du Comité intérimaire du 'Pool Vert'», Paris, le 14 avril 1953. CAC, AGRI/CAB, 88.

(82)　AF/FN, Ministère des Affaires Etrangères, Note, «Tranfert du Pool Vert à l'OECE», le 26 mai 1954. AN, 457 AP, 41.

(83)　この点は、ミルワードが論じた通りであるが、より重要なのは、この保護主義の拡大のためには農業にとどまらない政策措置、とりわけ通貨と経済全般を対象とした関税同盟の実施が不可欠となったことである。

(84)　モレによるメモ。Dossiers 2. OURS, 31 APO 5.

(85)　EUI, Oral History Project, INT654, Jacob Van der Lee, pp. 3-4.

〈引用・参考文献〉

文書館略語表

AN：フランス国立文書館（パリ）
ARA：オランダ国立文書館（ハーグ）
DIO：（オランダ）農業省国際組織課
CAC：フランス現代史史料センター（フォンテーヌブロー）
CoE：欧州審議会史料館（ストラスブール）
EUI：欧州共同体歴史史料館（フィレンツェ）
IISG：社会史国際研究所（アムステルダム）
MAE：フランス外務省史料館（パリ、ラ・クルヌーブ）
ML：（オランダ）農業省
L'OURS：フランス社会党史料館（パリ）
TNA：イギリス公文書館（ロンドン）

Bossuat, Gérard (1993), "La vraie nature de la politique européenne de la France (1950-1957)," in: Gibert Trausch (Hg.), *Die Europäische Integration vom Schuman-Plan bis zu den Verträgen von Rom*, Nomos, pp. 191-230.

Fromont, Pierre (1953), "Les équivoques du pool vert et les projets d'expansion agricole européenne," *Revue Economique*, Vol. 3, n° 5, pp. 126-143.

Griffiths, Richard T. (1985), *Beyen Plan and European Political Community*, EUI Working Paper.

Griffiths, Richard T. & Alan S. Milward (1986), *The European Agricultural Community, 1948-1954*, EUI Working Paper No. 86/254.

Griffiths, Richard T. (1990), "The Mansholt Plan," in: idem (ed.), *The Netherlands and European Integration*, NEHA, pp. 93-111.

Griffiths, Richard T. & Brian Grivin eds. (1995), *The Green Pool and the Common Agricultural Policy*, Lothian Press.

Griffiths, Richard & Fernando Guirao (1995), "The First Proposal for a European Agricultural Community: The Pflimlin and Mansholt Plan," in: Griffiths & Girvin (eds.), *The Green Pool and the Common Agricultural Policy*, pp. 1-20.

Magnette, Paul (2005), *What is the European Union?* Palgrave.

Marriënboer, Johan van (2006), *Mansholt. Een biografie*, Boom.

Marriënboer, Johan van (2009), "Commissioner Sicco Mansholt and the creation of the CAP," in: Kiran Klaus Patel (ed.), *Fertile Ground for Europe? The History of European Integration and the Common Agricultural Policy since 1945*, Nomos, pp. 181-197.

Milward, Alan (1984), *The Reconstruction of Western Europe, 1945-51*, University of California Press.

Milward, Alan (1992), "NATO, OEEC and the Integration of Europe," in: Francis H. Heller and John Gillingham (eds.), *NATO, The Founding of the Atlantic Alliance and the Integration of Europe*, Macmillan, pp. 241-252.

Milward, Alan (1992), *European Rescue of the Nation-State*, Routledge.

Noël, Gilbert (1979), "Les tentative de Communauté agricole européenne 1947-1955," *Revue d'histoire moderne et contemporaine*, Vol. 27, pp. 579-611.

Noël, Gilbert (1981), "Le Congrès européen d'Agriculture de Munich (1949): échec d'une initiative 'européenne'," *Revue historique*, Tome. 266, N° 539, pp. 95-126.

Noël, Gilbert (1988), *Du Pool Vert à la politique agricole commune. Les tentatives de Communauté agricole européene entre 1945 et 1955*, Economica.

Noël, Gilbert (1999), *Conseil de l'Europe et l'Agriculture. Idéalisme politique européen et realism économique national (1949-1957)*, Peter Lang, Berne, 1999.

Patel, Kiran Klaus (2009), *Europäisierung wider Willen: die Bundesrepublik Deutschland in der Agrarintegration der EWG, 1955-1973*, Oldenbourg.

Thiemeyer, Guido (1999), *Vom 'Pool Vert' zur Europäischen Wirtschaftgemeinshaft. Europäische Integration, Kalter Krieg und die Anfänge der Gemeinsamen Europäischen Agrarpolitik 1950-1957*, Oldenbourg.

Thiemeyer, Guido (2009), "The failure of the Green Pool and the success of the CAP: long term structure in European agricultural integration in the 1950s and 1960s," in: Kiran Klaus Patel (ed.), *Fertile Ground for Europe? The History of European Integration and the Common Agricultural Policy since 1945*, Nomos, pp. 47-59.

Vermeulen, W. H. (1989), *Europees landbouwbeleid in de maak. Mansholt eerste plannen, 1945-1953*, Nederlands Agronomisch-Historische Institut.

川嶋周一（二〇〇九）「ヨーロッパ構築過程における共通農業政策の起源と成立１９５０－１９６２」『政経論叢』第七七巻第三・四号、二三九－二九五頁。

第六章　経営者のヨーロッパ統合

――一九五〇年代前半における西ドイツの事例から

田中延幸

はじめに

第二次世界大戦後、ヨーロッパ統合は制度化の局面を迎えた。その際、不可欠であったのが政治的意思であり、このことは、「ヨーロッパ統合の創始者」と称される政治家や高級官僚がヨーロッパ統合における重要なアクターであったことを意味している。しかし、政治的指導者のみが重要な役割を果たしたのであろうか。

近年、彼らに影響を与えた「第二サークル」に属する社会的アクター（経営者、官僚、知識人など）の役割にも関心が向けられている（廣田二〇〇六、九三頁）。[1]なかでもフリダンソンはフランスの事例に即して長期的な観点から経営者の役割について論じている。また、彼は議論の前提として、ヨーロッパ統合が経済の領域を中心に展開されてきた理由は、一部の積極的な経営者が、アメリカなどの新たな競争相手の出現によるヨーロッパの衰退に対処するという動機からそれを望み、さらに、その動機が政治家に引き継がれ、政治家もその必要性と実現可能性を認めていたことに求められるという仮説を提示している（フリダンソン二〇〇五）。

このような見方には一定の説得力があり、経済（経営者）の利害がヨーロッパ統合の推進において、たしかに政治（政治家）による国内的・国際的な調整を必要としたが、重要な意味を持ったと考えられる。したがって、統合に対する経営者の関与やヴィジョンについて論及することは、ヨーロッパ統合の経済的な意義をより浮き彫りにし、また、その原像に迫ることにつながるであろう。このことを踏まえて、本章はヨーロッパ統合をめぐる経営者ないし経営者団体の動向について検討することを課題とする。また、本章では一九五〇年代前半における西ドイツを事例とするが、本章がとりわけ一九五〇年代前半という時期を対象とすることには以下のことがかかわっている。

ヨーロッパ統合の制度化は「欧州石炭鉄鋼共同体」（ECSC：European Coal and Steel Community）によって開始された。ECSCは、一九五〇年五月九日に発表された「シューマン・プラン」を起点として一九五一年四月一八日にフランス、ドイツ連邦共和国（西ドイツ）、ベネルクス三国（ベルギー、オランダ、ルクセンブルク）、イタリアが調印した「欧州石炭鉄鋼共同体設立条約」（パリ条約）に基づいて一九五二年七月二三日に創設された。ECSCについてはとりわけ「独仏和解」の観点から政治的な意義が前面に押し出されることが多いように思われる。しかし、六カ国間で石炭・鉄鋼に関する数量制限・関税を撤廃することによって共同市場が開設され、その管理が超国家的な「高等機関」（High Authority）に委ねられたように、ECSCは基本的に経済統合制度であった。したがって、シューマン・プランならびにECSCの経済的な意義により留意しなければならない。(2)

また、ECSC成立後、ヨーロッパ統合はさらに進展し、一九五五年六月一、二日の「メッシーナ会議」を契機として一九五七年三月二五日にECSC加盟六カ国によって「欧州経済共同体設立条約」（ローマ条約）が調印され、一九五八年一月一日には「欧州経済共同体」（EEC：European Economic Community）が創設された。しかし、ローマ条約ならびにEECについてはヨーロッパ統合の「再開」と評価されるように、ECSCがEECへと単線的に発展したわけではなかった。すなわち、一九五〇年代前半の統合路線と一九五〇年代後半の統合路線は異なっており、一九五〇年代半ばにすでに統合路線の転換が生じた。

ＥＣＳＣに代表される一九五〇年代前半のヨーロッパ統合の特徴と、ＥＥＣに代表される一九五〇年代後半のヨーロッパ統合の特徴については一般に次のように理解されている。前者の特徴は「超国家性」および「部門統合」である。それに対して、後者の特徴は「超国家性」の後退ないし「政府間協力」への傾斜および「全般的統合」である。しかし、統合路線をめぐる問題の本質は、どのような共同市場を創出するか、あるいは、それをどのような方法で創出するかということにあった。そのため、市場のあり方に関する問題への対応がヨーロッパ統合の方向性を規定する鍵であった。

では、ヨーロッパ統合の「再開」の背後には、どのような市場像ないし統合像が作用していたのであろうか。それについてはギリンガムの研究が示唆に富む。彼は、一九四八年に創設された「欧州経済協力機構」(OEEC：Organization for European Economic Cooperation)にローマ条約ならびにＥＥＣの起源としての重要性を見いだしている(Gillingham 1995)。さらに、彼はヨーロッパ統合を、政策・制度を援用して市場をコントロールする「積極的統合」と、生産要素の自由移動の障害を除去する「消極的統合」の二つに区分し、ヨーロッパ統合は前者で失敗し、後者で成功したと捉えている(Gillingham 2003)。

このような見方によれば、「再開」されたヨーロッパ統合の原像は、政策調整を伴わずに貿易自由化を推進したＯＥＥＣであったということになる。しかし、経済政策の調整も謳う現実のＥＥＣ構想に照らせば[3]、ＯＥＥＣを、「再開」されたヨーロッパ統合の原像とみなすことには疑問が生じる。したがって、部門統合・全般的統合および超国家性に関する問題とも関連づけながら、統合の「再開」が展望された一九五〇年代前半に存在した市場のあり方ないし統合のあり方をめぐるビジョンについて明らかにすることを通じて、「再開」されたヨーロッパ統合の原像に迫ることが必要である。

本章ではこれらのことを念頭に置くが、西ドイツ産業界の視点からアプローチするため[4]、西ドイツの特殊性も加味する必要があり、以下の手順で検討が加えられることになる。まずは、シューマン・プランならびにＥＣＳＣの当該産業界であり、連合国から厳しい管理を受けていた鉄鋼業界に着目し、鉄鋼業界が置かれた状況を確認してから、鉄鋼業界のシューマン・プランへの対応について検討する。さらに、政府のヨーロッパ統合の進展への対応に言及しつつ、鉄鋼業界のヨーロッパ統合構想ならびに産業界全体のシューマン・プランへの対応およびヨーロッパ統合構想について検討する。(5)

第一節　西ドイツ鉄鋼業界を取り巻く環境

鉄鋼業に対する占領政策

第二次世界大戦後、米英仏ソ四カ国によってドイツは分割占領され、ポツダム会談において対ドイツ政策に関する合意が形成された。それに基づいて「連合国管理理事会」(Allied Control Council)が設置され、この理事会は非軍事化政策の一環としてドイツ工業破壊政策を進めた。一九四六年三月二六日には「賠償および戦後ドイツ経済水準に関する計画」(第一次工業水準計画)が策定され、粗鋼に関しては生産能力が七五〇万トン、当面の許容生産量が五八〇万トンと定められた(戸原一九七四、一一七頁)。

ただし、各占領軍政府の権限が連合国管理理事会に対して相対的に強化されており、また、各占領軍政府は本国政府の指示に従ったため、各占領地区において独自の措置が講じられる余地があった(戸原一九七四、一〇九頁)。このことは、ドイツ工業破壊政策と並行して進められた大企業解体政策にも当てはまり、鉄鋼業に関しては、主要な鉄鋼の生産地であるルール地方がイギリス軍占領地区に属していたことから、イギリス軍政府がさしあたり政策の立案と実施にあたった。

イギリス軍政府はまず一九四五年一二月に石炭企業の資産を接収し、軍政府内の「北ドイツ石炭管理部」(North German Coal Control)の統制下に置き、当面の生産を継続させながら石炭業の再編を検討することにしたが、鉄鋼業に関しても同様の措置を講じた。一九四六年八月二〇日に、すでに接収されていたクルップ(Fried. Krupp)を含む一〇のコンツェルンと二つの単独企業の資産が接収されるとともに、「北ドイツ鉄鋼管理部」(North German Iron and Steel Control)が設置され、この管理部に資産および生産の管理ならびに鉄鋼業の再編案の策定が委ねられた。

北ドイツ鉄鋼管理部は、ドイツ人専門家からなる「受託管理部」(Treuhandverwaltung)を設置し、その協力のもと、一一月二三日に「事業分割案」(Operation Severance)をまとめた。この案はコンツェルン傘下の全工場を従来の資本系列とは無関係に地域別に再編し、各生産施設を貸借して生産にあたる事業会社を多数新設するものであり、一九四七年一月には本国政府の承認を得て施行された。これは過渡的措置であり、所有関係も未解決のままであったが、国営企業を除く九つのコンツェルンの鉄鋼部門は一九四八年四月までに二五の事業会社に引き継がれた(戸原一九七四、一三四—一三五頁)。

このように、初期の占領政策の目的はドイツ経済の弱体化であった。ところが、冷戦を背景にアメリカが、ヨーロッパの復興に寄与させるために、ドイツ西側占領地区を政治的にも経済的にも再建する方向に占領政策を転換するようになった。

アメリカ軍政府が戦後のドイツ経済の混乱への対策として占領地区の統合を要求し、イギリスが占領負担を軽減するためにもそれに同調したことによって、一九四七年一月一日から「英米統合占領地区」が発足した。さらに、一九四七年六月五日に発表された「欧州復興計画」(マーシャル・プラン)によってドイツ西側占領地区の再建の方針が顕在化した。一九四七年八月には英米統合占領地区において、第一次工業水準計画を緩和した「改訂工業水準計画」が策定された。だが、粗鋼に関しては生産制限が英米統合占領地区において一〇七〇万トンへと引き上げられたに過ぎず、この生産量は戦前(一九三六年)水準の七二%でしかなかった(戸原一九七四、一二〇―一二四頁)。

他方、従来の措置では所有関係が未解決であり、新旧会社の関係や新社の活動に法的障害が残されていたため、大企業解体政策が進展し、一九四八年一一月一〇日に英米統合占領地区において「英米法令七五号」が公布された。この法令は、石炭・鉄鋼部門の二六社を過度経済力集中と認定したうえで、所有関係を含めてそれらを個別の単位会社に分割し、石炭業と鉄鋼業の結合(兼営)を禁止するものであった。

それとの関連でドイツ側の機関として、石炭業に関しては既存の「石炭鉱業管理部」(Deutsche Kohlen-Bergbau-Leitung)があてられ、鉄鋼業に関しては、企業、労働組合、州政府の代表を加えた「受託者団」(Treuhändervereinigung)が設置され、それらが再編案をまとめ、占領軍側の機関の承認のもと実施することになった。また、占領軍側の機関は英米統合占領地区の発足に伴って、石炭業に関しては「英米石炭管理グループ」(UK/US Coal Control Group)、鉄鋼業に関しては「英米鉄鋼グループ」(UK / US Steel Group)に代わり、一九四九年四月以降はフランス軍占領地区の編入に伴って、それぞれ「合同石炭管理グループ」(Combine Coal Control Group)、「合同鉄鋼グループ」(Combine Steel Group)と改称された(戸原一九七四、一三八頁)。

一九四九年九月には西ドイツが成立し、それに伴って「占領規約」が公布され、占領体制が「連合国高等弁務官府」(Allied High Commission)による間接占領に移行した。だが、それまでに英米法令七五号が具体化することはなかった。そのため、一九五〇年九月二一日に「連合国法令二七号」が五月二〇日にさかのぼって公布され、鉄鋼大企業の解体、石炭業と鉄鋼業の結合の禁止あるいは制限、ルールの石炭販売を一手に担っていた「ドイツ石炭販売」(DKV：Deutscher Kohlen-Verkauf)の解体が規定された(Gillingham 1988: 422; 山本二〇〇二、四八一―四八二頁)。もっとも、この時点ではすでに、シューマン・プランに関する交渉が開始されており、大企業解体政策は、シューマン・プランに関する交渉との関連で決着が図られることになった。(6)

ルールの国際管理

第二次世界大戦期以来、ドイツ弱体化とドイツに代わる工業大国化を追求してきたフランスもアメリカに追随することになった。フランスの対ドイツ政策の転換は、マーシャル・プランの受け入れが契機となったが[7]、フランスにとってマーシャル・プランの受け入れは、一九四七年一月に開始された「近代化・設備計画」(モネ・プラン)が直面した投資財輸入のための外貨不足および投資資金の調達の困難を克服するために不可欠であった。

また、モネ・プランは石炭・コークス不足という困難にも直面し、フランスにとってルールの資源を確保することが重要な問題となった。そのため、自国経済の近代化を優先するフランスは、ドイツ西側占領地区の復興を公式に認めるものの、その復興を抑制しつつ、ルールの資源をヨーロッパの資産にするという構想のもと、ルールの国際化を追求した。こうして、フランスは、一九四八年二月から開催されたアメリカ、イギリス、フランス、ベネルクス三国によるロンドン会議においてルールの国際管理を提唱し、六月には「ルール国際機関」(International Authority for the Ruhr)が設立されることになった(廣田一九九八、一四四―一四五頁)[8]。

もっとも、上記六カ国によって締結された「ルール規約」に基づいて設立されたルール国際機関は、ルールの石炭・鉄鋼の国内消費分や輸出分の分配のような生産物の分配機能を持ったものの、フランスが要求したルールの石炭・鉄鋼業の所有と管理の国際化の権限を持たなかった。さらに、英米法令七五号によって、ルールの石炭・鉄鋼業の所有と管理の決定を将来のドイツ政府に委ねるという決定が下された。そのため、ルール国際機関を通じてルールの石炭・鉄鋼業をコントロールし、ルールの資源をヨーロッパの資産にするというフランスの構想は挫折した。このフランスの構想の挫折がシューマン・プランに直結したわけではないが、そのような状況のなかでシューマン・プランが発表されることになる(加藤一九九五、一一六―一一七頁、廣田一九九八、一四五―一四六頁)。

第二節　シューマン・プランと西ドイツ鉄鋼業界

政治的側面への対応

一九五〇年五月九日にシューマン・プランが発表されたが、西ドイツ首相コンラート・アデナウアー(Konrad Adenauer, 1876-1967)は、西ドイツを西側ブロックに組み込むことによって、依然として連合国の占領下にあった西ドイツの主権回復への道を開くことを最重要政策課題としており、シューマン・プランに原則的に賛同した(加藤一九九五、一二〇頁、山本二〇〇二、四八三頁)。では、西ドイツ鉄鋼業界はシューマン・プランにどのように対応したのであろうか。

西ドイツ鉄鋼業界の経営者団体であった「鉄鋼業経済連合」(WVESI：Wirtschaftsvereinigung Eisen- und Stahlindustrie)は五月一一日にシューマン・プランに対する公式の立場を表明した。ＷＶＥＳＩ会長ブルーノ・フークマン(Bruno Fugmann, 1883-1969)がＷＶＥＳＩ会員総会において、フランスと可能な限り緊密に協力することに対して西ドイツ鉄鋼業界が肯定的であることを保証し、シューマン・プランに原則的に同意した。その際、フークマンはことのほか満足して、シューマン・プランの実現を通じてフランスと「同等の権利」を持った地位が西ドイツ鉄鋼業界に与えられることを確認し、この「同等の権利」の獲得が、ＷＶＥＳＩおよび大多数の鉄鋼業経営者がシューマン・プランを支持する最大の根拠となっていった(Bührer 1986: 170-171)。

ところが、西ドイツ鉄鋼業界においてシューマン・プラン不要論ないし反シューマン・プラン主義が広く流布していると報道されるようになった。とりわけ耳目を引いたのが二つの反シューマン・プラン的な言動であった。まず、グーテホフヌングスヒュッテ(Guttehoffnungshütte)の経営者ヘルマン・ロイシュ(Hermann Reusch, 1896-1971)

が一九五〇年九月二九日に、シューマン・プランに関する交渉のための国内諮問委員会のなかに設置された「鉄鋼小委員会」(Unterausschuß für Eisen und Stahl) の委員を辞任する意向を表明した。このロイシュの行動のきっかけとなったのは連合国法令二七号の公布であったが、ロイシュはアデナウアーに、連合国法令二七号の公布は、連合国が、国家レベルでの協力を無にするような態度を取ることを示唆していると伝えた。

また、合同製鋼(Vereinigte Stahlwerke) の元監査役で、「デュッセルドルフ工業クラブ」(Industrieklub Düsseldorf) 会長であり、キリスト教民主同盟(CDU : Christlich-Demokratische Union) 所属の連邦議会議員であったロベルト・レーア(Robert Lehr, 1883-1956) による一〇月一日の「ミュンヘン輸出クラブ」(Münchener Exportklub) の外国貿易会議における演説も物議を醸すことになった。レーアの目には、シューマン・プランが、ルールの資源を収奪し、また、西ドイツ鉄鋼業の生産力を抑制するというフランスの思惑を実現する手段として映っており、レーアは、フランスが、アメリカによる鉄鋼の大量消費を通じて得た優位をシューマン・プランによるフランス鉄鋼業の近代化と西ドイツに対するヘゲモニーを通じて確保しようとしているとフランスを批判した。一〇月一三日にはレーアがアデナウアーによって内相に指名されたため、このレーアの演説は政治問題化し、より一層の混乱を引き起こした。

このようにシューマン・プラン反対派の急先鋒であったロイシュやレーアの言動が耳目を引き、彼らが西ドイツ鉄鋼業界を代表していると広く受け止められたのも事実である。しかし、西ドイツ鉄鋼業界の指導的な経営者の多数派に、シューマン・プランの実現に協力する意思があることには変わりがなく、ロイシュやレーアの立場とＷＶＥＳＩの立場は異なっていた(Berghahn 1985: 136-138; Bührer 1986: 185-189)。

シューマン・プランに関する交渉の進展を受けて、交渉が最終段階に到達したとみなしたＷＶＥＳＩは一九五〇年一二月一一日付でアデナウアーに書簡を送付し、改めてシューマン・プランの実現に協力する意思を表明した。また、ＷＶＥＳＩは、「同等の権利」に基づいて共同体条約が締結されることに強い関心を示したうえで、共同体条約の締結の際にも共同体の活動に関しても保持されるべき観点を提示した。そして、それらのなかには、占領からの早期脱却に直結する二つの観点が含まれていた。

第一は、鉄鋼の生産制限に関する観点であった。ＷＶＥＳＩは、鉄鋼の生産制限が、生産および販売の拡大によって最適な費用および価格をもたらすという共同体条約の原則、すなわち、規模の経済性ばかりではなく、「同等の権利」の原則とも相容れないと強調した。第二は、ルールの国際管理に関する観点であった。ＷＶＥＳＩはルール規約の廃棄、すなわち、ルール国際機関の解体を共同体条約の締結の前提とみなした(9)。

このように、ＷＶＥＳＩはシューマン・プランの実現を通じて「同等の権利」を獲得し、占領から早期に脱却しようとしていた。したがって、ＷＶＥＳＩにとって「同等の権利」の獲得は脱占領と不可分に結びついていた。だが、ＷＶＥＳＩによって脱占領が要求されたということは、ＷＶＥＳＩがこの時点では、「同等の権利」の獲得が実質的には確約されていないと認識していたということを意味している。

一九五一年四月一八日にはパリ条約が調印されたが、ＷＶＥＳＩにとってその時点でようやく、「同等の権利」の獲得への道が開けた。ＷＶＥＳＩは、一九五一年九月一七日付で見解をまとめたが、共同体創設後も連合国による制約を存続させることが可能であるというフランスの当初の見解が西ドイツ側の抗議によって修正され、連合国による「制約の複合体」の廃止、すなわち、「同等の権利」の獲得についてある程度の前進が達成されたという認識を持つに至った。このＷＶＥＳＩの認識の根拠となったのは、フランス外相ロベール・シューマン(Robert Schuman, 1886-1963)からの一九五一年四月一八日付の書簡であった。

ＷＶＥＳＩは、その書簡において、西ドイツのみに課された制約は、すべてのパリ条約調印国が同様に従うべき共通の規範ともはや相容れないとする旨が明記され、また、次の三つの措置について関係各国の同意を取りつけることが約束されていることを指摘した。第一は、ルール国際機関の解体であった。第二は、鉄鋼の生産制限の撤廃であった。第三は、石炭・鉄鋼業に対する連合国高等弁務官府、ならびに、その付属機関、とりわけ合同石炭管理グループおよび合同鉄鋼グループの権限の放棄であった。

続けてＷＶＥＳＩは、これらの措置の時期に関するシューマンの三つの提案を指摘した。第一は、鉄鋼の生産制限がパリ条約の発効に伴って撤廃されることであった。第二は、ルール国際機関の権限がパリ条約の経過規定に従って高等機関に委譲されることによってルール国際機関が解体されることであった。第三は、石炭・鉄鋼業に対する連合国高等弁務官府ならびに付属機関の権限が、経過規定に従って高等機関に委譲されることによって放棄されることであった。そのため、ＷＶＥＳＩは、一方的な制約が廃止されることになるこれらの措置が遅くとも鉄鋼共同市場の開設に伴って実施されることを指摘した。そのうえでＷＶＥＳＩは、期限が設定されているという事実には、これらの措置が早まる可能性が含まれているという見方を示した(10)。

結局のところ、パリ条約の発効に伴って鉄鋼の生産制限が撤廃され、ルール国際機関が解体されることについて一九五一年秋にアメリカ、イギリス、フランスがルール規約締結国とともに合意した。もちろん、それはＷＶＥＳＩにとって喜ばしい成果であった(Bührer 1986: 211-212)。もっとも、西ドイツ鉄鋼業の再編は、アウグスト・テュッセン=ヒュッテ(August Thyssen-Hütte)をもって一応は終了することになるが、それは一九五三年三月のことであった(戸原一九七四、一四一頁)(11)。しかし、西ドイツ鉄鋼業の再編の方向性自体はパリ条約調印の時点ですでに確定されており、明瞭な占領状態からの脱却が確実なものになったという意味ではＷＶＥＳＩにとって「同等の権利」の獲得が確約された。

経済的側面への対応

ＷＶＥＳＩは、「同等の権利」の獲得を重視してシューマン・プランを原則的に支持する一方で、一九五〇年六月五日付の見解において、市場を管理するための生産や投資に関する高等機関の権限に対して懸念を表明した。しかし、この場合、より重要なことは、ＷＶＥＳＩは高等機関のみによる市場管理を拒否したのであり、決してカルテル的な市場規制ないし調整の理念を退けたわけではなかったということである(Berghahn 1985: 124–125)。このＷＶＥＳＩの立場の根底には、鉄鋼業が、景気変動の影響を受けやすく不安定であるという原材料産業に特有の問題を抱えているため、景気変動の影響を平準化することを可能にする産業秩序を創出することが必要であるという認識があったと考えられる。

さらに、ＷＶＥＳＩは一九五〇年七月四日付で見解をまとめ、経済的な観点からシューマン・プランについて詳細に言及した。その際、ＷＶＥＳＩは前置きとして、超国家性の実現は、現実的な方法が取られるかどうかにかかっていると認識したうえで、第一次世界大戦以前から互いに緊密な関係にあり、戦間期には大規模な共通規制を創出した「経済諸力の結集」を追求することがシューマン・プランの利点であることを指摘した。そして、ＷＶＥＳＩがそのような規制の成功例として挙げたのが「国際粗鋼共同体」(IRG : Internationale Rohstahlgemeinschaft) および「国際粗鋼輸出共同体」(IREG : Internationale Rohstahlexportgemeinschaft) であった[12]。

ここから看取されることはＩＲＧおよびＩＲＥＧの再編、すなわち、民間協定である国際鉄鋼カルテルによる市場規制ないし調整がＷＶＥＳＩの本意であったということである。しかし、ＷＶＥＳＩはより現実的に、シューマン・プランに、とりわけ生産、販売、価格の必要に応じた調整という「カルテル要素」が組み込まれるよう念を押しつつ[13]石炭・鉄鋼生産の共同管理という点からもシューマン・プランを支持し、同時に、そのような管理に対する経営者ないし経営者団体の影響力を確保しようとしていた。

その意味でも、ＷＶＥＳＩにとってシューマン・プランの実現は大前提となるが、実際問題として、シューマン・プランに関する交渉は当初から難航した。そのような事態の背景には、超国家的な権限を有する高等機関の設置に関する次の二つの立場の対立があった。第一は、「異常な」介入の必要性を認め、参加国政府に対しても拘束力を有する機関の設置を不可欠であるとみなす立場であった。第二は、ベネルクス三国のようにそれに異議を唱える立場であった。

しかし、ＷＶＥＳＩは、参加国の石炭・鉄鋼業の統合と、必要とあれば民間の権利および国家主権を拘束する権限が付与された高等機関の設置を規定する共同体条約の締結は可能であるという見方を示した。とはいえ、ＷＶＥＳＩは、二つの対立する立場を互いに歩み寄らせるための条件を獲得することが不可欠であると認識していた。[14]そして、ＷＶＥＳＩが獲得しようとしたその条件とは、高等機関の権限の抑制と対になった経営者ないし経営者団体の影響力の確保に他ならなかった。

この点でＷＶＥＳＩにとって大きかったことは、フランス側に、高等機関の活動は第一に仲裁であり、仲裁が不調に終わった場合に初めて高等機関が決定を下すべきであるという感覚があることを察知しえたということである。ＷＶＥＳＩは、そのような感覚をもっともなものとみなしたうえで、その種の決定（裁判上の方法）と経済政策はほとんど別問題であることを指摘しつつ、とりわけ経済面での問題を解決するために高等機関のもとに、参加国の経営者からなる「理事会」（Direktorium）を設置することが共同体の創設および活動に資するかどうかという問題を提起した。

続けてＷＶＥＳＩは、この理事会に、共同体の活動に関する提案をまとめ、参加国政府の承認を得た後、実行に移す任務が移譲されることには次のような重要な利点が伴うと強調した。第一は、石炭・鉄鋼業の統合および高等機関の設置に対する懸念が緩和されることであった。第二は、一方で参加国政府が常に共同体の活動に対して影響力を及ぼすことができ、他方で活動が不首尾に終わった場合、参加国政府には直接的な責任を負う必要がないことであった。第三は、過去の貴重な経験が活かされ、参加国政府が有益な提案を期待することができることであった。また、ＷＶＥＳＩは、高等機関の活動領域を限定し、理事会に共同体の本来の活動を委譲することは、全企業に対して共同体の信頼性を保証することにつながると強調した。[15]

このように、ＷＶＥＳＩは、石炭・鉄鋼生産の共同管理というシューマン・プランの枠組みを維持すると同時に、そのような管理に対する経営者ないし経営者団体の影響力を確保するために、高等機関の機能を限定し、共同体のとりわけ経済面での機能を理事会に委譲することを主張した。だが、シューマン・プランに関する交渉の成果にこのＷＶＥＳＩの主張が盛り込まれることはなかった。もっとも、交渉の結果、高等機関が投資を調整し、必要とあれば生産割当あるいは供給割当、最高価格あるいは最低価格を決定することになった。そのため、共同体自体にカルテル機能がそなわることになったことは明白である。

この点に関してＷＶＥＳＩは、アデナウアーに宛てた一九五〇年一二月一一日付の書簡において、生産割当の決定に際しては、西ドイツに対する鉄鋼の生産制限が撤廃された後の生産量が基準とされるべきであると強調した。このように、ＷＶＥＳＩは、客観的でありながら西ドイツにとってより有利となる基準で割当量が決定されることを主張したが、ＷＶＥＳＩにとっては共同体レベルでの調整に対する経営者ないし経営者団体の影響力の確保もやはり重要であった。それについてＷＶＥＳＩは、当初からすでに注目していた「地域機関」を重視し、高等機関への権限集中の排除ならびに「地域グループ」(Regional Group) ないし「企業団体」(Association) の相対的な権限強化という観点を提示した[16]。

地域グループはそもそも、高等機関と各企業を仲介する役割を担うために計画された共同体機関であり、生産者団体であった。ところが、地域グループは曖昧な存在のままであった。そのため、ＷＶＥＳＩは一九五〇年九月にはこの問題について検討し、地域グループを、各国の石炭業界あるいは鉄鋼業界を単位とする強制加入の自治組織とみなした。だが、フランスの提案によって地域グループが姿を消すことになり、その代わりに、高等機関に対する情報提供および諮問を担う任意の企業団体が予定された(Bührer 1986: 199-202)。

そのような状況のなかでＷＶＥＳＩは、高等機関への権限集中ならびに地域グループの排除によって「官僚主義的な中央機関」が生み出されることを問題にし、企業団体に、共同体の重要な問題に関して責任のある十分な協力を行い、高等機関への権限集中をしかるべく抑制する権限を付与することが共同体条約によって規定されるべきであると強調した[17]。こうして、ＷＶＥＳＩにとって企業団体の権限を相対的に強化することが、共同体レベルでの調整に対する経営者ないし経営者団体の影響力を確保するという点で重要な問題となった。だが、企業団体の位置づけについてパリ条約はＷＶＥＳＩの意に添ったものではなかった。[18] そのため、ＷＶＥＳＩはＥＣＳＣの行政機構(高等機関)の人事にも関心を向けるようになった。それはＷＶＥＳＩにとってＥＣＳＣに利益代表を派遣することを意味し、ＥＣＳＣに対する経営者ないし経営者団体の影響力を確保することにもつながった。

ＥＣＳＣの行政機構の人事という点でＷＶＥＳＩにとってことのほか大きかったことは、ＷＶＥＳＩ事務局長であったヴィルヘルム・ザレフスキ(Wilhelm Salewski, 1899-1986)が投資総局総局長になったことである。また、「諮問委員会」(Consultive Committee)が、高等機関を補佐する正式な共同体機関として設置され、各国閣僚からなる最高意思決定機関としての「閣僚理事会」(Council of Ministers)が任命する三〇人以上五一人以下の生産者、労働者、消費者・販売業者の同数代表の委員で構成されることになったが、この委員会には、西ドイツ鉄鋼業界からも有力な経営者が参画した(Bührer 1986: 209)。

第三節　西ドイツのヨーロッパ統合構想

政府の構想

ＥＣＳＣ構想が実現し、さらなるヨーロッパ統合が目指されることになるが、一九五〇年代前半にＥＣＳＣ構想とともに現実味を帯びていたのが「欧州防衛共同体」(EDC : European Defence Community)構想であった。[19] ＥＤＣ構想はアメリカによって支持され、一九五二年五月二七日にはＥＣＳＣ加盟六カ国によって「欧州防衛共同体設立条約」が調印されたが、この条約には、「欧州政治共同体」(EPC : European Political Community)を創設する構想が含まれていた。

ＥＤＣ条約第三八条がその根拠となり、一九五二年九月一〇日にはＥＣＳＣの閣僚理事会がＥＣＳＣの「共同総会」(Common Assembly)に対して、「欧州政治共同体設立に関する条約草案」を六カ月以内にまとめるよう要請する決議(ルクセンブルク決議)を行った。共同総会はルクセンブルク決議を採択して「特別総会」(*ad hoc* Assembly)に切り替わり、さらに、「ＥＰＣ条約起草委員会」を設置した。そのような状況のなかでオランダが一九五二年一二月一一日にＥＣＳＣ加盟国に対して、関税同盟の設立、セーフガード条項、共通基金の設立を要求する覚書(ベイエン・プラン)を発表し、ＥＰＣ構想には経済統合の方針も盛り込まれていくことになった(小島一九九五、一九九—二〇七頁)。

ＥＰＣ構想は結果的に、フランス国民議会が一九五四年八月三〇日にＥＤＣ条約の批准を拒否したことによってＥＤＣ構想とともに挫折することになるが、オランダの覚書は西ドイツ政府内において、ヨーロッパ統合政策、とりわけ経済統合政策の定式化をめぐる議論を喚起した。一九五三年に入ると、外務省、法務省、経済省の三省を中心に協議が行われるようになり、一月に三省の代表によって合意された立場がさしあたり西ドイツのヨーロッパ統合政策の基本方針となった。

三省の代表は、経済統合に同意したが、ＥＣＳＣと同様に「垂直的」(部門)共同体が創設されることを適合的とはみなさなかった。その代わりに、「水平的」(全般的)統合が念頭に置かれ、主にさらなる自由化と参加国の経済・財政政策の調整を通じて経済統合を実現することが望まれた。そのため、三省の代表は、超国家性の原則を支持したが、超国家機関は国家主権を尊重し、また、世界経済の一員として活動するために共通の競争秩序の枠内で権限を行使すべきであると強調したように、超国家機関の権限が厳密に定められることを要求した。

一九五三年二月五日には内務省、マーシャル・プラン省、運輸省、財務省も加わって協議が行われ、部門統合および超国家性の原則はますます適合的とはみなされなくなったが、それに続いて、経済相ルートヴィヒ・エアハルト(Ludwig Erhard, 1897-1977)が、外務省に宛てた一九五三年二月一三日付の書簡において統合構想を表明した。エアハルトは一方では、統合が空間的に可能な限り広い範囲に及ぶこと、自然な国際分業に回帰すること、統合が「垂直的に」ではなく「水平的に」進展することを支持し、他方では、参加国の経済・財政政策の調整を前提とした。エアハルトは、そもそも超国家機関の設置に対して否定的であったが、政策調整のために国家主権を一部放棄する必要性を顧慮するようになり、「正しい」政策が追求される限りにおいて、強力な権限を有する「強い」超国家機関とも親和的であった(Bührer 1993: 82-84)。

鉄鋼業界の構想

西ドイツ産業界もヨーロッパ統合の進展に対して無関心ではなかった。西ドイツ経営者は経済的な観点からヨーロッパ統合についてフランス経営者と協議することになった。そのきっかけとなったのは、一九五四年一月二九日から二月一日にかけてロンドンのウエストミンスターで開催された「ヨーロッパ運動」(European Movement)の第二回経済会議(ウエストミンスター経済会議)であった。それに引き続いて協議が重ねられ、一九五四年三月二九、三〇日にはパリにおいて詳細な協議が行われた。その協議についてはまず、CDU所属の連邦議会議員でもあったクレックナー(Klöckner)の経営者ギュンター・ヘンレ(Günther Henle, 1899-1979)が一九五四年四月一日付の書簡においてアデナウアーに報告した[20]。

もっとも、ヘンレおよび彼の協力者は三月二九、三〇日の協議の前からすでに、ECSCに対しても、特別総会によって一九五三年三月に採択された「欧州共同体規約に関する条約草案」[21]において予定された通貨、信用、財政政策の調整を伴う全般的共同市場の開設に対しても、フランスが消極的になっていると認識していた[22]。案の定ヘンレは、三月二九、三〇日の協議に参加したフランス経営者があらゆる形態の統合に対してむしろ消極的ないし否定的になっていたことを報告せざるをえなかった[23]。

また、この協議に参加したフランス経営者の大半が鉄鋼業界の代表であったため、必然的にＥＣＳＣが重要な議題となり、そのようなフランス経営者の態度がＥＣＳＣに対する不満にも起因していることが、フランス側の主な代弁者であった「鉄鋼協会」(Chambre Syndicale de la Sidérurgie) 会長ピエール・リカール (Pierre Ricard, 1899-1956) によって強調された。リカールは、フランスにおいてとりわけ経済的な観点から統合に対する熱狂が冷め、懸念が生じた原因として、ＥＣＳＣも、フランスにとって失敗に終わる実験であることが明らかになったことを挙げた。この点についてヘンレは、西ドイツ側がフランス側に対して反論に窮することはなかったことを指摘したものの、西ドイツ側の具体的な対応については言及しなかった(24)。

ヘンレに続いて、アウグスト・テュッセン＝ヒュッテの経営者ハンス＝ギュンター・ゾール (Hans-Günther Sohl, 1906-1989) が一九五四年四月三日付の書簡においてこの協議についてアデナウアーに報告した。もっとも、ゾールは、アデナウアーと事前にケルンにおいて協議したうえでこの書簡を送付した。さらに、この書簡はアデナウアーの要請で、場合によってはフランス外相ジョルジュ・ビドー (Georges Bidault, 1899-1983) に転送されるようになっていた。また、同様に重要なことは、ヘンレに比してゾールが西ドイツ側の見解に比重を置いていたことである。ゾールは、ＥＣＳＣに対するフランス経営者の異議が本質的に二つの点にかかわっているとみなし、これらの点に対置された西ドイツ側の見解に言及した(25)。

フランス経営者の不満の第一は、フランスの個別的な要求が満たされていないことであった。この点に関してリカールは加盟国間の「社会立法および経済立法の調和の欠如」を指摘し、具体的には、差別待遇問題および社会的負担(社会保障分担金)問題を挙げた。前者については、ルールからロートリンゲン(ロレーヌ)への石炭輸送に関するドイツ連邦鉄道(Deutsche Bundesbahn)の差別待遇の存続が問題にされ、後者については、フランスにおける社会的負担が西ドイツにおけるそれよりも高く、フランスと西ドイツのあいだで社会的負担の平準化が依然として実現されていないことが問題にされた。さらに、モーゼル川運河開削に対してフランス以外の加盟国が抵抗したことも指摘された[26]。

この第一点目との関連でゾールは、西ドイツ側がフランス側に、西ドイツ側の個別的な要求は措くとしても、「いくつかの周辺領域における調和の欠如という事実こそが、シューマン・プランのより限局された領域を越えたさらなる経済統合が必要であることの証拠である」と主張したことを指摘した[27]。この点についてはＷＶＥＳＩも同様の見解であった。それは、一九五四年五月五日のＷＶＥＳＩ会員総会におけるＷＶＥＳＩ会長カール・バーリヒ(Karl Barich, 1901-1995)の演説から明らかになる。

バーリヒは、石炭・鉄鋼業は、すでに統合されているが、その半面、ＥＣＳＣ加盟国の自律的な国民経済の不可分の要素のままであることを指摘し、さらに、鉄鋼の生産は、たしかにその他の産業部門の趨勢に左右されるが、その半面、全生産の増加の基礎であることを指摘した。そのため、バーリヒは部門統合を根本的な「構造上の欠陥」と捉え、統合が部門統合にとどまっている状況を可及的速やかに打開することが要請されていると強調した[28]。

フランス経営者の不満の第二は、高等機関議長ジャン・モネ(Jean Monnet, 1888-1979)が、ＥＣＳＣの当該産業界の協力を得ることに積極的ではないことであった。この点に関してリカールは、一九四九年の第一回ウエストミンスター経済会議において産業界の共同作業が不可欠であるという趣旨で見解が一致したにもかかわらず、モネが産業界の共同作業を望んでいないことを指摘した[29]。

この第二点目との関連でゾールは次の二つのことを付け加えた。第一は、ＥＣＳＣの経済面での活動が広範囲に及んで当該産業界に委譲され、高等機関の機能が監査および仲裁に限定されることが望まれていることであった。第二は、経済統合が進展する場合には産業界の影響力が、それまでのＥＣＳＣの活動から感じられたほど強く抑制されないことが望まれていることであった。

また、ゾールは、ＥＣＳＣの成功が当該産業界の「積極的な協力および共同作業の積み重ね」にかかっているということに疑問の余地がなく、さらなる経済統合のためにもこのフランス側の要求が可能な限り顧慮されるべきであると強調した。そのうえでゾールは、西ドイツ側がフランス側に、西ドイツ側にはフランスとの「可能な限り緊密かつ友好的な共同作業」に対する準備と意思があり、それに対する西ドイツ政府の支持も得られると説明したことを指摘した。さらに、ゾールは、西ドイツ政府ならびにフランス政府が当該産業界の「指導的かつ責任のある関与ならびに緊密な共同作業の積み重ね」を望み、促進しようとしていると表明することが状況の打開につながる可能性があるという見方を示した(30)。

このように、ゾールは、ＥＣＳＣに対する当該産業界の影響力を強化しようとし、また、それを突破口にした経済統合の進展、ひいては、さらなる経済統合に対する産業界の十分な影響力の確保を視野に入れていた。シューマン・プランに関する交渉の当初からのＷＶＥＳＩの見解を想起すれば、この点についてもＷＶＥＳＩが同様の見解であったということは論を俟たない。したがって、西ドイツ鉄鋼業界が志向したヨーロッパ統合とは、全産業部門を包摂し、産業界の協調による市場の調整を基調とする統合であった。

産業界全体の構想

しかし、このような鉄鋼業界のヨーロッパ統合構想は西ドイツ産業界において共有されていたのであろうか。シューマン・プランならびにＥＣＳＣによって制度化が開始されたヨーロッパ統合の進展が、どのような形態であれ、石炭・鉄鋼業以外の産業部門が新たに統合の対象になることを意味していたことからも、産業界全体のシューマン・プランへの対応、さらに、ヨーロッパ統合構想について検討しないわけにはいかない。その場合、西ドイツ産業界の最高団体の一つ、すなわち、「ドイツ産業連邦連盟」(BDI：Bundesverband der Deutschen Industrie)が注目に値する。

ＢＤＩは、シューマン・プランにヨーロッパ政治統合の前提としての「独仏和解」という政治的な意義を見いだしており、シューマン・プランに原則的に同意していた。そのため、一九五〇年一二月八日にBDIの機関として設置された「欧州委員会」(Europa-Ausschuß)の活動領域のなかには、シューマン・プランの実現が含まれることになった。

ところが、BDIは一九五一年一月一七日に、シューマン・プランに関する交渉に参加したその他の諸国の産業界の最高団体とともに六カ国の政府に、シューマン・プランに対する懸念を表明した。その懸念はとりわけ高等機関の「異常な」権限およびそれに伴う「中央集権的なヨーロッパ・ディリジスム」の危険に向けられ、シューマン・プランによってとりわけ産業界およびその団体のイニシアティブが侵害されることがあってはならないということが要求された(31)。

その際、「同等の権利」の獲得をめぐって連合国から実質的な譲歩を引き出す余地が依然として残されていたため、シューマン・プランを不必要に危険に晒さないことが重要であると認識していたWVESIは示威的な行動を控え、BDIと距離を置いていたが(Bührer 1986: 205-206)、このようなBDIの懸念および要求はWVESIのものと通底していた。しかし、BDIは、まだECSCが創設されていない段階においてすでに、WVESIが志向したものとは異なる統合モデルを志向していた。

BDIは一九五二年三月二六日付でアデナウアーに宛てて書簡を送付し、「さらなる経済的部分統合問題に関するドイツ産業連邦連盟の決議」を同封した。また、この決議については配布先として、アデナウアーの他に、マーシャル・プラン相フランツ・ブリュッヒャー(Franz Blücher, 1896-1959)、エアハルト、財務相フリッツ・シェーファー(Fritz Schäffer, 1888-1967)、食糧・農林相ヴィルヘルム・ニクラス(Wilhelm Niklas, 1887-1957)、外務次官ヴァルター・ハルシュタイン(Walter Hallstein, 1901-1982)、ドイツ・レンダー・バンク理事会議長ヴィルヘルム・フォッケ(Wilhelm Vocke, 1886-1973)が指定されていた。

BDIはその決議において、「ヨーロッパ経済統合という目標により近づくのに適合的なあらゆる努力を支持する」と改めて強調した。また、ＢＤＩは、「ヨーロッパ共同市場」の開設がヨーロッパの生産の増加、したがって、全体の豊かさの向上、ひいては、社会的平和の確立につながるという確信を表明した。

しかし、部門共同体の創設という方法が継続されることが西ドイツおよび全ヨーロッパの利益になるかという問題について検討したＢＤＩは、ヨーロッパ経済統合はむしろ、「ＯＥＥＣの活動を継続し、より完全なものにすることを通じて、とりわけ自由化政策を徹底してさらに進めることを通じてヨーロッパ各国の国民経済を統合するという方法」で実現されうると強調した。さらに、ＢＤＩは自由化との関連で、引き続き関税障壁の漸進的な撤廃を支持し、「欧州審議会」(Council of Europe)あるいは「関税および貿易に関する一般協定」(General Agreement on Tariffs and Trade)においても検討された包括的な関税の引き下げが西ドイツ政府によって促進されるべきであるという見解を表明した。[32]

このように、ＢＤＩはＯＥＥＣを重視し、貿易自由化に基づくヨーロッパ統合の実現を主張した。このことは、ＢＤＩが輸出の増加に重点を置いていたことと連動しており、ＢＤＩはヨーロッパ統合を、輸出の増加を可能にする枠組みの一つと捉えていた。このＢＤＩの立場は、一方で、農業が優位を占めていた東ドイツと分離したことから工業国としての性格を強く帯び、他方で石炭とカリ以外の資源がほとんどない(工業生産のための原料の輸入が必要である)西ドイツにとって工業製品の輸出が死活問題になったという認識によってより強固なものになっていた。[33]また、このＢＤＩの立場が、とりわけ輸出に強い関心を有する産業部門の代表格である機械工業、化学工業、自動車工業、エレクトロニクス(電機)産業の立場と強く結びついていたということは容易に想像できる。

ただし同時に、ＢＤＩは、「ヨーロッパ域内における通貨、財政、信用政策の調整を通じて生産、販売、投資のための同一の条件が創出されることに対して準備がなされなければならない」という見解も表明した。[34]ＢＤＩは、超国家性自体には言及していないが、市場の統一性を担保するための政策調整の必要性を認識しており、単なる貿易自由化に基づくヨーロッパ統合を想定していたわけではなかった。したがって、ＢＤＩ、換言すれば、産業界全体が志向したヨーロッパ統合とは、包括的な貿易自由化を基調としつつ、必要な限りの政策調整も伴う統合であった。

おわりに

鉄鋼業界は、連合国によって厳しく統制されていたため、そのような制約からの早期脱却につながる「同等の権利」を獲得することを目指し、シューマン・プランに原則的に同意した。脱占領を意図してシューマン・プランを受け入れるという鉄鋼業界の方針はアデナウアーのそれと矛盾しておらず、鉄鋼業界にとってもシューマン・プランならびにECSCの政治的な意義は大きかった。

しかし、鉄鋼業界はシューマン・プランに経済的な意義も見いだしていた。それはカルテル的な市場規制ないし調整の制度化であった。その点からも鉄鋼業界はシューマン・プランを支持していた。ただし同時に、鉄鋼業界は、調整の主体が高等機関のみに限定されることには反対し、調整に対する経営者ないし経営者団体の影響力を確保することを目指した。この点について鉄鋼業界は、最終的に、とりわけECSCの行政機構の人事を通じて利益代表を派遣したが、十分な成果をおさめたわけではなかった。そのため、鉄鋼業界は統合モデルの修正を追求した。

鉄鋼業界は、鉄鋼業がその他の産業部門と密接に関連していることからも全産業部門の包摂を重視するとともに、カルテル的な調整に対する産業界の影響力の強化に腐心した。したがって、鉄鋼業界にとってのヨーロッパ統合のあるべき姿とは、全産業部門を包摂し、必要とあれば産業界の協調を軸に調整される共同市場であった。

他方、産業界全体はシューマン・プランに「独仏和解」という政治的な意義を見いだしており、シューマン・プランの政治的な重要性に対する認識は産業界において共有されていた。しかし、産業界全体は高等機関の強大な権限に懸念を抱き、シューマン・プランの枠組みに対して批判的でさえあった。そのため、産業界全体は統合モデルの転換を追求した。

産業界全体は、輸出に利害関心を寄せていたことから、OEECを基盤とした包括的な自由化に主眼を置いた。ただし同時に、産業界全体は、市場の統一性を担保するための政策調整の必要性も認識していた。したがって、産業界全体にとってのヨーロッパ統合のあるべき姿とは、包括的な自由化を通じて創出され、政策調整を通じて補完される共同市場であった。その意味では産業界全体のビジョンはOEECモデルとECSCモデルのジンテーゼであった。

産業界全体のビジョンは、「強い」超国家機関が市場における民間の企業活動の自由に干渉しうるためエアハルトのビジョンと対立する可能性もあったが、官僚層のヴィジョンとは総じて一致しており、EEC構想とも親和性があった。このことも考慮すれば、OEECモデルとECSCモデルのジンテーゼという産業界全体のビジョンが、「再開」されたヨーロッパ統合の原像であったと評価することができる。

しかし、ヨーロッパ統合がEECによって「再開」されたとはいえ、統合モデルが一元化されたわけではなかった。では、ECSCとEECが、異なる統合モデルとして並存したことについてどのように解釈すべきであろうか。最後にこの点について、鉄鋼業界と産業界全体のシューマン・プランへの対応あるいはヨーロッパ統合構想の異同について検討することを通じて若干、考察しておきたい。

鉄鋼業界も産業界全体も部門統合に対して否定的であり、全般的統合への移行を志向していた。しかし、両者の立場は市場のあり方をめぐって大きく異なっていた。鉄鋼業界は、たしかに経営者ないし経営者団体の影響力の確保という点でも統合モデルの修正を追求したが、鉄鋼業界にとってのシューマン・プランならびにECSCの経済的な意義であるカルテル的な調整を軸に共同市場を秩序立てるという理念を維持していた。それに対して、産業界全体は、可能な限りの自由化と必要な限りの政策調整を通じて共同市場の秩序を確立するという理念を有していた。これらのことから、ＥＣＳＣとＥＥＣという異なる統合モデルの並存は、鉄鋼業界と産業界全体の市場観の差異を反映していたと考えられる。したがって、鉄鋼業界と産業界全体の市場観の相違の帰結がヨーロッパ統合の複線的な展開であったと評価することができる。

〈注〉

(1) 廣田は社会的アクターの一つとして、経済学者だけではなく「エンジニア・エコノミスト」や経済評論家も含むエコノミストを取り上げ、一九二〇―四〇年代のヨーロッパ統合に関するフランス・エコノミストの言説について検討している(廣田二〇〇六)。

(2) ＥＣＳＣ成立の全体像に関する研究としては、Milward 1984: 362-420; Gillingham 1988, 1992 がある。また、日本における経済史の代表的な研究としては、廣田一九九一、小島一九九二、石山一九九三がある。

(3) ＥＥＣ構想については、小島二〇〇七、二九二―三一一頁参照。

(4) このアプローチによる先行研究としてはベルクハーンの研究およびビューラーの研究が挙げられ、彼らの研究が本章の前提となる。Berghahn 1985 および Bührer 1986, 1993 参照。また、ヨーロッパ統合に対する西ドイツ産業界の長期的な取り組みについて日本語で読めるものとしては、ビューラー二〇〇九がある。

(5) 本章では「産業界」と表記する場合と「産業界全体」と表記する場合があるが、それは、鉄鋼業界を含む総体としての産業界を意味する場合には前者の表記を用い、鉄鋼業界の立場が相対化されている、あるいは、鉄鋼業界以外の諸産業部門に比重が置かれている場合には後者の表記を用いるというように便宜的に使い分けているためである。

(6) 連合国法令二七号についてはアメリカ高等弁務官ジョン・Ｊ・マックロイ(John J. McCloy, 1895-1989)と西ドイツ首相コンラート・アデナウアー(Konrad Adenauer, 1876-1967)が交渉し、西ドイツが大幅に譲歩して、一九五一年三月一四日に西ドイツ政府案として次のような妥協案を提示した。第一に、一二の鉄鋼企業から二四の鉄鋼企業が新設されることになった。ただし、最終的には、当初の予定より一社少ない二三社が新設された。第二に、一二の鉄鋼企業については炭鉱所有が認められるが、所有する炭鉱からの石炭供給がそれぞれに必要な石炭量の七五%に制限されることになった。第三に、一九五二年一〇月一日までにＤＫＶが六つの販売会社に分割されることになった(Griffiths 1988: 64; Warner 1996: 38-40; 戸原一九七四、一四一頁、山本二〇〇二、四九一頁)。また、連合国法令二七号に関する問題の解決とともに、共同体条約への反カルテル条項および反企業集中条項の導入に関する問題も解決された。これらの問題についてはシューマン・プランに関する交渉の最大の争点であったことから、さらに検討を加える必要があるが、別稿の課題としたい。

（7）フランスの対ドイツ政策については、上原一九九四参照。

（8）ルール国際機関の設立過程については、中屋二〇〇六参照。

（9）Bundesarchiv Koblenz (BA), Bundeskanzleramt (B136), Bd. 2474, Schreiben der WVESI an Adenauer vom 11. 12. 1950.

（10）Politisches Archiv des Auswärtigen Amts (PAAA), Sekretariat für Fragen des Schuman-Plans (B15), Bd. 47, Schreiben der WVESI an Blankenhorn vom 27. 10. 1951, Anl., WVESI (Hg.) (1951), *Untersuchung zum Schuman-Plan*, C. u. P. Meister, S. 49–50.　この『シューマン・プラン研究』は、ＷＶＥＳＩが、西ドイツ政府あるいはシューマン・プランに関する交渉にあたる西ドイツ代表団に提出することを前提にその都度作成した文書や資料のうち、残されていたものを一つにまとめて一九五〇年一〇月に刊行したものである。

（11）鉄鋼共同市場が開設されたのは一九五三年五月のことであった。

（12）PAAA, B15, Bd. 47, a. a. O., S. 20.　ＩＲＧは、一九二六年にドイツ、フランス、ベルギー、ルクセンブルク、ザールによって結成された国際鉄鋼カルテルであり、生産調整を実施した。ＩＲＥＧはＩＲＧを引き継ぐかたちで一九三三年に結成され、国内の生産および販売に関しては各加盟国の裁量に委ね、域外への輸出に関して輸出市場の割当と輸出価格の調整を実施した。また、ＩＲＥＧにはのちにイギリスも加盟した。さらに、ＩＲＥＧは、限定的であったとはいえアメリカとさえ協調関係にあった。ＩＲＧおよびＩＲＥＧについては、工藤一九八三および中垣二〇〇〇参照。

（13）Ebd., S. 26.

（14）Ebd., S. 20.

（15）Ebd., S. 20–21.

（16）BA, B136, Bd. 2474, a. a. O.

（17）Ebd.

（18）パリ条約については、金田一九七五、四四六—四六八頁参照。

（19）ＥＤＣ構想の起点となったのは「プレヴァン・プラン」であった。それは、朝鮮戦争の勃発を受けてアメリカが、西ドイツに再軍備を認め、西ドイツ軍を各国と対等の立場で西ヨーロッパの防衛に寄与させることを提案したことに対して、フランスが、超国家機関によって管理されるヨーロッパ軍を創設するために提案したものであった。フランスの狙いは明らかに、ヨーロッパ軍に西ドイツの軍事力を編入しつつ、西ドイツに独自の軍隊を創設させないことであった（小島一九九五、一九九—二〇〇頁）。

（20）Horst Möller und Klaus Hildebrand Hg. (1997), *Die Bundesrepublik Deutschland und Frankreich: Dokumente 1949–1963, Band 2, Wirtschaft* (BDFD2), G. K. Saur, Dok. Nr. 288, Geschäftsführender Gesellschafter von „Klöckner&Co." Henle an

Bundeskanzler Adenauer, 1. 4. 1954.

(21) 欧州共同体規約に関する条約草案については、小島一九九五、二〇七―二一一頁参照。

(22) BDFD2, Dok. Nr. 285, Geschäftsführender Gesellschafter von „Klöckner&Co." Henle Aufzeichnung, 24. 3. 1954.

(23) BDFD2, Dok. Nr. 288.

(24) Ebd.

(25) BA, B136, Bd. 8357, Schreiben Sohls an Adenauer vom 3. 4. 1954.

(26) BDFD2, Dok. Nr. 287, Geschäftsführender Gesellschafter von „Klöckner&Co." Henle, Aufzeichnung, 30. 3. 1954.

(27) BA, B136, Bd. 8357, a. a. O.

(28) Verein Deutscher Eisenhüttenleute Hg. (1954), *Stahl und Eisen: Zeitschrift für das deutsche Eisenhüttenwesen*, 74. Jahrgang 1954, Verlag Stahleisen M. B. H., S. 804.

(29) BDFD2, Dok. Nr. 287.

(30) BA, B136, Bd. 8357, a. a. O.

(31) BDI Hg. (1954), *Fünf Jahre BDI: Aufbau und Arbeitsziele des industriellen Spitzenverbandes*, Heider-Verlag, S. 173-179.

(32) BA, B136, Bd. 3956, Schreiben des BDI an Adenauer vom 26. 3. 1952, Anl., Entschließung des BDI zur Frage weiterer wirtschaftlicher Teilunionen.

(33) BDI Hg. (1954), *a. a. O.*, S. 150.

(34) BA, B136, Bd. 3956, a. a. O.

〈引用・参考文献〉

石山幸彦（一九九三）「シューマン・プランとフランス鉄鋼業（１９５０―５２年）――ヨーロッパ石炭鉄鋼共同体の創設」『土地制度史学』第一四〇号、農林統計協会、一―一六頁。

上原良子（一九九四）「フランスのドイツ政策――ドイツ弱体化から独仏和解へ」油井大三郎・中村政則・豊下楢彦編『占領改革の国際比較――日本・アジア・ヨーロッパ』三省堂、二七四―三〇〇頁。

加藤浩平（一九九五）「欧州統合と独仏の経済関係――ヨーロッパ石炭鉄鋼共同体の成立」専修大学社会科学研究所『社会科学年報』第二九号、公人社、九七―一二四頁。

金田近二編（一九七五）『国際経済条約』ダイヤモンド社。

工藤章（一九八三）「国際粗鋼共同体（１９２６―１９３２年）とドイツ鉄鋼業」東京大学教養学部社会科学科『社会科学紀要』第三二

輯、東京大学出版会、一―七四頁。

小島健（一九九二）「ヨーロッパ石炭鉄鋼共同体の誕生――ベルギーの対応を中心として」『土地制度史学』第一三四号、農林統計協会、一―一六頁。

小島健（一九九五）「１９５０年代前半西ヨーロッパにおける共同市場構想――ヨーロッパ政治共同体設立計画を中心に」広島修道大学商経学会『修道商学』第三五巻第二号、広島修道大学商経学会、一九七―二二三頁。

小島健（二〇〇七）『欧州建設とベルギー――統合の社会経済史的研究』日本経済評論社。

戸原四郎（一九七四）「西ドイツにおける戦後改革」東京大学社会科学研究所編『戦後改革　２国際環境』東京大学出版会、九一―一五一頁。

中垣勝臣（二〇〇〇）「戦間期フランス鉄鋼業の組織化と経営者活動」早稲田商学同攻会『早稲田商学』第三八六号、早稲田商学同攻会、五一―八九頁。

中屋宏隆（二〇〇六）「ルール国際機関の設立――設立交渉における米仏の石炭鉱業管理をめぐる対立と妥協を中心に」京都大学経済学会『経済論叢』第一七七号第五・六巻、京都大学経済学会、七一―八九頁。

廣田功（一九九一）「「戦後改革」とフランス資本主義の再編」『土地制度史学』第一三一号、農林統計協会、四三―五一頁。

廣田功（一九九八）「フランスの近代化政策とヨーロッパ統合」廣田功・森建資編著『戦後再建期のヨーロッパ経済――復興から統合へ』日本経済評論社、一三三―一七二頁。

廣田功（二〇〇六）「ヨーロッパ統合構想の展開とフランス経済学（１９２０―４０年代）」廣田功編『現代ヨーロッパの社会経済政策――その形成と展開』日本経済評論社、九三―一二一頁。

ビューラー、ヴェルナー（二〇〇九）「ドイツ産業界の最高団体と１９４５年以降のヨーロッパ――動機・構想・政策」田中延幸訳、廣田功編『欧州統合の半世紀と東アジア共同体』日本経済評論社、一二五―一五四頁。

フリダンソン、パトリック（二〇〇五）「ヨーロッパ統合におけるフランス――政治家のヨーロッパか、企業のヨーロッパか（１９２０―９０年）」廣田愛理訳、木畑洋一編『ヨーロッパ統合と国際関係』日本経済評論社、三五―五二頁。

山本健（二〇〇二）「ヨーロッパ石炭鉄鋼共同体（ＥＣＳＣ）の成立をめぐる国際政治過程　１９５０―５１年――仏・米・西独関係を中心に」一橋大学大学院法学研究科『一橋法学』第一巻第二号、一橋大学大学院法学研究科、四七四―四九三頁。

Berghahn, Volker (1985), *Unternehmer und Politik in der Bundesrepublik*, Suhrkamp.

Bührer, Werner (1986), *Ruhrstahl und Europa: Die Wirtschaftsvereinigung Eisen- und Stahlindustrie und die Anfänge der europäischen Integration 1945-1952*, R. Oldenbourg Verlag.

Bührer, Werner (1993), "Die Montanunion - ein Fehlschlag? Deutche Lehren aus der EGKS und die Gründung der EWG," in: Gilbert Trausch (Hg.), *Die Europäische Integration vom Schuman-Plan bis zu den Verträgen vom Rom: Pläne und Initiativen, Enttäuschungen und Mißerfolge: Beiträge des Kolloquiums in Luxemburg, 17. -19. Mai 1989*, Nomos Verlag, S. 75-90.

Gillingham, John (1988), "Solving the Ruhr Problem: German Heavy Industry and the Schuman Plan," in: Klaus Schwabe (Hg.), *Die Anfänge des Schuman-Plans 1950/51: Beiträge des Kolloquiums in Achen, 28. -30. Mai 1986*, Nomos Verlag, S. 399-436.

Gillingham, John (1992), *Coal, steel, and the rebirth of Europe, 1945-55: The Germans and French from Ruhr conflict to economic community*, Cambridge University Press.

Gillingham, John (1995), "The European Coal and Steel Community: an object lesson," in: Barry Eichengreen (ed.), *Europe's post-war recovery*, Cambridge University Press, pp. 151-168.

Gillingham, John (2003), *European Integration 1950-2003: Superstate or New Market Economy*, Cambridge University Press.

Griffiths, Richard T. (1988), "The Schuman Plan Negotiations: The Economic Clauses," in: Klaus Schwabe (Hg.), *Die Anfänge des Schuman-Plans 1950/51: Beiträge des Kolloquiums in Achen, 28. -30. Mai 1986*, Nomos Verlag, S. 35-72.

Milward, Alan S. (1984), *The Reconstruction of Western Europe 1945-51*, University of California Press.

Warner, Isabel (1996), *Steel and sovereignty: The deconcentration of the West German steel industry, 1949-54*, P. von Zabern.

第七章　日欧貿易摩擦の交渉史

――アクターとしての労働組合・欧州委員会・域外パワー、一九五八―一九七八年

鈴木　均

はじめに(1)

「イギリスはかつて世界一の国だった。そのころ、誰が今日のみじめなイギリスを想像しただろうか。……日本もいつかは、韓国とか、中東、アフリカといった国々に追い上げられ、今のイギリスのような苦しい立場におかれる時が来るかもしれない。……その時、日本は今のわれわれの気持ちをはじめて理解するだろう。」(JETRO 1978: 29)(2)

「うれしいじゃないか。日本の飛行機も遅れることがあるなんて。自分の国に帰ったような、アットホームな気持ちだ。わが国では、毎日こうだからね。」(JETRO 1978: 30)

これら二つの寸評は、一九七七年六月、ヨーロッパ一一カ国の記者三一名をジェトロ（日本貿易振興機構）と日本

航空の共催のもとで日本に招いた際に、ヨーロッパ側の記者が述べたものである。石油危機後の混乱で先進各国の経済が混乱するなか、日本は輸出主導の景気回復を目指して米欧への輸出を急増させ、これが貿易摩擦に発展した。冒頭で引用した二つのコメントは、ヨーロッパ側から漏れた日本についての本音であろう。「日本の飛行機も遅れることがあるなんて」という言葉に表れているように、日本人は必死に働き続けることで戦後復興を成し遂げ、日本を世界有数の経済大国に押し上げた。日本は石油危機からいち早く回復し、バブル経済が崩壊するまで右肩上がりの成長を続けた。一方でヨーロッパ諸国は石油危機以降、低成長、国際競争力の伸び悩み、失業率の高止まりに悩み、そのフラストレーションを、好調な輸出を続ける日本(企業)に向けた。しかし九〇年代に入り、当の日本も「失われた一〇年」と言われるほど経済成長が鈍化した。より一層激しさを増した国際競争と、これに伴うコスト削減圧力により、企業の国内生産機能は中国などのアジア諸国に転出し、国内雇用は現在も低迷している。国民の生活水準や安定が揺らぐのは、その国が衰退期に入り始めた兆候の一つなのであろうか。日本が今後どのような成長モデルを用意できるのか、依然として不透明である。このような状況で、「その時、日本は今のわれわれ(イギリス)の気持ちをはじめて理解するだろう」という言葉に触れると、耳が痛い。高度成長を続けた一九六〇年代から一九八〇年代の時期に、われわれは何か重要な教訓を拾い損ねたのではないだろうか。

日欧貿易摩擦、あるいは(交渉当事者の名前を用いて呼べば)日EC・EU貿易摩擦の緩和と解消は[3]、これまで日欧の歴史記述のなかでどのように描かれてきたのか。日本におけるヨーロッパ統合史あるいはヨーロッパ国際関係史の記述のなかに、日本という国がアクターとして登場するのは稀である(遠藤二〇〇八、渡邉二〇〇二)。登場する主な域外国は、アメリカ、ロシア(ソ連)、アフリカ、中・東欧諸国である。これらの域外国は、ヨーロッパ内発の統合に「準内部者」のようなかたちで影響を与えた国、あるいは(ほぼ)直接国境を接する国々である。ヨーロッパ統合が、ヨーロッパ諸国の国際関係のなかで生まれたものであり、それを支える理念や思想もヨーロッパ内で育まれたものであることを考えれば(遠藤二〇一〇、板橋二〇一〇、鈴木二〇〇五)、これは自明なことである[4]。日

ＥＣ・ＥＵ関係について扱った日本語の著書は、貿易摩擦の起きた時期およびその直後に多く、わが国ではこのテーマが時事問題として扱われてきたことがわかる（田中一九九八、中西・田中・中井・金子一九九六、田中・河野・長友一九九四、石川一九九四）。これらの本の著者は摩擦の激しさをそのまま著書に持ち込み、ＥＣ・ＥＵ側がいかに保護主義的な対日差別措置を頑なに守り続けてきたのかを列挙している。差別的措置が存在したことは事実ではあるが、日本側にも輸入障壁として機能する規制や慣行が多かった事実が、これら著書からは十分に伝わってこない。より重要な点は、貿易摩擦とその解消の歴史がＥＣ・ＥＵの発展に対してどのような役割を果たしたのか、分析がないことである。[5] 時事問題を日本の読者に紹介する性格上、これはやむをえないことである。貿易摩擦の歴史について最もバランスの取れた記述を残しているのは外交経験者である（大平二〇〇二、二〇〇七）。事実関係をわかりやすく把握できる反面、記述は総論的であり、学問的に踏み込んだ議論や問題提起は少ない。最近は日ＥＣ・ＥＵ関係に章を割かない著書もある（田中・小久保・鶴岡二〇〇七）。

日本側からの積極的な発信が少ない「怠惰」を知ってか知らずか、ヨーロッパ諸国におけるヨーロッパ統合史およびヨーロッパ国際関係史の記述には、日本とＥＣ・ＥＵの関係を扱ったものが極端に少ない。何故なのか。摩擦当時の日本側の主張を振り返ると、「ヨーロッパは日本を誤解している」「ヨーロッパの産業競争力が日本より劣っているのが悪い」「それを盾に日本に輸出自粛をせまるのは間違っている」など、「ヨーロッパ側の間違いや遅れ」を徹底的に攻める姿勢が目立つ。一九八〇年代以降、ヨーロッパ諸国の企業は「日本的経営」を研究して取り入れるなどの努力を重ね、日米の競争力に追いすがった。当時の日本の主張は間違ってはいないのだろう。しかし、「間違いや劣位」を露わにされた歴史を振り返りたくない、という心理が働いても不思議ではない。またそれ以上に、日本側の歴史評価が「勝ち誇った」立場を取り続けるのは無理がある。今日の日本の深刻な国内雇用情勢なども含め、現在に至る問題の全体像を評価する際に、「どちらが勝った、負けた」という単純な議論では片付かない、一筋縄ではいかない含意があるからである。[6] 日ＥＣ貿易摩擦の歴史を、より広い学問的な文脈のなかに位置づけなおす必要がある。そしてこれをヨーロッパ側に提起し、議論を重ねながら歴史記述のなかに定着させていく努力を続けなければならない。例えば、日本との貿易摩擦を緩和し解消に向かわせた歴史は、EC・EUの制度的な発展と国際的なプレゼンスの向上に一定の役割を果たした、という議論が可能なのではないか(Suzuki 2009b, 2010c)。日欧双方の努力によって日EC貿易摩擦が解消に向かった歴史が、EC・EUのグローバル・アクターとしての浮上を助けたのではないか(鈴木一人二〇〇九；Suzuki 2009b; Rogers 2009; Ueta and Remacle 2005; Bretherton and Vogler 1999)。EC・EUにとって、日本との関係にどのような利用価値がある(あった)のか、そして日本にとり、EC・EUとの関係が何をもたらす(もたらした)のか、より具体的に考える基礎を用意することができよう。

では何故、日EC・EU貿易摩擦の歴史を題材に、日欧双方のあいだで学問的な対話が必要なのか。すでに紹介したように、日本におけるヨーロッパ統合史あるいはヨーロッパ国際関係史の記述のなかに日本が登場するのは稀である。しかしこれはヨーロッパにおける統合史研究にも該当することである。歴史記述のなかに登場するのは、ヨーロッパ統合を支持し、自らもイニシアティブを試みたアメリカ合衆国、ヨーロッパ諸国の植民地であったアフリカ諸国、外敵としてのロシア(ソ連)、そしてソ連崩壊後にヨーロッパに「回帰」した中・東欧諸国である。しかし、一九六〇年代終盤から一九九〇年代前半まで貿易摩擦を経験した日本、アフリカ諸国と同様に植民地であった東南アジア諸国とインド、農業問題で対立を続けたオーストラリア、ニュージーランドなどは、ほとんど登場しない。現在、EUおよび加盟各国政府が中国に目を向け、「戦略的パートナーシップ」という名のグローバル戦略を昨今アジア太平洋地域に積極導入していることを考えると、ヨーロッパにおける統合史研究は早急に「グローバル化」し、研究対象の地理的範囲を拡大する必要がある。現在のEUが、いつ、何故、どのような背景と経緯から、グローバル・アクターとしての自己像と戦略を持つに至ったのかを明らかにしていかなければならない。しかし現在までの学界の成果・蓄積では、これを十分に説明できないのである。

具体的に、何を題材に、どのような歴史研究をするのか。この章では、日本とＥＣ（主に欧州委員会）およびＥＣ加盟国政府に加え、生産と貿易の現場に携わる企業の経営団体と労働組合にも注目する。[7] 貿易摩擦解消に向けた交渉は、加盟各国の外相が集まる外相理事会の承認のもと、欧州委員会が一括して交渉した。[8] このなかで特に注目するのは、欧州委員会の交渉担当者のなかに、各国経済省、通商省や有力企業の経営出身者のみならず、労働運動出身者も含まれていたことである。日本側の輸出急増によって欧州の失業者が急増した、というロジックは、労組出身で高位の欧州委員会交渉担当者が持ち込んだ対日説得ロジックだったのである。貿易収支不均衡問題をヨーロッパの社会問題に「すり替え」つつ、日本外務省、通産省および経団連に譲歩を迫る交渉戦術は、対日交渉のなかで一定の役割を果たし、徐々に日本側に受容されたのである。このように、社会的アクターおよびその出身者に注目することで、政府間交渉のみ分析する古典的な外交史とは違った視点から、貿易摩擦の交渉史を分析したい。

この章は、三つの節と結論からなる。第一節「戦後復興から輸出へ」では、日欧がともに戦後復興を成し遂げた後、日本が徐々にＥＣ加盟国への輸出を増やし、次第に脅威として認識されるに至った経緯を分析する。特にＥＥＣの域内関税撤廃に関する議論において、そして欧州委員会による日系企業の調査において、日本をはじめとする域外国がどのように見られていたのかを、労組出身者およびそれに近い立場の委員の議論に注目して明らかにする。また一九六〇年代の日本の繊維製品輸出において、一部のＥＥＣ加盟国が懸念を示し始めていたことにも注目し、この時期の域内の対日懸念に温度差があったことから、日本脅威論が大勢を占めるに至らなかったことを確認する。

第二節「潜在的対立から日ＥＣ貿易摩擦への発展」では、一九七〇年一月に始動したＥＣの共通通商政策と、第一次石油危機を境に悪化した日ＥＣ通商交渉に注目する。日本との貿易収支赤字が急速に拡大したため、（西）ドイツを除くＥＣ加盟国は対日強硬姿勢に転じ、二国間の対日セーフガードをＥＣ全体に適用することや、日本の輸出自主規制を求めた。しかしＥＣの行政府である欧州委員会はこれに与せず、日本の輸出を抑制するのではなく、ＥＣの対日輸出を増やすことで不均衡を解消するよう訴えた。日本は輸入障壁を撤廃することと、欧州企業の対日輸出促進を手伝うよう求められた。

第三節「対日強硬姿勢と柔軟姿勢の交錯と、一応の決着」では、一九七六年から七七年にかけて一つのピークを迎えた日ＥＣ貿易摩擦と、これを一旦鎮静化させるために欧州委員会、外務省、通産省、経団連が行った交渉に注目する。一九七七年以降の交渉のなかで、欧州委員会はそれまで採用してこなかったロジックを用いて日本側に譲歩を迫った。「日本の輸出によって欧州の失業者が急増した」というロジックは、労組出身の委員が持ち込んだものであり、これを機に通産省と経団連は、日本の工場から完成品を輸出するのではなく、ＥＣ域内に現地工場を建てることで日本からの輸出を減らす(と同時にＥＣ域内の雇用を生む)策を検討し始めた。一九七八年三月の共同コミュニケにより、日ＥＣ貿易摩擦は一時的に鎮静に向かった。

第一節　戦後復興から輸出へ

ＥＣＳＣからＥＥＣへ

一九五二年八月に発足した欧州石炭鉄鋼共同体(ＥＣＳＣ)は、西側陣営の結束を固め、特にドイツを西側に引き留めつつ、西欧諸国の戦後復興を実現するために発足した。フランス、ドイツ、イタリア、オランダ、ベルギー、ルクセンブルク政府は、石炭と鉄鋼にかかわる国家主権を放棄し、これら二つのセクターにおける意思決定をＥＣＳＣに委ねた(遠藤二〇〇八、島田二〇〇四、廣田・森一九九八：Spierenburg and Poidevin 1994)。これにより、独仏間で二度の世界大戦を引き起こした石炭・鉄鋼資源の奪い合いに終止符が打たれ、速やかに経済復興を遂げることができた。またＥＣＳＣは意思決定過程のなかに加盟国政府出身者のみならず、経営や労組出身者をも迎え入れ、様々な利害関係者の意向を政策に反映させた。特に非共産系の労働運動出身者が意思決定に加わったことは（鈴木二〇〇六；Suzuki 2009a）、労働運動の急進化とこれに伴う生産停滞を回避した意味で、ヨーロッパ・レベルの戦後合意（階級和解）として機能した（鈴木二〇〇九；Suzuki 2010b）。

こうして安定的な経済復興モデルを獲得した西欧諸国に対し、域外国はどのように反応したのか。同盟国であるアメリカはいち早くＥＣＳＣを認知して外交関係を立ち上げ、日本もこれに従った。アメリカはヨーロッパ統合を支持し続け、ＥＣＳＣに融資を行うなどのかたちで支援した。一方、日本は朝鮮戦争勃発以降、急速に戦後復興を遂げたが、一九五〇年代に日欧が貿易摩擦のかたちで対立することはなかった。日本の対欧輸出が少なかったからである。ＥＣＳＣ加盟六カ国は、ヨーロッパ統合を進めることが戦後復興に直結していたため、これに専念したのである。

西欧諸国の戦後復興は比較的順調であったが、ＥＣＳＣの発足から五年が経つと、石炭と鉄鋼に限定した地域統合の限界が指摘されるようになった。石炭と鉄鋼にかかわる決定がヨーロッパ・レベルで行われる以上、石炭と鉄鋼を買う立場にある消費産業や関連産業に関する決定もヨーロッパ・レベルで行わない限り、復興のペースが上がらなかったのである。加盟六カ国の政府は交渉の末、一九五七年三月にローマ条約に署名し、翌年一月にＥＥＣとＥＵＲＡＴＯＭを発足させた。新しく発足したＥＥＣのもとでは、ヒト、物、サービス、カネの移動が原則自由とされた。ＥＥＣは域内の自由貿易を実現するため、各国毎に異なる関税を漸次撤廃して関税同盟を完成させることとなった。

日本の戦後復興と台頭

ＥＥＣおよび加盟六カ国は当初、日本を「通商上の脅威」とみなさなかった。しかし一九六〇年代に入って日米安保問題が決着すると、日本は池田勇人内閣の掲げる「所得倍増計画」のもとで急速な経済成長を遂げ、海外市場への輸出を急増させた。アメリカのみならず、EEC加盟国も日本の輸出増加に対して警戒心を持ち始めた。日本は一九五五年にGATTに加盟し、翌年一二月に国連加盟を果たし、一九六四年四月にはOECDに加盟した。こうして日本は先進国の仲間入りを果たし、国際社会のなかでの存在感を増したが、同時に、新たに台頭する脅威と見られるようになった。EEC域内の対日脅威認識は、いつ、どのようにして生まれたのか。またそれは、EECのなかでどの程度共有されていたのか。EECの行政府である欧州委員会、および委員会による共通政策の立案に対してインプットを行ったEECの欧州議会（およびECSCの経済社会評議会、ECOSOC）に注目して明らかにする。欧州議会もECOSOCも決定権限は持たず、「諮問を受ける」のみであった。しかしこれら諸機関には労組出身者が多く参加しており、会合において欧州委員会の政策文書に対して意見や要望を出し、これを受けて委員会が政策の内容を変更することも珍しくなかったのである。

一九六一年の時点で、EEC域内の議論には「域外脅威としての日本」は登場しない。政策議論は、域内の関税削減・撤廃と、これに関連する最もセンシティブなセクターである農産物の関税に費やされた[9]。議論のなかに登場する域外国は、米ソ両大国のみである[10]。GATTのケネディ・ラウンドが開かれると、政策議論の焦点は、域内問題から域外国にシフトし始めた。ケネディ・ラウンドでの交渉結果が、EECの共通農業政策に大きな影響を及ぼすからである。欧州委員会はハルシュタイン（Walter Hallstein, 1901-1982）委員長のもとで「イニシアティブ64」という行動計画案を作成した。これは、ケネディ・ラウンドの交渉を優位に進めつつ（つまり域外からの農産物輸入の自由化を先延ばしにすること）、農産物や工業製品の域内関税を漸次撤廃する行動計画であった。ハルシュタイン委員長は理事会に対して行動計画を提案する前に、ECOSOCに意見を求めた[11]。ECOSOCにおける議論は、ECOSOC議長のもと、一八人からなるアド・ホックな下部委員会において行われた[12]。下部委員会のための文書作成および議論のとりまとめは、ECOSOC内の労組出身メンバーが行っていた。その人物こそが、ドイツ労働総同盟（ＤＧＢ）出身のヴィルヘルム・ハーファーカンプ（Wilhelm Haferkamp, 1923-1995）だった。彼は後に、日ＥＣ貿易摩擦がピークを迎えた一九七七年、欧州委員会副委員長、兼対外関係担当として、日本側と交渉する人物である。

下部委員会は一九六四年一一月からイニシアティブ64についての議論を始めた。最初に、ＥＥＣ域内で加盟国毎に設定されている関税を漸次撤廃する具体的な日程と削減率が話し合われた[13]。農産物に関する価格と関税についても議論されたが、この時点でケネディ・ラウンドについての言及は見あたらない。域内関税撤廃の日程と削減率について合意ができると、次の会合で初めてケネディ・ラウンドが議論に上り、域外国に対してＥＥＣ加盟国が結束する必要が強調された[14]。「保護条項」についての議論もこの時点で登場した。まずは域内の行程について意見を一致させ、その内容に沿うかたちで域外との関係を議論する、という順番でＥＥＣ内の政策議論が進んだのである。

域外の第三国との関係が議題に登場すると、下部委員会のメンバーからは「共同体を単なる自由貿易圏にとどめることなく、各国経済を統合した真の経済共同体へと向かわせるべき」との文言を挿入する動議が出された[15]。しかし他のメンバーからは域外国に対する強い警戒心が表明され、域外の「低価格国」に対する保護措置、アンチ・ダンピング措置[16]、など、一九七〇年代以降の貿易摩擦で日本も対峙することになる言葉が多く登場するようになった。これらの修正動議は行動計画全体の方向性を大幅に変えるインパクトを持たなかったが、政策議論のなかで域外国が登場したタイミングと文脈は興味深く、日本との通商関係においても同様の展開があったことを推測させる。イニシアティブ64に対する意見書は一九六四年一二月九日にＥＣＯＳＯＣにおいて採択され[17]、ハルシュタイン委員長に送られた。ハーファーカンプはイニシアティブ64の業務を終えた直後の一九六五年一月二七日に、域内の経済調査・景気観測を行うＥＣＯＳＯＣ下部委員会の委員長に指名された[18]。欧州委員会の経済関連政策を策定する際に不可欠な経済統計の算出を、労組出身者が担当することになったのである。この下部委員会は、域外との通商関係も担当していた。[19]

対日脅威認識

イニシアティブ64には、依然として「通商上の脅威」として日本は登場しなかった。しかしＥＥＣ域内には、日本の台頭を警戒する見方が徐々に出はじめていた。その一つは欧州委員会内部で生まれ、もう一方は一部の加盟国政府であった。欧州委員会内部では、労組出身者が多い社会問題総局が、対外関係総局と合同で日系企業の競争力について社会的見地から調査を行った。[20]一九六五年に作成された調査報告は、日本とＥＥＣ加盟国の労働人口、賃金、労働時間、労働生産性に加え、ＩＬＯ条約批准件数、労働運動の実態、労働者の教育水準、大企業と系列の中小企業の待遇差など、日欧の労働条件を包括的に比較している。五〇頁近いこの報告書は、日本経済が大企業に加え、非常に多くの系列中小企業によって支えられており、後者が低い賃金などによって低価格の製品を製造することができ、これを系列親会社に納める構造になっていると分析する。報告書はＥＥＣと日本の賃金コストには依然として大きな差があると結論し、日本企業の競争力と、これを生み出す労働条件を批判的なトーンで紹介している。欧州委員会の一部のメンバーが日本に対して警戒心を抱き始めていたと言える。

一方、より明確に対日脅威を抱き始めたのは、加盟国政府であった。一九六〇年代の日系企業は、特に繊維、鉄鋼、造船において海外市場でのシェアを伸ばし、これが次第にアメリカと日本のあいだで貿易摩擦に発展していった。それでもなお、ＥＥＣ諸国のなかには日本の急成長と日米貿易摩擦を「対岸の火事」のように静観する国もあった。日本の対欧輸出が依然として少なかったためであり、加えてヨーロッパ経済も順調だった。しかし好調な日本の輸出を黙認していたのは、ＥＥＣのなかでも比較的大きな国であるドイツ、フランス、イタリアであった。対照的に、「小国」であるオランダ、ベルギー、ルクセンブルクは、日本製品の進出に神経を尖らせ始めていた。一九七〇年代の石油危機以降、ヨーロッパ全土において対日感情が急速に悪化した端緒がここにあったと言っても過言ではない。「大国」であるドイツ、フランス、イタリアにとって、日本の急激な成長とヨーロッパ市場への進出は懸念材料となり始めてはいたが、自国の堅調な経済成長と、これを支えるヨーロッパ統合の行方のほうが大切だったのである。無論、ベネルクス三国にとってもヨーロッパ統合の行方は大切だったが、彼らにしてみれば、日本の急激な対欧進出は、すでに自国の経済成長と自国産業の生き残りに対する明白な脅威となり始めていたのである。大国と小国のあいだに日本から受けた「被害」をめぐる認識の差が生まれ、次第に大きく開き始めていたのである。一九六〇年代半ばの時点ですでに、ＥＥＣ内部に相当の温度差が生まれていたのである。

一九六三年三月、欧州委員会の通商問題担当者と加盟国政府代表とのあいだで、日本の繊維製品の輸出に対してセーフガードを発動するべきか否かについて激しいやり取りが行われた[21]。オランダを筆頭に、ベルギーとルクセンブルクの代表は日本製品の排除を主張した。日本の輸出によって自国の繊維産業が深刻な打撃を蒙り、合理化によって失業者が急増する恐れがある、という主張であった[22]。対して、ドイツを筆頭に、フランスとイタリアの代表の態度は比較的冷めており、「ベネルクス三国が要求していることはＧＡＴＴおよびＥＥＣ域内の自由貿易原則に反するものである」と窘めた[23]。結論としてドイツ、フランス、イタリアの主張が優先され、日本の輸出に問題はなく、特別な対処もしない、という結論が下された[24]。

一方で日本側には、ＥＥＣ内部の対日感情に温度差が生じ始めているという認識は、この時点ではほとんどなかったようである。「日本の繊維製品の輸出は拒絶されなかった」という漠然とした全体像が存在し、ＥＥＣ諸国への輸出は当面大丈夫、という楽観的な現状認識を生んだ。こうして、ＥＥＣ内部にくすぶる潜在的な対日不信や反発を見逃す（あるいは軽視する）結果となった。通産省と経団連は、欧州委員会と加盟国政府に対して自由貿易原則を守るよう強く求め、「対日差別条項を撤廃するべき」、「戦前のように不当に安い賃金（ソーシャル・ダンピング）によって日本製品が作られているのではない」、「ヨーロッパ諸国は日本を正しく理解していないし、理解しようとしていない」との主張を強めた。通産省には、日本に対して一方的な自由化要求を押し付けてくる諸外国に強く反論しない外務省を、批判的に見る向きがあった[25]。

通産省をはじめとする当時の日本の主張は、間違ってはいない。一九六〇年代、ベネルクス三国は四二品目を保護し、二国間の対日セーフガードを保持した。フランスは四二品目を対日セーフガードで保護した。イタリアには対日セーフガードはなかったが、四八品目を保護した。ドイツは一八品目を保護したが、対日セーフガードを持たなかった。対する日本にも、多くの輸入障壁が残っていた。しかし問題は、日本側の「自由貿易」論の正否ではなかったのである。石油危機以降、EC加盟国、特にイギリス、フランスとイタリアが多用した「日本の輸出攻勢によって欧州諸国の失業率が急上昇した」というレトリックは、すでに六〇年代にベネルクス三国が使っていたのである。その批判のトーンは、先述の欧州委員会社会問題総局の日本調査報告よりも強かった。また、失業に関する議論は、その事実関係が正しいか否かが問題なのではない。これが世論に急速に波及し、日本製品の不買運動など、政府あるいはEEC・ECの手に負えないかたちで爆発し、保護主義の台頭を許すことこそが、最も重要な問題だったのである。これらの事情に加えて、日本側が輸出を自主的に規制することが技術的に難しかった事情も考慮する必要がある。経団連との協議のうえ、通産省の指導のもとに日系企業が輸出量を抑制した場合、輸出カルテルを組んだことになり、これがドイツの反カルテル法に抵触するのである[26]。このような事情も手伝い、繊維問題は一九七〇年代まで決着しなかった。

第二節　潜在的対立から日ＥＣ貿易摩擦への発展

ＥＣの共通通商政策の始動と石油危機

一九六八年七月に関税同盟を完成させたＥＣは、次に域外国との通商関係をヨーロッパ・レベルで統一することを目指した。域内関税を撤廃した後に、域外からの輸入品に共通関税を設定する作業に移ったのである。ＥＣの共通通商政策は一九七〇年一月に始動した。欧州委員会は、加盟国首脳が開く理事会の合意のもとに交渉権限を与えられ、域外国である日本に対する通商政策交渉を担うこととなった。当時のＥＣ加盟国はすべてＧＡＴＴ加盟国であったため、日ＥＣ間の貿易は原則として全品目において自由貿易が実現するはずであった。しかし「センシティブな品目については例外的に制限措置を取ることが許される」という例外規定もあった。日本の輸出商品がヨーロッパ産業に深刻な打撃を与える「センシティブな品目」と認定されると、日本による輸出自主規制や、ヨーロッパ側の輸入監視が行われるため、日本とＥＣのあいだに完全な自由貿易が実現したわけではなかった。

一九七一年のニクソン・ショックと一九七三年末の第一次石油危機をきっかけに、日本を取り巻く情勢が急速に悪化した。それまで日本製品の進出に懸念を示しつつも「寛大に見のがしていた」フランスとイタリアが日本に対する態度を硬化させ、一九六〇年代にベネルクス三国が表明していた対日懸念に同調し始めたのである。自国の経済が急速に悪化し、インフレに悩まされるなか、失業者が急増し、両国政府は態度を硬化させた。失業率の急上昇は、選挙に当選しなければならない加盟各国の与野党議員にとり、頭痛の種となった。また一九七三年にＥＣに新規加盟したイギリスも、自国経済の低迷により、日本の輸出に対して厳しい姿勢で臨まざるをえなかった。ドイツのみ、欧州委員会に近い柔軟な姿勢を守ったが、ドイツ以外の加盟国が日本叩きに没頭するなかで、ドイツも日本の弁護を控えるようになり、多くの個別イシューにおいて態度を留保し続けた[27]。

フランス、イタリアとベネルクス三国は、一九七〇年代初頭のECの対日共通通商政策は、日本の対欧輸出に対する制限と監視を主張した。一九七〇年代初頭のECの対日共通通商政策は、ベネルクス三国およびフランスが保持してきた二国間ベースの対日セーフガードを、共同体全体のものに移行させることを目指していた[28]。しかしドイツの反対もあり[29]、これが理事会において「EC全体の意思」として早急に採択されることはなかった。

一九七〇年五月二六日、ECの理事会は欧州委員会に対し、対日通商交渉において「秩序ある輸出(orderly marketing)」を求めるよう決定した[30]。これは、日本の対欧輸出を何らかのかたちで制限することを意味した。一九七三年一月にECに新規加盟したイギリスも、日本に味方しなかった。イギリスは日本に対し、日本が求める「自由競争」よりも、「公正な競争(fair competition)」をするべきだ[31]、と主張した。いわく、日本製品が急速にヨーロッパ市場に進出し、かつ限られた品目において集中豪雨的に押し寄せたため、自国産業が致命的な損害を蒙ったが、海外市場へのそのような急激で不自然な拡大は「自由原則の濫用」である、と[32]。このようにEC加盟国と日本のあいだのやり取りが厳しさを増した情勢下で、一九七四年に駐日欧州委員会代表部が東京都千代田区三番町に開設された。東京での最初の任務が対日通商交渉であった、と言っても過言ではない。初代代表にはヴォルフガング・エルンスト(Wolfgang Ernst)が就任し、スタッフは二〇名ほどであった[33]。

欧州委員会の対日姿勢

ドイツを除くEC加盟国政府が対日批判(あるいは非難)の大合唱に合流するなか、欧州委員会は、これとは距離を置いていた。駐日欧州委員会代表部は一九七五年一一月に広報誌 *European Community Newsletter* を創刊し[34]、日本政府、財界、世論に対して広くEC(厳密には欧州委員会)の立場やヨーロッパ諸国の現状を伝える広報活動を展開した。ここで注意するべき点は、欧州委員会は日EC貿易「摩擦」という言葉を、ほぼ一度も過去において使っていないことである。『ニューズレター』において欧州委員会は、日欧の「貿易収支不均衡問題」という表現を使い、慎重に(かつ一貫して)「摩擦」という表現を避けている。また、不均衡拡大「傾向」が見られる、という慎重な評価を下している。[35] ここに、欧州委員会の思惑が見え隠れしている。交渉の内容は紛れもなく貿易摩擦の緩和および解消を目指すものであったが、欧州委員会は日本政府および財界に対して刺激的な表現を使うことを避け、日本側の理解を得やすい雰囲気を醸成し、妥協的な姿勢を引き出そうとしていたように見える。欧州委員会の対外関係担当委員同士で回覧された内部文書には、「日本側は対日差別的な取り扱いや言葉遣いに非常に敏感であり、常に細心の注意を払って接するべきである」との警告が明記されており、[36] 代表部が「摩擦」や「危機」などの言葉を慎重に避けた事実と合致する。

EC加盟国政府の側にも、全員で日本を叩くことが「日本を「自由世界の孤児」に追い込むことになる」と主張する慎重派がいた。対日強硬姿勢に転じたフランスにおいても、一九七四年に大統領に就任したヴァレリー・ジスカール・デスタン(Valéry Giscard d'Estaing, 1926-)はこの立場に理解があった。彼が一九七五年にG6サミットを招集した際、サミットの意義を「日本をメンバーとして含めること」だったと評する者もいた。[37] しかし留意すべき点は、自由貿易原則の堅持を主張しつつ、ジスカール・デスタンさえも貿易摩擦の緩和のためには「自由貿易よりも秩序ある輸出(orderly marketing)」を唱えていたことである。[38] 彼は決して日本に対して妥協的な態度を取ったわけでも、日本の輸出増加を歓迎したわけでもなかった。日本は重い課題を突き付けられたのであり、フランスがサミットへ日本を招聘したのも、この状況を日本に知らしめ、促すためであったと見ることもできる(Suzuki 2010a)。

対照的に欧州委員会は、日本の輸出を問題にするのではなく、むしろ輸入(の少なさ)を問題にし、またその原因を日本側の輸入障壁のみならず、ヨーロッパの企業による輸出努力の不足も同時に提起した。[39] 欧州委員会は繰り返し「自由貿易原則の堅持」を表明し、貿易収支の不均衡を解消するために、EC加盟国による日本への輸出拡大を一貫して要求した。[40] この点は、不均衡解消のために日本側の輸出自主規制や欧州側での輸入の数量規制を主張し続けたフランスやイタリアの姿勢と好対照である。ドイツ以外の加盟国政府は、日本との二国間の話し合いで「日本の急激な輸出によって自国の失業者が急増した」と訴えた。[41] しかし欧州委員会はこのような議論に（少なくともこの時点では）与せず、EC加盟国の対日輸出を増やすことに交渉の重点を置き、日本の非関税障壁を撤廃するよう通産省と経団連に求めた。保護貿易ではなく、貿易の拡大均衡による不均衡是正を求めたのである。外務省もこれに同調し、通産省と経団連に対し、委員会との交渉において長期的視野に立って臨むよう、促した。[42] 外務省は決して欧州委員会の主張に全面的に賛成したわけではなかったが、通産省および経団連よりもヨーロッパ側の主張や立場に対して理解を示し始めていた。外務省のなかには、欧州委員会が通商交渉アクターとして自らのプレゼンスを高めようと意図している、という見方があった。[43] 経団連も、個別の案件においては慎重な姿勢を示しつつ、長期的な視点から、EC加盟国が主張するセーフガードを当面は容認する柔軟な姿勢を見せた。[44] ほとんど妥協的な姿勢を示さなかったのが通産省であり、日本側の対応は決して一枚岩ではなかったと言える。

第三節　対日強硬姿勢と柔軟姿勢の交錯と、一応の決着

一九七五年に景気がさらに悪化し、EC加盟国における対日世論は急速に悪化した。この時期の特徴として、摩擦が一度ピークを迎え、それまでは日本の立場に理解を示しつつ交渉を続けてきたドイツ政府とECの欧州委員会が、対日批判の大合唱に一部合流したことである。特に一九七七年一月にロイ・ジェンキンズ（Roy Jenkins, 1920–2003）が欧州委員会の委員長に就任すると、委員会内部の対日文書に強い表現が目立つようになった。これ

は対日交渉にも少なからぬ影響を与えた。同時に、日本政府および経団連による訪欧ミッションが様々なかたちで派遣され、摩擦緩和に向けた具体的な動きが日ＥＣ両サイドで活発化し始めたのも、この時期であった。

一層の貿易不均衡拡大

景気が一段と悪化するなかで、これまで日本に対して慎重に言葉を選びつつ交渉に臨んできた欧州委員会も、懸念を露わにするようになり、[45] 日本国内の対応（非関税障壁の撤廃など）のみならず、通産省と経団連がヨーロッパまで出むいて摩擦の緩和に努めるよう強く求めた。一九七六年に日ＥＣ貿易収支不均衡は四一億ドルに達し、翌年にはさらに拡大する見込みであった。[46] ドイツ（ＢＤＩ）とフランス（ＣＮＰＦ）の経団連の説得もあり、[47] 経団連は一九七六年一〇月に土光訪欧ミッションを送りだした。土光ミッションは、イギリス、ドイツ、フランス、ベルギー、デンマークを訪れ、最後にブリュッセルの欧州委員会を訪問した。土光ミッションは到着早々、これまで日本政府および財界が事態を楽観視していたことに気づいた。経団連は日本に対する風当たりが予想以上に強いことに驚くこととなった。[48] ミッションは帰国後すぐに三木武夫首相に報告し、[49]「ＥＣとの通商交渉が危機にある」と伝えた。[50] 通商交渉が、ドイツを含めたＥＣ加盟各国において政治・社会「問題」と見られ始めていたのである。

それでもなお、ＥＣ加盟国と比較して、日本側に理解があったのは欧州委員会であった。委員会は日本製品に対するアンチ・ダンピング措置の積極活用を検討しつつも、その運用対象を限定し、発動のためにはＧＡＴＴの審査基準を厳格に適用するよう唱えていた。[51] 欧州委員会は貿易不均衡を対日輸出拡大によって解消することで、委員会とその政策に対する評価が高まることを期待した。[52] そのため、オルトリ委員長下の欧州委員会には、時機を得た経団連一団の訪問を歓迎するムードがあった。[53] しかしその際も、「これ以上貿易収支不均衡が拡大すると、域内の保護主義勢力の台頭を抑えることができなくなる」という強い警告を経団連一団に与えることを忘れなかった。[54] 以降、経団連の報告を受けた通産省は、貿易不均衡の緩和に向けて本腰を入れることになった。

一方、ＥＣ加盟国はどのように反応したのか。日本に対する非難はやまなかったが、対日不信の急先鋒となったフランスにおいて、対日輸出を促進する動きが出はじめた。日本側もこれに応じ、通産省と経団連は外務省とフランス政府との協力のもと、対日輸出促進ミッションをフランスに派遣した。本来このようなミッションは、日本に対して輸出をする側が積極的に取り組むはずのもの（つまりヨーロッパ諸国が日本市場に来て自らの商品を売り込むもの）であるが、日欧の摩擦が激しさを増すなかで、やむをえなく日本側が輸出元であるヨーロッパに出むいて「日本市場で買われそうなものを物色して回り、商談を始める」という異例のかたちをとった。(55) 日本側から経団連、機械輸出組合、商社などの企業関係者と大使館員など約七〇名が、使節団に参加した。使節団は一九七七年三月五日にパリに到着した。日本側は、すでに輸入している化学製品、繊維製品、酒類の輸入拡大を模索したのに対し、フランス側が使節団に寄せる期待は大きく、航空機、機械、自動車部品など、これまで輸出していなかった工業製品の売り込みに熱心だった。(56) ミッションは現地で歓迎され、現地メディアにおいても肯定的に報道された。(57) しかし対日批判が終息したわけではなかった。通商交渉はいまだ決着しておらず、貿易収支不均衡（ＥＣ側の赤字）は拡大を続けたからである。こうした情勢のなかで、一九七七年一月にイギリス出身のロイ・ジェンキンズが新たに欧州委員会委員長に着任した。

欧州委員会の態度硬化

ジェンキンズ委員長のもと、一九六〇年代中盤に域内関税撤廃をめぐる議論で活躍したヴィルヘルム・ハーファーカンプが、欧州委員会副委員長、兼対外関係担当に着任した。ハーファーカンプはドイツ労働総同盟出身の専門家で、エネルギー問題を専門とし、ＥＣＯＳＯＣでは域内・域外の通商問題をはじめ、経済調査・景気予測を専門に活躍していた。彼は一九六七年に欧州委員会に加わり、一九七三年、欧州委員会オルトリ委員長のもとで副委員長に就任した後、委員長職を引き継いだジェンキンズのもとで対外関係担当のトップに就任したのである。日本政府・財界に対し、ECとの貿易収支不均衡問題を、特に社会問題、失業率の急上昇と結びつけて交渉に臨み、日本側に強い態度で譲歩を迫るうえで、ハーファーカンプは重要な役割を果たした。前年まで欧州委員会対外関係担当委員の内部文書にはなかった「欧州の失業問題と、これに対する日本側の理解」という表現が、[58]一九七七年三月の内部文書に新たに登場している。[59]このような社会的視点に立った主張は、その議論が統計的な裏づけに基づいて正確になされているのか否かにかかわらず、EC加盟諸国の世論で広く共有されていた。そもそも失業者の増加は石油危機以来の傾向であり、日本の輸出が実質どれくらい影響したのか、正確な測定は難しい。[60]しかしこの論拠の危うい、強い論調のロジックを、欧州委員会の交渉のなかで初めて採用した最高責任者が、ハーファーカンプであった。

ハーファーカンプは一九七七年五月一九日と二〇日に東京を訪問し、福田赳夫首相、鳩山一郎外相、田中角栄通産大臣、土光敏夫経団連会長と会談した。彼は欧州委員会の従来の主張を繰り返し、日EC貿易不均衡は、日本側の輸出を制限するのではなく、ECから日本への輸出を増やすことで解消するべき、[61]と伝えた。彼はたたみかけるように、EC加盟国における失業がさらに深刻化していることを強調し、[62]日本政府および財界が「単なる約束ではなく具体的成果」を挙げるよう強く求めた。[63]すでに前年一一月に土光ミッションの厳しい訪欧報告を受けていた政府と経団連は、ハーファーカンプの強い主張に驚かなかった。欧州委員会側が求める通り、ヨーロッパの企業による日本の市場アクセスを向上するよう、通産省は具体的改善策を打ち出した。またEC市場に輸出する経団連傘下の日系企業も、この時期を境にEC域内に工場を建設し、現地生産する可能性を模索し始めた。[64]これによってECにおいて新規雇用を生み出し、「日本からEC向けに失業を輸出している」というレッテルを貼られずにすむのである。[65]経団連は一九七七年九月に最初にこの議論を公にし、[66]次いで通産省は翌七八年一一月に初めて議論を披露した。[67]ハーファーカンプの着任が日EC交渉に転機をもたらし、その決着の方向性に大きな変化を与えたと言えよう。[68]

他方で、ハーファーカンプが対日交渉において失業のロジックを使わない場面もあった。日本製ベアリングが問題となった際である。[69]ハイテク産業であるベアリング業界の問題において、「EC側の失業者急増」というロジックは一度も登場せずに交渉が進んだ。[70]日本製のボール・ベアリングなどが「不当な安価」でEC市場に流通しているとして、欧州委員会がアンチ・ダンピング措置の導入を決めたのである。欧州委員会が日本製品を「不当に安い」と判断した調査は、委員会とドイツ連邦政府の税関など、加盟各国政府との共同で行われた。[71]欧州委員会は理事会の承認のもと、一九七七年二月四日に日本製ベアリングにアンチ・ダンピング課税を行った。[72]しかしこれに対して通産省は、「日本のベアリング業界内の統一見解が形成できていない」とし、動かなかった。[73]一方でブリュッセルの日本政府代表部は欧州委員会の対外関係総局を訪れ、課税が不当であると訴え、司法への提訴も辞さないと伝えた。[74]これに対して委員会は、日系企業の利益マージンがヨーロッパの企業よりも小さ過ぎる(つまり企業収益を過度に圧迫することで価格を落としている)点を批判し、[75]法廷闘争にもつれ込めば友好的な解決が不可能になる、と切り返した。[76]課税は覆らなかった。

このように欧州委員会は、最先端のハイテク産業にかかわる交渉では「失業についてのロジック」を使わず、逆に自動車や電化製品など、従業員が非常に多い業種についての交渉では「失業者急増問題」を全面的に主張する交渉戦術を使ったのである。このような議論の使い分けから、失業についてのロジックが単なる「不満のぶちまけ」ではなく、周到に用意された交渉戦術であったことがわかる。欧州委員会は一九七七年の時点で、たとえ日本側の協力によって日本側の輸入障壁を撤廃しても、不均衡解消にはあまり貢献しないことを認識していた。[77]委員会内の担当者は内部文書において、「不均衡問題が社会的な側面を持っていることから、日本側がEC側に対してより好意的な対応に転じるよう、世論にも喚起しつつ接触を重ねるべき」と説いている。[78]その後一九八〇年代後半から九〇年代前半にかけ、日系企業がEC域内での現地生産工場の建設に踏み切った事実を考えると、この時期にハーファーカンプがもたらした交渉の方向性の変化は、小さくない意味を持っていたと言えよう。

決着か、スタートラインか？

ハーファーカンプは翌年三月に再び東京を訪れ、牛場信彦対外経済担当大臣と会談をした。すでに前年の東京訪問において日本政府、財界、欧州委員会のあいだで大筋で意見が一致していたこともあり、三月二四日に両者のあいだで共同コミュニケが採択された[79]。コミュニケは、日ＥＣ貿易不均衡が日本とＥＣ両者の努力によって解消させるべきであることを明記した。具体的には、ＥＣ諸国の企業は日本市場に輸出する努力をすること、そして通産省および経団連がこれを全面的に支援することである。他方で日本政府も、日本市場へのアクセスを容易にするよう、引き続き関税・非関税障壁を撤廃していくことも明記された。

一九七八年三月の牛場・ハーファーカンプ共同コミュニケを、両者はどのように評価したのか。日本側はこのコミュニケを評価し、貿易摩擦が一時的に解消した、と肯定した[80]。他方で欧州委員会はコミュニケに対し、やや冷めた見方をしていた。委員会はコミュニケを「貿易不均衡の解消に向けたスタートラインに過ぎない」と評し[81]、一連の通商交渉の成否は今後の日本側の対応次第である、というスタンスをとった。ハーファーカンプは、「日本側に繰り返し同じ論点を伝えることに疲れてきた」と周囲にもらしていた[82]。彼は交渉の進展に満足していなかったのであり、事実、欧州委員会はその後一九九〇年代に至るまで、日本によるＥＣ市場への輸出に神経を尖らせ、批判を強めたのである。

おわりに

この章では、日ＥＣ貿易摩擦が石油危機後どのように（一時的に）鎮静に向かい、そのなかで日ＥＣ双方が何を提案し、合意したのかを分析した。日本政府外務省と通産省、経団連、欧州委員会をはじめとするＥＥＣ・ＥＣ諸機関、およびＥＣ加盟国政府に注目し、特にＥＣ諸機関のなかで重要な役割を果たした労組出身の委員および専門家に焦点をあてて分析した。一九七〇年に始動したECの共通通商政策は、石油危機の勃発と経済の停滞、およびEC加盟国の反発により、日EC関係を貿易摩擦に陥らせた。すでに一九六〇年代中盤からEEC・EC域内では対日警戒論が生まれ始めていた。これに対して欧州委員会は、日本の輸出を抑制するのではなく、ECの対日輸出を増やすことで貿易収支不均衡(EC側の大幅赤字)を解消するよう、一貫して訴えた。日本は輸入障壁を撤廃し、ヨーロッパの企業の対日輸出促進を手伝うよう求められた。しかし石油危機以降、日本の対EC輸出が急増し、貿易収支が急速に悪化するなかで、EC域内には「日本の集中豪雨的な輸出のために失業者が急増した」という反発の声が強まった。このロジックは統計的な裏づけが必ずしも明確ではなかったが、悪化の一途をたどる不均衡を前に、ついに欧州委員会も一九七七年以降、このロジックを対日交渉において採用するに至った。その時の欧州委員会の対外関係担当者が、労組出身であり欧州委員会副委員長を務めるヴィルヘルム・ハーファーカンプだった。これを機に通産省と経団連は、日本の工場から完成品を輸出するのではなく、EC域内に現地工場を建てることで日本からの輸出を減らす(と同時にEC域内の雇用を生む)策を検討し始めた。欧州委員会と日本政府および経団連との粘り強い交渉を経て、一九七八年三月に牛場・ハーファーカンプ共同コミュニケが採択され、日EC貿易摩擦は一時的に鎮静に向かった。ハーファーカンプは共同コミュニケを発することでEC加盟国に対して交渉の進展を印象づける一方で、日本側に対しては硬柔織り交ぜた説得を行い、交渉の進展と方向性の変化に少なからぬ影響を与えたのである。

〈注〉

(1) 編者である遠藤乾、板橋拓己両氏には有益なアドバイスを頂いた。この研究はサントリー文化財団二〇〇九年度「人文科学、社会科学に関する研究助成」に費用の一部を負っている。この場を借りて謝意を表する。また、論文執筆中の二〇一〇年九月二八日、EUI(フィレンツェ)留学時代初年度の師匠だったアラン・ミルワード氏が他界した。彼の学問的な功績に敬意を表し、学恩に感謝すると同時に、冥福を祈る。

（２）　ジェトロと日航の共催で欧州一一カ国の記者を日本に招いた際に出た、フィナンシャル・タイムズ紙のイギリス人記者の発言。記者はこの言葉の後に「そのころには、再び英国にもツキがまわってくるかもしれない」と付け加えている。同訪日ツアーについては「明日の日欧関係を築くために」『通産ジャーナル』一九七七年七月、四八―五九頁も併せて参照。

（３）　現在のＥＵ（欧州連合）に至る制度の発展を整理する。一九五二年八月にＥＣＳＣ（欧州石炭鉄鋼共同体）が発足した。一九五八年一月にＥＥＣ（欧州経済共同体）とＥＵＲＡＴＯＭ（欧州原子力共同体）が発足し、合計三つの機関が併存することとなった。一九六七年にこれら三つを統合してＥＣ（欧州共同体）と呼ぶようになった。一九九三年一一月から、現在の呼称であるＥＵとなった。なお、呼称が変化する前後の時期に跨って言及する際には、ＥＥＣ・ＥＣあるいはＥＣ・ＥＵと併記した。

（４）　ただし統合理念および思想については注意が必要である。これらの起源は必ずしも欧州ではなく、「連邦」や「統合」などの理念が米英由来のものであるという指摘がある。遠藤乾「帝国を抱きしめて――「ヨーロッパ統合の父」＝ジャン・モネのアメリカン・コネクション」『思想』一〇二〇号、二〇〇九年四月などを参照。近年、統合理念や思想についての研究が増えている。

（５）　ヨーロッパ統合全般を扱った著書のなかでは、日ＥＣ貿易摩擦を、他の章とは別に新たに章を設けて扱うケースが多く、ＥＣ・ＥＵの制度発展や対外関係が広がる過程のなかで論じていない。

（６）　後に詳述するが、日ＥＣ貿易摩擦を緩和するために、日本側は、日系企業が日本で生産した製品をＥＣ向けに輸出するのではなく、欧州に工場を建設して現地生産することで日本からの輸出を減らすことに合意したのである。これは現地で雇用を創出しつつ、同時に貿易収支不均衡（欧州側の大赤字）を解消することを意味した。そのためヨーロッパ側は、同業のヨーロッパ側ライバル企業を除き、これを歓迎した。しかしこのような合意は日本にとり、国内の仕事（つまり雇用）の減少につながりかねないものだった。日本は外交上の合意のみならず、国内政策も含めた国策として、国内の仕事を海外に移転してきたのである。やむをえない決断であったと言えるが、問題は、国内から海外に流出した仕事（雇用）をどのように国内で新たに生み出すのかという問題に、今日に至るまで、全くと言っていいほど取り組んでこなかったことである。国策上の失敗であると言っては、言い過ぎであろうか。摩擦解消に向けた交渉内容と推移について現在の視点から振り返り、歴史を解釈しなおす必要がある。

（７）　この論文に使用した史料は、ＥＥＣ・ＥＣ（Historical Archives of the European Union, HAEU）、駐日欧州委員会代表部（*European Community Newsletter*）、ドイツ連邦共和国政府（Bundesarchiv, BA）、外務省『経済と外交』、通産省『通商白書』、同『通産ジャーナル』、経団連『経団連月報』などである。

（８）　後に詳述するが、この点については注意が必要である。対日共通通商交渉の交渉担当は欧州委員会であるが、ＥＣ加盟各国政府は常にその交渉の準備過程（一一三条委員会など）に立ち会い、自国の国益を主張し、委員会の交渉態度や内容に対して影響力を行使した。また、欧州委員会の側も、加盟各国が日本政府と直接接触し、二国間セーフガードの取り扱いなどについて交渉することを妨げなかった。そして二国間で話し合われた内容をフォローしつつ、ＥＣ全体を代表する欧州委員会の立場を形成し、日本側との交渉を行った。欧州委員会のみが日本と交渉したのではなく、様々なレベルで交渉が行われたことに留意する必要がある。

(9) HAEU, CES 64, Die Gewerkschaft und die europäische Gemeinschaft, von Ludwig Rosenberg, Präsident des Wirtschafts- und Sozialausschusses, 14. Januar 1961.　ルードヴィッヒ・ローゼンベルク(Ludwig Rosenberg 1903-1977)はドイツの労組DGBの幹部であり、ECOSOCの議長だった。

(10) Ebd.

(11) HAEU, CES 1183, letter from Genton to Noël, 5 Octobre 1964; HAEU, CES 1183, Dokumentation und ausgewählte Artikel „Initiative 1964", Vorlage der Kommission an der Rat und an die Regierung der Mitgliedstaaten, 9. Oktober 1964.

(12) HAEU, CES 1183, election du President et designation du rapporteur, 1 novembre 1964.

(13) HAEU, CES 1183, Vorentwurf einer Stellungnahme des Wirtschafts- und Sozialausschusses zu der „Initiative 1964", ausgearbeitet vom Unterausschuss „Initiative 1964", 17. November 1964.

(14) HAEU, CES 1184, Entwurf eines Berichts des Unterausschusses „Initiative 1964", 20. November 1964.

(15) HAEU, CES 1184, Änderungsantrag von Herrn Braun, 25. November 1964.

(16) HAEU, CES 1184, Änderungsantrag zum Entwurf einer Stellungnahme des Unterausschusses „Initiative 1964", 1. Dezember 1964.

(17) HAEU, CES 1184, letter from Piero Giustiniani to the President of the European Commission, 14 December 1964.

(18) HAEU, CES 1189, letter from Genton to Haferkamp, 15. Februar 1965.

(19) HAEU, CES 1189, extrait de la 2ème reunion du sous-comite "«politique conjoncture»," 9/2/65.

(20) HAEU, BAC 144/1992, No. 243, Salaires, cout de la main-d'oeuvre et autres conditions de travail dans l'industrie japonaise par comparaison aux conditions prevalent dans la CEE, note d'information diffusée sous l'autorité de M. Levi Sandri, 25 février 1965.　リオネロ・レヴィ・サンドリ(Lionello Levi Sandri, 1910-1991)は労組出身者ではなかったが、イタリア出身で社会政策(人の自由移動など)を長く担当し、ヨーロッパ・レベルの社会政策の不在を批判した人物であった。Andrea Becherucci, *Lionello Levi Sandri al servizio dell'Europa*, archivi storici UE, Firenze.

(21) HAEU, BAC 1/1970, Generaldirektion Auswärtge Beziehung, *Niederschrift über die Konsultation am 4. März 1963 zwischen den Mitgliedstaaten und der Kommission über die gemeinsame Handelspolitik gegenüber Japan*, Brüssel, den 6. März 1963.

(22) Ebd.

(23) Ebd.
(24) Ebd.
(25) 「国際化時代における通商産業政策のあり方」『通産ジャーナル』一九六七年創刊号、一三頁。
(26) 「「秩序ある輸出体制」と独占禁止法」『経団連月報』第二〇巻第三号、一九七二年三月、一七―二一頁、「世界貿易の新しい方向」『経団連月報』第二一巻第七号、一九七三年七月、一一―一四頁、「対欧貿易インバランスをめぐる諸問題と対応」『経団連月報』一九七六年一二月、八―一三頁。
(27) HAEU, BAC 28/1980, No. 520, Note for the attention of Sir Roy Denman, anti-dumping duty on ball bearings, 15 July 1977.
(28) 「日独・日仏両経済合同委員会を顧みて」『経団連月報』第一八巻第七号、一九七〇年七月、五四―五七頁。欧州委員会はEC加盟国のセーフガードを撤廃できない、という経団連の予測については、「訪欧経済使節団の成果」『経団連月報』第一九巻第一二号、一九七一年一二月、二六―四二頁を参照。
(29) ドイツ政府はセーフガードはおろか、日本の輸出自主規制にも慎重だった。BA, B 136, 6258, Niederschrift über die deutsch-japanischen Wirtschaftsbesprechungen am 13. November 1973, Bonn.
(30) 「拡大EC発足の意義とその将来」『経団連月報』第二一巻第一号、一九七三年一月、一八―三四頁、「ECの対日共通通商政策」『経団連月報』第一九巻第一号、一九七一年一月、四八―五一頁。
(31) 「対欧貿易インバランスをめぐる諸問題と対応」『経団連月報』一九七六年一二月、八―一三頁。
(32) 同上。
(33) *European Community Newsletter*, No. 1, November 1975, p. 4.
(34) 現在もEUのもと、欧州委員会は *Monthly Europe* を公刊している。
(35) HAEU, BAC 3/1978, No. 1519, Elements of reply to the oral question of Mr. Osborn, 28 September 1976.　ただしこの表現は定着しておらず、「継続的な」拡大、という表現も同時期に見られる。HAEU, BAC 3/1978, No. 1519, Note to Mr. Hannay, visit of Ambassador Nishibori on 16 September 1976.
(36) HAEU, BAC 28/1980, No. 885, Rapport des conseillers commerciaux des pays de la communaute economique europeenne au japon (1) 56 ème rapport, 24 mars 1977.
(37) 「国際資源課長日記(下)」『通産ジャーナル』一九七六年六月、四八―四九頁。
(38) 「対欧貿易インバランスをめぐる諸問題と対応」『経団連月報』一九七六年一二月、八―一三頁、「新たな展開が期待される日仏経団連間の交流」『経団連月報』一九七六年四月、三二―三四頁、「対欧輸入促進のために」『経団連月報』第二一巻第一二号、一九七三年一二月、五一―五四頁。

(39) HAEU, BAC 28/1980, No. 881, Rapport des conseillers commerciaux des pays de la communaute economique europeenne au japon (1) 55 ème rapport, 26 février 1976.

(40) Ibid.

(41) 通産省のなかには、ECのなかで日本に最も立場が近い国はドイツである、との見方があった。「ドイツ経済雑感」『通産ジャーナル』一九七二年七月、一八―二三頁。

(42) 「新段階に入るECと日本」『経団連月報』第一八巻第一号、一九七〇年一月、六二―六五頁。

(43) 「七〇年代の欧州統合の展望と日・欧関係の将来」『経済と外交』第五七三号、一九七〇年二月、二―七頁、「欧州統合の新局面と対欧経済外交」『経済と外交』第五七二号、一九七〇年一月、一七頁。

(44) 「訪欧経済使節団の成果」『経団連月報』第一九巻第一二号、一九七一年一二月、二六―四二頁。

(45) 「対欧貿易インバランスをめぐる諸問題と対応」『経団連月報』一九七六年一二月、八―二三頁。

(46) *European Community Newsletter*, No. 20, June 1977, p.1.

(47) 「新たな展開が期待される日仏経団連間の交流」『経団連月報』一九七六年四月、三二―三四頁、「独・英両国産業連盟との懇談を終えて」『経団連月報』一九七六年六月、三二―三七頁。

(48) 「対欧貿易インバランスをめぐる諸問題と対応」『経団連月報』一九七六年一二月、八―二三頁。

(49) 同上。

(50) 「日・米・欧の協調と日本の立場を語る」『経団連月報』一九七七年三月、三二―四〇頁、「対欧貿易インバランスをめぐる諸問題と対応」『経団連月報』一九七六年一二月、八―二三頁。

(51) HAEU, BAC 3/1978, No. 1519, Elements of reply to the oral question of Mr. Osborn, 28 September 1976; HAEU, BAC 3/1978, No. 1519, Note for the attention of Mr. Gundelach, under cover of the Cabinet of Sir Chirstopher Soames, Relations with Japan, Commission meeting of 3 November and meeting with Coreper.

(52) Ibid.

(53) HAEU, BAC 3/1978, No. 1519, Note to the attention of Mr. Jackson, Cabinet of Sir Chirstopher Soames, Mr. Gundelach's reply to Mr. Baas on EC/Japan relations, 1976.

(54) HAEU, BAC 3/1978, No. 1519, Elements of reply to the oral question of Mr. Osborn, 28 September 1976; HAEU, BAC 3/1978, No. 1519, Note for the attention of Mr. Gundelach, under cover of the Cabinet of Sir Chirstopher Soames, Relations with Japan, Commission meeting of 3 November and meeting with Coreper.

(55) 通産省のなかには、「買える物があるなら既に日本は買っているはず」「買いたいと思う物がほとんどなかった」など、厳しい感想が見られた。「特集(一)　欧米との間断なき対話を求めて」『通産ジャーナル』一九七七年三月、一一一―一一九頁。

(56) 「対仏輸入促進使節団報告」『経団連月報』一九七七年五月、三二―三六頁。

(57) 「対仏輸入促進使節団報告」『経団連月報』一九七七年五月、三二―三六頁、「ベネルクス輸入促進ミッションの成果と所見」『経団連月報』一九七九年七月、三八―四二頁。

(58) HAEU, BAC 28/1980, No. 881, Rapport des conseillers commerciaux des pays de la communaute economique europeenne au japon (1) 55 ème rapport, 26 février 1976; HAEU, BAC 3/1978, No. 1519, Note for the attention of Mr. Gundelach, under cover of the Cabinet of Sir Chirstopher Soames, Relations with Japan, Commission meeting of 3 November and meeting with Coreper.

(59) HAEU, BAC 28/1980, No. 885, Rapport des conseillers commerciaux des pays de la communaute economique europeenne au japon (1) 56 ème rapport, 24 mars 1977.

(60) 「我が国通商政策の基本的視点――七七年版通商白書の要旨と趣旨」『通産ジャーナル』一九七七年七月、一七頁。

(61) *European Community Newsletter*, No. 20, June 1977, p. 1.

(62) Ibid.

(63) Ibid.

(64) 「黒字国責任論を考える」『経団連月報』一九七七年九月、六―一〇頁。

(65) 同上。

(66) 同上。

(67) 「日・EC貿易摩擦とその背景」『通産ジャーナル』一九七八年一一月、四九―五四頁。

(68) 一九七八年の『通商白書』には、前年までになかった新しい表現がいくつか見られる。『一九七八年版通商白書　各論』四九五―四九八頁には、EC諸国の深刻な失業について具体的な言及が増えている。また『一九七八年版通商白書　総論』二二五―二二六頁には、経常収支黒字の縮小努力とあわせて「海外投資……を通じて、長期資本の外への流れを拡大することも、相手国の雇用、生産力増強……により、……世界経済の安定的発展に貢献〔する〕」との記述が新たに登場している。

(69) HAEU, BAC 3/1978, No. 1519, Elements of reply to the oral question of Mr. Osborn, 28 September 1976; HAEU, BAC 28/1980, No. 519, Note Verbal, 18 novembre 1976.

(70) HAEU, BAC 28/1980, No. 520, Note by Etienne Davignon, copy sent to Haferkamp, 9 février 1977.

(71) HAEU, BAC 28/1980, No. 520, letter from Beseler to Pfleumer, 22 February 1977.　しかし課税が決まった後、調査用のべ

アリングの品番リストにタイプミスがあったことが判明し，後日リストが差し替えられた。HAEU, BAC 28/1980, No. 520, letter to Deutsche Koyo Waelzlager, 31 August 1977. さらに後日，「日系企業によって生じた損害の定義」が，英語，独語，仏語，伊語のテキストによって異なり，損害範囲の定義に「a major part of the Community」と「the major part」という二つの表現が混在していることが判明し，急遽統一が図られた。委員会の準備不足が垣間見える。HAEU, BAC 28/1980, No. 520, Note for the attention of Mr. van Dongen, 20 October 1977.

(72) HAEU, BAC 28/1980, No. 520, Explanatory memorandum, Proposal for Council Regulation (EEC) No. 77 of extending the provisional anti-dumping duty on ball bearings, tapered roller bearings and parts thereof originating in Japan, 1977. 通産省『一九七七年版通商白書　総論』二八七頁。

(73) HAEU, BAC 28/1980, No. 520, Note for the attention of Sir Roy Denman, from the Delegation of the Commission of the European Communities, 24 August 1977.

(74) HAEU, BAC 28/1980, No. 520, Note for the attention of Sir Roy Denman, meeting with representatives of Japanese Mission, 1 August 1977.

(75) この点については経団連内部でも反省の弁が見られる。「日・米・欧の協調と日本の立場を語る」『経団連月報』一九七七年三月，三二一四〇頁。

(76) 同上。

(77) HAEU, BAC 28/1980, No. 885, Rapport des conseillers commerciaux des pays de la communaute economique europeenne au japon (1) 56 ème rapport, 24 mars 1977.

(78) Ibid.

(79) 「日欧経済関係を考える」『経団連月報』一九七八年六月，一〇一三〇頁，「経団連代表団の訪欧を終えて」『経団連月報』一九七八年六月，三一一三七頁。

(80) 通産省『一九七七年版通商白書　各論』四九五一四九六頁，「日欧経済関係を考える」『経団連月報』一九七八年六月，一〇一三〇頁，「経団連代表団の訪欧を終えて」『経団連月報』一九七八年六月，三一一三七頁。

(81) 「経団連代表団の訪欧を終えて」『経団連月報』一九七八年六月，三一一三七頁。

(82) 「日仏経済関係を考える」『通産ジャーナル』一九七九年六月，五九頁。

〈引用・参考文献〉

石川謙次郎（一九九四）『ヨーロッパ統合への道』ＮＨＫブックス。

板橋拓己（二〇一〇）『中欧の模索――ドイツ・ナショナリズムの一系譜』創文社。

植田隆子編（二〇〇七）『ＥＵスタディーズⅠ　対外関係』勁草書房。

大平和之（二〇〇二）「日本―ＥＵ通商・経済関係」植田隆子編『二十一世紀の欧州とアジア』勁草書房。

大平和之（二〇〇七）「日本＝ＥＵ通商・経済関係――摩擦から対話・協力そして未来志向の協力へ」植田隆子編『ＥＵスタディーズⅠ　対外関係』勁草書房。

遠藤乾編（二〇〇八）『ヨーロッパ統合史』名古屋大学出版会。

遠藤乾（二〇一〇）「ジャン・モネ――グローバル・ガバナンスの歴史的源流」同編『グローバル・ガバナンスの歴史と思想』有斐閣。

木畑洋一編（二〇〇五）『ヨーロッパ統合と国際関係』日本経済評論社。

島田悦子（二〇〇四）『欧州石炭鉄鋼共同体――ＥＵ統合の原点』日本経済評論社。

鈴木一人（二〇〇九）「新たな帝国システムの誕生――規制帝国の支配」『創文』第五一七号、一四―一八頁。

鈴木均（二〇〇五）「初の「欧州アクター」だったのか？――ドイツ労働総同盟（ＤＧＢ）の欧州統合理念および欧州石炭鉄鋼共同体への参画過程」田中俊郎、庄司克宏編『ＥＵと市民』慶應義塾大学出版会。

鈴木均（二〇〇六）「欧州横断ネットワークの先駆――欧州統合初期において労働組合が開いた可能性と限界」『現代史研究』第五二号、一―一二頁。

鈴木均（二〇〇九）「戦後合意として機能した欧州統合――シューマン・プランが欧州レベルの労使協調「体制」を生み出した、という仮説」『創文』第五二〇号、一八―二二頁。

田中俊郎（一九九八）『ＥＵの政治』岩波書店。

田中俊郎・小久保康之・鶴岡路人（二〇〇七）『ＥＵの国際政治』慶應義塾大学出版会。

田中友義・河野誠之・長友貴樹（一九九四）『ゼミナール・欧州統合』有斐閣。

中西輝政・田中俊郎・中井康朗・金子譲（一九九六）『なぜヨーロッパと手を結ぶのか』三田出版会。

廣田功編（二〇〇九）『欧州統合の半世紀と東アジア共同体』日本経済評論社。

廣田功・森建資編（一九九八）『戦後再建期のヨーロッパ経済』日本経済評論社。

渡邊啓貴編（二〇〇二）『ヨーロッパ国際関係史』有斐閣。

ＪＥＴＲＯ（一九七八）『ＥＣ経済記者団が見た新ニッポン事情』朝日ソノラマ。

Bretherton, Charlotte and John Vogler (1999), *The European Union as a Global Actor*, Routledge.

Gilson, Julie (2000), *Japan and the European Union: A Partnership for the Twenty-First Century?* Macmillan Press.

Rogers, James (2009), "From 'Civilian Power' to 'Global Power': Explaining the European Union's 'Grand Strategy' Through the Articulation of Discourse Theory," *Journal of Common Market Studies*, Vol. 47, Issue 4, pp. 831-862.

Spierenburg, Dirk and Raymond Poidevin (1994), *The History of the High Authority of the European Coal and Steel Community*, Weidenfeld & Nicolson.

Suzuki, Hitoshi (2009a), "The High Authority of the ECSC, the European Network of Trade Unions and the DGB: Ideas, Strategies and Achievements," in Jürgen Mittag (Hrsg.), *Deutsche Gewerkschaften und europäische Integration im 20. Jahrhundert, Mitteilungsblatt des Instituts für soziale Bewegungen*, Nr. 42, S. 63-88.

Suzuki, Hitoshi (2009b), "From Trade War Conflicts to Global Partners: A Japanese Perspective of the EU's Role and Presence," paper presented at the Global Conference of the Monash European and EU Centre, *The External Relations of the European Union: Historical and Contemporary Perspectives*, 24 September, Melbourne.

Suzuki, Hitoshi (2010a), "How trade conflicts against Japan promoted Europeans to launch and continue the Summits," paper presented at the International Conference, *The Art of Chairing the G8 Summits: Lessons from the Past and Recent Trends of Multi-lateral Diplomacy*, 16 July, Tokyo.

Suzuki, Hitoshi (2010b), "El Plan Schuman como acuerdo posbélico a nivel europeo: estrategias, ideas y redes de sindicatos," *Puente @ Europa*, Nro. 1, Università di Bologna, pp. 25-30.

Suzuki, Hitoshi (2010c), "How the EU Emerged as a Global Actor by Solving the Trade War against Japan: A Historical and Japanese Perspective," paper presented at the EUSA Asia-Pacific Conference, *Connections and Dialogue: The European Union and the Asia Pacific Perspectives, Perceptions and Policies*, 8 January, New Delhi.

Ueta, Takako and Éric Remacle (2005), *Japan and Enlarged Europe: Partners in Global Governance*, P.I.E.-Peter Lang.

第Ⅳ部　多極化する世界とヨーロッパの模索

第八章　「全欧」と「西欧」のあいだ
――ブラントの東方政策におけるヨーロッパ統合問題

妹尾哲志

はじめに

第二次世界大戦後のヨーロッパにおける東西対立と欧州統合は、様々な局面において互いに影響を与えつつ展開してきた。分断国家として出発したドイツ連邦共和国（以下西ドイツ）にとっては、初代首相アデナウアー（Konrad Adenauer, 1876-1967）以降西側統合路線を推し進めるなかで、欧州統合は国家存在の中心的な問題であった。戦後西ドイツにおいて、「欧州政策（Europapolitik）」という言葉が西欧諸国への政策を指し、それは欧州統合に関する政策とほぼ同義であった点に端的に示されるように（森井二〇〇五、一六〇頁）、「鉄のカーテン」の西側である「西欧（Westeuropa）」のみがしばらく「欧州（Europa）」と捉えられることが多かった。しかしやがて一九六〇年代に入り、米ソを中心に東西間で緊張緩和の兆しが出てくるなか、西ドイツにおける新たな「東方政策（Ostpolitik）」構想の登場によって、この欧州像にも揺らぎが見られるようになる。

本章では、西ドイツで一九六九年に成立するブラント（Willy Brandt, 1913-1992）政権が推進する東方政策と、彼の腹心バール(Egon Bahr, 1922-)の構想におけるヨーロッパ統合問題について考察する。ブラントの東方政策は、西側統合路線を推し進めていた西ドイツが、七〇年のソ連とのモスクワ条約を突破口に、ソ連・東欧諸国との関係改善に取り組んだ。そのコンセプトが、六三年にバールによって打ち出された「接近による変化(Wandel durch Annäherung)」構想である。バールは一九二二年に、後に東ドイツ領となるチューリンゲン(Thüringen)州のトレフルト(Treffurt)という町に生まれ、第二次世界大戦後はベルリンを本拠とする新聞社やラジオ局で勤めるなどしていたが、五〇年代半ば頃にブラントと知り合う。そして五七年にドイツ社会民主党(SPD：Sozialdemokratische Partei Deutschlands)に入党し、六〇年からは西ベルリン市長となっていたブラントのもとで市政府スポークスマンとなるなど側近として活躍していた(1)。

そのバールが、一九六六年に成立する大連立政権で外相ブラントのもと、外務省政策企画室室長として考案した分断克服への長期的戦略が、欧州安全保障に関するモデルである。このバールの欧州安保モデルは、北大西洋条約機構(NATO：North Atlantic Treaty Organization)に代わり、将来的に東西をまたぐ「全欧(Gesamteuropa)」規模での安保体制の構築を視野に入れていた。バールは、一九六一年の「ベルリンの壁」構築が象徴するように、アデナウアー以降の西側統合路線がドイツ分断の固定化を導いたという反省から、「西欧」の枠を超えた「全欧」規模の安全保障体制を通じて、長期的観点からドイツ統一の実現を目指したのである。しかしバールの構想は、東ドイツを事実上承認し、当面はソ連・東欧諸国との関係改善を目標に据えたため、「西欧」統合や西側との関係を軽視していたと批判される。長期的目標である「全欧」安保体制を通じたドイツ統一と、戦後西ドイツが率先して取り組んできた「西欧」統合のあいだで、バールはどのように分断克服への道筋を描いたのだろうか。第一節では、東方政策の立役者であるバールの構想において、東西冷戦構造の克服とヨーロッパ統合問題がどのような関係にあったのかを考察する。

次に、実際にブラント政権が推進する東方政策とヨーロッパ統合問題について、一九七〇年八月のモスクワ条約までの時期を中心に見ていく。一九六九年一〇月に首相に就任したブラントは、ソ連をはじめ東側諸国と相次いで交渉を開始し東方政策を活発化させる一方、同年一二月のハーグＥＣ(European Community)首脳会議に向けた準備を進めていた。後にブラントは、首相就任当時の最も重要な外交成果として、フランスを説得し会議を成功に導いたことを挙げている(Brandt 2005: 46-47)。しかし戦後ヨーロッパ統合の出発点として、とりわけドイツの「封じ込め」が重要な要因の一つであったとすれば[2]、積極的にソ連・東欧諸国との関係改善に乗り出した東方政策は、当時の西側諸国との関係やヨーロッパ統合にも影響を与えたのではないか。ブラント政権は、東方政策を推進することで生じかねない西側諸国の不安に対しどのように対応し、西側諸国との意見調整の過程においてヨーロッパ統合問題がどのように位置づけられていたのだろうか。このようにブラント政権の東方政策は、東西の狭間でドイツ外交が抱える構造的な問題を改めて浮き彫りにすると同時に、冷戦下の西ドイツ外交におけるヨーロッパ統合への姿勢に関して複眼的に考察する格好の材料を提供してくれる。

ブラントの東方政策とヨーロッパ統合問題については、いわゆる三〇年ルールによって利用可能になった公文書などに依拠した研究が近年発表されてきている[3]。そこでは、とりわけ一九九〇年の東西ドイツ統一後、ブラントが「ヨーロッパ主義者」であった側面がより強調される一方で、バール構想におけるヨーロッパ統合の位置づけについて評価は厳しい。例えば、後述するバール構想における西欧政治統合への否定的態度に加えて、バール本人が「非ヨーロッパ統合主義者(Nicht-Integrations-Europäer)」であったと揶揄され、ヨーロッパ統合を軽視していたと評されるのである(Seebacher 2006: 18-19)。またこのような評価は、バールの構想およびそれに基づき推進された東方政策において、西側諸国との意見調整が疎かにされていたという批判とも通底する(Wettig 1997; クラインシュミット一九九四)。さらには、ヨーロッパ統合の要諦であった独仏関係に関しても、バール構想およびブラント政権期においては「接近なき変化(Wandel ohne Annäherung)」であったと論じられるなど(Bernath 2001)、ブラント政権の東方政策の華々しい成果とは対照的に、西側との関係については否定的な見方が根強い。加えて、ブラント政権下の東方政策と欧州政策の関連について、二つの政策は並行していたというよりむしろ分離して進行したとの指摘もあり(Wilkens 1999)、本章が焦点をあてる時期についても、ソ連との交渉が進展する一方で、ハーグ首脳会議以降の欧州政策がめざましい成果を挙げたとは言い難い。しかし本章では、「全欧」と「西欧」の狭間で揺れ動くバールの構想に留意しつつ、西側諸国との意見調整という文脈におけるヨーロッパ統合問題を検討することで、ブラント政権の東方政策とヨーロッパ統合の関係を考察したい。

第一節　バールの構想における欧州統合問題

まず、戦後西ドイツ外交とそれを取り巻く国際環境を概観しておこう。一九四九年に成立した西ドイツの初代首相アデナウアーは、まず西ドイツが西側の一員として深く組み込まれることによって西側同盟を強固にし、東側陣営に強硬な姿勢で対決する「力の政策(Politik der Stärke)」を通じて、ドイツの「再統一(Wiedervereinigung)」を目指した。しかし一九五〇年代後半から米ソ間に歩み寄りの兆しが見え始め、六〇年代に入りキューバ危機を経て東西間に緊張緩和の様相が呈してくると、この西ドイツ外交の基軸となっていた「力の政策」は挑戦を受けることになる。すなわちこうした国際環境の変化のもとで、東側との対決姿勢を崩さずに、西側統合を通じてドイツ再統一を目指していた西ドイツは、国際的に孤立する恐れが出てきたのである。もちろん西側同盟国は、「力の政策」による西ドイツの再統一目標に支持を与えていたものの、東西間の対話の障害になりかねない西ドイツの要求は、徐々に東側との交渉を望むようになった西側全体の足枷となる危険性をはらんでいた。また、一九六一年八月の「ベルリンの壁」が建設された際に明らかになったように、アメリカが西ドイツのためだけにソ連と正面から対立する意図がないことも明白であった。東西冷戦下で緊張緩和の進む環境において、強硬な姿勢で東側に臨む「力の政策」は行き詰まりを見せていたのである。

こうしたなかで西ドイツ国内では、野党のＳＰＤを中心に再統一政策の見なおしを求める声が強まってくる。「ベルリンの壁」建設時に西ベルリン市長だったブラントとその側近は「力の政策」に限界を感じ、独自の東方政策を模索していく。そして一九六三年七月に当時西ベルリン市広報局局長だったバールが打ち出した「接近による変化」構想は、分断という現状を暫定的に受け入れ、西ドイツ自らが対ソ関係改善やドイツ問題に取り組む姿勢を示したものとして注目された（*Dokumente zur Deutschlandpolitik*, IV/9: 382-385; 遠藤二〇〇八、四〇三―四〇四頁; Vogtmeier 1996: 51-58; Bahr 1996: 152-161）。しかし連邦レベルでは、一九六六年末に成立するキリスト教民主同盟／社会同盟（CDU : Christlich-Demokratische Union／CSU : Christlich-Soziale Union）とＳＰＤの大連立政権が、東方政策に関し従来から踏み込んだ姿勢を示したものの、特に東ドイツの承認問題などをめぐる両党の溝は埋まらなかった。また、西ドイツの東欧諸国への接近を警戒するソ連や東ドイツの態度をかえって硬化させてしまい、結果としてその東方政策は停滞する(4)。ソ連・東欧諸国との関係改善が本格化するのは、一九六八年夏のチェコスロヴァキアへの軍事侵攻を経てソ連が東欧支配圏における引き締めを図った後で、ブラントを首班とするＳＰＤと自由民主党（FDP : Freie Demokratische Partei）の連立政権成立後になる。

しかしながら、すでに大連立の時期に、外相になっていたブラントのもとで外務省政策企画室の室長に着任したバールは、東西分断を克服するための新たな政策構想を練っていた(5)。その一つが、ヨーロッパ安全保障体制に関するモデルである。一九六八年四月から六月のあいだに作成されたこのモデルは、「力の政策」によって再統一を目指してきた従来の西ドイツ外交を根底から問いなおすものであった(6)。この構想においてバールは、長期的には東西あわせた「全欧」安全保障体制のなかでこそドイツ統一が実現すると想定したうえで、三つの安保体制モデルやその構成国のパターンについて検討を重ねる。そして将来的な目標として、東西両軍事同盟に代わり、東西ドイツ、ベネルクス三国、ポーランド、チェコスロヴァキアの構成国からなり、米ソによって保障される新

たなモデルを提示した。(7)

さらにバールは、この新たな安保モデルの構成国の可能性について、上述の七カ国からなるプラン①、デンマークとイタリア、中立国であるオーストリアとユーゴスラヴィア、それにハンガリーを加えたプラン②、そしてイギリスやフランスなども含めた計二五カ国のプラン③をそれぞれ検討する。まずプラン①は、現存の欧州経済共同体(EEC : European Economic Community)や将来の西欧諸国間の政治協力に亀裂を生じさせ、また東西統一実現の後にドイツが強大になり過ぎ周辺諸国に警戒されるとして、西ドイツにとって有益でないとされた。またプラン③は、なるほど英仏が参加することでドイツを牽制できるものの、構成国が多く既存の国際組織との兼ね合いが複雑化し、さらに同じ西側の核保有国でも構成国(英仏)と非構成国(アメリカ)の権利義務が明確でなくなるといった問題が生じると指摘した。そして、規模的に両者の中間にあたるプラン②では、適度の構成国数(一二カ国)によってドイツの影響力増大を抑える一方、体制内での西側諸国の比重が高まり、特にイタリアの参加がEEC内の分裂を妨げ「西欧」統合への悪影響も少ないと判断された。

ここで注目したいのは、現存する軍事同盟に代わる新たな安全保障体制においても、ドイツの影響力増大に対する周辺諸国の警戒に対処することや、EECや西欧諸国間の政治協力に亀裂を生じさせないことに留意された点である。新たな安全保障体制では、アメリカのヨーロッパへの関与が低下することを念頭に、西側陣営の結束を強化する「西欧」経済統合を妨害しないように細心の注意が払われていた。また、将来の東西ドイツ統一に対する周辺諸国の警戒も十分計算に入れており、冷戦構造における東西間の勢力均衡や西欧諸国内の政治力学を慎重に考慮したものだったのである。

このように新たな「全欧」安保体制を長期的目標に据えたうえで、バールの構想において特徴的なのは、分断克服への段階的アプローチである。すなわち、第一段階としてソ連をはじめとした東側諸国との二国間関係の改善、第二段階に軍縮やヨーロッパ安全保障会議を通じた多国間緊張緩和の促進、そして第三段階に「全欧」安保体制の構築による「ヨーロッパ平和秩序」の創出であり、そのなかでこそ東西ドイツの統一が実現するのである。言い換えれば、一時的にドイツ統一問題を棚上げにして、東西間の緊張緩和を推進するために西ドイツ自らがイニシアティブを発揮し、長期的には「全欧」安保体制を通じて段階的に統一の道を探るものであった。

しかしこのバールのヨーロッパ安全保障構想は、長期的にＮＡＴＯ解体と新たな安保体制の構築を視野に入れていたことから、西側の結束を脅かすとして非難された[8]。それは、東西間を自由に動くドイツの「振り子外交(Schaukelpolitik)」や「中立化」、そして独ソ接近へのトラウマ(いわゆる「ラッパロ」)やドイツで長い歴史を持つ「中欧(Mitteleuropa)」概念ともかかわる[9]。とりわけソ連への妥協的な態度への批判は、後にブラント政権が推進する東方政策への反対論にも見られ、西側との意見調整を怠ったのではないかとの不信感にもつながる。またバール自身も、超国家主義的な「西欧」政治統合に消極的な姿勢を示していたため、西側との結束を軽視したと批判されている(Link 1986: 175-176; Loth 2007; Seebacher 2006)。例えば、後年大統領候補にもなる政治学者シュヴァン(Gesine Schwan, 1943-)は、バールの構想がアメリカをはじめ西側諸国に距離を置き、ビスマルク(Otto von Bismarck, 1815-1898)に代表される伝統的なドイツ・ナショナリズムに回帰していると痛烈に非難した(Schwan 1983)。こうしたバールへの警戒心は、ニクソン(Richard Nixon, 1913-1994)政権下で大統領特別補佐官や国務長官を歴任したキッシンジャー(Henry Kissinger, 1923-)の回顧録にも如実に描かれている(Kissinger 1979: 443)。

そもそも当時のＳＰＤ内においても、バールの安保構想に全面的なコンセンサスがあったわけではなかった。例えば後にブラントを後継し首相となるシュミット(Helmut Schmidt, 1918-)は、東西間の軍事的な勢力均衡を重視する立場から、新たな「全欧」安保体制を構築する長期的目標に対し慎重な態度を崩さなかった(Enders 1987: 126-127)。またシェール(Walter Scheel, 1919-)やゲンシャー(Hans-Dietrich Genscher, 1927-)ら、後にブラント政権の連立パートナーとなるＦＤＰも、ソ連・東欧諸国との関係改善といった当面の外交政策課題ではＳＰＤと共同歩調を取る一方、そこに「全欧」安保体制といった長期的展望はなかったと言える[10]。

とはいえ、ここでまず注意したいのは、バールが「西欧」政治統合に消極的だったのは、それがドイツ分断を固定化し将来の統一可能性を減じさせるとの判断が働いたからという点である。もし西欧諸国に限定した政治統合を進めた場合、自由を求める東欧市民を失望させるのではないか。さらには、西欧に対抗して東欧諸国間が関係を強化するとなると、欧州の東西分断が固定化されてしまい、それを克服する可能性がより遠のく。しかしすでに一九六五年の時点でバールは、将来における東欧諸国のEC加盟を想定しており、バールにとって「欧州」は、「西欧」に限定されるのでなく、常に「全欧」を念頭に置いたものだった(Vogtmeier 1996: 345)。これは、バール構想が「西欧」にとどまらないヨーロッパ統合を展望していたことを意味し、その観点から統合史を捉えなおすことは、ヨーロッパ統合を単線的な歴史物語ではない複合的な現象として把握する可能性を内包していると言える。なおバールの安保モデルでは、構成国である一二カ国の領域が部分的に「中欧」に重なるにもかかわらず、論争的な「中欧」という表現を巧みに避け、冷戦構造の克服を含意する「全欧」安保体制を長期的目標として前面に掲げている。ここにもまた、ドイツの「中欧」概念に不信感を抱きかねない西側諸国への配慮を見ることができよう。

さらに「西欧」統合への姿勢に関して看過すべきでないのは、バールが、むしろ緊張緩和を進めるうえで不可欠な西側の強化のために、政府間主義による経済統合については積極的であった点である。そもそも政治統合自体、一九五〇年代から六〇年代半ばにかけて超国家主義的な試みが行き詰まりを見せており、その見通しに慎重にならざるをえなかった。しかしながら、超国家主義的な統合が当面実現不可能と考えられたがゆえに、政府間主義による経済統合の進展は、両ドイツ間の「接近」を核とする東西緊張緩和の障害にならないと捉えられたのである。たしかに、「西欧」政治統合と長期的目標たる「全欧」安保体制のあいだの一見矛盾すると思われる関係について、その「全欧」安保体制への参加国が確定されるまで留保されるべき問題であるとするバールの見解自体には曖昧さが残る。しかし長期的目標たる新たな安保体制を通じたドイツ統一のために、その前段階である緊張緩和を推進する前提として西側結束を重視する立場から、少なくとも経済統合に対しては肯定的だったのである。

加えて、「西欧」政治統合に熱心でなかった背景には、西側統合路線を推し進めてきた西ドイツ外交の「ドグマ化」に警鐘を鳴らし、分断克服への道筋のオルタナティブとして、西ドイツ自らが東側諸国との対話によって緊張緩和を促進することで、統一の可能性を探る意図があった点にも注意したい[11]。「ベルリンの壁」の建設が明らかにしたように、NATOによる西側の安全保障だけでドイツ分断の克服が当面達成されない以上、分断克服への新たな構想を練ること自体が妨げられてはならない。しかしバールは、それが従来にない「新しく耳慣れない」要素を含んでいるのは当然であり、だからこそ政府内はもちろん、野党や西側諸国とも意見調整が必要であると十分に認識していた[12]。また対米関係についても、泥沼化するヴェトナム戦争の影響もあって、駐欧米軍削減要求の強まる当時の米国内世論を踏まえ、アメリカに過度に依存しない安保体制を構築する問題意識から発したものであり、西欧へのアメリカの関与そのものを否定していたわけではない。バールは、ドイツ統一の前提条件である西欧の安全保障のために、依然アメリカをはじめ西側諸国との緊密な連携がきわめて重要であるとの認識を持っており、それはブラント政権の東方政策やヨーロッパ統合への姿勢にも反映されることになる。

第二節　ブラント政権の東方政策とヨーロッパ統合

ブラント政権の成立とハーグEC首脳会議への道

第二節では、ブラントが首相に就任する一九六九年からソ連とのモスクワ条約が締結される翌七〇年八月の東方政策とヨーロッパ統合問題について、特に西側諸国との意見調整という側面から見ていく。積極的な東方政策がヨーロッパ統合を犠牲にしたと批判されることがあるが、「全欧」安保体制の構築を長期的目標に掲げて推進された東方政策と、戦後西ドイツが取り組んできた「西欧」統合はどのような関係にあったのだろうか。ここではまず、一九六九年一二月に開催されるハーグEC首脳会議の準備段階におけるフランスとの調整過程を中心に考察する。(13)

一九六九年のヨーロッパ統合は袋小路に陥っていたといわれる。その主要因は、フランスがイギリスの加盟を含む「拡大」問題に関するいかなる交渉も拒絶していたことにあった。しかしド・ゴール(Charles de Gaulle, 1890-1970)の退陣はこの閉塞感を打破する機運を高める。すでにド・ゴール本人もイギリスとの関係改善に向けて姿勢を変化させつつあったとはいえ、彼の在任中にヨーロッパ統合の進展は望めないとの見方が西ドイツ外務省でも支配的であった。(14) それだけに、彼の後を継ぎ大統領に就任したポンピドゥー(Georges Pompidou, 1911-1974)の欧州政策の方針に注目が集まっていた。こうしたなかで、ポンピドゥーによって打ち出されたEC首脳会議の提案を受け、西ドイツ政府はどのような準備を行っていたのだろうか。

この会議の準備にあたっては、そこで扱われる様々な争点に関して事前に独仏間が合意していたことが大きい。ここで九月の総選挙後に首相となったブラントが、対仏協調に積極的に取り組んだ点は注目される。というのも選挙前の大連立政権で外相ブラントは、連立パートナーであるCDUの首相キージンガー(Kurt Georg Kiesinger, 1904-1988)と比べ対仏関係に熱心でなく、またSPDはフランスのゴーリズムに概して批判的であったからである。(15) しかし選挙戦では、かつて五〇年代にアデナウアーに対立しヨーロッパ統合へ反対していたイメージを払拭すべく、六〇年代の統合の停滞を打破できないCDUとのちがいを有権者にアピールしていた。ド・ゴール退陣後に吹き込むであろう新しい風を逃さず、西ドイツ自らが欧州政策にイニシアティブを発揮するためにも(Bernath 2001: 232)、新たにFDPと連立を組み首相に就任したブラントは、よりフランスに接近した路線修正を図っていく。(16)

その一つの表れが、統合の「完成・深化・拡大」に並行して取り組むとのフランスの提案に合意したことである。[17] それまでは、一方でフランスと、他方で英加盟を含む「拡大」問題に優先順位を置くフランス以外の五カ国との対立が、ヨーロッパ統合の停滞の大きな要因となっていた。当初ブラントは、新規加盟申請国を含む西欧諸国間の政治協力を推進する立場から、とりわけイギリスとの対話を重視し、英仏ともに加盟国である西欧同盟(WEU : Western European Union)を積極的に活用しようとした。しかしフランスが、WEUで「拡大」問題が議題になることを警戒し消極的な態度を示したため、西ドイツも姿勢を転換し、その後WEUが政治協力の場の中心に据えられることはなかった。[18] 結局、独仏間で新規加盟申請国との交渉開始に関して、具体的な時期の言及を避けつつ妥協が図られ、「拡大」問題を他の問題と並行して進めるフランスの「並行主義」で合意する。その際ブラントは、この「並行主義」を他の西欧諸国が受け入れるように精力的に働き掛けたのである(Hiepel 2003: 67)。

政権交代により新しく成立したブラント政権が欧州政策を重視する姿勢は、彼の就任演説にも表れている。そこでブラントは、ソ連をはじめ東側諸国との交渉を呼び掛けると同時に、同年末に控えるハーグEC首脳会議がヨーロッパ統合の将来を決定づける重要な会議になると言及し、新政権が取り組む最重要課題に位置づけた(*Texte zur Deutschlandpolitik*, Bd. IV: 39)。積極的な東方政策の推進のためにはヨーロッパ統合の強調が重要であることを、新政権は認識していたのである。[19] こうした認識は、首相府に新たに欧州問題担当の政務次官(Parlamentarische Sekretärin)としてフォッケ(Katharina Focke, 1922-)を重用し、東方政策と並び欧州政策に力を注ぐことを内外に示した点にも顕著に見て取れる。フォッケは、一九六三年に設置されて以来欧州問題に関する政府内の意見調整にきわめて重要な役割を果たしてきた「欧州問題事務次官会議(Staatssekretär-Ausschuss für Europafragen)」(Hiepel 2004: 7; Germond und Türk 2004)に積極的に関与し、事実上首相府が欧州政策のイニシアティブを握ることになる。[20]

なかでもブラントが重要視したのが、欧州政策に関して引き続きフランスと足並みを揃えることである。首脳会議の準備過程では独仏間で緊密な意見交換がなされ、例えば政権成立直後には特使をパリに派遣し、両国の連携継続に念を押している。他方でフランス側も、バールと会談した駐西独仏大使が述べたように、ブラントが前首相のキージンガーよりさらに欧州政策に積極的に取り組むと見ていた[21]。そしてブラントは、一一月二七日にポンピドゥーへ送付した書簡で、独仏協調の必要性を改めて強調すると同時に、ポンピドゥーにとって優先課題の一つであった共通農業政策(CAP：Common Agricultural Policy)に関して、農業補助金の問題で譲歩の用意があることを示す。さらには、経済通貨政策に関連して、各国の経済政策の協調をまず優先する観点から共通の通貨政策に慎重だった従来の立場を修正し、各国の経済政策が一定程度収斂を見せた後に通貨に関して「欧州準備基金(European Reserve Fund)」を設立することを提案した。首脳会議前に、ブラントはテーブルに持ち札をすべて出したのである[22]。

ポンピドゥーもブラントの熱意に応える。翌日の返信で、独仏関係の重要性に関し賛同し、両首脳間に良好な関係を築くことがヨーロッパ統合の諸問題の解決に資すると言及した[23]。両者の関係については、従来は「掴み所のない」ブラントにポンピドゥーが不信感を持っていたことも指摘されていたが(Wilkens 1990: 59; Schmidt 1990: 163; Grosser 1986: 300)、近年の研究で少なくともこの時期には独仏関係やブラントとの個人的な信頼関係の構築に前向きであったことが明らかにされている(Bernath 2001: 231; Hiepel 2004: 38-39)。この首脳会議直前における両首脳の書簡のやり取りでは、水面下で折衝を重ねてきた諸問題の調整が改めて確認されると同時に、両国間の信頼関係が醸成されたことも成果の一つであった。

こうして一二月一日と二日に開催されたハーグ首脳会議では、フランスの主唱した統合の「完成・深化・拡大」が採択され、一五項目からなるコミュニケが発表された[24]。会議を通じて、後に「ハーグ精神」と呼ばれるほど好意的な雰囲気が支配的であったと言われるが、他方で各国首脳は、万一この首脳会議が失敗に終わると、西欧諸国間の対立を白日の下に晒し、各国が国益を非妥協的に追求する勢力均衡の時代に逆戻りするのではないかとの不安も抱えていた。[25] そのためか、会議初日の冒頭でポンピドゥーは、慎重な調子を終始崩すことなくヨーロッパ統合の再出発に向けて包括的な内容の演説を行った。

これとは対照的に、会議の成功に向けて積極的な姿勢をアピールしたのがブラントである。まずブラントは、ポンピドゥーが言及を避けた「拡大」問題について、この問題に関心の高い西ドイツ国内世論や連邦議会に触れつつ、具体的な成果を示さないことには本国に帰れないと、改めて強い意欲を示す(E. Noelle Neumann und E. P. Neumann 1974: 561; Wilkens 1999: 82)。またこの「拡大」問題など他の問題で進展が見られない限り、西ドイツに事実上の負担増を強いる共通財政など「完成」問題に関して国内で同意を得られないと言明した。そして通貨問題においては、会議二日目に「経済通貨同盟(EMU : Economic and Monetary Union)」構想を披露し、既述の「欧州準備基金」の創設を唱える。すでに首脳会議二カ月前の六九年一〇月に、それまで拒んできたマルク切り上げに遂に踏み切っていたが、この「欧州準備基金」の提唱は、まだまだ根強かった国内の関係当局者の反対意見を押し切ってまでも、フランスが要求していた通貨協力に応じたことを意味した。[26] ここにもブラントが、新政権の「名刺代わり」として会議成功に尽力する姿勢がうかがえる(Bahr 1996: 276)。会議初日には「拡大」問題を中心とした各国首脳の対立の激しさから決裂すら危惧されたものの、ブラントは「仲介役」として意見調整に努め、その日の夜には独仏首脳間で非公式で会合が行われた(Hiepel 2010: 114)。そこで遂に両国は、CAP財政問題の年内解決と引き換えに、七〇年六月までの新規加盟国との交渉開始で合意するのである。[27]

東方政策とヨーロッパ統合問題——首脳会議後の西側諸国との意見調整を中心に

このように、ブラント政権は欧州政策に積極的に取り組み、ヨーロッパ統合の発展に寄与しようとした。西ドイツにとって「西欧」統合のさらなる推進は、東方政策を成功させるうえで不可欠な前提をなすものであった。[28] しかし、ソ連との交渉を中心に次第に進行する東方政策が西側諸国に不安を与えなかったわけではない。例えばハーグ首脳会議から三カ月を過ぎた頃、ブラント政権の欧州政策に対して他の西欧諸国から懸念が表明された。まずイギリスの政府筋からは、西ドイツが東方政策を優先するあまり、西側諸国に了解を得ないままソ連に譲歩し「西欧」統合の進展を犠牲するのではないかといった疑念が示された。[29] またオランダの駐西独公使からは、対ソ交渉をはじめとする東方政策への積極的な取り組みに比べ、ハーグ首脳会議以降、欧州政策に対するブラントのトーンが明らかに下がっていると疑問が呈された。

これに対して西ドイツ側は、東方政策の展開に注目が集まるのは、それ以前の行き詰まった状況を打開しつつあるためで、それによって欧州政策の路線が変更することはないと強調した。たしかにこうした西側諸国の懸念は、公的には東方政策に支持を与えつつも、実際にそれが西側の結束を揺るがすのではないかという不安があったことを示している。しかし興味深いのは、この問題は、西ドイツが独自の東方政策を行うことに伴ういわば「コインの表裏」であって、それ自体だけでは決して解決できるものではない、と西ドイツ側が捉えていたことである。そしてこうした認識に立脚しつつ、西側諸国の警戒を必要以上に強めさせないために、さしあたり以下の二つの対策を講じるとされた。第一に、四月に予定されるブラントの訪米に際し、「西欧」諸国の政治的統一という目標が不変であることを改めて強調すること、第二に、西側諸国に対して、ソ連は進行する予備折衝において西ドイツの欧州政策には反対していない旨を報告することである。つまり、西ドイツ側は、積極的な東方政策に対して抱く西側諸国の不安を十分に認識したうえで、改めて西側の結束を示すべく対処しようとしたのである。[30]

四月のブラントの訪米後、バールとソ連外相グロムイコ(Andrei Gromyko, 1909-1989)による予備交渉の合意点を纏めた「バール文書(Bahr-Papier)」の完成が五月二二日に発表される。後のモスクワ条約の土台となるこの文書の完成に対し、西側諸国からは概ね歓迎の意が表された。[31] このように東方政策が成果を見せ始める一方で、欧州政策においては、ハーグ・コミュニケを具体化すべく各テーマに関して事務レベルを中心に意見調整が進行していた。しかし、このような事務レベルでの折衝は派手さに欠けるがゆえに、ブラント政権の欧州政策が停滞している印象を与えかねなかった。七月三日の独仏首脳会議でブラントは、こうした点に注意を促したうえで、改めて西ドイツの欧州政策の一貫性を強調し、東方政策はヨーロッパ統合の強化と西側同盟の結束を土台にしてのみ意義を持つと主張した[32]。さらに、東方政策の支持を確認するためにロンドンを訪れたシェール外相は、七月末から予定されるソ連との本交渉で「ヨーロッパ・オプションに関する書簡（Brief zur europäischen Option）」を提案することを明らかにする[33]。

この書簡は、後にモスクワ条約締結の際に西ドイツ側からソ連に手交される「ドイツ統一に関する書簡」と並んで、西ドイツが条約の暫定性を強調するために外務省で検討されていたものである[34]。「ヨーロッパ・オプション」とは、将来のヨーロッパ統合の発展に関する可能性を確保するという意味である。すなわち、モスクワ条約における現存国境の不可侵性に関する合意がヨーロッパ統合の発展を妨げてはならず、将来における統合進展とそれに伴う国境変更の可能性を強調する書簡によって、西ドイツのヨーロッパ統合への積極的な姿勢を示そうとしたのである。この書簡は対ソ交渉過程において結果的に実現されることはなかったが[35]、西ドイツ政府が将来のドイツ再統一の可能性を保持することと同時に、対ソ条約によって「西欧」統合の進展と西側結束を損なわないように措置を講じようとしたことを物語っている。

西ドイツ政府が西側諸国との連携を重視する姿勢は、ソ連との本交渉を前に、西側三国と相次いで首脳レベルの直接会談を行ったことにも表れている。上述のポンピドゥー仏大統領の訪独を皮切りに、七月中旬にはシェール外相が英米を相次いで訪問し、ソ連との条約で扱われる様々なテーマについて意見調整がなされた。その際、「西欧」統合へ積極的に関与する姿勢を一貫して示し続け、新たな東方政策への理解を求めた。そしてブラント政権は、帰国後のシェールの報告を受け、対ソ交渉方針に関する閣議決定において閣内一致で、対ソ交渉について西側同盟国と「完全なる一致」を確認したと満足を持って表明することができたのである[36]。

このようにブラント政権は、対ソ交渉と並行して取り組んだ西側諸国との意見調整においても、ヨーロッパ統合への積極的な態度を繰り返し表明した。その際ヨーロッパ統合は、ブラントやバールが掲げた長期的目標である「全欧」安保体制を通じた「ヨーロッパ平和秩序」の「構成要素(Bauelement)」であるという論理が展開された。[37]すなわち、ソ連・東欧諸国との関係改善は従来の欧州政策を補完するものであり、したがって東方政策は「西欧」統合の延長線上と位置づけられたのである。[38]その一方で、積極的な欧州政策のアピール自体も、東方政策の成功に不可欠な西側との意見調整の過程において、西側諸国の不安に対処するうえで重要な役割を果たした。その意味でも「東方政策は西側に始まる(Ostpolitik beginnt im Westen)」のである(Brandt 1972)。

おわりに

本章では、まず東方政策の立役者であるバールの構想におけるヨーロッパ統合の位置づけについて検討した後に、実際にブラント政権が推進する東方政策と欧州統合の関係に注目して考察した。第一にバール構想は、長期的に「全欧」安保体制を通じて分断克服を目指すものであり、たしかにドイツ分断を固定化しかねない超国家主義的な「西欧」政治統合に否定的であったものの、緊張緩和を推進するうえで不可欠な西側結束の強化の必要性は理解されていた。第二に、ブラント政権の東方政策とヨーロッパ統合の関係について、とりわけハーグEC首脳会議と、東方政策が活発化したモスクワ条約締結までの時期における西側諸国との意見調整に着目した。ブラントは、フランスとの緊密な意見交換を通じて首脳会議の成功に寄与した。また首脳会議以降、東方政策とは対照的に、欧州政策に関して目立った成果は暫く出なかったが、積極的な東方政策に不安を抱きかねない西側諸国に対して、西ドイツの「西欧」統合への関与を改めて強調し、西側との確固たる結束のもとでこそ東方政策は成功するとの姿勢を示し続けた。

その後のヨーロッパ統合は、通貨危機や石油危機などに直面して、しばし停滞を余儀なくされる。ブラント政権の東方政策も、ソ連・東欧諸国との二国間関係改善が一段落つき、欧州安全保障協力会議（CSCE：Conference on Security and Co-operation in Europe）など多国間の枠組みを通じて緊張緩和を推進しようとするものの、そのダイナミズムは失われ、やがてブラントも七四年五月にスパイ事件などのスキャンダルの責任を取り首相を辞任する。またバールは、ブラントを後継したシュミット政権で一九七六年まで経済協力相を務める一方、党内で東方政策や軍縮問題などの外交問題にも積極的に関与し続けた。そしてバールは、周知の通り七〇年代末頃から再び米ソ間の緊張が高まるなかで、アメリカの軍拡路線を追認した西ドイツ政府とは距離を置きつつ独自の安全保障構想を訴えていく。すなわち、軍縮問題や「全欧」安保体制の構築を主張の中心に据えつつ、東ドイツ政府との対話を推進する立場を取ったのである。しかしながら実際の東西ドイツ統一は、バールの構想と異なり、NATOに代わる新たな「全欧」規模の安保体制が構築されることなく、一九八九年の「ベルリンの壁」開放から一年も経たないうちに達成された[39]。そしてそこでは、「全欧」を通じてではなく、アメリカをはじめとする西側同盟の結束や「西欧」統合こそが重要であった点が強調され、いわゆる「冷戦勝利」史観の根拠の一つともなるのである[40]。

しかし本章で見てきたように、ブラント政権は、「全欧」安保体制の構築を長期的目標として掲げながらも、ソ連との交渉を進め東方政策が展開された時期に、並行して「西欧」統合への積極的な態度を示し続け、西側諸国との意見調整に継続して取り組んだ。これは、バール構想における分断克服への第一段階である東方政策を成功させる前提として、欧州政策を含む「西方政策」を決して軽視したわけではないことを物語っている。ブラント政権は、東側との対話を重視する東方政策に取り組みつつ、西側諸国との意見調整の過程で「西欧」統合への関与を示し続けた。すでにバールの構想においても、一時的に分断を受け入れることで長期的に克服する段階的なアプローチによって、一見矛盾するようにも見える「全欧」と「西欧」の橋渡しに腐心した跡がうかがえる。そこに、「全欧」と「西欧」のあいだで揺れ動く構想のもとで、「西欧」のみにとどまらない欧州像を模索しながら東西分断を克服するために巧みに展開されたブラント外交の姿が浮かび上がるのである。

〈注〉

(1) ブラントとバールの関係については、関連文献や本人たちの回顧録において、東方政策推進に関して両者の信頼関係による一致が指摘され、一般にバールは理論家や立役者として、ブラントがそれを実践する推進者として描かれる(Fuchs 1999: 127-134; Schmid 1979: 222-227; Brandt 1989: 73-74; ヴァイツゼッカー一九九八、一五〇頁)。

(2) この点を指摘する研究は枚挙に暇がないが、ソ連だけでなくドイツも対象にした「二重の封じ込め」に言及したものに、例えば Hanrieder 1989; Ninkovich 2001; 倉科二〇一〇、上原二〇〇八、グルーナー二〇〇八、岩間一九九三。戦後アメリカが西欧統合を支持したのも、ソ連とともに西ドイツの「封じ込め」の意図があった(ルンデスタッド二〇〇五)。この「二重の封じ込め」のために「西欧」統合と並び中心的な役割を果たしたのがＮＡＴＯである(佐瀬一九九九、金子二〇〇八)。しかし、西ドイツに対する姿勢はソ連への「封じ込め」とは文脈を異にすることから、同様に「封じ込め」という表現を用いることが誤解を生む可能性を指摘する論者もいる(Schwarz 2001)。

(3) この三〇年ルールについては本書第一章の遠藤論文も参照。

(4) 大連立政権の東方政策に関しては、その前のエアハルト(Ludwig Erhard, 1897-1977)政権下で経済関係を中心に限定的に東欧諸国との関係改善を図った外相シュレーダー(Gerhard Schröder, 1919-1989)の「動の政策(Politik der Bewegung)」とともに、その成果について評価は分かれる(Kroegel 1997; Schmoekel und Kaiser 1991; Eibl 2001; Hildebrand 1984)。

(5) 一九六三年に設置された外務省政策企画室は、直属する外務大臣の「私的シンクタンク(persönliche Denkfabrik)」と呼ばれるなど、当面の政策課題の策定や関連機関との調整などと並び、中・長期的観点から外交政策を検討する役割を担っている(Schmidt et al. 2007: 337-338)。

(6) 以下三つのモデルは、Aufzeichnung Bahrs vom 27.6.1968, *Akten zur Auswärtigen Politik der Bundesrepublik Deutschland (AAPD)* 1968, S. 796-814. このモデルについてはすでに先行研究でも取り上げられているが、西側の結束を乱すとの批判的言及を含む代表的なものに、Hahn 1973。邦語では、高橋一九九一、妹尾二〇〇九。

(7) Aufzeichnung (Entwurf) vom 17.5.1968, Das Depositum Egon Bahrs im Archiv der sozialen Demokratie der Friedrich-Ebert-Stiftung in Bonn (*DEB*), Ord. 316.

(8) 西側統合を西ドイツの「国家理性」とする立場は、例えば Schwarz 1975。

(9) 一九二二年に独ソ間で締結されたラッパロ条約は、共産主義を警戒する西欧諸国の対独不信を掻き立てるものであり、「ラッパロ」とはこれに象徴されるドイツの東側への接近に対する不安を端的に表す言葉である(Larres 1996; Geppert und Wengst 2005; Gallus 2001)。「中欧」概念に関する最新の研究に、板橋二〇一〇。

（10）ＦＤＰの東方政策構想については、例えばSiekmeier 1998; Niedhart 1995; Brauers 1992。

（11）Aufzeichnung des Ministerialdirektors Bahr, 5.8.1968, *AAPD* 1968, S. 963-966.

（12）Bahr an Bundesminister Brandt, 19.8.1968, *DEB*, Ord. 399.

（13）ハーグＥＣ首脳会議の成功にはブラントとポンピドゥーの合意がきわめて重要であったと言われている(Möckli 2009: 30)。後にブラントも「ポンピドゥーがいなければ首脳会議は失敗に終わっていただろう」と振り返っている(Brandt 1976: 322)。

（14）Memorandum Bahrs für Brandt, 25.4.1968, *DEB*, Ord. 341; Schönhoven 2004: 414-415; Türk 2006.

（15）キージンガーとブラントの政策のちがいについては、Aufzeichnung des Ministerialdirektors Frank/ betr. Europäische Politik, 26.8.1969, *AAPD* 1969, S. 929-930; Küsters 2004: 138-139; Möckli 2009: 32-33; Hiepel 2010: 111-112.　本書第九章の山本論文、第四節も参照。

（16）外相に就任するＦＤＰのシェールも一九五九年から六九年まで欧州議会議員を務めるなど「筋金入りの欧州主義者(ein überzeugter Europäer)」と言われていた。Aufzeichnung über das Gespräch des Bundesministers Scheel mit dem belgischen Außenminister Harmel in Brüssel, 10.11.1969, *AAPD* 1969, S. 1247-1250; Mittag und Wessels 2004.

（17）例えばシューマン(Maurice Schumann, 1911-1998)仏外相は、七月二二日のＥＣ理事会において「完成の必要性、深化の様式、拡大の条件」というＥＣの三つの問題を指摘した。Runderlass des Auswärtigen Amts, 24.7.1969, Politisches Archiv des Auswärtigen Amts (*PAAA*), B1/334; 川嶋二〇〇七、二四一―二四二頁。

（18）この時期のＷＥＵを通じた政治協力の模索は、山本論文、第三節および第四節を参照。

（19）Aufzeichnung Bahrs, 21.9.1969, *AAPD* 1969, S. 1047-1057; Botschafter Pauls an das Auswärtige Amt, 16.11.1969, *AAPD* 1969, S. 1304.

（20）ブラント自身も、モネ(Jean Monnet, 1888-1979)を中心とする「ヨーロッパ合衆国行動委員会(Aktionkomitee für die Vereinigten Staaten von Europa)」のメンバーであり、とりわけ通貨統合の問題に関して、「欧州準備基金」の設立に向けてモネとのあいだで緊密な意見交換を行っていた。この準備基金構想は後にハーグ首脳会議でブラントから提案されることになる。なお「ヨーロッパ合衆国行動委員会」は、様々な国々の主要な政治家や実業家などからなる委員会で、ヨーロッパ統合の将来や統合理念などについて活発な意見交換がなされており、ブラントの他にＳＰＤからはシュミットやヴェーナー(Herbert Wehner, 1906-1990)、ＣＤＵからも元ＥＥＣ委員長のハルシュタイン(Walter Hallstein, 1901-1982)らが参加していた。モネは、ブラントとの直接の書簡のやり取り以外にも、フォッケとの会合を通じて西ドイツ新政権の欧州政策に影響力を及ぼそうとした

(Focke 1999; Bossuat 1999)。「ヨーロッパ合衆国行動委員会」に関しては、細谷二〇〇八、一五〇―一五三頁も参照。

(21) Aufzeichnung Bahrs, 9.10.1969, *DEB*, Ord. 441.

(22) Brandt to Pompidou, 27.11.1969, *DEB*, Ord. 441/1; Hiepel 2003: 76-77.

(23) Vermerk Pompidous, 28.11.1969, *DEB*, Ord. 441/1.

(24) このコミュニケは西ドイツの提案した草案に基づき起草された。Entwurf eines Kommuniqués für die Gipfelkonferenz, 27.11.1969, *PAAA*, B1/334; Hiepel 2003: 79.　コミュニケの邦訳は、遠藤二〇〇八、四二〇―四二二頁。

(25) Möckli 2009: 34.　またこうした首脳会議による政府間主義は、委員会主導の統合推進という観点からも決して好ましいものではなかった(Ludlow 2003)。

(26) この通貨問題に関しては、一九六八年一〇月の通貨危機の際に当時の大連立政権が、米英仏の期待するマルク切り上げ要求を拒否していた。これは西ドイツが西側三国の要望に明確に反対の態度を示したものとして警戒された。しかし六九年に入りフランスのフラン切り下げを受けて、同年一〇月にブラント新政権は遂にマルク切り上げに踏み切る。そしてハーグ首脳会議での合意を弾みとして、一九七〇年一〇月八日のウェルナー報告では、最終目標として「単一通貨」や「共同中央銀行制度」並びに「経済政策決定機関」の創設が提案された(Wilkens 2004; Zimmermann 2004; 権上二〇〇五、橋口二〇〇八)。

(27) 本書所収の山本論文、第五節参照。本章で取り上げることができなかったハーグ首脳会議以降のヨーロッパ政治協力(EPC：European Political Cooperation)については、以下を参照。Möckli 2009; Küsters 2004; Nuttall 1992; Rummel und Wessels 1978; Höhn 1978; 本書所収山本論文。

(28) Aufzeichnung von Frank, 22.10.1969, *AAPD* 1969, S. 1145.

(29) Von Hase an das Auswärtige Amt, 23.3.1970, Bundesarchiv Koblenz (*BAK*), B 136/6417.

(30) Carl Sanne an Katharina Focke, 24.3.1970, *BAK*, B 136/6417d.　訪米中ブラントはニクソン米大統領との会談で、西欧諸国の政治協力の重要性を改めて強調している。Aufzeichnung des Bundeskanzlers Brandt, 11.4.1970, *AAPD* 1970, S. 591-595; Brandt 1976: 379-385; Bahr 1996: 314-315; Kissinger 1979: 457-458.

(31) Duckwitz an Scheel, 26.5.1970, *AAPD* 1970, S. 868-873; Duckwitz an Scheel, 27.5.1970, *AAPD* 1970, S. 880-883.

(32) Aufzeichnung über das Gespräch zwischen Brandt und Pompidou, 3.7.1970, *AAPD* 1970, S. 1069-1080, 1089-1097.

(33) Botschafter von Hase an das Auswärtige Amt, *AAPD* 1970, S. 1191-1194.　なおこの書簡については、バールがキッシンジャーに送った私信でも言及されている。Bahr an Kissinger, 24.7.1970, *DEB*, Ord. 439.

(34) この「ヨーロッパ・オプションに関する書簡」の草案は、Entwurf eines „Briefs zur europäischen Option“, 6.7.1970, *AAPD* 1970, S. 1126-1127, Anm. 19.

(35)　Scheel an Brandt, 30.7.1970, *AAPD* 1970, S. 1293-1295.　ソ連は、東側に敵対的であるとしてEECの存在を正式には認めなかった。ブレジネフ(Leonid Brezhnev, 1906-1982)書記長がEECの存在に言及し事実上承認するのは一九七二年三月になってからのことである。Botschafter Allardt an das Auswärtige Amt, 21.3.1972, *AAPD* 1972, S. 306-311.

(36)　Instruktionen für Bundesminister Scheel, 23.7.1970, *AAPD* 1970, S. 1222-1224.　モスクワ条約締結後にシューマン仏外相は「条約の成果はEECの発展の論理的帰結である」と述べている(Link 1986: 241)。

(37)　Aufzeichnung des Bundeskanzlers Brandt für die Kabinettssitzung, 7.6.1970, Willy-Brandt-Archiv im Archiv der sozialen Demokratie der Friedrich-Ebert-Stiftung (*WBA*), Bundeskanzler 91.

(38)　Brandt an Pompidou, 27.11.1969, *WBA*, Bundeskanzler 91.

(39)　統一に際してバールは、「ベルリンの壁」開放後に、加速度的に東西統一に向かうなかでも、東側で自由を求める市民の動きがかつてのように武力鎮圧されるのではないかとの懸念を拭えず、統一に対して慎重な姿勢を崩さなかった。そしてその事も、バールが東側政府との関係を重視し過ぎ統一の可能性を十分に計算し切れなかったとの非難につながった。なお統一後のバールは、九六年に回顧録を出版する一方、外交問題の論客として著作を発表するなど精力的に活動を続けている(Bahr 2000, 2003)。

(40)　この「冷戦勝利」史観について例えば、菅二〇一〇。

〈引用・参考文献〉

史　料

Archiv der sozialen Demokratie der Friedrich-Ebert-Stiftung (*AdsD*), Bonn: Depositum Egon Bahr (*DEB*).

Willy-Brandt-Archiv im Archiv der sozialen Demokratie der Friedrich-Ebert-Stiftung (*WBA*).

Bundesarchiv Koblenz (*BAK*).

Politisches Archiv des Auswärtigen Amts (*PAAA*), Berlin.

Akten zur Auswärtigen Politik der Bundesrepublik Deutschland (*AAPD*), hrsg. im Auftrag des Auswärtigen Amts vom Institut für Zeitgeschichte. Jahresband 1968-1972, Oldenbourg, 1999-2003.

Bundesministerium für innerdeutsche Beziehungen (Hg.), *Texte zur Deutschlandpolitik*, Bd. IV, Vorwärts.

Bundesministerium für innerdeutsche Beziehungen (Hg.), *Dokumente zur Deutschlandpolitik*, IV/1-12 (10.12.1958-30.11.1966), u. a. Alfred Metzner Verlag.

参考文献

板橋拓己（二〇一〇）『中欧の模索――ドイツ・ナショナリズムの一系譜』創文社。

岩間陽子（一九九三）『ドイツ再軍備』中公叢書。

ヴァイツゼッカー、リヒャルト・フォン（一九九八）『ヴァイツゼッカー回想録』永井清彦訳、岩波書店。

上原良子（二〇〇八）「ヨーロッパ統合の生成　1947―50年――冷戦・分断・統合」遠藤乾編『ヨーロッパ統合史』名古屋大学出版会、九四―一三〇頁。

遠藤乾編（二〇〇八）『原典ヨーロッパ統合史――史料と解説』名古屋大学出版会。

金子譲（二〇〇八）『NATO北大西洋条約機構の研究――米欧安全保障関係の軌跡』彩流社。

川嶋周一（二〇〇七）『独仏関係と戦後ヨーロッパ秩序――ドゴール外交とヨーロッパの構築　1958―1969』創文社。

菅英輝（二〇一〇）「変容する秩序と冷戦の終焉」菅英輝編『冷戦史の再検討――変容する秩序と冷戦の終焉』法政大学出版会、一―三五頁。

クラインシュミット、ハラルド（一九九四）「ブラント政権の東方政策の再検討」岩志津子訳『国際政治』一〇七号、五七―七八頁。

倉科一希（二〇一〇）「ヨーロッパの冷戦と「二重の封じ込め」」菅英輝編『冷戦史の再検討――変容する秩序と冷戦の終焉』法政大学出版局、九五―一一二頁。

グルーナー、ヴォルフ・D（二〇〇八）『ヨーロッパのなかのドイツ　1800―2002』丸畠宏太・進藤修一・野田昌吾訳、ミネルヴァ書房。

権上康男（二〇〇五）「ヨーロッパ通貨協力制度「スネイク」の誕生（1968―73年）――戦後国際通貨体制の危機とフランスの選択」『エコノミア』第五六巻第一号、三九―八八頁。

佐瀬昌盛（一九九九）『NATO――21世紀からの世界戦略』文藝春秋。

妹尾哲志（二〇〇九）「バールの構想と分断克服への道――ブラントの東方政策の立役者と冷戦の終焉」『国際政治』一五七号、五七―六九頁。

高橋進（一九九一）「西欧のデタント――東方政策試論」犬童一男・馬場康雄・山口定・高橋進編『戦後デモクラシーの変容』岩波書店、一―六八頁。

橋口豊（二〇〇八）「デタントのなかのEC　1969―79年――ハーグから新冷戦へ」遠藤編『ヨーロッパ統合史』一九五―二二〇頁。

細谷雄一（二〇〇八）「シューマン・プランからローマ条約へ　一九五〇―五八年――EC-NATO-CE体制の成立」遠藤編『ヨーロッパ統合史』一三一―一五六頁。

森井裕一（二〇〇五）「ドイツ連邦共和国とＥＵ」森井裕一編『国際関係の中の拡大ＥＵ』信山社、一五五―一八一頁。

山本健（二〇〇八）「冷戦の緊張緩和とヨーロッパ統合」山内進・田中孝彦編『〈戦争〉のあとに　ヨーロッパの和解と寛容』勁草書房、二〇一―二二四頁。

山本健（二〇一〇）『同盟外交の力学――ヨーロッパ・デタントの国際政治史　１９６８―１９７３』勁草書房。

ルンデスタッド、ゲア（二〇〇五）『ヨーロッパの統合とアメリカの戦略――統合による「帝国」への道』河田潤一訳、ＮＴＴ出版。

Bahr, Egon (1996), *Zu meiner Zeit*, Blessing.

Bahr, Egon (2000), *Deutsche Interessen: Streitschrift zu Macht, Sicherheit und Außenpolitik*, Blessing.

Bahr, Egon (2003), *Der deutsche Weg: Selbstverständlich und normal*, Blessing.

Bernath, Markus (2001), *Wandel ohne Annäherung. Die SPD und Frankreich in der Phase der Neuen Ostpolitik 1969-1974*, Nomos.

Bossuat, Gérard (1999) "Drei Wege nach dem Gipfel von Den Haag. Monnet, Brandt, Pompidou und das Europa der 70er Jahre," in: Andreas Wilkens (Hg.), *Interessen verbinden: Jean Monnet und die europäische Integration der Bundesrepublik Deutschland*, Bouvier, S. 353-386.

Brandt, Willy (1972), "Germany's 'Westpolitik'," *Foreign Affairs* 50, pp. 416-426.

Brandt, Willy (1976), *Begegnungen und Einsichten. Die Jahre 1960-75*, Hoffmann und Campe.

Brandt, Willy (1989), *Erinnerungen*, Bertelsmann Verlag.

Brandt, Willy (2005), *Ein Volk der guten Nachbarn. Außen- und Deutschlandpolitik 1966-1974* (Berliner Ausgabe Bd. 6), bearb. von Frank Fischer, Dietz.

Brauers, Christof (1992), *Liberale Deutschlandpolitik 1949-1969. Positionen der F.D.P. zwischen nationaler und europäischer Orientierung*, Lit.

Eibl, Franz (2001), *Politik der Bewegung. Gerhard Schröder als Außenminister 1961-1966*, Oldenbourg.

Enders, Thomas (1987), *Die SPD und die äußere Sicherheit: Zum Wandel der sicherheitspolitischen Konzeption der Partei in der Zeit der Regierungsverantwortung (1966-1982)*, Ernst Knoth.

Focke, Katharina (1999), "Erinnerungen an Jean Monnet," in: Wilkens (Hg.), a. a. O., S. 23-30.

Fuchs, Stephan (1999), *Dreiecksverhältnisse sind immer kompliziert: Kissinger, Bahr und die Ostpolitik*, Europäische Verlagsanstalt.

Gallus, Alexander (2001), *Die Neutralisten. Verfechter eines vereinten Deutschland zwischen Ost und West 1945–1990*, Droste.

Geppert, Dominik und Udo Wengst Hg. (2005), *Neutralität -Chance oder Chimäre? Kozepte des Dritten Weges für Deutschland und die Welt 1945–1990*, Oldenbourg.

Germond, Carine und Henning Türk (2004), “Der Staatssekretärausschuss für Europafragen und die Gestaltung der deutschen Europapolitik 1963–1969,” *Zeitschrift für Europawissenschaften*, II/1, 2004, S. 56–81.

Grosser, Alfred (1986), *Frankreich und seine Außenpolitik 1944 bis heute*, Carl Hanser.

Hahn, Walter F. (1973), “West Germany’s Ostpolitik: The Grand Design of Egon Bahr,” *Orbis*, Vol. 16, No. 4, pp. 859–880.

Hanrieder, Wolfram F. (1989), *Germany, America, Europe: Forty Years of German Foreign Policy*, Yale University Press.

Hiepel, Claudia (2003), “In Search of the Greatest Common Denominator: Germany and the Hague Summit Conference 1969,” *Journal of European Integration History*, Vol. 9, No. 2, pp. 63–81.

Hiepel, Claudia (2004), “Willy Brandt, Georges Pompidou und Europa. Das deutsch-französische Tandem in den Jahren 1969–1974,” in: Franz Knipping und Matthias Schönwald (Hg.), *Aufbruch zum Europa der zweiten Generation: Die europäische Einigung 1969–1984*, Wissenschaftlicher Verlag Trier, S. 28–46.

Hiepel, Claudia (2010), “The Hague Summit of the European Community, Britain’s Entry, and the New Atlantic Partnership, 1969–1970,” in: Matthias Schulz and Thomas A. Schwartz (eds.), *The Strained Alliance: U.S.-European Relations from Nixon to Carter*, Cambridge University Press, pp. 105–123.

Hildebrand, Klaus (1984), *Von Erhard zur Großen Koalition 1963–1969* (Geschichte der Bundesrepublik Deutschland, Vol. 4), Deutsche Verlags-Anstalt.

Höhn, Jan (1978), *Außenpolitik der EG-Staaten: im Fall der KSZE, Geschichte, Struktur, Entscheidungsprozess, Aktion, Möglichkeiten und Grenzen*, tubuv-Verlagsgesellschaft.

Kissinger, Henry A. (1979), *Memoiren 1968–1973*, C. Bertelsmann.

Kroegel, Dirk (1997), *Einen Anfang finden!: Kurt Georg Kiesinger in der Außen- und Deutschlandpolitik der Großen Koalition*, Oldenbourg.

Küsters, Hanns Jürgen (2004), “Die Entstehung und Entwicklung der Europäischen Politischen Zusammenarbeit aus deutscher Perspektive,” in: Knipping und Schönwald (Hg.), a. a. O., S. 131–149.

Larres, Klaus (1996), “Germany and the West: the ‘Rapallo Factor’ in German Foreign Policy from the 1950s to the 1990s,” in: Klaus Larres and Panikos Panay (eds.), *The Federal Republic of Germany since 1949. Politics, Society and Economy before and after Unification*, Longman, pp. 278-326.

Link, Werner (1986), "Außen- und Deutschlandpolitik in der Ära Brandt 1969-1974," in: Karl Dietrich Bracher et al. (Hg.), *Republik im Wandel 1969-1974*, Deutsche Verlags-Anstalt, S. 163-282.

Loth, Wilfried (2007), 'Détente and European integration in the politics of Willy Brandt und Georges Pompidou," in: N. Piers Ludlow (ed.), *European Integration and the Cold War: Ostpolitik-Westpolitik, 1965-1973*, Routledge, pp. 53-66.

Ludlow, N. Piers (2003), "An Opportunity or a Threat? The European Commission and the Hague Council of December 1969," *Journal of European Integration History*, Vol. 9, No. 2, pp. 11-25.

Mittag, Jürgen und Wolfgang Wessels (2004), "Die Gipfelkonferenzen von Den Haag (1969) und Paris (1972): Meilensteine für Entwicklungstrends der Europäischen Union?," in: Knipping und Schönwald (Hg.), a. a. O., S. 3-27.

Möckli, Daniel (2009), *European Foreign Policy during the Cold War: Heath, Brandt, Pompidou and the Dream of Political Unity*, I B Tauris & Co Ltd.

Neumann, E. Noelle und E. P. Neumann Hg. (1974), *Jahrbuch der öffentlichen Meinung 1968-1974*, Verlag für Demoskopie.

Niedhart, Gottfried (1995), "Friedens- und Interessenwarung: Zur Ostpolitik der F.D.P. in Opposition und sozial-liberaler Regierung 1968-1970," in: *Jahrbuch zur Liberalismus-Forschung*, Vol. 7, S. 105-126.

Ninkovich, Frank (2001), "Die Vereinigten Staaten und die deutsche Frage 1949-1998," in: Detlef Junker (Hg.), *Die USA und Deutschland im Zeitalter des Kalten Krieges 1945-1990, Band 1: 1945-1968*, Deutsche Verlags-Anstalt, S. 191-201.

Nuttall, Simon J. (1992), *European Political Co-operation*, Oxford University Press.

Rummel, Reinhardt und Wolfgang Wessels Hg. (1978), *Die Europäische Politische Zusammenarbeit: Leistungsvermögen und Struktur der EPZ*, Europa Union Verlag.

Schmid, Günther (1979), *Entscheidung in Bonn: die Entstehung der Ost- und Deutschlandpolitik, 1969/1970*, Verlag Wissenschaft und Politk.

Schmidt, Helmut (1990), *Die Deutschen und ihre Nachbarn: Menschen und Mächte II*, Siedler.

Schmidt, Siegmar et al. Hg. (2007), *Handbuch zur deutschen Außenpolitik*, VS Verlag für Sozialwissenschaften.

Schmoekel, Reinhard und Bruno Kaiser (1991), *Die vergessene Regierung: die grosse Koalition 1966 bis 1969 und ihre langfristigen Wirkungen*, Bouvier.

Schönhoven, Klaus (2004), *Wendejahre. Die Sozialdemokratie in der Ära der Großen Koalition*, Dietz.

Schwan, Gesine (1983), "Die SPD und die westliche Freiheit," *Die Neue Gesellschaft*, 30. Jahrgang, S. 929-934.

Schwarz, Hans-Peter (1975), "Die Politik der Westbindung oder die Staatsraison der Bundesrepublik," *Zeitschrift für Politik*, 22/4, S. 307-337.

Schwarz, Hans-Peter (2001), "Amerika, Deutschland und die atlantische Gemeinschaft nach dem Kalten Krieg," in: Detlef Junker (Hg.), *Die USA und Deutschland im Zeitalter des Kalten Krieges 1945-1990, Band 2: 1968-1990*, Deutsche Verlags-Anstalt, S. 799-828.

Seebacher, Brigitte (2006), *Willy Brandt*, Piper.

Senoo, Tetsuji (2006), "Willy Brandt's Ostpolitik and West European Integration: Egon Bahr's Concepts and the Western allies," in: *Globalisation, Regionalisation and National Policy Systems: Proceedings of the Second Anglo-Japanese Academy, 7-11 January 2006, The International Center for Comparative Law and Politics, Graduate School of Law and Politics,* the University of Tokyo (ICCLP) Publications No. 9, pp. 425-451.

Senoo, Tetsuji (2011), *Ein Irrweg zur deutschen Einheit?: Egon Bahrs Konzeptionen, die Ostpolitik und die KSZE 1963-1975*, Peter Lang.

Siekmeier, Mathias (1998), *Restauration oder Reform?,* Janus Verlagsgesellschaft.

Türk, Henning (2006), *Die Europapolitik der Großen Koalition 1966-1969*, Oldenbourg.

Vogtmeier, Andreas (1996), *Egon Bahr und die deutsche Frage: Zur Entwicklung der sozialdemokratischen Ost- und Deutschlandpolitik vom Kriegsende bis zur Vereinigung*, Dietz.

Wettig, Gerhard (1997), "Die Irrtümer des Egon Bahr," *Die politische Meinung*, Nr. 333, S. 5-15.

Wilkens, Andreas (1990), *Der unstete Nachbar: Frankreich, die deutsche Ostpolitik und die Berliner Vier-Mächte-Verhandlungen 1969-1974*, Oldenbourg.

Wilkens, Andreas (1999), "Westpolitik, Ostpolitik and the Project of Economic and Monetary Union —Germany's European Policy in the Brandt Era (1969-1974)," *Journal of European Integration History*, Vol. 5, No. 1, pp. 73-102.

Wilkens, Andreas (2004), "Werner-Plan, Währung, Politik und Europa 1968-1971," in: Knipping und Schönwald (Hg.), a. a. O., S. 217-243.

Wilkens, Andreas Hg. (2010), *Wir sind auf dem richtigen Weg: Willy Brandt und die europäische Einigung*, Dietz.

Zimmermann, Hubert (2004), "Der unschlüssige Hegemon: Deutschland und die Anfänge der europäischen Währungsintegration," in: Knipping und Schönwald (Hg.), a. a. O., S. 203-216.

＊ 本章は、二〇〇九年度日本国際政治学会の欧州国際政治史・欧州研究分科会での報告原稿をもとにしている。報告に際してコメンテーターを務めていただいた中村登志哉、山田文比古、そして司会の森井裕一の各先生方にこの場を借りて御礼申し上げたい。また本章は、ＥＵＩＪ関西(EU Institute in Japan, Kansai)の研究調査助成金および科学研究費補助金(研究活動スタート支援)による研究成果の一部である。

第九章　完成・深化・拡大
――ヨーロッパ政治協力の進展と限界、一九六〇―一九七二年

山本　健

はじめに

二〇〇九年一二月一日。ようやく待ちに待った欧州連合(EU：European Union)のリスボン条約が発効した。これにより、「EUの大統領」とされる、欧州理事会常任議長のポストが設置され、ベルギー首相のファン・ロンパウ(Herman Van Rompuy, 1947-)が初代議長に就任した。リスボン条約は同時に、「EU外相」(EU外務・安全保障政策上級代表)のポストも新設し、七〇〇〇人規模の「EU外務省」(欧州対外活動庁)が二〇一〇年一二月一日に設立された。通貨統合の成功には、政治統合が不可欠であるとの指摘もされるなか、ユーロ導入から一〇年が経って、EUは新たな一歩を踏み出したことになる。

いうまでもなく、「EU大統領」や「EU外相」と華々しく呼ばれるこれらのポストが今後果たす役割は、全くの未知数である。またリスボン条約自体、二〇〇五年の欧州憲法条約が挫折した後の、トーンダウンされた「改革条約」であり、EUが「一つの国」のようなものに向かっているわけでもない。とはいえ、一九五八年の

ローマ条約において「絶えず一層緊密化する連合(ever closer union)」を目指すことが謳われて以来(遠藤二〇〇八b、三二八頁)、政治統合はヨーロッパ諸国の長期的課題として常に位置づけられてきたとも言える。そして実際に、これまで幾度の挫折を経験しながらも、今日に至るまで政治統合に向けての試みは続けられてきた。

そのなかで、最初の具体的な成果として実現したのが、一九七〇年のヨーロッパ政治協力(EPC：European Political Cooperation)である。政治・外交領域における「統合」は、ＥＵの前身である欧州共同体(EC：European Community)が、この分野の政府間レベル協議を制度化するというかたちで始まった。本章は、そのＥＰＣの起源を明らかにすることを目的とする。

本章のアプローチ

本章のとるアプローチは、外交史のそれである。第一章の遠藤論文が論じるように、ヨーロッパ統合史研究は相当な数を蓄積してきた。研究手法も多様化し、統合の歴史は様々な角度から分析が行われ、さらには新たなアプローチも提唱されている。それに対して、本章のアプローチは古典的なものである。とはいえ、ここでは多領域連関(マルチ・イシュー・リンケージ)アプローチを試みる。外交史アプローチによるこれまでの統合史研究が明らかにしたのは、統合という共同作業に参加した各国は「国益」に基づいて政策決定を行っていたという、いわばあたり前の姿であった。そしてその「国益」は往々にして、国によって異なり、衝突し合うものであった。だとすると、あるいは、にもかかわらず、なぜ統合はこれまで進展してきたのであろうか。これに対する一つの答えは、そもそも統合という現象が多面的であり、統合に参加した各国はそのなかで、ある面で利益を模索しつつ、ある面で妥協するかたちでヨーロッパを全体として構築してきたというものである(進展が行き詰まることも当然ながらあった)。それゆえ、ヨーロッパ統合の歴史を理解するうえで、統合にかかわる複数の領域がどのように連関しながら交渉が進められたのかという視点が不可欠となる。むろん外交史の手法として、このようなアプローチが全く新しいわけではない。だが従来の研究はイシュー毎に分析されるのが主流であり、とりわけ多国間外交のなかで複数の領域間の相互連関性を分析の中心に据える試みはごく限られている。[1] 本章は、ＥＣ諸国が一九七〇年になってようやく政治協力の枠組みを実現するに至る過程を理解するために、イギリスのＥＣ加盟問題および共通農業政策(CAP : Common Agricultural Policy)との連関に注目しつつ分析を試みる。

本章の構成

本章は、まず前半の一、二、三節において、一九六九年末に開催されたハーグにおけるＥＣ首脳会議にてＥＰＣ創設の方針が打ち出されるに至る政治的背景について論じる。第一節では、フーシェ・プランと呼ばれる政府間協力の政治連合構想が一九六〇年代初頭に打ち上げられ、それが挫折するところから議論を始める。次いで、イギリスが第二次ＥＣ加盟申請を行うが(第二節)、フランスのド・ゴール(Charles de Gaulle, 1890-1970)によって二度も拒否されたことにより、ＥＣの進展自体が行き詰まることになると論じる(第三節)。

後半の四、五節では、ハーグ首脳会議の結果、ＥＰＣ創設がＥＣ拡大の文脈とともに最終コミュニケに盛り込まれる過程を、主にフランスと西ドイツのあいだの駆け引きを中心に分析する。特に第四節では、ド・ゴールの辞任によって、後任のポンピドゥー(Georges Pompidou, 1911-1974)がＥＣ首脳会議を提唱すると同時に、それはイギリスのＥＣ加盟への可能性を開くことになり、さらにその首脳会議の議題の一つとして政治協力の問題が浮上することを示す。続く第五節では、首脳会議の前に西ドイツの首相となるブラント(Willy Brandt, 1913-1992)が、会議においてイギリスのＥＣ加盟を念頭に、政治協力構想を提案する過程を分析する。そして最後に、一九七〇年代初頭にＥＰＣがどのような経過をたどったのかを、エピローグとして描くことにする。

第一節　フーシェ・プランとイギリス

最初に、一九六〇年代初頭に現われた政治連合構想とその挫折について見ておきたい。一九七〇年に成立するEPCの起点がここに求められるからである。さらにその際、この問題が当初より、イギリスのEC加盟問題と密接な関係にあったことを確認する。

政治連合構想とイギリスの第一次EEC加盟申請

一九五〇年代に欧州防衛共同体と欧州政治共同体を創設する試みが失敗に終わったあと、ヨーロッパ統合はもっぱら経済を中心に進められた。西ヨーロッパにおける政治協力の端緒は、フランス、西ドイツ、イタリア、ベルギー、オランダ、ルクセンブルクの六カ国による欧州経済共同体(EEC：European Economic Community)と欧州原子力共同体(EURATOM：European Atomic Energy Community)の設立を定めたローマ条約の後、六〇年代に入ってフランスからもたらされた。一九五九年にフランス第五共和制初代大統領に就任したド・ゴールは、翌六〇年に西ドイツ首相アデナウアー(Konrad Adenauer, 1876-1967)との会談において政治連合(Political Union)構想を提案したのである。

このフランスの提案は、具体的な交渉へと発展することとなった。六一年に開催されたEEC六カ国の首脳会議において打ち出されたボン宣言で、ローマ条約には規定されていない外交政策の調整枠組みを模索することが謳われた(遠藤二〇〇八b、三五八頁)。その後、フランスの外交官フーシェ(Christian Fouchet, 1911-1974)を委員長とするフーシェ委員会が設置される。そしてそこにおいて、政治と経済そして軍事の領域に関して首脳および外相レベルでの定例協議を行い、さらに政府間機構である常設事務局をも設置するというフランス政府の提案――いわゆるフーシェ・プラン――をたたき台として交渉が進められることになったのである（川嶋二〇〇七、第二章、遠藤二〇〇八b、三五八―三六一頁）。

六カ国で政治協力を進展させることを狙ったフランスの構想は、イギリスのＥＥＣ加盟問題と密接なかかわりを持つこととなった。というのも、ボン宣言がなされたのと同じ年、マクミラン（Harold Macmillan, 1894-1986）英首相が議会においてＥＥＣ加盟を目指すことを表明したからである。これはそれまでのイギリスの外交方針の大転換であり、フランスを除く五カ国から歓迎された（小川二〇〇八、Ludlow 1997a）。政治連合構想自体は、イギリス政府にとって重要でないと考えられていたが、ＥＥＣ加盟の可能性を高める手段の一つとみなされていた（Ludlow 1997b）。だがイギリスのＥＥＣ加盟問題を政治連合構想に直接結びつけたのが、オランダとベルギーであった。両国は、フランスの提案である政治連合構想を受け入れる前提条件として、交渉にイギリスを参加させることを要求したのである。

とりわけド・ゴールに対して強い不信感を持っていたオランダは、フランスがイギリスのＥＥＣ加盟に冷淡な態度をとり続けるなか、このいわゆる「英国先決事項（préalable anglais）」にこだわった。というのも、オランダのルンス（Joseph Luns, 1911-2002）外相は、仏独主導でヨーロッパ統合がオランダの意に反した方向へ進んでいくことを懸念しており、仏独への対抗勢力としてイギリスを参加させることで、ＥＥＣをいわば「民主化」すべきであると考えていたからである。また経済的にも、オランダと同様に開放的市場を望むイギリスが加盟することによって、共同市場が保護主義的傾向を弱めることが期待され、さらにオランダの農産物を輸出する市場も広がるというメリットがあった（Bouwman 1995; Stelandre 1999; Vanke 2001; Harryvan 2009; Segers 2010）。

フーシェ・プランの挫折とその後

しかし、フーシェ・プランは失敗に終わる。「英国先決事項」に関しては、イギリスがEECに加盟した後に自動的に政治連合にも加わるとすることで、いったんは妥協が図られていた。だが、ド・ゴールが政治連合構想の内容の書き換えを試みたことが、フーシェ・プランの挫折にとって決定的であった(Soutou 1999)。彼は、最初のフーシェ・プランの草案から既存の共同体や西側同盟を尊重するといった文言を取り除くことで、六カ国の政治連合がEECとも北大西洋条約機構(NATO : North Atlantic Treaty Organization)とも関係のないものにしようとしたのである。英米から独立した、フランスが中心となるヨーロッパの枠組みを構築するのがド・ゴールの狙いであった。

だがこのことは、ド・ゴールが既存のEECを尊重せず、また西側同盟を分裂させようとしていることの証左とみなされた。それゆえルンスやベルギー外相スパーク(Paul-Henri Spaak, 1899-1972)は激しく反発した。そして「英国先決事項」が復活する。折りしも、オランダに示唆されるかたちで、一九六二年四月一〇日、イギリス政府はフーシェ・プラン交渉への参加を希望することを表明したのである。フーシェ・プランに関する四月一七日の閣僚級協議でオランダとベルギーの外相は、イギリス政府の要請を利用して、イギリスを含まない政治連合を拒否すると宣言した。だがそれは、フランス側に到底受け入れられるものではなかった。その結果、交渉が事実上打ち切られ、政治連合構想は流産したのである(Segers 2010)。フランスと小国の利害が対立したとき、イギリス問題が浮上するというパターンがここに出現した。

自らの構想の挫折を見たド・ゴールは、翌一九六三年一月、西側諸国に衝撃を与える行動に出た。まずイギリスのEEC加盟申請を拒否し交渉を一方的に打ち切り、さらにフランスは西ドイツと二国間だけで、フーシェ・プランと内容が似通った友好条約(エリゼ条約)を締結したのである。EEC六カ国が政治分野でも深化を進め、さらにはEECを拡大していくという方向に、ド・ゴールは強烈なかたちで冷や水を浴びせたのだった。

六四年になると、新たに西ドイツの首相となったエアハルト（Ludwig Erhard, 1897-1977）やスパークから、政治連合構想が再度提案される。仏独二国間関係が突出しないよう、六カ国による政治連合のなかでエリゼ条約の影響を緩和するのが狙いであった[2]（Gerbet 1987: 124; Germond 2001; 川嶋二〇〇七、一九〇―一九七頁）。だが、イギリスが加わらない政治連合にはオランダが強く反対した。イギリス政府も、六カ国だけで政治協力が進めばイギリスの影響力が低下し、またアメリカがイギリスではなく六カ国との関係を重視するようになることを懸念し、オランダを背後で支持した[3]。フランスもまた、もはや政治連合構想に対する関心を失っており、西ドイツやベルギー提案が日の目を見ることはなかった。その後も政治協力に関する構想が浮上するたびに、オランダは同じ理由で反対し続けた。新たな段階は、イギリスが再度ＥＥＣ加盟申請を行い、ド・ゴールがふたたびそれを拒否することから始まることになる。それゆえ次節ではまず、イギリスの第二次加盟申請について、共通農業政策（ＣＡＰ）との関連も踏まえて論じる。

第二節　イギリスの第二次ＥＥＣ加盟申請と共通農業政策

ＥＥＣへ加盟するという大きな決断を行ったマクミラン政権は、一九六三年一〇月に退陣する。その後イギリスでは短く保守党政権が続くが、翌六四年一〇月の総選挙で政権交代が起こった。新たに発足した労働党政権を率いるウィルソン（Harold Wilson, 1916-1995）首相は、就任当初、ＥＥＣへの加盟申請は行わないと明言していた。戦後イギリス外交は、米英関係、イギリスの旧植民地であったコモンウェルス諸国との関係、そしてヨーロッパとの関係の、「三つの環」から成り立っているとしばしばいわれる。そのなかでウィルソンは、アメリカやコモンウェルス諸国との関係に優先順位を置き、世界大国としてのイギリスの地位を維持することを重視し、ヨーロッパとの関係を相対的に軽視していた。しかしながら、約二年後の六六年一一月、彼は議会でEECへの加盟を目指す決意を表明する。なぜウィルソンは、ヨーロッパに向かうことになったのか。必ずしも相互に排他的ではない、三つの要因が指摘されている。

第一に、イギリス外交にとって他に選択肢がなくなったという説明である。EEC諸国が域内の貿易取引を活発化させる一方で、期待されたイギリスとコモンウェルス諸国とのあいだの貿易は、一九六〇年代に入り伸び悩み、関係が強化されることはなかった。またアメリカ政府は、一貫して西ヨーロッパの統合の試みを支持し続ける一方で、イギリス側の期待に反して、もはや英米関係を「特殊」であるとみなすことはなかった。特にウィルソン期には、ヴェトナム戦争をめぐって英米関係は悪化した。ジョンソン（Lyndon B. Johnson, 1908-1973）米大統領が、ヴェトナム戦争における英軍の支援を要請したのに対し、ウィルソンはそれを拒否したからである。さりとて「栄光ある孤立」という立場を取ったとしても、イギリスはじり貧になるだけであると考えられていた。それゆえ、EECに加盟するイギリスの経済的利益は——少なくとも短期的には——小さいかむしろマイナスであるとされていたものの、ヨーロッパは長期的にはイギリスの力の源泉になりうるとされたのである。いわば、ヨーロッパ以外に選択肢がないなかで、「なし崩しの」加盟申請がなされたのだった（芝崎二〇〇九ａ：Parr 2005）。

第二に、アメリカとの関係のなかでウィルソン首相の方針転換を理解することが重要である。一九六六年にイギリスを襲ったポンドの急落によって、イギリス政府内では、イギリスが世界大国であることの象徴であったスエズ運河以東における軍事基地（アデンやシンガポール）を維持し続けることは、もはや財政的に困難であるとの認識が持たれるようになっていた。しかしヴェトナム戦争を戦うジョンソン大統領は、イギリスが世界的なプレゼンスを維持することを切望していた。それゆえ、イギリスのスエズ以東からの撤退は、アメリカから強い批判を招く問題であった。他方でアメリカ政府は、イギリスがEECに加盟するよう促していた。ド・ゴールのフランスがアメリカに敵対的な態度を取り、またNATOの軍事機構からの撤退を表明し、さらには東側陣営への接近を進めるなか、イギリスがＥＥＣに加盟することでリーダーシップを発揮して、西ヨーロッパ諸国と西側陣営の結束を維持することが期待されたからであった。このような状況において、スエズ以東からの撤退が財政的に不可避となり、それによって対米関係のさらなる悪化が予想されるなか、アメリカが望むＥＥＣへの加盟はむしろ英米関係に好ましい影響を与えると考えられたのである (Ellison 2007: chap. 3, 4)。

イギリス労働党政権が加盟申請を行った三つ目の、とりわけタイミングを説明する要因は、ＥＥＣの共通農業政策である。もしＥＥＣ加盟しか選択肢がないのであれば、イギリスにとって加盟は早いほうが好ましかった。というのも、一九六六年に六カ国で合意されたＣＡＰに関する財政規定が、一九六九年末までに見直されることになっており、その交渉にイギリスが関与することが重要であったからである。イギリスの農業人口の割合はすでにヨーロッパで最低となっており、イギリスは、世界市場からＥＥＣの農産物価格よりも安価で農産物を輸入する国になっていた。もしイギリスがＥＥＣに加盟すれば、同国はＣＡＰ基金の最大の出資国となり、ＥＥＣ諸国からの最大の輸入国になり、ＣＡＰの補助を受けるのが最も少ない国になることが予想されていた。それゆえ、ＥＥＣ加盟に伴うＣＡＰの負担を軽減するためにも、ＣＡＰ財政の見直し交渉にイギリスが直接参加し、イギリスの立場を有利なものにする必要があった (Milward 2003: 121)。しかし、後にも触れるように、それを最も嫌ったのがフランスであった。

ヨーロッパしか選択肢がなく、むしろ英米関係を悪化させないためにもＥＥＣ加盟が有益で、さらにＣＡＰとの関連で早期のＥＥＣ加盟が望ましいとされるなか、ウィルソンもまた加盟申請を行うことになった。しかし、予想された通り、イギリスの試みはド・ゴールに阻止されることになる。次節では、フランスがイギリスの加盟申請を拒否した後の状況を、政治協力の問題を中心に見ていくことにする。

第三節　ド・ゴールの二度目の「ノン」と他の西ヨーロッパ諸国の反応

ド・ゴールの「ノン」とその影響

一九六七年七月、EEC、EURATOM、そして欧州石炭鉄鋼共同体(ECSC：European Coal and Steel Community)の三共同体は、融合条約の発効によって、欧州共同体(EC)と名を変えた。その二カ月前、イギリスは、デンマーク、ノルウェー、アイルランドとともに、正式にECへの加盟申請を行っていた。フランスを除く五カ国はそれを支持するものの、第一次加盟申請の時と同様、フランスはイギリスのEC加盟を望まず、フランスは孤立していた。フランスと五カ国のにらみ合いが続いたが、一一月のイギリス政府のポンド切り下げが、膠着状態を打ち破った。同月二七日、ド・ゴールは、ポンド切り下げを利用して、またもやイギリスの加盟申請を一方的に拒否する立場を表明したのである。ド・ゴールは、ポンド切り下げが、イギリス経済の弱さの現れであるとし、もしイギリスがECに加われば、それはヨーロッパ共同体の崩壊につながるであろうと述べたのだった(芝崎二〇〇九a、一七〇―一七二頁、川嶋二〇〇七、二三二―二三三頁)。

予想されていたとはいえ、ド・ゴールによる二度目の「ノン」は、強い反発を引き起こした。ウィルソン首相は、翌二八日、議会において、イギリスの加盟申請はテーブルのうえに置き続けられると言明し、申請を取り下げる意思がないことを強調した。またイギリス政府は、他の五カ国との協力を取り付け、フランスを孤立させるという方針を決めた(Macintyre 2008: 212-13)。他の五カ国も、イギリスの加盟申請を棚上げにするつもりはなかった。その結果、続く二年間、加盟問題は繰り返し議論され、イギリスの加盟問題が解決しなければヨーロッパ統合のさらなる進展もない、という状況が生まれたのである。例えば、一九六八年にフランスの通貨フランが大量に売られるという危機を経験した後、フランス政府はＥＣ諸国による通貨協力に関心を示すようになったが、他の五カ国はその問題に冷淡であった(Bussière 2006: 175)。またオランダなどは、フランスによって支持されていた科学技術研究政策や産業政策の進展を妨げたりもした(Warlouzet 2009: 112)。

他方で、何らかのかたちでイギリスとの協力関係を強化しようとする試みが提案されるようになり、そのなかで、西ヨーロッパ諸国間の政治協力についても脚光を浴びるようになっていった。その最初の事例が、一九六八年一月に出されたベネルクス覚書である。ベルギー、オランダ、ルクセンブルクの三国は共同で、軍備の生産や調達、技術協力と並んで、イギリスを含むＥＣ加盟申請国との外交政策に関する協議を進めることを提案した(Dujardin 2006: 26-27)。これをイギリスは歓迎し、イタリアも積極的に支持した。だが、フランスが関心を示すことはなかった。

ベネルクス三国がフランス抜きでの会合を模索し始めると、西ドイツはむしろ、対案を出すことでその動きを封じようとした。というのもキリスト教民主同盟(CDU：Christlich Demokrataishe Union)のキージンガー(Kurt Kiesinger, 1904-1988)を首相とし、社会民主党(SPD：Sozialdemokratische Partei Deutschlands)のブラントを外相兼副首相とする、一九六六年末に発足した大連立政権は、イギリスのＥＣ加盟には賛同するものの、フランスを孤立させ追い込むことには反対だったからである。それゆえ新政権は代案として、フランスの合意を得たうえで、ＥＣと加盟申請国とのあいだの貿易協定の締結を提案したのである。だがこのような西ドイツの提案は、イタリア、オランダ、ベルギーからは冷たく批判され、またアメリカからも自由・無差別貿易を掲げるＧＡＴＴの原則に反するとして反対された(Ludlow 2006: 147-149; Türk 2007: 58-59; 川嶋二〇〇七、二三六頁)。

眠れる森の美女の目覚め――ＷＥＵ構想

本章の議論にとって注目すべきは、ベルギーによって打ち出された政治協力の分野における新たなイニシアティブである。一九六六年よりベルギー外相に就任していたアルメル（Pierre Harmel, 1911-2009）は、六八年一〇月、西欧同盟（WEU：Western European Union）の枠組みでの政治協力の強化を提案する。新たな制度を創設するのではなく、彼は、一九四八年にイギリス、フランス、ベネルクス三国のあいだで締結されたブリュッセル条約を土台に、五四年にそれにイタリアと西ドイツを加えて新たに創設されたWEUという既存の枠組みを利用しようとしたのである。アルメルは、イギリスのEC加盟申請に対するフランスの拒否権発動によって止まってしまったヨーロッパ統合のプロセスに「新たな構想」を与えることが必要であると考え、発足以来NATOの陰で目立った活動をすることなく、「眠れる森の美女」となっていたWEUに目をつけた。いうまでもなく、アルメルの狙いはイギリスであった。イギリスはWEUの原加盟国であり、それゆえ新たな加盟交渉をする必要はなかった。アルメルにとってイギリスは、仏独がヨーロッパを支配することへのカウンター・バランスとして重要であった。彼はまた、経済大国となった西ドイツが、新たにナショナリズムを高揚させることを懸念していた。他方で、六八年五月のフランスにおける学生運動の高まりは、ド・ゴールの権威が弱まっていることの現れであると彼はみなしていた（Dujardin 2006: 28-30）。そこでアルメルは、一〇月二一日のWEU外相会議において、外交政策ならびに軍事・技術・通貨政策に関する定期的な協議を制度化することを提唱し、それを検討するための特別作業グループを設置することを提案したのである。(4)

イギリス政府は当初、ベルギーの提案に対する表向きの支持とは裏腹に、冷めた見方をしていた。ベルギーの提案がなされる以前から、ウィルソン首相はスチュワート（Michael Stewart, 1906-1990）英外相との会談のなかで、何らかのかたちでフーシェ・プランをイギリスの手によって復活させることを検討していた。(5)彼らは、キージンガー政権が対仏関係を重視する姿勢をとるなか、西ドイツをフランスの方へ接近させ、西側同盟を分裂させてはならないと考えていた。そして、かつてフランスが提案したフーシェ・プランであれば、ド・ゴールはそれを拒否できないのではないかとも考えられていた。九月にアルメルがイギリスを訪問した際に、WEU案がイギリス側に事前に伝えられたが、イギリス政府としてはベルギー案を支持するものの、それがうまく行くかどうかについては疑問視されていた。ウィルソンはスチュワートへの書簡のなかで、「たとえアルメル(の提案)が終わった後でも、ダンスは続けられなければならない」と述べ、もしＷＥＵ案が挫折した場合には、フーシェ・プランをふたたび持ち出すことも検討されていた。(6)

ＷＥＵの「空席危機」

実際、ＷＥＵ構想は西側同盟国間の危機を招いただけに終わる。アルメル自身、当初は楽観的であった。彼は、もしフランスが反対しても大きな問題にはならないと考えており、必要ならフランス抜きでも政治協力を進めるつもりであると述べていた。(7) 他方でフランスは、ベルギー案が実現すれば、ＥＣ六カ国の方針がイギリスによってコントロールされてしまうことを懸念し、特別作業グループ設置に反対した。それゆえ一一月に五カ国とイギリスは、ＮＡＴＯ外相理事会の際に非公式に会談することとなった。その際、ベルギーと同様に仏独接近を懸念し、ベルギー案を熱心に支持したイタリアが同案を具体化するための報告書を作成することになった。六九年二月にイタリア外相ネンニ(Pietro Nenni, 1891-1980)が報告書を提出すると、フランス以外の全てが賛同した。ここまで反対していた西ドイツも、イタリアやイギリスがＷＥＵの枠外でフランスを孤立させるかたちで政治協力を進める可能性を懸念し、むしろフランスもイギリスもともに加盟国であるＷＥＵにおける政治協力を原則として支持するようになったからであった。(8) さらにスチュワート英外相は、「すべての乗客が準備できていなくても、列車は出発しなければならない」との考えから、ＷＥＵでの外交協議をスタートさせることを提案した。(9) その結果、二月一四日、中東問題を協議すべくＷＥＵ外相会議が開催されると、フランスはそれをボイコットするかたちで反対姿勢を示した。フランス政府は、全会一致のルールが回復されるまでＷＥＵの会合には参加しないとの声明を出し、ここにＷＥＵの「空席危機」が勃発したのである(Dujardin 2006: 34-37)。

第四節　首脳会議の提案とヨーロッパ政治協力

ド・ゴール退陣とＷＥＵ

ド・ゴールによるイギリスのＥＣ加盟拒否により、ヨーロッパ統合の進展は行き詰まっていた。ＷＥＵによる政治協力も、フランスによって妨げられた。この袋小路からの脱却のきっかけをもたらしたのは、何といっても、一九六九年四月のド・ゴール辞任であった。地方分権改革案の国民投票で敗れたド・ゴールは突然辞任を発表し、政治の表舞台から退いた。ド・ゴール辞任直後には、ウィルソン首相もスチュワート外相も、ド・ゴールの後継者がフランスの政策を突然変えることはないと見ていた。[10] イギリスの加盟申請はすでにテーブルのうえに置かれているのだから、あわてずに様子をうかがうというのがイギリス政府の方針であった。それゆえ六月五日のＷＥＵ外相会議においても、スチュワート外相は、「今はＷＥＵにおいて新たな事業に着手するのにふさわしい時ではない」と述べていた。[11]

西ドイツもまた、フランスをできる限り早期にＷＥＵに復帰させるためにも、当面、ＷＥＵにおいてさらに協力を進めることに反対であった。むしろフランスのＷＥＵ復帰が、イギリスのＥＣ加盟に関する議論再開の道を開くと考えられていたため、[12] ブラント外相はＷＥＵ危機を解決することを優先したのである。彼が、同じ六月五日のＷＥＵ外相会議において、年末までにＷＥＵの――つまりイギリスを含めた――七カ国による首脳会議の開催を提唱したのはそのためであった(Bitsch 2001: 540; Türk 2007: 65)。

ポンピドゥーによるEC首脳会議の提唱

奇しくも翌六月六日、ド・ゴールの後任を選ぶためのフランス大統領選挙運動の最中、ド・ゴール時代に長く首相を務めていたポンピドゥーは、六カ国によるEC首脳会議の開催を提唱していた。キージンガー西独首相はすぐさまポンピドゥーの提案を受け入れ、年末に六カ国によるサミット開催の希望を表明した（Bitsch 2001: 540–541）。他方、無事選挙に勝利し大統領となったポンピドゥーと会談したブラント外相は、七カ国による首脳会議を提唱していたこともあり、六カ国によるEC首脳会議の提案に対しては、「有益である」という慎重な表現で応えた。[13] ポンピドゥーは、七月一〇日、大統領就任後最初の記者会見において改めてEC首脳会議の開催を提唱した。そのなかで特に重要なのは、彼が、イギリスのEC加盟に反対しないとの立場を明確にしたことである。これはまさに、ド・ゴール政権期とは異なる、新たな時代の幕開けを予感させるものであった。また、のちのヨーロッパ政治協力の枠組みはこの首脳会議から生まれることになる。

首脳会議の方針として「完成、深化、拡大」の三本柱を示したポンピドゥーの最重要課題は、実はＣＡＰの完成であった。[14] ＣＡＰの完成とは、ＥＣの独自財源を確立し、ＣＡＰの財政基盤を恒久化することである。農業国フランスにとってＣＡＰの実現は、それまでのヨーロッパ政策の最大の成果であった。フランスの農民はＣＡＰから巨額の補助金を得ていた。それゆえフランスの目的は、一九六六年に定められたＣＡＰ財政規則が失効する一九六九年以降の新たなルールづくりの際に、今後新たな交渉が必要でなくなるように、ＣＡＰから得られる既存の利益を恒久的に確保できるような財源規定を確立することにあった（Thiemeyer 2007: 205–207; Ludlow 2006: 180–181）。またポンピドゥーは農業ロビーと密接なつながりを持っており、農民は彼の支持基盤を担っていた（Warlouzet 2009: 116）。それゆえ、とりわけイギリスがＥＣに加盟し、ＣＡＰ財源をめぐる交渉を従来以上に困難なものにする前に、フランスにとって好ましいようにルールを完成させておくことが重要であった。そしてポンピドゥーは、他の五カ国がイギリスのＥＣ加盟を求めていることを逆手に取って、イギリスの加盟受け入れをカードとして利用することで、ＣＡＰの完成を目指したのである。

キージンガーとブラント

他方、西ドイツにとってのＥＣ首脳会議の目標は、政治協力とＥＣ拡大であった。だが、キージンガー首相とブラント外相のあいだの政策の違いに注目する必要がある。キージンガーは、首相就任当初より、ＥＣ諸国の政治協力に非常に熱心であり、政治協力なしの経済統合は好ましくないと考えていた。また当時、アメリカ国内ではヨーロッパ駐留の米軍を削減せよとの主張が強まっていた。それゆえキージンガーは、アメリカがヨーロッパから撤退するようなことになった場合、ヨーロッパにおける共通の外交および安全保障政策がなければ、米軍撤退の後の空白を埋められないと主張していた。(15) そしてヨーロッパは独自のアイデンティティを確立し、世界政治における役割を果たすべきであると考えていたのである。(16) だが重要なのは、キージンガーが、政治協力を実現するためには、イギリスの参加は好ましくないと考えていたことである。もしイギリスが政治協力の枠組みに参加しようとすれば、フランスはそれに必ず反対するであろうから、まずは六カ国によって政治協力を進めるのが現実的である。これが政治協力を重視するキージンガーの考えであった(Türk 2007: 67–68)。

それに対してブラント外相と西独外務省は、イギリスのＥＣ加盟を重視した。イギリスがＥＣに加盟すれば、西ドイツの輸出は刺激され、技術協力は進み、西ヨーロッパのアメリカへの依存度を減らすことができると期待された。またイギリスが加盟すれば、西ドイツが最も多くの割合を負担しているＣＡＰへの拠出負担を減らすこともできる。他方、政治協力の問題は、キージンガーと異なり、イギリスを含めたかたちでの政治協力を積極的に模索すべきであるというのが外務省の主張であった。(17) 一九六九年はフランスのみならず西ドイツにとっても選挙の年であった。それゆえ、このキージンガーとブラントの見解の相違は、選挙後に政権交代が起こることでより重要になっていく。

ポンピドゥーと政治協力

フランスは、一九六九年秋の時点では、政治協力に関してかなり消極的な姿勢を示していた。九月八日に仏独首脳会談が行われた際、キージンガーは六カ国による政治協力の実現を強く訴えた。だが、ポンピドゥーの反応は芳しくなく、彼はCAPの完成を優先すべきであると応えた。というのも、ポンピドゥーによれば、ヨーロッパの経済協力を強力に進めることによって、政治協力も進展することになるからであった。[18] 加えてポンピドゥーは、キージンガーが懸念していたように、イギリスが政治協力に参加することについても否定的であった。ド・ゴールと同様、ポンピドゥーは、英米は言語や共通の文化や経済によって緊密につながっているので、イギリスはアメリカの一部分であると考えていた。「政治的に統一されたヨーロッパにイギリスが入ることは、フランス大統領の考えからは除外されて」いたのである。[19]

第五節　ハーグ首脳会議と政治協力

ブラント政権誕生と政治協力

一九六九年の西ドイツにおける政権交代は、ヨーロッパ政治協力の行方にも重要な影響を与えた。九月の総選挙で第一党の座を獲得したのはCDUであったが、ブラントのSPDは、自由民主党（FDP：Freie Demokratische Partei）と連立を組むことでかろうじて議会での過半数の議席を確保した。その結果、一〇月にブラントを首相とし、FDPのシェール（Walter Scheel, 1919-）を外相とする新政権が発足したのである。そのブラント政権にとって最初の重要な外交日程は、オランダのハーグにおいて一二月初頭に開催が予定されていたEC首脳会談であった。

そして何より、ソ連・東欧諸国との関係改善を目指す東方政策を積極的に推進していく前に、新政権は西側諸国との関係も重視しているという姿勢を示すため、ハーグ会議の成功に尽力する構えであった[20]。

ブラント政権にとって、政治協力はもっぱらイギリスとの関係で重要であった。就任演説においてブラント首相は、ECの深化と拡大、そして政治協力の強化について努力すると語った（Hiepel 2003: 63）。またシェール外相は、ブラントの就任演説に関する西独議会の議論のなかで、野党となったCDUに対して、政治協力における進展はEC加盟申請国との協力次第であるとの立場を示した[21]。スチュワート英外相が一一月半ばにボンを訪問し、ブラントと会談した際にも、スチュワートが、「われわれ（イギリス）抜きで政治連合を前に進めることは妥当であるとは思えない」と述べると、ブラントもそれは自分の意見でもあると応えた[22]。実際、すでに西独外務省は、ブラント首相の指示で、ハーグ首脳会談においてEC諸国による政治協力を打ち出すための準備を進めていた。ハーグにおいてブラントは、政治協力に関する枠組みを創設するようEC六カ国の外相にまず要請し、さらにそれをどのようにEC加盟申請国に広げるかを検討するよう彼らに指示する方針であった[23]。イギリスのEC加盟の道筋をより確実なものにするため、政治協力の制度化を提唱し、さらにそこにもイギリスを取り込もうとするシナリオであった。

だがいずれにせよ、政治協力の問題はハーグ首脳会議に向けてのEC六カ国の準備協議のなかではほとんど取り上げられることはなかった。フランスの関心はCAPの完成にあり、他の五カ国はECの拡大、特にイギリスの加盟問題の行方を懸念していた。すでにフランスはイギリスの加盟に反対しないとの立場を明確にしてはいたが、とりわけオランダのルンス外相は、首脳会議において加盟交渉の開始日程を明確にすることを強く望んだ（Harryvan 2009: 200）。いつ交渉を開始するかをはっきりさせることによって、「イギリスのEC加盟に反対しない」とのポンピドゥーの言葉を口約束で終わらせないようにしようとしたのである。だが、フランスがそれに応じることはなかった（Hiepel 2003: 68）。イギリスの加盟問題についても、政治協力の問題についても、EC首脳会議がどのような結果をもたらすのかは、本番になるまで誰にもわからなかった。

ハーグ首脳会議

そして一二月一日、二日間に渡るハーグでのＥＣ首脳会議が幕を開けた。会議における最大の争点は、やはりＥＣ拡大のための加盟交渉の日程に関してであった。西ドイツ、オランダ、イタリアの首相が交渉開始日程を明確にすべきだとフランスに強く迫った。それに対してポンピドゥー大統領は、交渉開始の日程を固定するのは間違いであり、真の問題は、いつ六カ国が交渉のための準備を整えるかを知ることであると反論した。つまり加盟交渉を始める前に、ＣＡＰ財政規則の問題と加盟申請国のＥＣ加盟の条件について、六カ国の交渉の立場がいつ整えられるのかがまずもってはっきりしなければならないとの立場を崩さなかったのである。議論は紛糾し、首脳会議の初日は会議の決裂すら危ぶまれた(Harryvan 2009: 206)。

だが会議初日の晩、ブラントとポンピドゥーの二人の非公式の話し合いによって、危機は回避された。ブラントは、フランスが望む「独自財源化」によるＣＡＰの財政規則の確立を受け入れる準備があるが、西ドイツ議会がそれを批准するのは、六カ月以内に加盟交渉を開始することをハーグ会議の閉会後にフランスの名のもとに明らかにするのが条件であると申し出た。ポンピドゥーは、一九七〇年六月三〇日までにイギリスとの交渉のための六カ国間の準備を終え、その後すぐに加盟交渉に入る準備があることを約束したが、ＣＡＰ財政規則が確立された後、それを変更する場合にはフランスは拒否権を持つことを条件とした。これは、ＣＡＰ財源への最大の貢献国である西ドイツの負担が固定され、フランスが拒否権を持つため西ドイツ側からは今後それを変更できないことを意味した。しかしイギリスの加盟交渉を開始するため、ブラントはこの代償を受け入れた(24)。フランスが最も重視するこの問題について譲歩を示すことが、ハーグ会議を成功に導く鍵であると考えられたからである。他の五カ国もまた、ＣＡＰの財政規則に関して、一九六九年末までに解決することで合意した(25)。

政治協力に関してハーグ首脳会議では、事前の準備通り、ブラントがそれを積極的に取り上げることとなった。ブラントは演説のなかでこう語った——「もしわれわれの共同体が声を一つにして話すことができるなら、われわれの主要テーマは外交政策である。つまりは、ヨーロッパの平和的解決の問題であり、東欧諸国との交渉であり、中東紛争に関するわれわれの利益についてである[26]」。ポンピドゥはこの問題について、あくまでも六カ国の外相による定期会合を提案したが、受け入れられることはなかった。それに対してブラントが、EC拡大の観点から、六カ国外相が政治協力に関する研究を行うことを提案したことが重要である[27]。この提案が受け入れられた結果、ハーグ首脳会議の最終コミュニケには、その第一五段落において、「国家元首・政府首脳は、外相に対し、拡大を視野に入れつつ、政治的統一における進歩を実現する最善の方策について検討するよう指示した」との文言が盛り込まれた（遠藤二〇〇八b、四二二頁）。ブラントは、最終コミュニケにイギリスの加盟交渉開始日程を明記できない代わりに、いわば担保として政治協力の枠組みにイギリスを参加させようとしたのである。

しかし、フランスはなぜこれを受け入れたのだろうか。たしかにこの文言自体曖昧な部分が多く、解釈の余地が大きいものであったため、フランスにとっても受け入れやすいものであったことは間違いない。だがポンピドゥーにとっても、フランスが重視するCAPの恒久財源化を西ドイツに受け入れさせ、ハーグ首脳会議を成功裏に終わらせるため、「拡大を視野に入れつつ」政治協力の問題について検討することに同意したと考えられる。もしこの点についてフランスが頑なに拒否し続けたならば、会議はふたたび紛糾し、限られた首脳会議の日程のなかで会議を成功裏に終わらせることができない可能性が生まれたかもしれない。それゆえブラントが、イギリスの参加と関連づけて政治協力の問題を提案した、そのタイミングもまた重要だったといえよう。

第六節　ヨーロッパ政治協力設立交渉とその後

西ドイツの思惑の挫折

ハーグ会議閉会の翌日、一二月三日に、ブラントは西独外務事務次官のフランク（Paul Frank, 1918-）を特使としてすぐさまロンドンに派遣し、首脳会議の成果をイギリス側に伝えた。フランクはブラント首相の尽力により、一九七〇年六月三〇日以降にイギリスの加盟交渉が開始される運びになったことを強調した。また同時に、政治協力に関しても、交渉の開始こそ六カ国外相のみで始められるものの、加盟交渉が開始された暁には――つまり約半年後には――、加盟申請国も政治協力交渉に完全に参加し、政治協力の最終的なあり方を決める段階に関与できることを請け負った。[28] しかしながら、西ドイツの思惑通りには行かなかった。

たしかに一九七〇年に入るとすぐに、ブラント政権は、政治協力について協議を開始するために、西ドイツの首都ボンにおいて六カ国の外相会議を開催することを関係各国に打診し、この問題に関して積極的な姿勢を示した。しかしフランスはボンでの開催に異議を唱え、会議は一九七〇年前半のEC閣僚理事会の議長国であったベルギーのブリュッセルにて、三月六日に初会合が開かれることとなった。[29] 西ドイツは出鼻をくじかれたかたちとなった。

ＥＰＣ設立交渉

ブリュッセルでの外相会議の後、ＥＰＣ設立交渉は、事務レベルに移され、ベルギーの外交官ダヴィニョン（Viscount Etienne Davignon, 1932-）を議長とする委員会が設置された。交渉の議題は大きく二つ。政治協力をどのように制度化するのかと、ＥＣ加盟申請国をどのように政治協力に参加させるのか、であった。政治協力の枠組みのなかで、どのような問題について具体的に協議をするのかについては後回しとなった[30]。

そもそも、ハーグ会議の最終コミュニケ第一五段落における、「拡大を視野に入れつつ」政治協力について検討するという文言は、様々に解釈が可能であった。実際フランスは、西ドイツの思惑に反して、六カ国の交渉に加盟申請国が直接参加することに強く反対した。結果として、加盟申請国と政治協力との関係は、フランスの主張を反映するかたちとなり、まず六カ国のみで外交問題について協議し、加盟申請国とは数日後に合同会議を行い、六カ国による協議内容を伝えるというかたちを取ることになった。加盟申請国は協議に参加できず、六カ国と加盟申請国とのあいだの垣根は明確にされた。ポンピドゥーはあくまで、可能な限りイギリスのＥＣ諸国への影響を排除しようとしたのだった。

イギリス政府も慎重であった。一九七〇年六月の総選挙の結果、イギリスにおいて政権交代が起こり、ヒース(Edward Heath, 1916–2005)を首班とする保守党政権が誕生していた。ヒースはイギリスのＥＣ加盟を政権の最重要課題とし、すぐさま加盟交渉を開始した。しかしながらヒース政権は、政治協力についても高い関心を持っていたものの、ＥＣへの加盟を優先するなかで、ＥＰＣに必要以上に積極的になることでかえってＥＣ加盟実現の妨げになることを恐れ、ダヴィニョン委員会の交渉を静観した[31]。イギリス自体がこのように消極的だったこともあり、ＥＰＣ創設交渉においては、フランスの主張が強く反映されることになったといえよう。

またこのような経緯から、ＥＰＣは暫定的なスタートを切ることとなった。一〇月に六カ国外相によって採択されたダヴィニョン報告では、年二回の外相会議と、年四回の外務省政治局長レベルの協議（政務委員会）が制度化されたが、それらの協議内容に関して、各国は拘束義務を負わないことになっていた。また、ＥＣが超国家組織へと発展していくことに反対するフランス政府の意向を反映して、構成国は同じであってもＥＣとＥＰＣは別個の制度とされ、両者間の法的なつながりはないものとされた（遠藤二〇〇八b、三四五頁）。一一月一九日にドイツのミュンヘンにてＥＰＣは正式に発足することとなったが、これはあくまでも暫定的な出発であり、二年後に見直しが行われることになっていた。「これが始まりである」（イタリア外相）、「小さな始まりだ」（オランダ外相）といった発言が聞かれた。[32]だがその後、ＥＰＣは制度的飛躍を遂げることはなかった。

パリ首脳会議とＥＰＣの常設事務局設置問題

ダヴィニョン報告の「二年後の見直し」は、ちょうどパリでのＥＣ首脳会議と重なることになった。パリ首脳会議自体は、一九七一年八月にニクソン（Richard Nixon, 1913-1994）米大統領によって突然発表された金・ドル兌換停止が引き起こした国際通貨体制の混乱を受け、九月にポンピドゥー仏大統領がＥＣ諸国の通貨協力の強化を目指して提唱したものであった（川嶋二〇〇九、八八頁）。

またすでに同年六月に、一年にわたるＥＣ加盟交渉がようやく妥結し、イギリス、デンマーク、アイルランド、ノルウェーは翌七二年一月にＥＣ加盟条約に調印する運びとなっていた（各国は条約の批准を経た後、七三年に正式加盟となるが、ノルウェーは国民投票の結果、ＥＣへの加盟を見送ることになる）。ＥＣ拡大が確実となったことを受け、パリ首脳会議は、ＥＣ加盟六カ国と新規加盟予定の四カ国によって開催されることとなった。

政治協力との関連で注目すべきは、ＥＰＣの常設事務局の設置問題であった。常設事務局を設置するというアイディアは、一九六一年にフランスが提唱したフーシェ・プランのなかにすでに見いだすことができる。ブラント政権は、一九七〇年のダヴィニョン報告作成過程においても常設事務局の設置を主張していたが、政治協力の制度化は最小限度にとどめるべきであると主張するフランスの反対によって受け入れられるところとはならなかった。西ドイツはその後も常設事務局の設置を提案していたが、一九七二年二月の仏独首脳会談において、フランスは初めてその考えに賛同したのである。[33]ただし問題は、その設置場所であった。ポンピドゥーは、ＥＰＣ常設事務局をパリに置くことを提案した。それまでの態度を変えて常設事務局のアイディアを受け入れたのは、彼がこれをパリ首脳会議の目玉の一つにしようとしたからであった。

だがこのフランスの提案にとりわけ強く反発したのが、ヒース英首相であった。ヨーロッパ主義者を自認するヒースは、経済統合にも、政治協力にも、そこへのイギリスの参加にも積極的であり、EPC常設事務局も、ECの「首都」であるブリュッセルに設置すべきであると主張した。三月一六日にポンピドゥーが、常設事務局をパリに置くことを望むとの声明を公にすると、翌日ヒースは、ブラントに直接電話をかけ、パリではなく、ブリュッセルが望ましいという点で合意し安堵する。[34]そして一八日にイギリスを訪問したポンピドゥーに対して、ヒースは直接、「常設事務局設置については完全に支持するが、本部については他のEC機関と同じ場所にするのがよい」との立場を明確にした。[35]四月二〇日にブラントが訪英した際に、ヒースは、「EPCが他の制度(つまりEC)と別の組織でありさえすれば、フランスは最終的にはブリュッセルにおける常設事務局に同意するかもしれない」と述べ、この問題についてフランスに妥協する意思はさらさらないことを示した。[36]他方で政治外交に関しては伝統的にNATOを重視してきたオランダは、もともと常設事務局など必要ないと考えており、もし仮に設置するならば、単に場所をブリュッセルにするのみならず、EPCとECとの密接な関係を確立すべきであると主張していた。[37]

一九七二年夏になっても、常設事務局の設置場所をめぐる溝が埋まることはなかった。アイルランド、ノルウェー、デンマークといった新規加盟予定国やイタリアはフランスを支持したが、他の国はパリへのEPC常設事務局設置に反対した。この問題をめぐり、関係各国の意見は真っ二つに割れていた。結局、九月初頭になって、英独および仏独首脳会談において当面は常設事務局を設置しないことで合意し、パリ首脳会議においてもこの問題を取り上げないこととなったのである。[38]一〇月一九日に開催された首脳会議では、EPCのさらなる改善を目指し、政治協力に関する第二報告を準備することが謳われた。だがそれは、常設事務局設置構想が棚上げにされた後を取り繕う文言でしかなかった。実際、一九七三年七月に合意されたEPCに関する「第二報告(コペンハーゲン報告」」では、外相および政治局長レベルの協議の回数を増やしたり、テレックスによる連絡ネットワークを導入するといった、技術的な修正が盛り込まれただけに終わったのである。

おわりに

西ヨーロッパにおける政治協力の枠組みはどのように一九七〇年に発足するに至ったのだろうか。EPC(「深化」)が創設されるに至る過程は、イギリスのEC加盟(「拡大」)とCAPの「完成」との連関のなかではじめて理解することができる。一九六〇年代初頭に、フーシェ・プランがド・ゴールによって提案されたときより、特に小国は、政治協力の枠組みにイギリスを含めることを求めていた。逆に、ド・ゴールがイギリスのEC加盟申請を二度も拒否すると、イギリスの加盟問題の解決なしにECの発展もないといった状況が生まれるとともに、政治協力の枠組みにイギリスを含めようとする機運が高まることにもなった。

だが、やはりド・ゴールが一九六九年に辞任したことが、次の扉を開けることとなった。というのも、後を継いだポンピドゥーは、イギリスのEC加盟を拒否しないとの姿勢を示し、ド・ゴールによってもたらされた行き詰まりを打開する道をつくったからである。むろんポンピドゥーは、手放しでイギリスの加盟を受け入れたわけではない。彼は、EC拡大と引き換えに、CAPの完成を要求したのである。

さらに、西ドイツにおける政権交代が、EPCの実現にとって重要であった。ブラント政権は、フランスが望むCAPの恒久財源化を受け入れる代わりに、イギリスのEC加盟交渉の開始日程についてポンピドゥーの同意を引き出した。だがフランスは、加盟交渉の開始日程をハーグ首脳会議のコミュニケにおいて明言することについては頑なに拒否した。その代わりブラントは、政治協力を提唱し、それを「拡大を視野に入れつつ」外相レベルで検討することをフランスに受け入れさせたのである。

しかし、政治協力の実現にそもそも熱心であったキージンガーでは、なぜうまく行かなかったのだろうか。ハーグ会議開催の五週間前に政権交代が起こり、キージンガーではなく、ブラントが西ドイツの首相として会議に参加したという偶然は、ＥＰＣが一九七〇年に発足することになったことと無関係ではない。というのも、キージンガーは政治協力の実現のためには、イギリスはそこに参加しないほうが好ましいと考えていたからである。実際、イギリス抜きの六カ国による政治協力をポンピドゥーが提案しても、他の五カ国には受け入れられなかった。ブラントが「拡大を視野に入れつつ」政治協力について交渉をするとしたからこそ、オランダをはじめとする他のＥＣ諸国もまた、それを受け入れたのであった。それゆえ、ブラント政権が誕生したことは、ＥＰＣの発足にとっても重要だったといえよう。ここにおいて初めて、完成（ＣＡＰ）・拡大（イギリスのＥＣ加盟）・深化（ＥＰＣ）が、すべてのＥＣ加盟国に受け入れられるかたちでつながったからである。

だが、一九七〇年代前半におけるＥＰＣには限界もあった。そもそも政治協力構想を提案したブラントにとって、それはあくまでも手段であって、目的ではなかった。ハーグ首脳会議の開催前から政治協力に関して西ドイツ政府内で検討を進めながら、会議前の他の五カ国との準備協議のなかではこの問題を積極的に取り上げることはせず、首脳会議本番においてＥＣ拡大の問題と結びつけて政治協力を提唱したのは、政治協力のかたちや内容よりも、むしろイギリスの参加を重視していたことを示していた。ＥＣ諸国による政治協力の枠組みは、いわばイギリスをＥＣに加盟させるためのセーフティーネットのようなものであった。ハーグ首脳会議で合意したのは、イギリスの加盟そのものではなく、加盟交渉を開始するということであった。それゆえ、その時点で交渉が早期に妥結する保証はどこにもなかった。特にそれまでの経験からも、イギリスの加盟交渉においては経済面に関して困難に直面する可能性が小さくなかった。そのため、政治協力の枠組みにイギリスを引き入れておくことは重要な戦術であったといえよう。

それゆえ、政治協力そのものの内容については、相対的に低い価値が置かれることとなった。確かに西ドイツ政府は、ＥＰＣ創設交渉の開始に関しては積極姿勢を示した。しかし、一九七〇年に行われた交渉のなかで、西ドイツの態度は、他の国と比べても明らかに消極的であった。議長を務めたベルギーのダヴィニョンやイタリア代表が交渉のなかでは積極的であったのに対して、オランダも政治協力に関しては関心が低く、とりわけフランスはＥＰＣの制度化は最低限度にすべきであると主張した。その結果、一九七〇年一一月に創設されたＥＰＣは、年二回の外相会議を軸とするだけで、常設の組織的中心を持たない制度として出発することとなった。また、ＥＰＣはイギリスの加盟問題と密接に関連して実現したが、一九七二年にＥＰＣの常設事務局設置問題が浮上した際には、そのイギリスとフランスが設置場所をめぐって対立し、常設事務局設置が見送られることにもなったのだった。

ＥＰＣのための小さな事務局がブリュッセルに設置され、またＥＰＣがＥＣ法の体系のなかに位置づけられるようになったのは、それから一〇年以上も後の、一九八六年に調印された「単一ヨーロッパ議定書」においてである。さらにそれは、一九九二年のマーストリヒト条約によって、ＥＵの共通外交安全保障政策（CFSP：Common Foreign and Security Policy）として発展することになる。

ヨーロッパ統合の歴史は、複数の領域がどのように連関しながら発展していったのかという視点を抜きには語れない。連関がうまく行ったとき、統合は進展し、うまく行かなかった場合、停滞する。だが領域間の連関がうまく行った場合でも、一つの領域が大きく前進することはまれである。それは様々な主張や利害の妥協の産物だからである。それゆえ、政治外交の領域における「統合」も時間をかけてようやく発展していったのであり、また統合の歴史全体も、これまでジグザグの経緯をたどってきたのである。

〈注〉

（１）このアプローチを積極的に試みている代表的な近著として、Ludlow 2006。

(2) 加えて新たな政治連合の枠組みは，西ドイツにとっては，いわゆる多国籍戦力（ＭＬＦ）によるヨーロッパ独自核の政治的受け皿としての意味合いもあったとの分析がある(Schulz 2005)。
(3) The National Archives (以下，TNA). FO371/177374, FO to Missions, Guidance tel no. 577, 23.10.1964.
(4) *Akten zur Auswärtigen Politik der Bundesrepublik Deutschland* (以下，*AAPD*), *1968*, Dok. 353, Staatssekretär Duckwitz an Staatssekretär Carstens, Bundeskanzleramt, 23.10.1968.
(5) TNA. FCO 30/411, Barrington to Palliser, 9.12.1968.
(6) TNA. FCO 30/411, Wilson to Foreign Secretary, 17.12.1968.
(7) TNA. PREM 13/1947, Record of a Conversation between the Prime Minister and the Belgian Foreign Minister at No. 10 Downing Street at 4.15 p.m. on Wednesday, September 18, 1968.
(8) Politisches Archiv, Auswaertiges Amt. B21/739, Betr.: WEU; politisch Zuammenarbeit, Sachstand, 4.7.1969.
(9) TNA. FCO 30/534, Stewart to the embassies, 9.1.1969.
(10) TNA. PREM 13/2629, Record of conversation between Wilson and Stewart with Italian President Giuseppe Saragat and Foreign Minister Pietro Nenni on 28 April 1969.
(11) TNA. FCO 30/397, Barrington to Robinson, 9.6.1969.
(12) *AAPD 1969*, Dok. 143, Aufzeichnung des Ministerialdirigenten von Staden, 5.5.1969.
(13) *AAPD 1969*, Dok. 221, Gespräch des Bundesministers Brandt mit Staatsprasident Pompidou in Paris, 4.7.1969.
(14) *AAPD 1969*, Dok. 271, Staatssekretär Harkort, z.Z. Bruüssel, an das Auswärtige Amt, 10.11.1969.
(15) *AAPD 1969*, Dok. 271, Gespräch des Bundeskanzlers Kiesinger mit dem Oberbefehlshaber der Alliierten Streitkräfte in Europa, Goodpaster, 28.8.1969.
(16) Bundesarchiv. N1337/671, Vorschlag: für Gesprächsfuhrung mit Prasident Pompidou am 8. und 9. September 1969 in Bonn, 29.8.1969.
(17) *AAPD 1969*, Dok. 267, Aufzeichnung des Ministerialdirektors, Frank, 26.8.1969.
(18) Archives Nationales (以下，AN). 5AG2/1010, Entretien en tête-à-tête entre le Chancelier Kiesinger et le Président Pompidou, le lundi 8 septembre à 16 h., 8.9.1969.
(19) *AAPD 1969*, Dok. 319, Anm. 23, p. 1134.
(20) ハーグEC首脳会議に臨むブラント政権のヨーロッパ統合政策全般に関しては，本書所収の妹尾論文が詳しい。
(21) Ministère des Affaires Etrangères (以下，MAE), Série Europe 1966-1970, carton 2724, Bonn tel nr. 5566-68 à Paris, 30.

10.1969.

(22) TNA. FCO73/21. オランダもまた、ＥＣの政治協力の進展は、ＥＣ拡大交渉の結果次第であると考えていた(Harryvan 2009: 201)。

(23) TNA. FCO30/271, Bonn tel no. 1417 to FCO, 11.11.1969.

(24) ハーグ会議の内幕は、会議後ロンドンを訪れたフランク西独外務事務次官が明らかにしている。TNA. FCO 30/272, Record of a Conversation between the Foreign and Commonwealth Secretary and the deputy under-secretary for European affairs of the Foreign ministry of the Federal Republic of Germany at no. 1 Carlton Gardens at 9.15 a.m. on Wednesday, 3.12.1969.

(25) 実際、ＣＡＰ財源規定の問題は、一二月二二日に閣僚理事会において合意に達し、一九七〇年四月二二日、ＥＣ六カ国は共同体固有財源の導入を定めた第一次予算条約に調印した。

(26) MAE. Série Europe 1966-1970, carton 2724, Procès-verbal, Conférence au Sommet de la CEE, 1er et 2 décembre 1969.

(27) TNA. FCO 30/272, Record of a Conversation between the Foreign and Commonwealth Secretary and the deputy under-secretary for European affairs of the Foreign ministry of the Federal Republic of Germany at no. 1 Carlton Gardens at 9.15 a.m. on Wednesday, 3.12.1969. また、Brandt 1978: 247 も参照。

(28) TNA. FCO 30/272, Record of a Conversation between the Foreign and Commonwealth Secretary and the deputy under-secretary for European affairs of the Foreign ministry of the Federal Republic of Germany at no. 1 Carlton Gardens at 9.15 a.m. on Wednesday, 3.12.1969.

(29) MAE. Série Europe 1966-1970, carton 2723, Note: a.s. Coopération politique (point 15 du communiqué de La Haye), 6.2. 1970.

(30) ちなみに、ＥＰＣ設立交渉が続く最中の六月にフランスはＷＥＵに復帰し、ＷＥＵの「空席危機」は終息した。

(31) TNA. PREM 15/64, Greenhill to Secretary of State, June 1970 (Summary of Current Problems in H.M.G's Foreign Policy: "Political Unification in Europe (including Western European Union (WEU))").

(32) TNA. FCO30/569, Rome tel no. 882 to FCO, 24.11.1970; ibid., Hague tel no. 383 to FCO, 24.11.1970.

(33) AN. 5AG2/1011, Troisième entretien entre le Président de la République et Monsieur Brandt, Palais de l'Elysee, le 11 fevrier 1972, à 10 heures, 11.2.1972.

(34) TNA. PREM15/1491, Record of a telephone conversation between the Prime Minister and the Chancellor of the Federal Republic of Germany, Herr Willy Brnadt, at 7.15 PM on Friday 17 March 1972.

(35) AN. 5AG2/1014, Deuxième tête-à-tête entre Monsieur Pompidou et Monsieur Heath, Chequers Court, samedi 18 mars

1972, 17 h. 25 – 19 h 50, 18. 3. 1972.

(36) TNA. PREM15/915, Record of a conversation between the Prime Minister and the Federal German Chancellor held at no. 10 Downing Street at 4.00 p.m. on Thursday, 20. 4. 1972.

(37) TNA. FCO 30/1220, Extract from local ANP News bulletin, 21. 2. 1972.

(38) TNA. PREM15/893, Record of a Meeting between the Prime Minister and the Federal German Chancellor at Herr Daume's Villa at Feidafing on the Starnbergersee (near Munich) at 3.30 p.m. on Tuesday 5 September 1972; AN. 5AG2/1011, Entretien en tête-à-tête entre le Président de la République française et le Chancelier de la République fédérale d'Allemagne le 9 septembre 1972 à Feldafing (Bavière) de midi à 13 h 30, 9. 9. 1972.

〈引用・参考文献〉

遠藤乾編（二〇〇八a）『ヨーロッパ統合史』名古屋大学出版会。

遠藤乾編（二〇〇八b）『原典ヨーロッパ統合史』名古屋大学出版会。

小川浩之（二〇〇八）『イギリス帝国からヨーロッパ統合へ――戦後イギリス対外政策の転換とＥＥＣ加盟申請』名古屋大学出版会。

川嶋周一（二〇〇七）『独仏関係と戦後ヨーロッパ国際秩序――ドゴール外交とヨーロッパの構築　１９５８―１９６９』創文社。

川嶋周一（二〇〇九）「ヨーロッパ連合構想と「新しいヤルタ」――七〇年代以降の「自立的ヨーロッパ」模索の中の冷戦終焉ビジョン」『国際政治』第一五七号、八五―九八頁。

芝崎祐典（二〇〇九a）「第二次ＥＥＣ加盟申請とその挫折　一九六四―七〇年――イギリスの緩やかな方向転換」細谷雄一編『イギリスとヨーロッパ――孤立と統合の二百年』勁草書房、一五二―一七七頁。

芝崎祐典（二〇〇九b）「欧州技術協力とイギリスの対ヨーロッパ政策――一九六〇年代後半における欧州技術共同体（ＥＴＣ）構想」『国際政治』第一五七号、一五六―一六九頁。

益田実（二〇一〇）「「政策の空白」は存在したのか――保守党から労働党への政権交代とイギリスのＥＥＣ政策、一九六三年一月―六六年三月」『日本ＥＵ学会年報』第三〇号、一五五―一七七頁。

山本健（二〇一〇）『同盟外交の力学　ヨーロッパ・デタントの国際政治史、１９６８―１９７３』勁草書房。

Bitsch, Marie-Thérèse (2001), "Le sommet de La Haye. La mise en route de la relance de 1969," in Wilfried Loth (ed.), *Crises and Compromises: the European Project, 1963-1969*, Nomos, pp. 539-565.

Bitsch, Marie-Thérèse (2003), "Le sommet de La Haye. L'initiative française, ses finalités et ses limites," *Journal of European*

Integration History, vol. 9, no. 2, pp. 83-99.

Bossuat, Gérard (2001), "De Gaulle et la seconde candidature britannique aux Communautés européennes (1966-1969)," in Wilfried Loth (ed.), *Crises and Compromises: the European Project, 1963-1969*, Nomos, pp. 511-538.

Bouwman, B. (1995), "'Longing for London': The Netherlands and the Political Cooperation Initiative, 1959-62," in Anne Deighton (ed.), *Building Postwar Europe: National Decision-Makers and European Institutions, 1948-63*, St. Martin's Press, pp. 141-158.

Brandt, Willy (1978), *People and Politics: The Years 1960-1975*, Collins.

Bussière, Eric (2006), "France, European Monetary Cooperation, and the International Monetary System Crisis, 1968-1973," in: Helga Haftendorn, Georges-Henri Soutou, Stephen F. Szabo and Samuel F. Wells Jr. (eds.), *The Strategic Triangle: France, Germany, and the United States in the Shaping of the New Europe*, Washington, D.C.: Woodrow Wilson Center Press; Baltimore: Johns Hopkins University Press, pp. 171-187.

Daddow, Oliver J. ed. (2002), *Harold Wilson and European Integration: Britain's Second Application to Join the EEC*, Frank Cass.

Dujardin, Vincent (2005), *Pierre Harmel: Biographie (Reliure inconnue)*, Le Cri.

Dujardin, Vincent (2006), "The Failed Attempt to Relaunch the WEU and the Issue of the First Enlargement," *Journal of European Integration History*, vol. 12, no. 1, pp. 25-41.

Ellison, James (2007), *The United States, Britain and the Transatlantic Crisis: Rising to the Gaullist Challenge, 1963-68*, Palgrave.

Gerbet, Pierre (1987), "In Search of Political Union: The Fouchet Plan Negotiations (1960-62)," in: Roy Pryce (ed.), *The Dynamics of European Union*, Routledge, pp. 105-129.

Gray, William G. (2010), "Toward a 'Community of Stability'? The Deutsche Mark between European and Atlantic Priorities, 1968-1973," in: Matthias Schulz and Thomas A. Schwartz (eds.), *The Strained Alliance: U.S.-European Relations from Nixon to Carter*, Cambridge University Press, pp. 145-167.

Germond, Carine (2001), "Les projets d'Union politique de l'annee 1964," in: Wilfried Loth (ed.), *Crises and Compromises: the European Project, 1963-1969*, Nomos, pp. 109-130.

Guasconi, Maria Eleonora (2003), "Italy and the Hague Conference of December 1969," *Journal of European Integration History*, vol. 9, no. 2, pp. 101-116.

Harryvan, Anjo G. (2009), *In Pursuit of Influence. The Netherlands' European Policy during the Formative Years of the European Union, 1952-1973*, Peter Lang.

Hiepel, Claudia (2003), "In Search of the Greatest Common Denominator. Germany and the Hague Summit Conference 1969," *Journal of European Integration History*, vol. 9, no. 2, pp. 63-81.

Hiepel, Claudia (2004), "Willy Brandt, Georges Pompidou und Europa. Das deutsch-französische Tandem in den Jahren 1969-1974," in: Franz Knipping und Matthias Schönwald (Hg.), *Aufbruch zum Europa der zweiten Generation. Die europaische Einigung 1969-1984*, Wissenschaftlicher Vertrag Trier; Trier, pp. 28-46.

Hiepel, Claudia (2010), "The Hague Summit of the European Community, Britain's Entry, and the New Atlantic Partnership, 1969-1970," in: Matthias Schulz and Thomas A. Schwartz (eds.), *The Strained Alliance: U.S.-European Relations from Nixon to Carter*, Cambridge University Press, pp. 105-123.

Küsters, Hanns Jürgen (2004), "Die Entstehung und Entwicklung der Europäischen Politischen Zusammenarbeit aus deutscher Perspektive," in: Franz Knipping und Matthias Schönwald (Hg.), *Aufbruch zum Europa der zweiten Generation. Die europaische Einigung 1969-1984*, Wissenschaftlicher Vertrag Trier; Trier, pp. 131-149.

Ludlow, N. Piers (1997a), *Dealing with Britain: The Six and the First UK Application to the EEC*, Cambridge Universtiy Press.

Ludlow, N. Piers (1997b), "Le paradoxe anglais: Great Britain and Political Union," *Revue d'Allemagne*, vol. 29, no. 2, pp. 259-272.

Ludlow, N. Piers (2003), "An Opportunity or a Threat? The European Commission and The Hague Council of December 1969," *Journal of European Integration History*, vol. 9, no. 2, pp. 11-25.

Ludlow, N. Piers (2006), *The European Community and the Crises of the 1960s: Negotiating the Gaullist Challenge*, Routledge.

Macintyre, Terry (2008), *Anglo-German Relations during the Labour Governments, 1964-70: NATO Strategy, Détente and European Integration*, Manchester University Press.

Maunoury, Olivier (2002), "La Conférence de La Haye et les relations entre la France et les Pays-Bas," in: Michel Dumoulin et Geneviève Duchenne (dir.), *Les petits États et la construction européenne*, Peter Lang, pp. 313-326.

Milward, Alan S. (2003), "The Hague Conference of 1969 and the United Kingdom's Accession to the European Economic Community," *Journal of European Integration History*, vol. 9, no. 2, pp. 117-126.

Möckli, Daniel (2008), *European Foreign Policy During the Cold War: Heath, Brandt, Pompidou and the Dream of Political Unity*, I B Tauris & Co Ltd.

Parr, Helen (2005), *British Policy Towards the European Community: Harold Wilson and Britain's World Role, 1964-1967*, Routledge.

Pine, Melissa (2007), *Harold Wilson and Europe: Pursuing Britain's Membership of the European Community*, I B Tauris & Co Ltd.

Rücker, Katrin (2005), "Willy Brandt, Georges Pompidou et le sommet de La Haye en 1969," in: Horst Möller und Maurice Vaïsse (eds.), *Willy Brandt und Frankreich*, Oldenbourg, pp. 181-197.

Schulz, Matthias (2005), "Integration durch eine europãische Atomstreitmacht? Nuklearambitionen und die deutsche Europa-Initiative vom Herbst 1964," *Vierteljahrshefte für Zeitgeschichte*, vol. 53, no. 2, pp. 275-313.

Segers, Mathieu L. L. (2010), "De Gaulle's Race to the Bottom: The Netherlands, France and the Interwoven Problems of British EEC Membership and European Political Union, 1958-1963," *Contemporary European History*, Vol. 19, No. 2, pp. 111-132.

Soutou, Georges-Henri (1999), "Le Général de Gaulle et le Plan Fouchet d'Union Politique Européenne: un Projet Stratégique," in: Ann Deighton and Alan Milward (eds.), *Widining, Deeping and Acceleration: The European Economic Community 1957-1963*, Nomos, pp. 55-72.

Stelandre, Yves (1999), "Les Pays du Benelux, l'Europe Politique et les Négociations Fouchet," in: Ann Deighton and Alan Milward (eds.), *Widining, Deeping and Acceleration: The European Economic Community 1957-1963*, Nomos, pp. 73-88.

Thiemeyer, Guido (2007), "The Mansholt Plan, the Definite Financing of the Common Agricultural Policy and the Enlargement of the Community, 1969-1973," in: Jan van der Harst (ed.), *Beyond the Customs Union: the European Community's quest for deepening, widening and completion, 1969-1975*, Bruylant, pp. 197-222.

Türk, Henning (2007), "The Grand Coalition in West Germany and Great Britain's Second Application to Join the European Communities, 1966-1969," *Journal of European Integration History*, vol. 13, no. 1, pp. 49-68.

Vanke, Jeffrey W. (2001), "An Impossible Union: Dutch Objections to the Fouchet Plan, 1959-62," *Cold War History*, vol. 2, no. 1, pp. 95-112.

Warlouzet, Laurent (2009), "The deadlock: the choice of the CAP by de Gaulle and its impact on French EEC policy, 1958-1969," in: Kiran Patel (ed.), *Fertile Ground for Europe? The History of European Integration and the Common Agricultural Policy since 1945*, Nomos Verlag, pp. 99-117.

Wilkens, Andreas (2001), "Relance et réalités: Willy Brandt, la politique européenne et les institutions communautaires," in: Marie-Thérèse Bitsch (ed.), *Le couple France-Allemagne et les institutions européennes: une postérité pour le plan Schuman?*

Bruylant, pp. 377–418

Wilson, Jérôme (2003), "Négocier la relance européenne: les Belges et le sommet de La Haye," *Journal of European Integration History*, vol. 9, no. 2, pp. 41–61.

Yamamoto, Takeshi (2007), "Détente or Integration?: EC Response to Soviet Policy Change towards the Common Market, 1970–1975," *Cold War History*, vol. 7, no. 1, pp. 75–94.

＊　本章は、二〇一〇年一月に青山学院大学で開催された現代史研究会の第四七六回例会での口頭報告をもとに作成された。報告の機会を与えてくださった上原良子氏、司会を務められた八十田博人氏、ならびに会に参加してくださった方々からは有益なコメントを頂戴した。また本章の草稿にも、小川浩之、青野利彦、高瀬弘文、片山慶隆の各氏から多くの貴重なコメントをいただいた。記して感謝を申しのべたい。

あとがき

日本における現代ヨーロッパ外交史・統合史・国際関係史の研究は、ここ数年ずいぶんと進展した。一つ一つの成果をここで挙げることはできないが、なかにはこの現況を一つの「ピーク」と捉える論者もいるほどである。かつてヨーロッパという場が持っていた参照力をもはや期待しようがないことに照らしてみると、これは注目に値する。

その進展を確認し、確固たるものにして、さらに前に進みたい。本書を貫いている思いは、一つにはそのような学問的なものである。

その際、意図して、三〇代前半の非常に若い執筆陣を集めた。若いといっても彼らのほとんどは博士号を持ち、そのうちかなりの割合がヨーロッパ当地で学位や出版に挑戦するなど、深い海外経験を積んでいる。だから編者として、わくわくこそすれ、不安は全くなかった。彼らこそ、この分野の「フロンティア」に位置する人たちだからである。

執筆の際に唯一つお願いしたのは、史料に基づきながらそれに終わるのではなく、問題提起的であってほしい、ということであった。もちろん立論にはエヴィデンスが必要であるが、史料に埋もれたのち、そこから這い出て、その史料が持つ含意を存分に世の中に投げかけるよう求めたのである。この背後には、いくばくか実践的な問題関心がなかったわけではない。本書を貫くもう一つの意図はそこにある。

つまり、ヨーロッパ統合は、一方で地域統合の先行モデルともてはやされ、他方でその割には単純な理解が横行し、その反射で日本や東アジアにとって縁遠い無意味な経験としてあっという間に打ち捨てられる傾向にある。それは、よくよくその歴史を紐解いてみると、ヒントに満ちみちた、じつに豊饒で多面的な過程なのにもかかわらず、である。

戦局との関係であれ、保守反動との関係であれ、あるいはまた植民地主義との連関であれ、統合ヨーロッパの起源や展開は、一筋縄では行かない。しかしながらたとえば、ドイツがナチスの経験を反省し、フランスと和解し、それでもって平和な統一ヨーロッパが出現した(それに対して東アジアは違う)のだと決め込む見方は相変わらず多い。あるいは、ヨーロッパはキリスト教で文化的に近似しており、ラテン語とローマ法の伝統があり、だから統一しやすかった(のに対し、東アジアは多様でそうはいかない)といった紋切り型の理解も多々見られる。地域統合には、そのような接近や対比では到底語りつくせぬドラマがある。そこで本書は、単純化されがちな統合ヨーロッパ像を歴史のなかからいったん解体し、より複合的な構図を提示することを目的としたのである。

現代ヨーロッパの統合史や国際関係史の最前線に位置する執筆者たちは、こうした意図をよく汲んで、それぞれに大きな問題提起をしてくれた。まずは彼ら一人一人に、ここに記して御礼申し上げたい。

また、北海道大学出版会の滝口倫子氏には、構想段階から刊行に至るまで、ひとかたならぬお世話になった。最後まで息を抜かずに細やかな配慮をかけてくれたことに対し、こころから謝辞をささげたい。ありがとう。

最後になるが、本書を故アラン・ミルワード氏に捧げたい。その議論の中身への賛否はいろいろだろうが、彼が所与ないし前提とされたテーゼに――それがたとえかつての自論に対してであれ――ほとんど決然と立ち向かっていたのは事実である。そのもとには多くの研究者が集ったのだが、私自身、フィエーゾレの丘のオリーブ畑に面する欧州大学院大学スキファノイア(原義は「煩わしさから逃れる」)講堂で毎週開かれる彼のセミナーが楽しみでならなかった。普段はもの静かな同氏の知的挑発にもはや触れることができないかと思うと残念でならないが、後に続く者として彼のスピリッツを継いでゆければと念じている。

雪深く水墨画のような北大のキャンパスを臨みながら

編者を代表して　遠藤　乾

遠 藤　乾（えんどう　けん）

北海道大学法学部・公共政策大学院教授〈国際政治，ヨーロッパ政治〉。北海道大学法学部卒業，ベルギー・カトリック・ルーヴァン大学 MA，オックスフォード大学政治学博士号。欧州共同体（EC）委員会「未来工房」専門研究員，ハーヴァード法科大学院エミール・ノエル研究員，欧州大学院大学フェルナン・ブローデル上級研究員，パリ政治学院客員教授などを経て現職。著書に *The Presidency of the European Commission under Jacques Delors: The Politics of Shared Leadership* (Macmillan, 1999)，編著に『ヨーロッパ統合史』，『原典ヨーロッパ統合史——史料と解説』（名古屋大学出版会，2008 年），『グローバル・ガバナンスの歴史と思想』（有斐閣，2010 年）など。

板 橋 拓 己（いたばし　たくみ）

成蹊大学法学部助教〈ヨーロッパ政治史，近現代ドイツ政治史・思想史〉。北海道大学法学部卒業，北海道大学大学院法学研究科博士後期課程修了，博士（法学）。北海道大学大学院法学研究科附属高等法政教育研究センター助教を経て，現職。著書に『中欧の模索——ドイツ・ナショナリズムの一系譜』（創文社，2010 年），共著に『ヨーロッパ統合史』『原典ヨーロッパ統合史——史料と解説』（名古屋大学出版会，2008 年），訳書に『中欧論——帝国から EU へ』（ジャック・ル・リデー著，共訳，白水社，2004 年）など。

複数のヨーロッパ——欧州統合史のフロンティア

2011 年 6 月 25 日　第 1 刷発行

編著者　遠 藤　乾
　　　　板 橋 拓 己

発行者　吉 田 克 己

発行所　北海道大学出版会
札幌市北区北 9 条西 8 丁目 北海道大学構内（〒 060-0809）
Tel. 011（747）2308・Fax. 011（736）8605・http://www.hup.gr.jp

アイワード

ISBN978-4-8329-6749-6

田中延幸（たなか　のぶゆき）　第六章執筆。

東京大学大学院経済学研究科経済史専攻修士課程修了。

現在、東京大学大学院経済学研究科経済史専攻博士課程。

主著に、「戦後の独仏経済関係――シューマン・プランからローマ条約へ」市川文彦他『K・G・りぶれっとNo. 24　フランス経済社会の近現代――その史的探訪』（関西学院大学出版会、二〇〇九年）。

鈴木　均（すずき　ひとし）　第七章執筆。
Ph. D. (History and Civilization), European University Institute.
現在、新潟県立大学国際地域学部専任講師。
主著に、「ユーラトム、ドイツ再軍備とドイツ労働総同盟（ＤＧＢ）１９５０―１９６０年」『日本ＥＵ学会年報』第二八号（二〇〇八年）、「初の「欧州アクター」だったのか？――ドイツ労働総同盟（ＤＧＢ）の欧州統合理念」田中俊郎、庄司克宏編『ＥＵと市民』（慶應義塾大学出版会、二〇〇五年）。

妹尾哲志（せのお　てつじ）　第八章執筆。
ボン大学(Rheinische Friedrich-Wilhelms-Universität Bonn)哲学部博士課程修了。Dr. phil. (Politische Wissenschaft).
現在、同志社大学政策学部講師〈国際政治、ドイツ外交史専攻〉。
主著に、「バールの構想と分断克服への道――ブラントの東方政策の立役者と冷戦の終焉」『国際政治』一五七号（二〇〇九年）、*Ein Irrweg zur deutschen Einheit?: Egon Bahrs Konzeptionen, die Ostpolitik und die KSZE 1963-1975* (Peter Lang, 2011).

山本　健（やまもと　たけし）　第九章執筆。
The London School of Economics and Political Science, International History Department 博士課程修了。Ph. D. (International History).
現在、名古屋商科大学コミュニケーション学部准教授〈ヨーロッパ国際関係史専攻〉。
主著に、『同盟外交の力学―ヨーロッパ・デタントの国際政治史　１９６８―１９７３』（勁草書房、二〇一〇年）、"Détente or Integration? EC Response to Soviet Policy Change towards the Common Market, 1970-75," *Cold War History*, Vol. 7, No. 1 (2007). (HEIRS Essay Prize 2006 受賞)。

執筆者紹介（執筆順）

遠藤　乾（えんどう　けん）　編者、はじめに、第一章、あとがき執筆。
　別記。

板橋拓己（いたばし　たくみ）　編者、はじめに、第三章執筆。

　別記。


宮下雄一郎（みやした　ゆういちろう）　第二章執筆。

　慶應義塾大学大学院法学研究科後期博士課程単位取得退学。博士（法学）。

　現在、北海道大学大学院法学研究科附属高等法政教育研究センター協力研究員〈国際関係論専攻〉。

　主著に、"La France et la signature du traité de paix avec le Japon en 1951," *Revue d'histoire diplomatique*, vol. 121, n° 1 (2007), "La présence culturelle de la France au Japon et la collection Matsukata," *Relations internationales*, n° 134 (2008).

黒田友哉（くろだ　ともや）　第四章執筆。

　慶應義塾大学大学院法学研究科後期博士課程単位取得退学。博士（法学）。

　現在、セルジー＝ポントワーズ大学大学院歴史学専攻、慶應義塾大学ジャン・モネEU研究センター共同研究員。

　主著に、「モレ政権の対フランス連合政策」『法学政治学論究』第七二号（二〇〇七年）、「フランスとユーラトム（欧州原子力共同体）」『日本EU学会年報』第二八号（二〇〇八年）。


川嶋周一（かわしま　しゅういち）　第五章執筆。

　北海道大学大学院法学研究科博士課程単位取得退学。博士（法学）。

　現在、明治大学政治経済学部准教授〈ヨーロッパ国際関係史専攻〉。

　主著に、『独仏関係と戦後ヨーロッパ国際秩序　ドゴール外交とヨーロッパの構築　１９５８―１９６９』（創文社、二〇〇七年）、「フランス」網谷龍介・伊藤武・成廣孝編『ヨーロッパのデモクラシー』（ナカニシヤ出版、二〇〇九年）。

人名索引

あ 行

か 行

さ 行

た　行

な　行

は　行

ま　行

や　行

ら　行

事項索引

あ　行

か　行

さ　行

た　行

な　行

は　行

ま　行

や　行

ら　行

アルファベット